플라톤 철학 연구 II

플라톤의 변증법에 따른 진리와 인식

The Knowledge of the Truth according to Plato's *Dialektike*

소은(素隱) 박홍규(朴洪奎)선생님
탄생 100주년을 기념하여 그의 영전(靈前)에 바칩니다.

플라톤 철학 연구 ⓫

플라톤의 변증법에 따른 진리와 인식

The Knowledge of the Truth according to Plato's *Dialektike*

발행일 2020년 1월 30일 **지은이** 송영진 **발행인** 오덕성
펴낸곳 충남대학교출판문화원 **주소** 대전광역시 유성구 대학로 99
전화 042-821-6045 **홈페이지** www.cnupress.co.kr **E-mail** cnupress@cnu.ac.kr

ISBN 979-11-6503-021-6 94160
979-11-6503-006-3 94160(세트)
정가 18,000원

The Knowledge of the Truth according to Plato's *Dialektike*

플라톤 철학 연구 II

플라톤의 변증법에 따른 진리와 인식

송영진

충남대학교출판문화원

Chapter 03

사유와 언명(판단)의 존재론적 진리 인식의 조건-변증법 연습 / 87

Chapter 04

플라톤의 존재론에서 잠세적(가능적) 능력으로서의 영혼 / 183

Chapter 05

『테아이테토스』 편에 나타난 플라톤의 인식론 / 211

Chapter 06

산파술과 결합된 인생에 대한 탐구방법인 변증법(술) / 303

결어 / 329

참고문헌 / 343

서언

서언

소크라테스의 산파술 속에 함축된 논박법과 존재론적 정의내리기, 그리고 이에서 발전한 가설-연역적 방법은 현대에서는 인간의 실천적 세계가 아닌 운동이나 생성-소멸이 있는 자연 세계에서 역학적 '법칙'(이데아나 형상)을 발견하려는 과학적 방법론으로서 귀납법을 전제한다. 소크라테스는 이 방법을 현대와는 다르게 인간의 행위나 실천적 영역에서 사용하면서 실천적인 영역에서의 도덕적 사태(덕)들의 본질을 형상(eidos)이나 이데아(idea)라고 불렀고, 이를 자연과학의 영역에서까지 사용하였다. 그런데 자연이나 인간의 실천적 영역의 경험한 것들에서 귀납하거나 소크라테스의 가설-연역적 방법에 전제되는 형상이나 이데아는 인간의 경험적 사태가 관계하고 있는 전체(자연이라 불리는 우주와 인간의 행위를 인도하는 정신이라 불리는 세계)와의 관계에서, 한편으로는 특수성을 지니고 있고 다른 한편으로는 공통성이 함축하는 일반성을 지니고 있어서, 이 양자 사이에는 모순은 아니더라도 차이성과 더불어 반대적 속성이 존재한다.[1] 이 때문에 소크라테스가 탐구한 이러한 이데아나 형상들은 다수가 존재할 수밖에 없는데, 이러한 차이성이나 반대적 속성을 지닌 이데아나 형상들이 어떠한 연관성 아래서 통일되거나 조화 가운데 있게 할 또 다른 차원의 위계적이면서도 보편적 질서(예를 들면, 이데아들이나 에이도스들의 상위에 존재하는 선의 이데아와 같은 존재)를 전제해야 한다. 그리고 형상들의 이러한 위계적이면서도 보편적인 질서의 존재를, 소크라테스는 자연철학자 파르메니데스의 일자 존재론으로 합리화하고자 한다는 데에서 문제가 복잡하여졌다.[2]

소크라테스에 따르면, 이데아나 형상이 함축한 보편성의 존재는 감관-지각적 경험에서 현상하는 존재가 아니라 상기하는 영혼이 직관하는 것이다. 그리고 우리의 사유는 '영혼의 자기 자신과의 대화' 이고, 영혼의 본질은 파르메니데스의 존재론적 사유(nous: 정신)에서 성립함으로(『테아이테토스』 184d-185c), 소크라테스에 있어서 심리적 영혼(psyche)과 존재론적 사유의 정신(nous)은 동근원적인 것이다. 더 나아가 이러한 존재론적 사유의 정신과 심리적 영혼은 소크라테스에 따르면 존재론적으로는 신적 정신(nous: logos)과 관련된 것으로 나타나지만, 이러한 정신이나 영혼의 존재는 결코 감관-지각적인 체험에 의해 경험할 수 없는 존재이다.[3] 다른 한편, 이데아나 형상을 경험적 사실들에서 (분석-종합하

1 원자론적 사고를 중심으로 한 플라톤의 동일성-타자성의 변증법에 전제되는 이데아나 형상들이 지니는 공통성과 차별성(difference)은 여러 가지 방식으로 조합될 수 있는데, 고전적으로는 유기체적 방식으로, 현대에서는 실수 체계를 나타내는 만델브로트의 문양처럼 간주되는 변증법적인 것으로 발전할 수 있고, 자연과학에서는 원자론적인 개별성(Individual)과 보편성(universal)으로, 인문-사회과학에서는 특수자(particular)와 일반자(general)로 나타나는 객관성을 지닐 수 있는 것이다.

2 파르메니데스의 일자 존재는 제 1권에서 보았듯이 자연철학자들에게서는 존재론의 원리(ex nihilo nihil fit)나 우주(pan)로 나타나기도 하고 우주의 구성요소(stoxeia)나 법칙(logos)으로 나타나기도 하는데, 소크라테스-플라톤에서는 이들이 우주의 구성요소나 이들의 운동원인인 우주 영혼과 관계하여 자연법칙이나 자아(영혼)의 정체성을 구성하는 도덕법의 원리로서 덕(arete)들로 나타나기도 한다. 이 때문에 소크라테스-플라톤의 이데아(idea)나 형상(eidos)은 진리로서 이를 어떻게 인식하느냐 하는 것이 중요한 문제로 나타난다. 이러한 이데아 인식의 방법적 측면이 소크라테스에게서는 이데아의 상기설을 전제한 제논의 논박법적 변증법의 변형으로서 산파술에서 나타나며, 이를 형이상학적 관점에서 보완한 것이 플라톤의 동일성-타자성의 변증법이다.

3 중세에서 인간은 정신(nous)과 혼(psyche)과 신체(sarks)라는 삼중적 위계를 지닌 유기체적 존재로 이해되었다. 반면에 예수는 인간의 정신(nous) 대신 『요한복음』에 "태초에 말씀이 있었다. 이 말씀이 하나님 안에 있었고... 이 말씀이 육신이 되었다."는 언급에 나타난 신적(창조적)인 로고스(logos)가 인간 정신

는) 사유에 의해 귀납한 것으로서 자연현상이나 심리현상을 설명할 '일반 법칙'이라고 할 경우에도, 이러한 법칙은 귀납적 비약(inductional leap)을 함축한 것으로서 자연이나 인간 실천적 영역에 보편적으로 타당한 것일 수 없다.

제1권에서 살펴보았듯이, 파르메니데스의 존재론에 나타난 일자 존재 자체(to eon)는 헤라클레이토스가 말한 운동하는 현실 세계(reality)와 이원론적으로 분리되어 있다. 그러나 인간이 경험하는 현실(reality)은 파르메니데스의 존재론적 관점에서 보면 반대와 모순적 속성을 함께 지니는 헤라클레이토스가 말한 운동하고 변화하는 세계이다. 따라서 이 현실 세계에 파르메니데스의 존재론적 요소가 존재한다면, 이 양자의 세계관이 어떤 방식으로든 연결되어 있거나 혼합되어 있는 것이다. 결국 인간의 실천적 영역은 물론 자연현상까지도 파르메니데스의 존재론으로 설명하려는 형상론이나 이데아설은 인간의 현실(reality)[4]에 대한 설명에서 가지는 여러 가지 난점이나 모순점 때문에, 『파르메니데스』 편에서는 하나와 여럿으로 표명된 형상의 현상들과의 이중적 관계가 지니는 기능적 측면이, 이와 상보적 관계에 있는, 전체와 부분의 배중률에 따르는 수학-기하학적인 파르메니데스의 존재론적 논리에 의해서 비판되고 있다.[5] 즉 자연현상은 물론 인간의 정신과 관련된 실천적 영역까지도 설명하려는 [유물론인 원자론에 대응한] 관념론인 이데아론이 『메논』 편에 나타나 있듯이, 과연 물질에 관한 원자론적 사상을 포용하면서 인간의 모든 실천적 영역에서의 경험 현상을 설명할 수 있는가는 진실로 의문일 수밖에 없다.

(nous)를 대치하였다고 말하여진다. 다른 한편, 근대에서 칸트에 따르면 사유는 판단하는 능력이지만, 이러한 판단이 가능하기 위해서는 미리 분별한 내용이 필요하다. 그리고 여기에서 분별은 박홍규에 따르면 존재와 허무 사이에서 존재론적인 분석(analysis)을 수행하는 정신(nous)이다. 이 때문에 심리적 혼(psyche)이 아닌 우리의 정신(nous)은 당연히 파르메니데스적인 존재론적 사유를 수행하는 정신(nous)이다.

4 인간의 현실(reality)은 인식론적으로는 감관-지각을 통하여 자연과 접하고, 이를 기초로 하는 행위는 제작적 성격(techne)의 행위들과 사회적인 실천적 행위(praxis)들로 분화된다.

5 현대에서 자연과학과 인간의 실천적 영역인 정치학이나 윤리학은 서로 분리되어 있어도 진리라고 여겨지는 사실이나 사태에 대한 탐구 방식으로서 귀납법의 가설-연역적 방법은 동일하다고 말할 수 있는 측면이 있다.

이 때문에 『파르메니데스』 편 이후, 특히 『소피스테스』 편이나 『테아이테토스』 편에서 플라톤은 헤라클레이토스의 현상계와 파르메니데스의 존재계를 연결하는 잠재적 기능(dynamis)을 지닌 인간 영혼의 존재를 전제하고, 헤라클레이토스의 세계관을 대변하는 프로타고라스의 실천적 영역에서의 현실적 경험까지도 파르메니데스의 존재론적 관점에서 진리인식의 대상(object)으로 보면서, 이러한 대상에 대한 인식이 어떻게 성립하는가를 인식론적으로 탐구하는 것이다. 즉 『테아이테토스』 편은 헤라클레이토스의 현상세계를 인간 존재에게는 실재(reality)로 나타나는 것으로 간주하고, 인간의 감관-지각적 경험이나 기억현상에 대한 인식론적 반성[6]을 통하여 이 현실에 대한 인간의 인식(episteme)과 행위(praxis)로 분화될 수 있는 경험을, 파르메니데스의 존재론적 사유와의 관계에서 인식론적으로 살피고 있다. 그 결과 초기 이데아론은 후기 대화편들에서는 인간의 실천적 영역에서는 물론 자연철학적 영역에서까지도 존재자들과 이들에 대한 인간 영혼의 기능의 능동-수동성에서 기원하는 실천적 경험의 사태를 존재론적으로 분석하려는 우리 지성적 사유에서는 한편으로 하나와 여럿의 변증법으로 나타나며, 다른 한편으로 여러 가지 범주들(categories)의 학문들과 기술들로 분화되어 나타난다는 것을 앞으로 볼 것이다.[7]

서양 철학사에서는 일찍부터 형상론, 즉 이데아설이 소크라테스의 사상인가 아니면 플라톤의 사상인가 하는 문제가 제기되었는데, 이는 소크라테스의 철학과 플라톤의 철학이 어떻게 서로 구분될 수 있는가의 문제와 동일한 문제이다. 사실 소크라테스가 군복무를 위한 것 이외에 아테네 밖으로 여행한 일

---

6 플라톤의 인식론적 반성에는 감관-지각과 사유를 이원론적으로 설정하고, 감관-지각을 분석하는 경우에는 원자론을 전제하는 표상론(representative theory)에 따라 발생론적으로 논하고, 사유를 분석하는 경우에는 기억과의 관계에서 상기에 따르는 직관으로 논하고 있다. 그러나 현대에서 보면 플라톤의 상기에 따르는 직관은 원자론적 관점에서 분석될 수 있다는 데에서 여러 철학자들이 말하는 직관과 사유의 관계는 시간과 공간의 관계 문제처럼 항상 문제로 제기되는 딜레마적 상황에 처한다.

7 이러한 카테고리로 분화되는 영역에서 성립하는 각 분과 과학들과 기술들은 제 1권 『고르기아스』편 분석의 장의 도표에서 보았듯이 여러 학문들과 기술들로 나타나며, 현대에서는 대학의 이과와 문과의 학부에서의 학과들로 나타난다.

이 없었던 것을 감안하면, 즉 이탈리아에서 발생한 엘레아학파나 피타고라스학파와 직접적인 접촉이 없었던 것을 감안하면 이데아설을 [이 지방을 여행한] 플라톤의 사상으로 간주하는 유럽의 전통을 이해할 만하다. 특히 이러한 전통은 크세노폰의 『회상록』과 『향연』에 나타나는 소크라테스가 그의 철학적 방법론인 정의내리기나 진리탐구의 방법론인 산파술에 대한 언급없이 덕을 지닌 도덕군자로 묘사하고 있다는 점을 고려하면 정당한 것 같다. 그래서 플라톤의 대화록에 나타난 소크라테스는 플라톤이 자신의 철학을 대변하는 인물로 해석할 수 있다. 즉 플라톤이 초-중기 대화편에 나타나는 소크라테스의 정의 내리기에서 기원하는 산파술의 방법론은 헤라클레이토스의 세계관과 엘레아학파의 존재론을 피타고라스학파의 수학-기하학적 관점에 기초하여 통합한 것으로 간주할 수 있는 것이다. 결국 서양철학의 유럽적 전통에서 소크라테스는 철학(philosophia)의 시조로서 나타날 뿐, 이 시조의 사상을 이데아설과 동일성-타자성의 변증법[8]으로 정리한 것은 플라톤이라고 간주할 수 있다.

다른 한편, 플라톤이 초-중기 대화편들에서 소크라테스를 중심으로 그 당시 실존하고 있는 소피스트들이나 사람들을 등장하게 하고, 이 대화편들을 아카데메이아의 강의에서 실제로 사용한 것으로 보고되는 한, 그리고 플라톤의 대화편들이 희곡 형식으로 되어 있고, 그 당시 희곡이 청중(청강자나 제자들)을 전제하는 한, 대화편에 등장하는 인물들은 물론 대화의 사실들이 허구의 사실이나 사건을 기록한 것만으로 간주할 수는 없다. 이 때문에 초-중기의 여러 대화편에 나타나는 소크라테스의 산파술의 핵을 구성하고 있는 진리탐구를 위한 논박법과 정의내리기가 허구의 사실일 수가 없다. 또한 『파이돈』편의 소크라테스의 고백에서 나타나듯이, 소크라테스의 철학적 탐구의 화두가 된 영혼(psyche)이나 정신(nous)을 자연의 생성-소멸의 운동 원인으로 간주한 아낙사

8 앞으로 볼 것이지만, 동일성-타자성(tauton-heteron)의 변증법은 『파르메니데스』편 제2부 변증법의 연습에 나타나는 존재론적 논리로서, 동일성은 영혼의 운동을, 타자성은 허무 대신 들여온 물적 존재로서의 아페이론(apeiron)의 운동을 언어적으로 표현한 것이다(『소피스테스』, 238-239).

고라스의 자연철학을 사사한 것처럼 말하고 있는 사실에 비추어 본다면, 소크라테스가 엘레아학파나 피타고라스학파와 직접적인 접촉이 없었다고 해서 그들의 사상을 몰랐다는 것은 이해할 수 없는 사태가 된다. 초-중기의 다른 대화편들에 따르면, 소크라테스는 자연철학적 전통과 이 전통을 승계한 식민지에서 온 여러 소피스트들을 잘 알고 있었고, 이들의 실천철학적 사상을 자신의 상기설에 기초하고 있는 이데아론을 근거로 하여 비판하고 있기 때문에, 소크라테스의 산파술 사상이 전제하는 정의내리기에서 기원하는 이데아사상을 소크라테스의 것으로 생각할 수밖에 없다. 그리고 초-중기 대화편들에서 나타나는 소크라테스의 이데아 사상은 오르페우스종교의 이원론적 세계관과 관계하여 신적(정신) 세계를 묘사하는 것으로 되어 있다.

그런데 플라톤의 『파르메니데스』 편에서는 대화편의 주인공으로 나타나는 파르메니데스가 동일자-타자의 존재론에서 기원하는 동일성-타자성의 변증법에 기초하여 자연철학자 파르메니데스의 이원론적 존재론에 기초한 이데아사상을 비판하고 있다. 그리고 이 대화편 이후에 기록했다고 플라톤이 말하고 있는 『테아이테토스』 편은 소크라테스가 주인공으로 나타나 자신의 산파술을 적극적으로 표명하고 있으며, 이데아론의 근거가 되는 상기설에 따르는 오르페우스종교의 이원론적인 세계관이 전제되면서도(185e-186e), 헤라클레이토스의 일원론적 사상에 기초한 프로타고라스의 사상을 파르메니데스의 존재론적 관점에서(189b), 그것도 인간의 인식능력으로서 감관-지각과 기억현상에 기초한 '언어적 사유'의 동일성-차이성의 변증법으로 살펴보고 있다는 것이다. 이 때문에 역설적으로 『테아이테토스』 편은 헤라클레이토스의 생성-소멸이 있는 변화하는 일원론적 세계와 관계하고 있는 인간의 감관-지각적 경험과, 판단하는 사유로 분석될 수 있는 인식 능력과 관련하여 형성된 파르메니데스의 존재론적 사고를 현상학적 직관을 토대로 한 인식론으로 살피고 있다고 말할 수 있다.

더 나아가 『파르메니데스』 편이나 『테아이테토스』 편 이후에 기록되었다고 판단되는 후기 대화편들에서는 대화편의 이름이 『티마이오스』 편이나 『필레보스』 편에서처럼 특정 인물들이거나, 『소피스테스』 편이나 『정치가』 편처럼 특정 인물들의 이름이 아니라 대화편의 주제가 대화편의 명칭이 되고 있는 데에서 알 수 있듯이, 플라톤의 초-중기 대화편들에서는 인물들에 대한 역사성이 중요한 의미를 지녔으나, 후기 대화편들에서는 이러한 인물들의 역사성이 무시되고 철학적 주제가 중심이 되고 있으며, 초 중기 대화편들의 인물들의 사상이 비판적으로 고양되고 있다는 것을 간파할 수 있다.[9]

이러한 여러 가지 이유 때문에 이 저서에서는 『파르메니데스』 편 이후의 후기 대화편들에서는 플라톤이 자신의 사상을 피력하고 있는 것으로 간주하고자 한다. 즉 정의내리기에서 기원하는 소크라테스의 산파술을 자연철학자 파르메니데스의 존재론과 관련시키는 것과 관계하여서는 소크라테스 고유의 것으로, 『파르메니데스』 편에 나타나는 파르메니데스나 이 대화편 이후에 나타나는 『테아이테토스』 편이나, 『필레보스』 편의 소크라테스는 물론, 『티마이오스』 편의 티마이오스, 『소피스테스』 편과 『정치가』 편, 그리고 『법률』 편의 이방인이 말하는 것을, 즉 소크라테스의 산파술에 함축된 파르메니데스의 존재론과 제논의 논박법적 변증법을, '인간의 인식능력'에 기초한 현실적 경험을 중시하는 동일자-타자의 존재론에서 기원하는 동일성-타자성의 변증법으로 비판적으로 보완한 것을 플라톤의 것으로 간주하는 가설을 세운다.[10] 그리고 이러한 플라톤의 동일자-타자에서 기원하는 동일성-타자성의 변증법이 소크라테스의 정의 내리기에서 기원하는 산파술이 기초하고 있는 파르메니데스의 존재론과 제논의 논박법적 변증법의 이원론적인 것을 인식론적으로 보완하고 있다는 것으로 말하고자 한다.

---

9 역사적으로 플라톤의 대화편들이 기록된 순서에 관한 시대마다 다른 여러 사람들의 견해는 W. D. 로스(W. David Ross), 김성진 역, 『플라톤의 이데아론』, 1장 참조.

10 '플라톤의 변증법에 따른 진리와 인식'이라는 이 저서의 제목이 알려주듯이 플라톤의 후기 대화편들은 소크라테스의 산파술이 함축한 엘레아학파의 사상을 존재론적으로나 인식론적으로 반성하여 산파술을 보완하는 진리탐구의 방법을 '변증법'으로 표명한다.

사실 플라톤의 대화편들에 나타난 소크라테스-플라톤 철학의 핵이라고 말할 수 있는 형상론, 즉 이데아론에 기초한 사상은 『파르메니데스』 편을 기점으로 하여 초-중기 대화록과 달라지는 것처럼 나타난다. 그러나 이는 젊었을 때 지녔던 형상론과 이데아 사상의 자기 반성적인 측면을 함축하는 것으로서 노년의 변증법 사상으로 성숙되는 것에 불과하다. 즉 『파르메니데스』 편은 대화의 주인공부터 엘레아에서 온 파르메니데스로 되어 있고, 이 파르메니데스가 자연철학자 파르메니데스의 존재론을 반영하는 소크라테스의 영혼관과 관련된 이데아론을 비판적으로 검토하고 있다. 제1권에서 보았듯이 자연철학자 파르메니데스의 존재론은 인식론적으로 감관-지각과 사유를 극단적으로 분리하고 감관-지각이 주는 경험에 대한 판단을 두-머리를 가진 대중들의 상대적이고 윤회론적인 것으로 표명하여 피타고라스학파의 이원론적인 오르페우스 종교의 사상과 연결되어 있는 것으로 판정할 수 있으며, 언어만을 통해 모순율에 따라 존재를 판단하는 정신(nous: 사유영혼)의 판단의 결과는 이러한 생성-소멸이 있는 윤회하는 세계에서 초월적인 파르메니데스의 일자-존재를 지향하는 것으로 표명하고 있다. 그리고 이 일자만을 진리로 사유하는 길은 파르메니데스의 〈단편1〉에 나타나듯이 여신이 인도하는 길이다. 그 결과 문제는 제1권에서 살펴본 바와 같이 파르메니데스의 존재론에서는 신적인 세계와 생성-소멸이 있는 인간 세계를 연결하는 고리가 없다는 것이다.

그런데 플라톤의 『파르메니데스』 편은 이 양 세계를 연결하려고 하는 것(현상세계를 구제하는 것: sojein ta phenomena)의 기초 작업으로서 존재론적으로 동일자-타자에서 기원하는 동일성-타자성의 변증법적 논리에 의해 파르메니데스의 존재론을 반성적으로 비판하는 것이고, 자연철학자 파르메니데스의 존재와 허무의 배중률에 따르는 이원론적인 존재론을 영혼의 능동-수동성을 상징하는 '미소한 능력(dynamis)'에 기초한 동일자-타자의 존재론에 의해 자연철학자 파르메니데스의 존재론적 사상에 대해 살부의식(paticide)을 수행하는 것이 『소피스테스』 편에서 나타난다. 즉 『파르메니데스』 편 전반부에서는 소크라테스의 정의내리기에서 기원하는 이데아론에 기초한 영혼관과 신관이 모순에 처할 수밖에 없다는 것을 드러내 보여주고, 후반부에 나타나는 변증법의 연습은 철저히 모순율에 기초하고 있는 동일성-타자성의 변증법이다. 그런데 이러한 『파르메니데스』 편의 변증법 연습에 나타난 인간의 술어적 언어(주어+술어)에 기초한 동일성-타자성의 변증법은, 진리와 언명이 가능한 존재론적 진리 조건으로서 자연철학자 파르메니데스가 배척한 허무 대신 물리적 존재를 상징하는 무한정자(apeiron)의 존재와, 이를 기초로 한 생성-소멸하는 현상세계와 관계하는 인간의 존재론적 사고의 능력을 가능하게 하는 인간의 능동성-수동성을 지닌 영혼의 존재가 지닌 '미소한 능력(dynamis)'(한계를 가진 인간 영혼의 능력)을 끌어들여야만 하는 것으로서, 이를 존재론적으로 표명한 것이 『소피스테스』 편이라는 것이다.[11] 그리고 이 대화편 이후에 이데아론은 이러한 영혼의 자발성에서 기원하는 인간의 정신 능력의 능동-수동성에 따라 여러 학문들과 기술들로 분화되어 나타난다는 것이다.[12]

『소피스테스』 편 전반부는 변증법의 일종인 분할(dihairesis)-모음(synagoge)의 방법에 의한 소피스트의 행태를 현상학적으로 정의내린 것이다. 즉 소피스트들의 행태를 동일성-차이성의 변증법의 일종인 분할(-모음)의 방법으로서 규명하다 보니 제논의 운동 역설들이 그러하듯이 역설적으로 소피스트에 대한 정의내리기의 이면에서(간접적으로) 진정한 철학자가 정의되고 있는 것이다. 그리고

---

11 소크라테스-플라톤은 자연의 생성-소멸의 원인으로 설정한 자발성을 지닌 정신이나 영혼의 작동방식은 우연성에 대처한 정신의 자기필연적인 존재방식의 운동을 수행하는 방식으로 전개되나, 실천철학적 영역에서의 인간 영혼의 자발성(자유)은 욕망 때문에 나타나는 우발성에 대처하는 방식으로서 절제나 정의에 기초한 덕으로 나타나야 한다고 설파한다.

12 영혼의 자발성이 능동성(foiein)-수동성(paschein)의 측면으로 분화될 수 있다. 능동적 측면은 앞에서 언급하였듯이 도구 제작적 성격이나 실천적 영역에서는 도덕법에 따르는 윤리적 실천이 나타나는데, 이 양자는 현실에서는 변증법적으로 관계 맺는 것처럼 나타난다. 마찬가지로 영혼의 수동적 측면은 인식적인 것으로서 사유의 인식(episteme)과 감각에서 기원하는 감정(pathos)으로 나타난다. 그런데 이러한 인식과 감정은 행위를 전제하는 것으로서 따라서 단순히 수동적인 것이 아니라 능동적인 성격과 더불어 있기에 변증법적으로 관계하는 수용적 성격을 드러내어 삼중-사중적 성격을 드러낸다. 즉 인식은 한편으로 감관-지각의 경험을 기초로 하면서도 행위를 전제하기에 영혼의 사유가 지니는 능동적 성격인 도구 제작적 성격이나 실천적 의미를 지니기도 하며, 마찬가지로 감정(pathos)도 영혼의 수용적인(직관적인) 쾌-고라는 감각적 성격과 더불어 사유와도 관계하기에 사유의 자발성을 표출하는 능동적 수단이 되기도 한다.

『소피스테스』편 후반부에서는 이러한 진정한 철학자의 변증법의 존재론적 기초가 무엇인지를 밝히고 있다. 즉 앞에서 언급하였듯이 이 대화편의 이방인은 파르메니데스의 존재론적 사유가 운동이 있는 헤라클레이토스의 세계에서 성립하기 위한 조건을 존재론적으로 살피면서, 한편으로는 영혼의 '능력(dynamis)'을, 다른 한편으로는 파르메니데스의 허무 대신 타자로서의 물리(질료)적 존재라는 무규정자(apeiron)를 설정하는 것으로서, 동일성-타자성의 변증법의 존재론적 기초를 말하고 있다는 것이다. 그리고 이러한 영혼과 무규정자를 지칭하는 동일자-타자에 기초한 존재론적 정의내리기에서 기원하는 동일성-타자성의 변증법은 수학적으로는 후기 대화편들에서 하나와 여럿의 변증법으로 정리되는 것으로 나타난다.

초기와 중기 대화편들에 나타나는 소크라테스의 산파술이 함축한 가설-연역적 방법과 관계하는 형상론은, 『파르메니데스』편에 나타나는 동일자-타자의 변증법적 관련성에서 기원하는 동일성-차이성의 변증법을 통하여 현실과 관계하는 형상론과 서로 다르다. 왜냐하면 초-중기 대화편들에 나타나는 형상론은 자연이나 인간의 실천적 영역에서 무차별적으로 사용하는 것으로서 이러한 이데아론은 존재와 허무의 배중률을 전제하는 모순율에 따라 전체-부분의 엄밀 정확한 양적-기하학적 원리에 따라 작동하지만, 『소피스테스』편의 인간영혼의 '미소한 능력(능동-수동성을 지니는 한계가 있는 능력)'에 기초하고 있는 존재론에 따르는 동일성-타자성의 변증법에 따르는 형상론은 전체-부분의 양적-기하학적 원리를 가능하게 하는 '영혼의 기능'을 전제하는 것으로서 박홍규의 표현에 따르면, '부분 속에 전체가 가능적으로 들어올 수 있게 하는 한계가 있는 영혼의 기능적 측면'이 부각되는 유기체의 논리[13]를 함축하는 것으로서 초기-중기의 형상론에 여러 가지 제약과 한계를 설정하기 때문이다.

---

13 박홍규, "베르그송에 있어서 근원적 자유"와 『베르그송 창조적 진화 강독』, 박홍규 전집 5 (민음사, 2007), 28쪽.

앞에서 언급했듯이 소크라테스의 정의내리기와 관계하는 실재성을 표현하는 형상론이나 관념을 상징하는 이데아론은, 이러한 동일자-타자의 존재론에서 기원한 동일성-타자성의 변증법과 결합함으로써 초기의 소크라테스의 윤리적 사태에 대한 정의내리기는 『소피스테스』 편에서 피타고라스학파처럼 수학적으로는 '하나와 여럿'의 변증법으로 표명되며, "학문과 관련하여 발견된 모든 것은 이 방법을 통하여 분명해진다."(16c)고 한다. 그리고 이러한 방법을 최초로 적용한 것이 『소피스테스』 편에서 '분할(dihairesis)'을 통해 소피스트를 정의하려고 한 것이다. 그런데 이러한 플라톤의 분할에 의한 변증법은 후기 대화편들에서는 현대의 현상학에서 말하듯이 현상에 대한 분할과 이러한 분할에 따르는 결과들은 모으는(synagoge) 변증술[14]로 나타나는 것이다. 이러한 변증술은 물론 언어학, 수학, 심리학, 윤리학이나 정치학에서도 적용할 수 있다. 그것은 방법적으로는 뒤죽박죽도, 애매함도, 혼란도, 어둠 속에 있는 것도 아닌 언어를 통해 수학-기하학적 방법으로 행해진 '존재의 빛 가운데 있는 것'(『소피스테스』 254a)이다.

플라톤에 있어서 변증법(dialektike)이란 '대화하는 힘(『국가』, 511b)', '토론의 기술(『파이돈』, 90b)', '토론의 절차(『소피스테스』, 227a)' 등이다. 이 변증법적 방법은 『메논』 편(75 d)에서부터 그의 인생의 끝까지 가장 큰 관심을 기울였던 것이다.[15] 『국가-정체』의 선분의 분할에 대한 언급에서 직관적으로 표명된 그의 변증법은 '짧게 순회하는 방법'으로서 쉬운 것이 아님을 말한다. 그는 직관에 의해 이루어진 방법과 제멋대로의 방법을 대조하고 있는 것이다. 이 제멋대로의 무질

14 후기 대화편들, 특히 『소피스테스』편과 『정치가』편 전반부에서는 변증법이란 용어는 나타나지 않고 단지 분할 'dihairesis'이라는 용어로 경험적 직관에 포착된 소피스트나 정치가를 정의하려고 한다. 그런데 이러한 분할의 방법은 경험적 직관에 나타나는 현상을 그대로 분류하는 방법으로서 이분법, 삼분법, 혹은 이데아나 에이도스와 관계하는 분석-종합의 방법을 사용하여, 즉 여러 가지로 방법으로 나타나며, 최종적으로는 자연 종의 분류에서부터 인간의 사유나 행위 영역의 양상들을 분류하는 것으로 나타난다. 이 때문에 후기 대화편들에 나타난 소피스트나 정치가를 정의하려는 분할(-결합(synagoge))의 방법은 분석-종합의 변증법을 포함하는 변증술로 말하고자 한다.

15 로빈슨(R. Robinson), *Plato's earlier dialectic* (NewYork: Garland public., 1980), 69쪽.

서한 방법은 『뤼시아스』 편에서는 뒤죽박죽(khuden: 264b)으로, 『파이돈』 편에서는 모든 것을 혼합하는 (mixis) 것(101e) 등으로 말한다. 그에 따르면 진리란 단지 방법적으로만 획득될 수 있다. 그리고 이 방법은 존재에 관한 직관과 함께 분석-종합하는 지성의 귀납과 연역을 함축하는 것으로서 수많은 시간과 훈련을 요한다.

이러한 변증법이 인식론적으로 분석-종합하는 지성과 관련하여서는 파르메니데스 일자를 전제하는 가설적-연역적(형식적)이며, 방법적으로는 논리적으로 그리고 존재론적으로 수행되면서 전체적으로 보다 분명하게 드러나는 것은 『파르메니데스』 편 변증법의 연습 부분에서이다. 특히 이 대화편의 후반부 변증법 연습에서 드러난 변증법이란 『소피스테스』 편에 나타난 영혼의 능동-수동의 능력(dynamis)과 관계하는 동일성-타자성의 변증법으로서, 파르메니데스의 존재론적인 일자를 '있다-없다'고 판단하는 현실적 판단명제들로 이루어진 존재론적 사유에서 성립하는 8개의 가설들 전체를 설정하고, 이들 가설들에서 연역의 결과가 모순되는 것을 통하여 현상계의 다양한 사태들을 설명함으로써, 즉 결론에서는 이 가설에 대응하는 현실적 존재의 현상을 기술하는 것으로 나타나고 있다.[16]

그런데 문제는 제1 가설과 제2 가설을 제외한 여러 가설들이 사실은 제1 가설과 제2 가설의 한 지류에 불과하다는 사실이고, 특히 제2 가설만이 여러 가지로 나타나는 현실을 종합적으로 설명할 수 있다는 사실이다. 이러한 사태는 제논의 운동 역설들이 다양한 딜레마들을 산출하면서도 전체적으로는 운동이란 파르메니데스의 존재와는 다른 방식으로 존재한다는 사실(현실)을 간접적으로 보여주고 있는 것과도 같다. 사실 인간의 경험적 현실에 대한 주장들이 소피스트들에게서 나타난 바대로 상대적인 것들로서 여러 가지로 나타날 수 있는데, 이는 플라톤의 변증법이 보여주듯이 모두가 제1 가설이나, 제2 가

16 송영진, 『플라톤의 변증법』(철학과 현실사, 2010), 참조.

설의 단편들에 불과하다는 사실을 의미한다. 그런데 우리가 현실을 전체적으로 알아야만(panoptes) 현실의 진실이 드러난다는 것은, 『메논』편의 인식에 대한 전체와 부분의 변증법적 관계를 오르페우스종교의 윤회설에 견주어 설명하는 것에서 이미 드러난 사태이다. 즉 전체를 모르고서는 부분을 엄밀 정확하게 알 수 없고, 역으로 부분을 잘 안다는 것은 그것이 전체와의 관련성 아래에서나 가능하다는 것이다.

『파르메니데스』편의 후반부에서의 〈변증법의 연습〉은 경험현상에 대한 분석을 전제하는 파르메니데스의 존재론적 사유에 기초하고 있다. 그런데 플라톤의 변증법이 전제하는 제1 가설이나 제2 가설도(전체적으로는 8개 가설) 변증법을 훈련하는 것으로서 나타나고 있다. 그 이유는 이 변증법이 (영혼의 존재에 대한) 직관적 사실과 결부되어 있지 않고, 단지 경험을 분석하고 종합하는 가설-연역적 방법으로 우리의 존재론적 사유에서 나타날 수 있는 모든 경우를 전체적으로 살피는 존재론의 '언어에 의한 논리적 연습'이기에, 변증법의 훈련이라고 묘사된 것이다. 즉 소크라테스가 정의내리고자 하는 철학적 주제가 되는 신, 정신, 가치와 존재, 인식, 자유와 물질, 등의 문제들을 총괄적으로 다루는 변증법은 동일자와 타자를 이원론적으로 전제하고 이들의 관련성을 살피는 것으로서 현실에 대한 영혼-정신의 직관을 파르메니데스의 일자로서 전제하면서도 우리의 판단하는 사유에서는 여러 경우들로 분석되고, 이들 경우들을 가설로 하여 가설들에 따른 연역에 의해 그 결과가 필연적으로 나타나는, 그래서 방법적으로 그리고 그것의 논증들의 구조가 전체적으로 그려지고 있다는 사실이다. 이 때문에 우리의 판단에서 성립하는 구체적 경험의 진리들은 종국적으로는 영혼의(에 관한) 직관적 현실(우주와 관계하는 인간의 영혼의 다양한 양상들)과 부합하는 것이 될 것이다.

소크라테스의 정의내리기에서 기원하는 산파술과 결합된 경험적 직관에 대한 엄밀한 분석-종합의 수학-기하학적 변증법은 후기 대화편들인 『소피스테스』편이나 『정치가』 편 전반부에서 나타나 있듯이 소피스트나 정치가에 대한 현실적인 경험적 직관에 대한 분할(과 모음: dihairesis-synagoge)의 방법이라는 변증술로 변용될 수 있는 것이다. 이러한 분할(과 모음)의 방법은 분석과 종합을 전제하는 변증법의 절차인 엄격한 분할은 아니다. 소피스트들이나 정치가들의 행태에 대한 경험적 직관에 대한 이러한 분할의 방법은 항상 과부족이 있는 부동(浮動)하는 자연현상이나 인간 세계의 실천적 현실에 대한 것으로서 현상학적인 것이라 말할 수 있는 것이며, 따라서 변증법이 아닌 변증술로 칭할 수 있다. 특히 『정치가』 편에서 신화 이전(크로노스시대)의 분할은 형상(eidos)에 따른 나누기가 아니나, 신화 이후(제우스 시대)의 분할은 엄격한 의미의 분할에 일종의 종과 유에 따르는 유기체적인 분할(kat' eide)이다. 이러한 분할은 존재론적으로 이분법적 분할에만 제한되지 않는다. 이 대화편에서 발견되는 진지한 분할과 장난스러운 분할의 혼합과 관련하여 세 종류, 즉 아이러니와 우스갯소리를 만드는 규제되지 않은 분할, 잠정적인 규칙들에 의한 한 가운데(dia meson)로 나누는 이분법적 분할, 진지함과 관련된 동일성-타자성의 변증법에 기초한 동일성-차이성에 따르는 방법론적 분할(변증법)이 있고, 이 마지막 분할의 방법이 방법론적으로 유기체적인 분할과 존재론적 분할로 하위분류를 지닌다. 이 분할의 문제와 관련하여 『정치가』 편에서 수행된 분할의 특징은 그것이 제대로 수행된 것이든 그릇되게 수행된 것이든 정치술을 정의하려는 이 대화편의 목적에 기여하는 것으로서, 그릇된 분할을 통해서는 올바른 분할이 가능한 조건을 생각하게 하거니와 올바른 분할을 통해서는 변증법의 본래의 목적에 이를 수 있기 때문이다.

『필레보스』 편은 도대체 "인생을 어떻게 사는 것이 좋은가?" 혹은 "무엇이 좋은 것인가?"(혹은 "선(善)이란 무엇인가")의 문제를, 즉 감각적 쾌락과 이를 판단하는 사유에서 기원하는 즐거움을, 전체적으로는 선이나 쾌를 진리와 관계하는 사유의 판단하는 능력에 따라 분류하는, 따라서 소크라테스의 선에 대한 정의내리기를 최종적으로 플라톤의 하나와 여럿의 변증법으로 논하는 대화편이다. 이는 제 1권 서문에서 인생에 대한 소크라테스의 산파술의 관계에서 철학적 화두였던 “너 자신을 알라.”에 대한 플라톤의 변증법적 해답이라고 생각될 수 있다. 그런데 즐거움이나 쾌락은 종국적으로는 감각과 관계하고 좋음이나 정의란 실천적 영역이나 인식적 영역에서의 사실이나 진리와 관계하는 우리의 사유하는 판단에 관계하는 것이다. 이 때문에 감각과 사유에 양면으로 관계하는 소크라테스의 정의내리기가 하나와 여럿의 변증법으로 정리되는데, 전체적으로는 쾌락에 대해서는 유기체적 변증법으로 좋음이나 정의(justice)에 관계하여서는 진리와 관계하는 파르메니데스의 존재론과 관련하여 정의내리기가 행해지는 것이다.

그런데 『소피스테스』 편에 나타난 하나와 여럿의 변증법은 정의내리기에서 시작한 가설-연역적 방법과 결부되어 있다. 그리고 『파에돈』 편에 나타난 가설-연역적 방법은 경험적 명제와는 귀납적으로, 형상이나 이데아와 관련하여서는 연역적인 성격을 지닌 것으로 나타났다. 이러한 하나와 여럿의 변증법은 한편으로는 수학적인(기호적인) 것으로서 언어와 관계하여 존재론적-의미론적(연역적)으로 해석되기도 하며, 다른 한편으로는 경험과의 관계에서는 귀납적으로 언어의 의미론과 이에 따르는 파르메니데스의 존재론과 관계한다. 그리고 이러한 정의 내리기에서 출발한 가설-연역적 방법과 관련된 플라톤의 변증법이 최종적으로 하나와 여럿의 변증법으로서 『필레보스』 편(15b)에서도 나타난다.[17] 이를 통합적으로 말한다면 우리의 판단하는 사유에서 나타나는 하나와 여럿의 변증법은 한편으로는 파르메니데스의 존재론과 관계하며 다른 한편으로는 경험세계를 현상학적으로 설명하고 묘사하는(기술하는) 것으로써 양면으로 관계한다는 것이다.

사실 이론적 지식은 행위를 결여한 채 [수동적] 인식(episteme)만을 주는 것이

17 진리의 형식적 관계로 표명된 하나와 여럿의 변증법은, 한편으로는 현대의 자연 과학적 방법으로서 귀납과 관계하면서도 수학과 관계된 변증법으로, 다른 한편으로는 언어적 의미론적 방법으로서 연역법과 관계하는 그러면서도 언어의 의미가 현상과 관계하기에 현대에서의 현상학과 관계하는 변증술로 분화시킬 수 있다는 것을 발견한다. 왜냐하면 우리의 사유는 한편으로 파르메니데스의 존재론과 관계하고 다른 한편으로는 헤라클레이토스의 생성-소멸하는 현상론과 관계하기 때문이다.

되 실천적 지식은 이론적 지식과는 반대로 도구 제작이나 (도덕)법적 정의(justice)에 관계하는 [능동적] 행위(praxsis)에 속하는 것이다. 즉 이론적 지식은 물질과의 관계에서의 기술로 변형되기 위한 물질의 필연성에 따르는 타자성이나 영혼의 자발성의 능동성-수동성 중 타자성(apeiron)과 관계하는 감관-지각(paschein-pathos)의 수동성(수용성으로서의 능동성)으로서의 우연성에 이중적으로 관계하여 물질이나 영혼에 이중적인 우연-필연성의 성격을 노정케 하는 것이다. 이 때문에 이론적 지식은 행위와의 관계에서 이중적으로 우연성에 노출되며, 제3자적인 입장이라 불리는 그 중간 지대에 있게 되고, 그 결과 이론적 지식(theoria)은 객관적이고 간주관적(intersubjective)인 것으로 나타난다. 이러한 이론적 지식은, 현실에 대해서는 도구제작이나 행위의 실천(praxis)과 관계하며 한편으로는 실험적이고 다른 한편으로는 비판적인(해체적인) 소위 행위와 실천에 소극적인(우리의 언명에서 긍정보다는 외연이 넓은 부정적이고 따라서 무한하게 열린) 도덕적인 상관자가 된다.[18] 여기에서 존재론적으로 전체-부분의 이론적 논리가 타자성이 지니는 유한-무한의 변증법과 관련되어 정신(nous)이나 사고(dianoia)의 현실을 논하는 동일성-타자성의 변증법이 동일성-차이성과 함께하는 감각이나 감정에 관계하는 유사성-비유사성의 변증술로 변화되어야 하는 측면이 있다.

결국 『소피스테스』 편이나 『정치가』 편에서 나타나는 분할(-모음)의 방법은 변증술로 불릴 수 있는 것이나, 종국적으로는 파르메니데스 존재론에 대한 플라톤의 인식형이상학에 나타나는 동일성-타자성의 변증법에 따르거나 박홍규가 말하는 유기체의 논리에 따라 자연스러운 종에 따라 나누는 절차를 가져야 한다. 특히 『정치가』 편에 나타나는 올바른 분할은 인식이나 도구 제작을 위한 측정술(metretike)과도 관계하는 것으로 나타나고, 실천철학적 영역에서는 왕도적 정치에서의 선과 관계하는 정의에 따르는 법률제작으로 나타나며,

18 영혼의 능동적 성격은 도구제작적인 행위나 실천적인 영역에서는 도덕법에 따르는 윤리적인 실천 행위(praxsis)가 나타난다.

최종적으로는 '분할의 부분들의 전체에 대한 기여를 고려하는 아름다움과 관련된 적도(to metrion)에 따르는', '측정에 의한 종'에 따른 나눔이다(『정치가』 286-287). 이 적도의 방법은 '항상 보다 많거나 보다 적게(aei mallon e hetton)' 부동(浮動)하는 현실에서는 유사성-비유사성의 감각이나 감정, 그리고 인간의 성격에 관계하기에 변증술로도 불리는 측면에서는 아리스토텔레스에 의해서는 중용(mesotes)의 방법으로 전용되는 것으로서 조금은 복잡하고 혼란된 것처럼 보이지만, 전체적으로는 『필레보스』 편에서도 하나와 여럿의 변증법으로 나타난다는 것이다.[19] 플라톤에 있어서 소크라테스의 정의내리기에서 기원하여 가설-연역적 방법과 결합된 변증법은 후기 대화편에서조차 소크라테스의 정의내리기에 의한 산파술의 진리 탐구에서 전제된 파르메니데스의 일자 존재(경험의 형상화)에 대한 인식론적인 방법적 탐구와 더불어 끊임없이 모색되며 형성되고 있었다고 말할 수 있다.

요약하면, 〈제 1권〉에서 언급했듯이 중기의 대화편인 『메논』 편이나 『파에돈』 편에 나타난 소크라테스의 산파술에 함축된 정의 내리기 방식은 감관-지각적 경험을 경시하는 정신의 상기설에 기초하고 있는 것으로서, 감관-지각적 경험을 중시하는 『테아이테토스』 편에 나타난 산파술의 것과는 다르다. 이 때문에 『소피스테스』 편에 나타난 인식 형이상학의 문제는 『테아이테토스』 편에서는 헤라클레이토스의 경험적 직관과 파르메니데스의 존재론적 사유가 파악한 존재와의 관련성 문제로 나타난다. 헤라클레이토스의 만물은 변화한다는 경험적 인식에서와 같이 인간에 있어서는 감관-지각에 나타나는 현실적 대상이나 인간 실존에 대한 경험적 판단으로서 '인간은 만물의 척도'라고 프로타고라스의 명제가 나타나고, 이를 파르메니데스의 존재론적 사유의 관점에서 정리하면, 자연철학적 영역이나 실천철학적 영역에서의 진리에 대한 인간의 최종적 판단은 '설명이 있는 옳은 판단-속견(orthe doxa meta logou)'이라는 형

19 박종현, 『적도 혹은 중용의 사상』(아카넷, 2014), 참조.

식으로 나타난다. 그리고 이러한 '설명이 있는 옳은 판단-속견'이란 헤라클레이토스의 감관-지각적 직관을 파르메니데스의 존재론적 사유로 형상(이데아)화한 진리의 형식이라는 것이라는 것이다.

『테아이테토스』 편에 나타난 플라톤의 인식론은 관찰-지각적인 경험과의 관계에서 언어에 의한 인간의 사유가 지니는 수학-기하학적인 엄밀 정확한 인식이 가능한지를 탐색하는 것이라고 본다면, 수학-기하학적 인식에 감관-지각적 경험과 모순율에 따르는 사유를 연결하는 조건이나 인과론이 덧붙여지면 생성-소멸하는 자연 사물들의 현상 세계에 대한 설명 도구로서 적합한 것인가를 논한다고 볼 수 있다. 이러한 관점에서 보면 소크라테스의 상기설을 전제하는 산파술과 결합된 플라톤의 동일성-타자성의 변증법에 따르는 『테아이테토스』 편의 인식론은 상기설이 전제하는 엄밀 정확한 인식(episteme)과는 다른 '설명이 있는 올바른 판단 (orthe doxa meta logou)'으로서의 진리 개념을 제안하고 있으며, '설명이 있는 옳은 판단'이 '인간'의 진리에 관한 형식적 개념임을 나타내고 있다. 본 저서는 한편으로 소크라테스-플라톤의 진리 인식 이론이 감관-지각적 경험에서 기원하고 이러한 경험을 일반화하는 능동적인 사유와의 관계에서 형성된 것으로서 이러한 진리 형식은 경험(대상)에 대한 감관-지각과 분석을 전제한 판단작용을 하는 사유의 협동에서 성립한다는 가설을 설정하고, 상기설을 전제하는 인식(episteme)과는 다른 '설명이 있는 올바른 판단-속견'이 인간의 진리에 대한 형식적 정의로 나타나는 과정을 살펴보고, 다른 한편으로는 철학이라는 말이 일상적으로 의미하는 것으로서 『필레보스』 편에 나타난 소크라테스-플라톤의 인생관을 살펴보고자 한다.

서구 철학사는 플라톤 철학의 주석에 불과하다는 A. N. 화이트헤드의 말처럼 플라톤 철학 전체에 대한 연구를 토대로 아리스토텔레스이후 플로티노스나 헤브라이즘이 서구 사상사에 유입된 이후 아우구스티누스나 토마스 아퀴나스는 물론 근대에서는 영국 경험론자들은 물론, 데카르트나 칸트, 그리고 헤겔이나 후썰처럼 새로운 철학설들을 창안할 수 있었다. 그러나 플라톤

철학 전체에 대한 연구서가 없는 한국에서 플라톤 철학을 대화편들 중심으로 단편적으로 연구한다는 것은 서구 철학자들의 연구를 답습하거나 창의적인 연구를 할 수 없는 처지에 몰리게 되며, 여기에서 더 나아가 철학적 사색의 전통을 마련할 수도 없는 처지에 있게 된다. 이러한 점을 시정하기 위하여 또한 우리나라에서는 그리스에서 기원하는 철학(philosophia)이라는 학문이 교육철학이 없는 한국의 특이한 교육 제도로 인한 열악한 환경에서 쇠퇴하고 있다는 상황인식과 그러면서도 과학기술의 발전과 더불어 한국인들의 평균 학력이 대졸에 가깝기에 과학계는 물론 정치, 경제, 사회, 문화의 여러 영역에서의 많은 사람들의 철학에 대한 요구가 우심하기에, 절박한 심정에서 이 저서를 시급히 출판하게 되었다. 여러 가지로 부족한 이 저서를 출판하는데 경제적으로 도움을 준 충남대 출판문화원과 책을 아름답게 꾸며준 편집부에 심심한 감사를 표한다.

2019년 10월 14일 초가을 아침,

보문산 기슭 서재에서, 여석(礪石) 송영진

Chapter 01

플라톤(Platon)의 생애

플라톤(Platon)의 생애

플라톤 생애에 대한 자료는 두 가지가 있는데 하나는 13통의 편지 묶음 가운데 하나인 〈제7 서한〉이다. 이 〈제 7서한〉마저도 플라톤 스스로가 지었느냐 하는 것은 의문이나 그의 생애가 나타난 것이다. 우리는 제 7서한에서 플라톤이 자신의 삶을 철학에 바친 동기가 나타나고 3차례의 시칠리아 여행에 관해 알게 된다. 두 번째 자료는 플라톤 사후 아리스토텔레스나 기원전 1세기 에피쿠로스학파의 필로데모스(Philodemos)가 쓴 『아카데메이아 이야기』와 기원후 3세기에 쓰인 디오게네스 라에르티우스(Diogenes Laertius)의 『철학자들의 생애와 사상』이 그것이다. 이러한 기록들과 그 스스로가 쓴 대화편을 통하여 플라톤의 생애는 다음과 같이 묘사될 수 있다.

1.1. 플라톤의 청소년 시절

플라톤은 기원전 428년 여름과 427년 여름 어간에 태어났다. 그의 출생지는 불확실하다. 아테네의 부자 동네이거나 아니면 당시 아테네(Athene)에 속해 있던, 아테네 남쪽에 위치한 아이기나(Aigina)섬에서 태어났을 것이다. 플라톤은 아테네의 상류층에 속하는, 명망 있고 부유한 집안의 막내아들이었다. 그의 형제자매는 위로 형 아데이만토스(Adeimantos)와 글라우콘(Glaucon), 아래로 누이동생 포토네(Potone), 모두 셋이었다. 플라톤의 원래 이름은 할아버지의 이름을 딴 아리스토클레스(Aristocles)였고 작은 아이로 태어났으나 레슬러를 꿈꾸었던 청년 시절에 가슴이 평평한 정도로 건장한 데서 따온 이름이다. 플라톤의 아버지 아리스톤(Ariston)은 아테네 마지막 왕의 후손이었다고 알려진 것 이외에는 그의 가족에 대해서는 알려진 것이 별로 없다.

플라톤의 대화편 『파르메니데스』(9126a1~b7)에 보면, 아마도 친아버지가 일찍 죽었기 때문이었을 텐데, 플라톤이 육신의 아버지가 아니라 피릴람페스(Philirampes)라는 양부 밑에서 양육되었다는 결론을 내리게 하는 한 대목이 나온다. 그러나 이 대목이 역사적으로 신뢰할 만한 것인지는 불확실하다. 플라톤의 어머니 페릭티오네(Perictione)는 아테네의 명문 귀족 출신이다. 그녀의 집안 사람들 가운데 일부는, 누구보다도 남자 형제 카르미데스(Xarmides)와 사촌 형제 크리티아스(Kritias)는 앞으로 보게 되겠지만 아테네 정계에서 때때로 주도적인 역할을 하였으며, 참주 정치의 나쁜 선례를 보임으로써 플라톤의 삶과 플라톤이 정계로 진출하지 않겠다고 결정하는 데 일정 부분 영향을 미쳤다.

플라톤의 어린 시절과 소년 시절은 스파르타(Lacedaimonia)와 아테네 간에 계속된 펠로폰네소스(Peloponnesos) 전쟁(기원전 431~404년)의 흔적이 남아 있다. 이 전쟁은 아테네가 그리스어 사용권에서 이제까지 누리던 델로스 맹주의 지도

적인 위치를 계속 유지 내지는 보다 더 강화할 수 있느냐 하는 것이었다. 통일 국가라는 의미에서의 그리스란 당시에는 없었고 그 대신에 여러 도시국가(Polis)들의 연합체로서 이른바 헬라스(Hellas)라 불릴 수 있는 연합체가 있었다. 이를테면 각각에 딸린 외곽 지역을 포함하는 아테네(Athene), 테바이(Tebai), 스파르타(Lacedaimonia), 메가라(Megara), 코린토스(Corinthos) 등의 연합체가 그런 예이다. 그리고 이들 도시에서 이주한 사람들에 의해 형성된 지중해 연안의 식민 도시들, 이를테면 시칠리아의 시라쿠사(Siracusa) 같은 곳도 그리스의 일부로 간주되었다.

폴리스들의 연합체는 복잡하고 불안정하긴 하지만 그래도 서로 균형을 이루며 명맥을 유지해갔다. 대개의 폴리스는 무엇보다도 전시에 공동의 적과 효과적으로 싸우기 위해 도시 동맹을 맺었다. 그러나 한 폴리스가 새로 가입한 동맹에서 더 많은 이득을 얻으리라는 기대를 품고서 전쟁 중에 이 도시동맹에서 저 도시 동맹으로 옮기는 경우도 드물지 않았다. 폴리스들은 그리스어를 사용하는 모든 도시국가가 한 자리에 모여 동족임을 체험할 수 있는, 올림피아(Olimphia)에서 열리는 경기와 같이 범(汎)헬라스(그리스)적인 특정한 행사를 통해 서로 유대감을 갖고 있었다. 그러나 본질적으로 모든 폴리스는 각기 정도의 차이는 있었지만 서로 다른 정치체제와 자치권을 행사했다.

펠로폰네소스 전쟁 직전, 아테네는 페리클레스(Pericles: 대략 기원전 495~429년, 443년부터 집권)의 통치 아래 '황금기'를 보냈다. 대부분의 고전적인 건축물들, 특히 오늘날까지도 아테네를 방문하는 사람들을 여전히 경탄케 만드는 아크로폴리스(Acropolis)에 세워진 건축물 가운데 대부분이 그 시절에 만들어진 것이다. 사회적 긴장은 별로 없었고 생계유지 비용과 실업률은 그전과 비교가 되지 않을 정도로 낮았다. 대부분의 아테네 사람들, 최소한 남성들은 읽고 쓸 줄 알았으며 노예를 전제하기는 했지만 직접 민주주의가 만개했었다. 페리클레스가 집권하기 몇 년 전 아테네는 페르시아(Persia)와의 전쟁 때문에 맺어진 델로스(Delos) 동맹의 맹주로서 그리스의 대부분의 폴리스에 대한 패권을 장악하고 가장 강력한 경제 세력이 되는데 성공했었다. 그러자 스파르타는 아테네가 그 세력을 더 확장하고, 그리하여 결국은 전 그리스 위에 군림하게 되지 않을까 염려하게 되었다.

기원전 431년 스파르타와 아테네 사이에 그전부터 잠복해 있던 긴장 상태가 폭발하여 펠로폰네소스 전쟁이 벌어지고, 그로부터 2년 후 아테네에 첫 번째 파국이 찾아든다. 스파르타 사람들의 계속된 포위망 구축으로 인해 아테네는 흑사병이 틀림없는 무서운 전염병이 번졌다. 그 병은 아테네 주민의 삼분의 일을 죽게 만든다. 전쟁은 기원전 421년부터 415년까지 잠정적으로 휴전 상태에 들어간다. 그러다 2년 후인 기원전 413년-플라톤은 막 15살이 되었다-에 전쟁이 재발한다. 아테네 해군은 시칠리아 앞바다에서 공격을 받아 전멸하고 포로로 잡힌 군인들은 강제 노동에 처해진다. 이로써 다른 폴리스에 대해 패권을 행사하려던 아테네의 야심은 최종적으로, 또 달리 어찌 해볼 도리 없이 깨지게 된다. 뒤이어 아테네의 정국도 혼란해진다.

기원전 411년 아테네에서는 정권 교체가 이뤄진다. 민주주의에 적대적인 집단에 의한 참주정이 형성되었지만, 얼마 가지 않아 무너지고 민주주의가 복원된다. 아테네는 다시 스파르타에 반기를 들어본다. 아테네의 승리도 잠깐, 기원전 406년 스파르타가 반격을 가하고, 기원전 404년 그러니까 플라톤이 24살이던 해에는 전쟁이 스파르타 쪽에 유리하게 매듭지어진다. 아테네는 박살나지는 않았지만, 방벽을, 다시 말해 방어 시설을 철거하지 않을 수 없었다. 아테네는 일단 스파르타의 자비로 명맥을 유지하게 된다. 펠로폰네소스 전쟁에도 불구하고 아테네에서의 삶은 계속 평상시의 길을 갈 수 있었다. 문화적으로 아테네는 그전과 다를 바 없이 생동감 넘치는 도시였으며, 헬라스 세계의 중심이었다. 대규모의 건축 계획은 페리클레스 통치 아래 완료되었었고, 여러 전쟁을 치르는 동안 재정 지원이 거의 불가능했음에도 불구하고, 아크로폴리스의 에레크테우스(Erecteus) 궁전 같은 몇몇 질박한 건축물들이 완성되었다. 에우리피데스(Euripides)의 여러 훌륭한 비극과 아리스토파네스

(Aristophanes)의 희극들이 전쟁 중에 공연되었다.

우리는 플라톤이 당시 아테네 상류층에서 통상적으로 행해지던 방식으로 교육을 받았다고 생각할 수 있다. 그에 따라서 교육은 대체로 어머니가 책임지고 있었을 것이고, 아버지는 그에게 아테네의 다양한 신에 대한 숭배 제전과 공공 기관, 도시 안에서 이루어지는 일상을 차근차근 가르쳐주었을 것이다. 그리고 그는 일곱 살 되던 무렵에 학교 선생에게 보내졌을 것이다. 수업은 세 가지 기본 교과목인 문법(읽기, 쓰기, 셈하기)과 체육과 무시케(mousikē)로 짜여졌다. 기원전 5세기 말의 무시케 수업은 학생들에게 호메로스(Homeros)의 유명한 서사시 『일리아스(Ilias)』와 『오뒷세이아(Odysseia)』를 암송시키는 데 특히 중점을 두었다. 플라톤의 경우, 그를 가르쳤던 교사들의 이름이 우리에게 알려져 있으며, 우리는 최소한 그의 교사들 가운데 한 사람이 대단한 인격자였음에 틀림없다는 점을 알고 있다. 한 자료는 플라톤이 어렸을 때부터 이미 재주가 보통이 아님을 증명해 보였다고 전하고 있다. 그는 한때 꿈꾸었던 비극 시인으로서 자작시와 비극을 발표했으며, 그림 그리는 데도 재주가 많음을 드러내 보였다는 것이다. 이 전언을 얼마나 신뢰할 수 있는지에 관해서는 물론 더 이상 뭐라고 말할 수 없다. 그러나 그의 대화편들이 예술적으로도 희곡의 완벽성을 지니고 있기에 이러한 전설과 연관성이 있으리라 짐작된다. 현대의 과정 철학자 A. N. 화이트헤드(A. N. Whitehead)는 서양의 철학사는 플라톤의 주석에 불과하다고 말할 정도로 현대의 모든 분과 학문들(Scientiae)의 기원이 된 철학(philosophia)은 그의 사상에서 기원할 만큼 그의 지능(intelligence)은 우수하였고 말 그대로의 '신이 인류에게 내린' 천재였다.

1.2. 소크라테스(Socrates)와의 만남

플라톤은 부유하고 훌륭한 귀족집안에 태어났다. 이 때문에 플라톤이 정치적 야망을 품고 있었다는 것은 매우 당연하다. 플라톤이 스무 살이 된 후부터(그러니까 대략 기원전 407년부터) 자신보다 거의 40년이나 연상이었던 소크라테스를 스승으로 생각하는 젊은 사람들 그룹에 합류했다는 것은 확실한 사실이다. 물론 소크라테스가 아테네에 두루 알려져 있었기 때문에, 플라톤은 소크라테스를 보다 먼저 알고 있었을 것이며, 어렸을 때나 청소년 시절에 소크라테스를 아테네 여기저기서 만난 적이 있었을 것이다. 소크라테스는 그에 앞서 철학적 물음에 종사했던 모든 사람들(자연철학자들이나 소피스트라 불린 그 당시 인문학자들)과는 다른 방식으로 즉 수학-기하학을 중시하면서도 자연과학적 방식의 이과적 교육방식으로 철학을 했다. 그는 저술을 하지도 않았고 플라톤이 묘사했듯이 자신의 무지를 전제함으로 해서 소위 보통사람들이 말하는 교육(암기식 가르침)을 베풀지도 않았다. 그가 철학하는 방식은 앞에서 살펴본 바대로 자신의 어머니의 직업이었던 산파술(maieutike)을 영혼에 적용한 대화법(diallektike)으로서 근본적으로 장터나 길거리, 공공 스포츠 센터, 이른바 김나시온, 또는 항구에 가서 아테네 시민들과 문답법적 대화를 나누는 것이었는데, 누구보다도 교육자로서 이름 있는 사람들인 '소피스트(Sophist)'라 불린 지자(智者)들과 자주 그랬다.

『파에돈』 편에 묘사되고 있는 일단의 젊은이들이 소크라테스를 따라다녔는데, 플라톤이 바로 그런 사람들 가운데 하나였다(이들 가운데 플라톤을 적통으로 하고, 다른 사람들은 소(小)소크라테스학파들의 창시자들이 된다). 소크라테스는 아테네 시민들과의 대화에서 가르침을 베푼 것이 아니라, 자기 자신이 붙들고 씨름하던, 델포이 신전 입구 양 기둥에 쓰여 있었다고 전해진 "너 자신을 알라(Gnothi s'auton)."와 "교만하지 말라(Meden lian)."라는 말에서 기원한 유한한 인간 존재의 정체성을 지칭하는 '영혼'의 존재나 그 작용 방식에 대한 탐구에서, 자신의 무지를 전제하면서 현대에서 보면 과학적이고 논리적이며 가설-연역적 방식으로 된, 당시로서는 새로운 탐구 방식으로 접근함으로써, 현대에까지도 확실한 해답을 얻지 못한 형이상학적인 물음들을 제기했다. 소크라테스가 플라톤과 같은 젊은이들에게 끼친 엄청난 영향은 그가 독자적인 이론을 설계하고 있었다는 데 있지 않고, 물음을 제기하고 철학적 문제를 논의하는 과학적인 '탐구 방법'을 가르쳤다는 데 있다. 대화는 궁극적으로 무엇보다도 도대체 좋고 행복한 삶이란 어떤 것인가 하는 물음을 중심으로 진행되었다. 이 무렵에 플라톤은 도리아(Doria)와 유리마케(Eurimache)라는 여성과 두 번 결혼한 것으로 전해지고 있다.

소크라테스와의 교분이 플라톤의 삶과 그의 지적 발전에 대해 갖는 의의는 한두 마디로 평가할 수 없다. 플라톤에게 강한 인상을 주었던 것은 그의 사람됨, 즉 소크라테스의 도덕적 원만함, 즉 그의 단순한 삶의 방식, 그의 죽음과의 대결, 그의 정의감, 그의 용기와 시민 정신과 같은 폴리스 아테네에 대한 충성심만이 아니었다. 뒤에 가서 더 보게 되겠지만, 플라톤 자신의 철학에 대한 본질적인 동인 가운데 하나로 충분히 간주될 수 있는, 우주 안에서의 인간 존재의 위치에 관한 형이상학적 물음을 제기하고 문제를 분석하는 소크라테스의 철학적 방식이 그에게 강한 인상을 주었던 것 같다. 즉 소크라테스가 제기한 영혼의 존재와 그 활동에 대한 철학적 물음을 산파술로 접근한 것과 같이, 플라톤은 산파술과 결합된 '변증법(Dialectics)'이라는 방법으로 인간 영혼에 대한 탐구를 인식론적으로 일관되게 밀고 나간 시도로 이해할 수 있다. 소크라테스는 기원전 399년 사형선고를 받고 처형되었다. 그의 죽음은 두말할 필요도 없이 플라톤에게 커다란 충격이었다. 처음에는 정계로 진출하려는 그의 생각은 그 당시 정치 자체가 자신의 기대에 미치지 못했기 때문에 포기했다고 말할 수 있다. 즉 "그 당시의 부패가 혐오스러워서 물러났다."(『제7 서한』 325)고 기록하고 있다. 그럼에도 불구하고 그는 총명하였기에 소크라테스의 현실적인 정치철학이 윤리적으로는 물론 종교적인 것으로까지 말할 수 있는 높은 이상을 향하고 있음을 알아차렸을 것이고, 종국적으로는 이러한 이상을 지상에 실현하기 위한 모든 학문들의 기초를 닦는데 일생 동안 분투하였다고 말할 수 있다.

1.3. 플라톤, 철학하기로 결심하다

『제7 서한』에서 분명히 알 수 있는 것은 플라톤이 성장하면서 어떤 사람이 될 것인가 하는 물음과 많이 씨름했다는 것이다. 상류층에 속하는 부유한 젊은이인 그에게는 그 도시의 공적인 일에 투신하는 것, 즉 오늘날의 말로 하자면 정계에 입문하는 것이 자연스런 일이었다. 기원전 404년 펠로폰네소스전쟁이 끝난 뒤 절호의 기회가 생긴다. 스파르타는 아테네에 승리를 거둔 뒤 충성을 확신할 수 있는 30인의 과두 정부, 이른바 30인 참주정을 아테네에 들여놓는다. 이들 30인 가운데에는 플라톤의 집안사람도 있었다. 플라톤의 어머니의 남자 형제와 사촌 형제, 즉 카르미데스와 크리티아스가 그들이다. 두 사람은 플라톤에게 함께 일하자고 청한다. 플라톤은 처음에는 희망—어쩌면 새로 들어선 정부가 드디어 아테네에 보다 좋고 보다 정의로운 분위기를 조성하는 데 성공할는지도 모르겠다는—에 부풀어 있었다.

그러나 그의 희망은 심한 환멸로 바뀐다. 그는 문제의 30인 참주정 때 그 정점에 있던 크리티아스가 스파르타의 지원을 받아 잔인하고 전제적인 공포정치를 일삼는 것을 목격하게 되는데, 그들은 최소한 1,500명의 생명을 앗아갔고 많은 사람들이 도피 생활을 하게 만들었다. 『제7 서한』의 저자는 30인 참주정에 비하면 그전 정체(政體)는 황금같이 보인다고 말한다. 특히 플라톤의 정나미를 떨어지게 한 일은 30인 참주정이 무죄가 너무나도 분명한 살라미스 출신의 한 장군을 처형해야 하니 체포해오라고 소크라테스에게 명령을 내린 것이었다. 그들이 내심 바랐던 것은 소크라테스가 그들의 압력에 굴복하여 모든 저항을 포기하고 그들에게 협력하는 것이었다. 그러나 소크라테스는 그 명령 수행을 거부했다. 그런데 그때 마침 스파르타가 30인 참주정의 지원 중단을 선언하고, 30인 참주정이―그와 함께 플라톤의 집안사람들이―무너졌으며, 다시금 아테네에 민주주의가 복원되었기 때문에 소크라테스는 명령 불복종으로 형을 당하지는 않았다. 플라톤은 다시 새롭게 들어선 민주 정부 아래서 정치에 참여하는 것이 보람 있는 일이기를 바란다. 하지만 4년 뒤 그의 희망은 다시 산산조각 난다. 소크라테스가 기소되고, 기원전 399년 소크라테스가 "국가가 정한 신들을 믿지 않고 새로운 신을 끌어들였으며, 청년들은 타락시켰다."는 죄목으로 사형 선고를 받자 플라톤은 정의로운 정치가 작동하지 않는다는 것을 분명히 알았다. 플라톤은 정계에 진출하려는 희망을 포기하는 어려운 결단을 내린다.

『제7 서한』에서 저자는 어떻게 하면 폴리스를 정의롭게 다스릴 수 있는가에 관해 숙고하기를 결코 단념한 적이 없으며, 자신의 구상을 장년기에 『국가-정체』편에, 그리고 노년에는 혼합정체에 관한 사상을 『법률』편에 기록하였다.[1] 그는 『제7 서한』에 자신의 사상을 실제로 펼칠 수 있는 기회를 엿보고 있었다고 풀죽은 어투(시칠리아를 두-세 번 방문했지만 모두 실패로 끝난다.)로 쓰고 있다. 그러나 한 정체의 법률이 그런 식으로 정의롭지 못하고 도덕이 그와 같이 악한 한, 폴리스를 바르게 관리하기란 불가능하다고 말한다. 그의 결론은 이렇다. 인간은, 실로 지혜를 사랑하는 사람, 그러니까 철학자가 폴리스의 권력을 잡거나 아니면 통치자가 참되게 철학하기를 시작할 때에 비로소 재앙에서 벗어

1 송영진, 『혼합정체와 법의정신』(충남대 출판문화원, 2016), Ⅰ권, 제 1장 '플라톤의 정치철학과 법의 정신', 참조.

나게 될 텐데, 그러나 이것은—『제7 서한』의 저자가 덧붙이고 있듯이—'신의 섭리'가 필요한 일이라는 것이다!(『제7 서한』 325b5~326b4).

당시의 정치에 대해 점점 커져가는 실망은 플라톤의 삶과 그가 철학하게 된 본질적인 동인이었다. 그의 철학이 자연철학은 물론 단지 윤리학과 정치철학만이 아니라 그 이상(종교적인 것)을 포함하고 있을지라도, 또 플라톤이 언뜻 보아 자연철학이나 수학적 대상의 존재와 같이 현실적인 실천철학과 별로 가깝지 않은 물음을 다룰지라도 그러한 정치적 동인이 사라지지는 않는다. 철학자로서 그가 활동하던 그 모든 시간 동안, 그의 마지막 기념비적인 후기 저작 『법률』에 이르기까지, 그는 정의로운 정체에 대한 물음에 몰두한다. 철학자가 통치를 하거나 통치자가 철학자가 되어야 한다. 그것이 현실에서는 불가능하다면 정의로운 법이 세워지고 인치가 아닌 법치가 이루어져야 한다. 『제7 서한』만이 아니라 『국가-정체』, 종국적으로는 『법률』에 나오는 이러한 입장을 플라톤이 취할 때, 그것은 인간들의 사고방식이 모두 이성적이고 합리적일 때에만 정치가 목표를 달성할 수 있다는 의미인 것이다. 그리고 이러한 법의 통치도 폴리스 전체에 대해 원래부터 좋은 것(선의 이데아)—개별 정치가나 개별 집단의 권력욕이나 이해관계를 충족시키는 데에 좋은 것이 아니라—에 기대어 방향을 잡아나가야 하는 것이다.

1.4. 제1차 시칠리아 여행

플라톤이 보기에 참으로 진정한 철학자였던 소크라테스가 BC. 399년 봄에 사형당한 직후 플라톤이 무엇을 했는가는 정확히 밝혀져 있지는 않다. 일부 자료는 그가 코린토스전쟁(기원전 395~387년)에 군인으로 참전했다고 언급한다.

그러나 『제7 서한』을 통해 그가 기원전 389년과 387년 어간에 남부 이탈리아와 시칠리아를 여행했음을 알 수 있다. 즉 소크라테스의 제자였으며 『파르메니데스』 편에서 나타나듯이 플라톤과 같은 관심을 보이고 있는, 그리고 지(知)와 선(善)을 일치하는 것으로 말하는 메가라학파를 창시한 에우클레이데스(Eucleides)와 함께 아테네를 떠나 이탈리아나 시칠리아로 여행한 것 같다. 시칠리아 여행에서 그가 만난 사람들은 인생을 쾌락주의적으로 즐기는 것에만 관심을 가지고 있었던 것으로 묘사되고 있다. 그는 남부 이탈리아, 특히 타렌툼에서 정치적인 영향력이 크고 이름 있는 몇몇 피타고라스학파 사람들과 교분을 나누었는데, 그들은 그곳의 몇몇 도시에서 통치권을 행사하거나 장군이나 군사령관으로서 권력을 장악하고 있던 사람들이었다.

피타고라스는 오늘날 우리에게 무엇보다도 수학-기하학에 종사했던 인물로 알려져 있다. 우리 모두는, 직각삼각형의 직각을 끼고 있는 두 변의 제곱의 합이 빗변의 제곱과 크기가 같다는 피타고라스 정리를 알고 있다. 그러나 '피타고라스 정리'의 공식이 정말로 그에게서 나왔다는 것이 있음직하지 않은 일이라 하더라도, 그것은 피타고라스학파 사람들의 수학에 대한 각별한 관심을 잘 증언하고 있다. 수학적 관심 외에 영혼에 대한 피타고라스학파 사람들의 관념 또한 플라톤이 피타고라스학파 사람들, 특히 소크라테스의 제자였던 메가라학파의 창시자였던 유클레이데스와의 접촉에 있어서 중요한 철학적 화두였다.

피타고라스는 전설적인 시인 오르페우스에게서 유래한 것으로 여겨지는 훨씬 더 오래된 오르페우스종교(Orphic)의 관념을 실마리로 삼아 영혼의 불사성과 영혼의 윤회를 주장한다. 다시 태어나는 불사의 영혼에 대한 사상은 플라톤의 『파에돈』 편이나 『국가-정체』 편을 중심으로 한 일부 저작들의 중요한 대목에 다시 등장하며, 저승에서의 영혼의 삶에 대한 플라톤의 이해는 피타고라스학파의 영향에서 나온 것으로 짐작된다. 또한 플라톤은 소크라테스의 정의내리기 사상을 파르메니데스의 존재론을 방법론적으로 이용한 것으로 정리함으로써 소위 기하학에 유비되는 엄밀 정확한 인식(episteme)의 기초가 되는 에이도스-이데아설로 정리하는데, 이는 당시 이탈리아 지방에서 엘레아학파가 발흥한 점을 고려하고, 『메논』(76c-d)편에 감관-지각의 사물의 성질에 대한 인식을 원자론적으로 설명하는 고르기아스를 논하는 것을 보면, 소크라테스는 물론, 이탈리아 지방의 여행에서 얻은 피타고라스학파와 엘레아학파의 사상이 플라톤의 철학에 결정적인 영향을 미친 것으로 말해질 수 있다.

플라톤은 시칠리아에서 시라쿠사(Siracusa)를 지배하던 참주 디오니시오스(Dionisios) 1세의 처남인 당시 21세의 디온(Dion)과 사귀게 된다. 플라톤은 디온에게서 자신의 윤리학적 관념과 정치학적 관념에 열렬한 관심을 가진 한 젊은이를 발견하고 평생 동안 그와 깊은 교분을 나눈다. 디오니시오스 1세는 쾌락을 사랑한 철학자 아리스티포스의 후원자였으며, 플라톤과 자신의 처남이 점점 깊이 교분을 나누는 데 대해 달갑게 생각하지 않았다. 정의롭지 못한 왕정, 즉 참주적인 정치체제에 대한 반감을 가진 플라톤이 디온을 앞세워 역모를 일으킬 것이라고 짐작했기 때문이었다. 플라톤의 시칠리아 체류는 디오니시오스 1세와의 점점 고조되어가는 긴장으로 끝을 맺는다.

디오게네스 라에르티오스의 『유명한 철학자들의 생애와 견해』를 보면, 플라톤이 2년 뒤 디오니시오스 1세로부터 시라쿠사를 떠나라는 압력을 받았으며, 디오니시오스 1세가 플라톤을 아이기나(Aegina)에 노예로 팔아넘겼다는 얘기가 나온다. 그러나 플라톤은 스파르타의 한 친구 아뉘케리스(Anycheris)가 돈을 지불하고 그를 사들임으로써 풀려났다는 것이다. 이러한 내용의 이야기를 신뢰할 수 있는지는 의문이 들지만 디오니시오스 1세와 플라톤 사이의 긴장이 고조되어 있었다는 것은 명백한 사실이다. 확실한 사실은 플라톤이 이 여행에서의 막을 내리고, BC. 389년경에 아테네로 돌아와 아카데메이아(Akademeia)로 알려진 학원을 설립하게 된다.

1.5. 아카데메이아 학원의 창건

시칠리아 여행보다 더 성공적이었던 것은 플라톤이 기원전 387년 제1차 시칠리아 여행에서 돌아온 직후 착수한 다른 한 작업이었다. 아카데메이아라는 자신의 '학교'를 창건한 것이 그것이다. 아카데메이아라는 이름은 아테네의 아크로폴리스에서 북서쪽으로 2킬로미터 떨어진 지점에 위치한 아주 큰 공원으로서, 아카데메이아 장군의 이름에서 따온 것이다. 이 공원에서는 커다란 김나시온(gymnasion)이 있었다. 김나시온은 아테네의 상류층 자제들이 서로 만나고, 김나지온이라는 말 그대로 '웃통을 드러낸' 채 운동 연습을 하고, 또 시합을 벌이는 일종의 체육 학교였다. 김나시온에서는 수업을 하기도 했는데 세 가지 기본 교과목, 즉 문법과 스포츠와 무시케만 가르친 것은 아니었다. 소크라테스 역시 김나시온을 규칙적으로 다녔는데, 소크라테스가 젊은이들과 대화하는, 플라톤의 거의 대부분의 대화편들이 김나시온을 무대로 전개되는 것은 우연한 일이 아니다. 김나시온은 아테네 상류층 자제들의 유일한 사회적 교유 장소였다. 그러므로 플라톤이 교육과 교양 향상의 차원에서 활동할 작정이라고 한다면, 그가 김나시온에서 실마리를 찾는 것은 자연스런 일이었다.

제1차 시칠리아 여행을 다녀온 플라톤은 처음에는 아카데메이아 공원 구내에 있는 김나시온에서 가르쳤다. 나중에 그는 아카데메이아 옆의 부지를 구입하여 그곳에 수수한 주거 시설과 교육시설을 짓도록 하였다. '아카데메이아'라 불린 이 학원에서 로마의 집정관이었다가 후에 최고 통치자가 된 술라가 기원전 88년에 파괴할 때까지 지속적으로 강의가 행해졌다. 아카데메이아가 파괴되면서 교육기구로서의 플라톤의 학교 역시 몰락했던 것 같으며, 대략 기원후 410년경 이후부터 비로소 신플라톤주의자들의 교육기관에 대한 소식이 다시 전해지는데, 그 교육기관은 아카데메이아라는 이름을 달고는 있었지만 옛 아카데메이아 터가 아니라 아크로폴리스의 남쪽 비탈진 곳에 위치한 한 가정집에 자리 잡고 있었다. 로마 황제 유스티니아누스(Justinianus)의 칙령으로 기원후 529년에 문을 닫은 것이 바로 이 재건된 아카데메이아이다.

1.6. 제2차와 제3차 시칠리아 여행

스무 해 뒤, 그러니까 기원전 367년 플라톤은 다시 시칠리아로 와달라는 디온의 청을 받는다. 디오니시오스 1세가 죽었고, 그의 아들이자 왕위 계승자인, 아직 어린 나이의 디오니시오스 2세가 개방적이며 플라톤 철학에 우호적이었던 것이다. 그 사이 벌써 예순이 된 플라톤은 재차 시라쿠사를 방문하지만, 또다시 성과는 없고 언짢은 일의 연속으로 끝난다. 나이 어린 디오니시오스 2세는 디온의 반대파 사람들의 말을 귀담아들었다. 그들은 디온(과 플라톤)이 참주에게 미칠 영향력을 두려워하여 디온에게 대역죄를 덮어씌웠다. 결국 디오니시오스 2세는 디온을 추방시킨다. 플라톤은 처음에는 남아 있으라는 압력을 받는다. 플라톤은 우호적인 초청이라는 구실 아래 시라쿠사 밖으로 나갈 수 있는 모든 길을 차단당했던 것이다. 그는 결국 각고의 노력 끝에 귀국길에 오른다.

기원전 361년에 감행한 제3차 여행 역시 성과 없이 끝난다. 디오니시오스 2세는 그를 (다분히 이름 있는 철학자가 동참하고 있음을 자랑할 요량으로) 시라쿠사로 초청하고, 디온의 추방을 철회하겠다는 지키지도 못할 약속을 해가며 그를 유혹한다. 디온과 남부 이탈리아 출신의 피타고라스학파 사람들 역시 플라톤이 오기를 청한다. 그래서 플라톤은—그의 친구를 향한 연대감에서—초청에 응한다. 체류는 재차 커다란 실망과 함께 끝난다. 다시금 플라톤은 시라쿠사 밖으로 나가는 데 어려움을 겪는다. 디온을 만날 수도 없고, 포로가 된 듯한 느낌을 받는다. 포로를 대하는 듯한 디오니시오스 2세의 태도를 공개적으로 비판하자 점점 더 큰 위험이 닥친다. 플라톤이 친분이 있는 남부 이탈리아의 피타고라스학파 사람들에게 도움을 요청하고 이들이 그를 위해 발 벗고 나선 후에야 비로소 시라쿠사 밖으로 나갈 수 있게 된다.

플라톤의 시칠리아 여행은 이따금 그 자신의 『국가-정체』편에 나타난 정치를 시칠리아에서 관철해보려던 시도로 해석된다. 아테네에서는 그의 정치적 구상을 구현할 기회가 없었는데, 시칠리아에서는 그런 기회가 있었다. 플라톤이 철학자가 통치해야 한다고 주장할 때, 그는 누구보다도 자기 자신을 염두에 두었다. 그러나 시칠리아 여행을 그렇게 해석하는 것은 『제7 서한』에 나오는 것과 맞아 떨어지지 않는다. 제1차 여행에서 플라톤의 관심사는 자기 자신이 권좌에 오르는 것이 아니라, 그의 친구 디온을 통해 간접적으로 정치에 영향력을 행사하는 것이었다. 플라톤이 제2차와 제3차 여행을 감행한 것도 디오니시오스 2세를 그의 정치적 관념으로 설득할 수 있는 절호의 기회라고 판단했기 때문이 아니다. 『제7 서한』의 저자는 플라톤이 디오니시오스 2세에 대한 가능할지도 모를 영향력 행사의 문제에 대해서는 회의적이었지만, 그래도 그의 친구 디온을 지원하기 위해 여행길에 나섰음을 강조한다. 그는 디온과 교분을 나누면서 책임감을 느꼈으며, 이 책임감을 회피할 생각이 없었던 것이다.

플라톤이 아카데미아를 창건하고 난 다음 무슨 일을 했으며 또—제2차와 제3차 시칠리아 여행에 나서기까지—어떻게 살았는가는 알려져 있지 않다. 그는 자식이 없었다. 그의 삶은 완전히 그의 저작 뒤에 가려져 있다. 플라톤의 죽음에 관해서는 정확한 사실이 기록되어 있지 않다. 그는 확실히 기원전 347년 81세를 일기로-한 자료가 말하는 바에 따르면 결혼 피로연에 참석했다가-죽었고, 그의 아카데메이아 학원 구내에 묻혔다. 학교 운영권은 그의 조카 스페우시포스(Speusippos)가 이어받았는데, 그의 철학적 입장은 피타고라스학파의 수학을 중시한 것으로 플라톤의 형이상학의 변증법적 존재론의 형식적 입장을 이어 받은 것이다.

Chapter 02

플라톤의 이데아(idea)-형상(eidos)론 비판과 변증법

플라톤의 이데아(idea)-형상(eidos)론 비판과 변증법

2.1. 소크라테스의 정의내리기의 방법과 이데아(형상)-가설

산파술에 포함된 소크라테스의 정의내리기는 특수자(particular)들이 존재하는 현상세계에서 그 특수자들을 포괄하는 일반자나 보편자를 찾는 시도이다. 그리고 이러한 일반자나 보편자는 소크라테스의 정의내리기가 요구하는 형상이나 이데아로서 정의내리고자 하는 사물이나 사태의 본질로 간주되는 것이다. 사실 우리가 여러 경험의 여러 사실들이나 사례들에서 공통적인 성질이나 일반 법칙을 끌어낼 때, 우리는 이 공통적인 성질이나 일반 법칙을 끌어내기 전에 이 일반 법칙이 적용될 수 있는 사실이나 사례들을 선정해야 한다. 이때 그 선정되는 사실들이나 사례들은 공통적인 성질을 지니거나 일반적인 법칙이 적용되는 사례들이어야 한다. 그렇지 않으면 우리는 그 공통적인 성질을 발견할 수 없기 때문이다. 아니 사태 자체가 기하학의 삼각형의 빗변정리가 무리수를 지니듯이 단일한 공통적 속성을 지니지 않을 수도 있다. 즉 이데아나 형상을 지니지 않을 경우도 있다. 이 때문에 사실들이나 사례를 선정할 즈음에 우리는 미리 선정의 기준인 공통적 성질이나 일반법칙을 지니고 있고 이를 알고 있어야 한다는 존재론적-인식론적인 순환논리에 빠지고 만다.[1] 이처럼 소크라테스가 요구하는 이성적이고 논리적인 정의 내리기에 선행하는 공통적 속성에 대한 귀납이란, 마음 가운데 미리(a priori) 어떤 관념을 가지고서 선정한 개별적인 사례들에서 공통적인 성질이나 일반적인 법칙으로 간주되는 것이다. 문제는 귀납을 수행할 때 마음 가운데 미리 가지고 있어야 하는 이 아프리오리(a priori)한 것이 감관-지각적 경험에서 주어진 것이냐, 아니면 감관-지각적 경험에서 주어지지 않고 소크라테스-플라톤이 말하는 상기에 의해 직관된 것이냐 하는 것이다.

소크라테스는 이 일반자의 지식은 결코 감관-지각적 경험에서 주어지지 않고 불변하는 것으로서 우리의 사유(마음)에 미리(a priori) 주어져 있다고 말한다. 그리고 그는 이 미리 주어진 것을 사람에 따라 상대적인 것으로 간주하지 않고 '형상(eidos)'이나 '이데아(idea)'라는 관념에 주어진 절대적인 데이터(data)로 간주하고, 이 데이터에 대한 인식을 당시의 오르페우스(Orphic) 종교의 윤회론적 세계관의 상기설(想起說)로 합리화한다. 즉, 우리의 영혼은 이 지상에 살기 이전에 천상계에서 살았었는데, 이 천상계 존재들의 불생불멸하는 모습(eidos)이 지상에 살면서 체험하는 생성-소멸하는 경험의 현상들을 통하여 언뜻 언뜻 상기된다는 것이다. 진리란 이러한 천상계 존재들의 모습이며, 이것이 우리 정신에 미리 주어진 것으로서 이데아(idea)들이다. 즉 이데아는 우리 인간의 주관

1 순환논리의 문제는 모순율에 따르는 동일성과 차이성의 변증법에서 일자 자체를 말하는 파르메니데스의 변증법에서 나타난 것으로서, 학습 심리학에서의 선-이해(precognition)나 철학에서 칸트의 선험적(a priori) 개념의 존재 문제와 관련된다.

적인 견해(doxa)가 아닌 객관적이고 보편성을 지닌 절대적인 것으로서 신적인 것이다. 그리고 이러한 이데아나 형상의 존재는 영혼의 본래적인 직관인 상기가 아니면 인간이 경험하는 것에서는 추론하여 추측을 통하여 어렴프시 알 수 있을 뿐인 것으로서 소크라테스로 하여금 무지를 고백하게 하는 것이며(무지의 아이러니), 천상천하 우주를 전부 순회하지 않은 영혼으로서는 가설적 방법에 의해 탐구할 수밖에 없는 존재로 나타난다. 소크라테스를 제외한 아테네의 모든 사람들은 이러한 사실마저도 모르고 있는 것이다.

소크라테스의 이러한 주장은 경험과학이 지니는 인식론상의 순환론을 벗어나기 위한 것만은 아니다. 왜냐하면 우리의 경험적 지식은 소크라테스의 학문의 이상과 교육의 관점에서 볼 때, 때와 장소에 따라 상대적이고 결코 절대적인 것이 아니기 때문이다. 그럼에도 불구하고 우리가 추구하는 진리는 이러한 절대적인 것을 지향하는 것이어야 하며, 그리고 이러한 절대적 진리는 우리의 실존과 관계하여 우리가 대화를 통하여 적어도 엄밀 정확하면서도 보편적이고 객관적인 것으로 나타날 수 있는 것이어야 한다. 특히 현대에서도 인간 실존의 사태만은 확실한 사태이기에 이에 기초한 지식은 엄밀 정확하게 접근해야 인간실존에 기초한 진리에 다가갈 수 있기 때문이다. 소크라테스의 정의내리기에 함축된 문제된 사물들이나 사태들 속에 함축된 공통적 속성에 대한 탐구로서의 귀납법은 역으로 형상이나 이데아를 전제하면서도 이를 지향하는 것이며, 이 때문에『파에돈』편에서 영혼 불멸을 증명하는 데에서는 이데아가 가설로 설정되었다. 소크라테스의 산파술적 탐구가 가설-연역적 방법으로 말해지는데, 여기에서 말해지는 가설-연역적 방법은 연역적 성격이 강하며, 근대 이후 경험과학이 말하는 귀납법에서 발전한 가설-연역적 방법과는 다르다. 즉 근대 이후 과학적 탐구에서 가설-연역적 방법은 K. 포퍼가 정확히 지적하였듯이 가설 설정의 추측과 경험적 사태에 의한 반증 가능성으로서의 비판의 대상이 될 수 있는 것이다. 그러나 소크라테스의 제자로서 그리고 인문학을 기하학처럼 엄밀 정확하게 만들려는 플라톤의 입장에서는 객관적이고 보편타당한 이 일반자나 이에서 더 나아가 보편자의 가정이 필수적이다.[2] 그는 이 보편자를 파르메니데스의 존재론적 추론에 따른 진정한 '존재'로서의 형상(eidos) 혹은 이데아라고 불렀다. 소크라테스는 이러한 형상이나 이데아가 모든 자연 사물들의 본질로서 있음은 물론, 인간의 실천적 영역에서도 존재하는 것으로 간주하는데 이는 당연히 문제가 된다.

원래 형상이라는 개념은 일상적으로 외모나 외양 특히 사람의 모습을 지칭했으나 소크라테스 이후로는 기술적인(technical) 의미로 사용되어 유나 종에 가까운, 어떤 사물의 특성이나 본질적 성격을 지칭하게 됨은 물론, 경험적 사례들에 공통적 본성으로서 일반자가 아닌 보편자를 의미하는 것으로 되었다. 이 때문에 소크라테스에 따르면, 어떤 사람이 어떤 사태의 형상을 안다는 것은 그 사람이 그 사물의 본질적 정의에 따르는 '설명(logos)을 할 수 있다.'는 것을 의미했다. 또한 소크라테스에 따르면, 어떤 것의 본성을 이해한다는 것은 그것이 수행하거나 봉사하는 기능이나 목적을 수행할 수 있는 것으로 기술(techne)적인 의미는 물론 실천적인 영역에서는 실용적이면서 실제적이고 목적론적인 의미를 지녔다. 따라서 형상 혹은 이데아는 사물이나 사태의 단순한 외면적인 모습이 아닌 그 사물의 기능이나 그 기능이 지향하는 목적으로서 표준적인 본(model)을 의미하거나 여러 사태에 걸쳐있는 법칙과도 같은 보편자를 의미하기도 한다.

인간의 사유는 주어+술어로 된 언어를 통하여 이루지고 있고, 이러한 술어적 언어에서 중심이 되는 것이 명사이다. 고유명사를 제외한 보통명사는 일반명사로서 개별적 사례들에서 귀납적 일반화를 거쳐 추상한 것이 대부분이다. 아니 명사가 지칭하는 대상을 구체적 사물이 아니라 경험적 사례들에 대한 일반적이거나 공통적인 속성을 지칭하는 것으로서 명사 자체가 이미 분별

2 일반자(general)와 보편자(universal)의 차이는 전자가 우연성을 전제하는 특수자(particular)에 대응하고 후자가 우연성이 없는 존재로서 통일성을 지닌 개별자(individual)에 대응하는 것으로 아리스토텔레스에 의해 밝혀졌다.

의식(정신)의 분석과 종합의 산물이다. 따라서 소크라테스가 말하는 형상이나 이데아란 이러한 명사들보다도 더 고차적인 유나 종의 범주에 해당하는 것으로서 사유의 분석-종합의 결과이거나 역으로 일반화된 추상된 것이다. 『메논』 편(72-73)에 따르면, 소크라테스는 이러한 이데아가 모든 사물이나 이를 반영하는 인간의 정신적 사태나 실천적 사태, 즉 종류로 구별하는 자연 사물이나 인간 생명활동이 형성한 신체적, 정신적 사태(건강이나 인식론적 사태)는 물론, 사회적 존재로서의 인간이 실천적 영역에서 형성된 진선미 성의 가치론적 영역의 사태에 존재하는 것으로 전제하고 있다. 이 때문에 이데아는 범주적으로 그 종류가 분류되기도 한다. 즉 대화편들에서 이데아는 주로 윤리적인 문제와 더불어 언급되었으나, 중기 대화편이나 후기 대화편에서는 점차 존재론적인 의미에서 혹은 추상적이고 전체적으로는 수학적인 의미를 지닌 것으로 쓰였다. 즉 이데아는 1) 경건이나 선이나 미의 이데아, 혹은 정의의 이데아 등과 같은 가치론적인 의미의 이데아, 2) 사람, 동물 등의 자연적 존재의 종이나 유로 분류되는 이데아, 3) 동일-다름, 큼-작음 등의 논리적, 수학적인 의미를 지니는 이데아, 4) 존재, 운동-정지, 같음-다름의 의미의 존재론의 최고류에 해당하는 이데아가 그것이다. 전체적으로 보면 소크라테스-플라톤의 형상이나 이데아 개념은 파르메니데스의 존재론적 전통에서 기원하는 존재와 가치를 통합하는 이중성을 지닌 인식론적 범주들이다. 즉 존재에 대한 양적, 질적 판단의 범주와 함께 인간 실존의 존재 사실에 기초한 가치론적 판단의 범주들이다.

이상에서 우리는 소크라테스-플라톤이 사용하는 이데아나 형상 개념은 파르메니데스의 존재론과 관련하여 다음과 같은 성격의 존재임을 생각할 수 있을 것이다. 1) 이데아는 경험사물에서가 아닌 정신과 영혼의 추상이나 분석-종합한 결과로 나타나는 존재이므로, 그 존재는 우리의 사유에 가장 적합한 법칙이나 로고스와 같은 존재로서 모순이나 타자성을 자신 안에 갖지 않는 통일적인 존재이다. 2) 감관-지각의 대상은 변화하는 세계 속에서의 경험적인 것으로서 대상의 일반성을 지닐 수 있으나, 사유는 불변하고 영원한 것에 대한 인식 기능이므로, 이데아는 불변하고 영원한 존재라는 것, 즉 운동이 없이 타자에서 고립되어 경험과 우연한 초월적인 존재이다. 이러한 이데아의 초월성은 귀납적 일반화에 따르는 비약의 성격을 지니는 것으로서 파르메니데스의 존재론에서 나타나듯이 생성-소멸하는 현상계에서 존재계로의 비약을 함축하는 이원론적인 것이다.[3] 3) 결국 이데아는 가치론적으로 경험사물과는 독립적으로 인식되는 자기 완결성과 자기 목적성을 지닌 존재이다.[4]

그러나 이러한 소크라테스-플라톤이 말하는 이데아나 형상 개념에 대한 이해는 『파에돈』 편에 나타나는 원인론과 결부시켜보면 제논의 역설에서처럼 많은 딜레마적인 문제가 있다는 것을 알 수 있다. 소크라테스-플라톤이 말하는 형상이나 이데아는 인식론적으로 생성-소멸하는 현상계의 원인으로서 영혼과 관련되어 있으며, 이 때문에 이데아나 형상은 한편으로는 운동 원인으로서 다른 한편으로는 필요-충분 조건적 원인으로서 작동할 수 있으며, 더 나아가 소크라테스가 형상과 이데아를 파르메니데스의 존재론과 관련시키는 한에서, 그리고 파르메니데스의 '존재'가 '한계가 있는 일자'로 표명되는 한, 형상이나 이데아의 존재에도 '한계'가 설정되어야 한다는 점에서, 그리고 이 '한계가 있는 일자'와 대립되어 설정되는 '다자 존재'와 이 다자 존재를 가능하게 하는 '비한계성을 지닌 존재'라는 공간이나 공허의 표상 때문에 제논의 역설들에서 나타나는 것처럼 딜레마들이 나타날 수 있고, 이러한 딜레마들을 해소하기 위해, 그것도 인간에게 현실(reality)로 나타나는 현상적 존재에 대한

---

3 경험적 사태를 일반화 하는 귀납은 이중적인 비약을 함축한다. 하나는 에이도스나 이데아가 지니는 유적 차원에서도 위계 개념을 지니는 측면이며, 다른 한편으로는 소크라테스가 이데아나 에이도스 개념이 『파에돈』편에서 보이듯이 생명체는 물론 무생물체로까지 확대하여 과도하게 적용하는 가치론적 측면 때문이다.

4 C. 리터(C. Ritter)는 (*Neue Untersuchungen Ueber Platon,* 1910, 228-326쪽들에서 이데아의 의미를 1) 외관. 2) 체질 또는 상태, 3) '개념을 결정하는 특성, 4) 개념 자체. 5) 유나 종, 6) 개념에 깔린 객관적 실재 등의 의미를 지녔다고 말하고 있으나 이는 일상 언어적 수준에서의 탐색한 것이기에 W. D. 로쓰(W. D. Ross)가 그의 유명한 『플라톤의 이데아론(*Plato's theory of idea*)』제 2장에서 인용하고 있으나, 파르메니데스의 존재론을 방법적으로 전용한 소크라테스-플라톤의 진의와 거리가 많이 있다.

설명에서 인간 영혼의 변증법적 기능을 설정하지 않을 수밖에 없다는 것이다. 결국 우리는 소크라테스가 산파술에 함축된 정의내리기를 통하여 말하고자 한 이데아나 형상의 존재에 대한 수학-기하학적 이해에는 한계가 있음을 알 수 있다.[5]

우리는 앞으로 이러한 형상의 존재를 가정하는 소크라테스의 형상론과 이러한 형상론을 가능하게 하는 사유의 변증법적 기능을 통해서 역설적으로 형상론을 비판하는 것을 『파르메니데스』 편을 통하여 살펴보고, 이러한 형상론 비판 이후 나타나는 존재론적으로 동일성-타자성에서 기원하는 동일성-차이성의 변증법을 가능하게 하는 '인간'의 인식론을 다루는 후기 대화편 『테아이테토스』 편을 분석해볼 것이다. 그 결과 인식론적으로 소크라테스-플라톤의 형상이나 이데아들은 인식에서 인간 실존에 기초한 최고류에 해당하는 절대적 진리로서 소크라테스로 하여금 무지를 고백하게 하는 것이며, 이러한 사태를 알지 못하는 모든 사람들의 무지 때문에 인간의 보편적 무지를 전제하는 사람들과 함께 하는 소크라테스의 이데아나 형상에 관한 진리 탐구는, 그럼에도 불구하고 대화법(이성적)으로 수행하는 산파술의 과정에서 성립하는 것으로서 절대적 진리는 아니라고 할지라도 적어도 『테아이테토스』 편에 나타나듯이 인간이 진리탐구 '과정'에서 이성적으로 마련할 수 있는 '설명이 있는 옳은 판단'으로 나타날 수 있는, 어느 정도 '엄밀 정확'하면서도 '객관적이고 보편타당'한 진리를 향한 것이라고 말할 수 있다.

---

5 존재에 대한 수학-기하학적 이해는 형식적으로는 객관성과 보편타당성을 지니나 내용적으로 '가치'를 함축할 수 없다는 한계를 지닌다.

2.2. 형상론 비판과 변증법

대화록 『파르메니데스』 편의 도입부는 제논의 역설, 그것도 여럿에의 논증을 논하고 있다. 따라서 여기에서 제논의 논증에 대해서는 〈제1권〉에서 다루었기 때문에 제논의 여럿이나 운동에 관한 논증들의 논박법적(elenchos)이고 편향적이고 역설적 성격은 다시 언급할 필요는 없겠다. 단지 이 대화편에서는 파르메니데스가 제논의 이러한 편향적 성격의 논증을 젊음의 소치라고 비판하는 것을 볼 수 있다는 점에서 이 대화편의 파르메니데스는 자연철학자 파르메니데스와 다르다는 것을 인식할 수 있다. 달리 말하자면, 이 대화편에서 파르메니데스는 여신이 인도하는 존재와 허무의 배중률에 기초한 존재의 길에 집착하고 있는 것을 젊음의 소치라고 말하고, 인간의 길에도 관심을 보이며 이를 포용하는 관점에 서있다는 것을 볼 수 있다. 현대적 관점에서 보면, 파르메니데스의 존재론적 일자를 전제하는(옹호하는) 제논의 논박법적 변증법이 자연과학적 사고방식과 같은 것인데, 이를 젊은 사람들이나 하는 것으로 말하고 있다는 것이다. 파르메니데스의 존재론과 이러한 제논의 논박법적 변증법이 과연 인간의 행위의 가치에 관계하는 실천적 영역에서도 타당할 것인가는 소피스트들이라고 불리는 프로타고라스나 고르기아스의 언명들이 표명하고 있듯이 회의적인 것이다.

그럼에도 불구하고 소크라테스-플라톤의 진리탐구의 방법은 실천적 영역에서도 이 길을 따르고자 하는 것이다. 이 때문에 『파르메니데스』 편 전반부에 나타나는 파르메니데스는 파르메니데스-제논의 존재론적인 길을 따르면서도 이러한 존재론에 나타나는 역설들을 영혼 기능의 변증법적 관점에서 비판적으로 살피고 있다. 그리고 이 대화편에서 나타나는 파르메니데스는 소크라테스가 제논처럼 파르메니데스보다 훨씬 젊은 사람으로서 나타나 영혼의 본질에 관한 형상론을 이원론적으로 말하면서도 『파이돈』에서와 같이 가치와 관계된 인간의 실천적 영역은 물론 자연사실에까지도 과도하고 적용하는 것을 회의하는 것을 다음과 같은 대화를 통하여 알아볼 수 있다.

2.3. 형상과 가치존재

파르메니데스는 말했다. "소크라테스, 그대의 논증들을 향한 열정이 어찌나 가치가 있는지! 이제 나에게 말해주게. 그대 자신은 이처럼 그대가 말하듯이 한편으로 약간의 형상들 자체들을 따로 분리하고, 다른 한편으로 다시 이와 같은 것들에 참여하는 것들을 자체로 분리하는지? 그리고 왜 그대는 닮음 자체가 우리가 지니는 닮음으로부터 따로 있다고 생각하는지, 그리고 하나와 여럿과 그대가 방금 제논으로부터 들은 모든 것이 그러한지?"

소크라테스는 말했다. "그렇습니다."

파르메니데스는 말했다. "정직과 아름다움과 선함과, 다시 모든 이와 같은 것들의 어떤 형상 자체와 같은 것들도 그러한가?[6]

그는 말했다. "예."(c)

"그러면, 어떠한가? 인간의 형상은 우리들과는 따로 있고, 우리들의 세계의 그러할 모든 것들의 형상도 그러하며, 그것은 인간의 형상이고, 불이거나 또한 물의 형상도 그러한지?"

그는 말했다. "파르메니데스님, 저는 그와 같은 것들에 대해서는, 앞에 것들에 대해서와 같이 말해야 하는지 아니면 달리 말해야 하는지에 대해 여러 번 곤란에 빠졌습니다."

"그리고 다음과 같은 것들에 관해서, 소크라테스, 즉 머리카락과 진흙과 더러운 것이나 다른 가치가 조금도 없는 것과 천한 것과 같은 우스꽝스럽게

6 아리스토텔레스가 『형이상학』, 990a 34, 991a 8, 1078b 32, 1079b 10에서 설명하고 비판하는 플라톤 사상은, 형상들의 세계에서 부정과 결성들, 관계들, 인위적인 사물들과 전후가 있는 것들의 형상을 배제한다. 중세의 플라톤사상과 신-플라톤 사상은, 그밖에 하찮고 천한 것들이나 자연에 반한 것들(머리카락이나 진흙, 등)을 제외한다.(디에).

보이는 것들에 관해서도 그대는 이러한 것들 각각의 형상이, 즉 우리가 다루는 사물들과는 또 다른 형상이, 따로 있다고 말해야 하는지, 아니면 없다고 해야 하는지 곤란하지?"(d)

소크라테스는 말했다. "전혀 아닙니다. 그러나 한편 우리가 보는 것들은 적어도 존재합니다. 그러나 그것들의 어떤 형상이 있다고 생각하는 것은 너무 불합리하다고 생각됩니다. 그렇지만 때때로 모든 것들에 관해서 사태가 동일할 것이란 생각이 저를 괴롭힙니다. 제가 그러한 지점에 멈추어 설 때에는 어떤 심연 같은 자가당착에 빠지지나 않을까 두려워하며 빨리 후퇴합니다. 그래서 우리가 방금 형상을 갖는다고 말한 것들에로 나와서 그러한 것들에 관하여 연구하고 대화하면서 시간을 보냅니다."

이상의 대화에서 소크라테스의 산파술이 함축한 정의내리기에서 기원하는 형상론에 대해 소크라테스는 영혼의 존재를 전제하기에 가치론적으로 중요한 실천적 영역에서는 이원론적이면서 무제약적으로 사용하면서도 영혼의 존재를 확인할 수 없는, 즉 가치론적으로 말해질 수 없는 자연적 사물이나 대상에 대해서는 제한적으로 사용할 것을 말하는 반면, 파르메니데스는 형상론이 일원론적으로 인간의 실천적 영역에서는 물론 자연사물에서도 무제한적인 적용을 말하고 있다. 즉 이 대화록에서 우리는 한편으로 파르메니데스가 자연철학자 파르메니데스와 전혀 다른(?) 인간의 실천적 영역까지도 포용하는 관점에 서 있다는 것을 발견할 수 있다.[7] 이 때문에 이 대화편에서의 소크라테스는 자연철학자 파르메니데스를 닮았고, 이 대화편의 파르메니데스가 후기 대화편들에서의 이방인을 닮았다는 것을 알 수 있다.

그런데 현대 과학적 입장에서는 소크라테스의 형상론이 전제하는 형상이나 이데아라는 존재 자체가 생성-소멸하는 존재자에 대한 경험을 추상하거나 귀납한 일반화의 결과로서 나타나는 것으로서 많은 논리적 비약과 함께 비판받을 수 있는 측면이 있음을 알 수 있다. 즉 이러한 형상을 전제하는 연역적

7 자연철학자 파르메니데스의 존재론은 가치와 사실의 미분화된 것으로 평가될 수도 있고, 다른 한편, 모든 것을 포괄하는 관점에서 볼 수도 있다.

추론의 필연성과는 달리 귀납적 측면이 지니는 논리적 비약은 모순이 있다는 것을 우리는 간취할 수 있다. 역설적으로 그의 형상론에 따른 인식(episteme)에 관한 이론이 영혼의 존재를 전제하지 않는 근대나 현대의 물질과학에서는 타당한 측면이 있으나 실천적 영역에서는 오히려 이러한 형상론이 타당하지 않다는 것을 발견할 수 있다. 이 때문에 다른 한편 소크라테스는 중기 대화편의 시발점으로 간주되는 『메논』편에서의 실천적 영역에서 형상을 말할 수는 있어도 가르쳐질 수 없다는 소크라테스와 같은 관점에 서 있다는 것을 발견할 수 있다. 즉 플라톤의 이데아론이 자연과학과 인문사회과학이라는 진리탐구의 영역에서 도치되어 나타난다는 것은 철학의 역사에서는 아이러니한 것이다.[8] 그 이유는 무엇일까? 인간이 인식한 것은 가르쳐질 수 있다는 것을 전제한다고 보면, 형상이란 진리 탐구에 필수적으로 반드시 전제하여야만 하는 가설적 존재로서 인간이 잘 알지 못한다는 것을 의미하기 때문이다.

소크라테스의 견해에 따르면, 자연과학과 인문과학에서의 진리는 현대적 관점과 전도되기는 하였으나 서로 다르다. 반면에 이 대화편의 파르메니데스나 후기 대화편에서의 이방인에 따르면, 방법론에 있어서 가설-연역적 방법에 따르는 자연과학이나 인문과학에서의 진리는 전자가 인과율의 필연성에 따르고 후자가 정의론에 따른다는 점에서 다를지라도 존재론의 모순율(ex nihil. nihil fit)과 유한한 인간의 능력을 전제하는 이성의 합리성에 따른다는 점에서 스토아학파가 말한 것처럼 인문사회과학이나 자연과학에서 동일하다. 이러한 소크라테스-플라톤의 형상론에 관계된 모든 인식과 존재론적인 문제가 여기 『파르메니데스』편에서는 현대의 두 학문적 관점과 전도된 채로 파르메니데스가 형상론을 비판하는 것으로 나타난다. 앞으로 전개되는 『파르메니데스』편의 대화는 바로 이러한 사태를 신 존재의 인식과 신의 인식이 인간의 인식보다 못하다는 역설로까지 나타난다. 달리 말하자면 인간의 영혼에 관계되는

8 가치와 사실을 분화시켜 발달한 현대과학의 인간을 도외시하는 딜레마적 상황을 연상할 수도 있다.

모든 존재는 탐구의 과정에서 점차로 인간에게 인식된다는 것을 보여준다. 즉 인간의 진리 인식이란 역설적으로 이러한 합리적인 탐구과정에서 드러난다는 것을 보여준다. 이 대화편에서 소크라테스의 형상론의 원천인 우리 인간의 술어적 판단명제로서의 로고스를 상징하는 이데아와 에이도스가 지니는 이러한 경험과의 관계에서 나타나는 역설과 관계하는 모순된 부분을 상보적 관계에 있는 것을 입장을 바꾸면서 상호적으로 비판하는 내용을 살펴보자.

2.4. 형상과 경험적 사태들의 관계 : 참여(metechein)와 임재(parousia)론

앞의 대화에서 소크라테스는 형상 개념을 가치론적으로 실천적 영역에 대해서 뿐만 아니라 자연 사실에 대해서도 적용할 것인지에 대해 논하고 있음을 볼 수 있다. 즉 형상을 가치적인 것이나 사람에게만 부여할 것인가, 아니면 비가치적인 사물들에도 부여할 것인가를 논란하며 이를 고민하고 있다. 이러한 고민은 『파이돈』 편에서의 진실한 원인탐구만을 위한 것인지, 아니면 보조원인(synaitia)으로서 물적인 것의 원인이나 추상적인 (기하학적인) 수에 대해서도 함께 논할 것인가의 문제에 관련되며, 근원적으로는 소크라테스를 일원론자냐 물심 이원론자냐 하는 문제로까지 발전할 수 있는 문제와 관련된다. 이에 대해 파르메니데스가 말했다. "소크라테스, 그대는 아직 젊다. 그리고 내 생각에 철학이 아직 그대를 사로잡지 않았다. 언젠가 그대를 사로잡을 것이지만. 그 때에는 그대는 그것들 어느 것도 소홀이 다루지 않을 것이다.[9]"고 말하면서 이어서 가치적인 것과 기하학적인 사태에 관계하는 형상의 참여이론에

9 이러한 선언은 형상들의 세계에 대한 모든 제한을 반대하는 것이다.(디에).

대해 질문한다.

파르메니데스는 말했다. "그러나 지금은 아직 그대는 나이 때문에 사람들의 속견(俗見: doxa, 단편적인 경험적 의견)에다 시선을 팔고 있다. 그러나 다음을 나에게 말해주오. 네가 말했듯이 그대는 어떤 형상들이 있고 이곳의 타자들은 그것에 참여하여서 그들과 같은 이름을 갖는다고 생각하는가? 마치 닮음에 참여하는 것들은 서로 닮고, 큼에 참여한 것들은 크며, 아름다움과 정직에 참여한 것들은 아름답고 정직하게 된다고 생각하는가?"(131 a).

"전적으로 그렇습니다."하고 소크라테스는 말했다.

"그러면 참여한 것들 각각은 형상의 전체나 부분에 참여하지? 아니면 이런 방식과는 따로 어떤 다른 참여가 있겠는가?"

그가 대답했다. "또 어떻게 있겠습니까?"

"그러면 형상 전체가 하나이면서 여럿들 각각 안에 있다고 생각되는가 아니면 어떻게 있는가?"

소크라테스는 말했습니다. "파르메니데스님 진정 하나로 있는 것을 무엇이 방해하겠습니까?"(b)

"그러면 그것은 하나로 있으면서 또 동시에 떨어져 있는 여럿 안에 동일한 전체로 내재해 있을 것인데, 이러하다면 그것은 자신과 떨어져 있을 것이다."[10]

그는 말했습니다. "만일 일광(日光)처럼 있다면, 즉 하나이자 동일한 것으로 있으면서 여러 곳에 동시에 있고 또 더 이상 그 동일한 것이 자신과 따로 있지 않다면, 그렇지 않습니다. 이처럼 하나인 형상들 각각은 모두 안에 동시에 동일한 것으로 있습니다."

그는 말했습니다. "소크라테스, 그대는 즐겁게도 동일한 하나를 동시에 여러 곳에 만들었다. 마치 하나의 돛포로 여러 사람을 덮고서 그대는 여러 사람들(위)에 돛포가 하나인 전체로 있다고 말하는 것과 같다. 아니면 그대는 이와 같은 것을 의미한 것이 아니라고 생각하는가?"

그는 말했습니다. "아뇨, 그와 같습니다."(c)

"그러면 그 돛포는 각자 위에 전체로 있을까? 아니면 각각 서로 서로에 돛포의 다른 부분이 있을까?"

"부분입니다."

그는 말했습니다. "그래서 소크라테스, 형상들 자체는 나누어질 수 있고,

---

10 똑같은 추론과 형식이 아리스토텔레스에게서 보인다.『형이상학』, 1039a 33, b 2).

그것에 참여하는 것들은 그 부분에 참여하는 것일 것이고, 각각의 안에는 결코 전체가 아니라 각각의 부분이 있을 것이다."

"분명 그런 것 같습니다."

"그러면 소크라테스, 그대는 하나의 형상이 우리들에게는 진실로 나누어지고 그러면서도 아직 하나로 있을 것이라 말하고 싶습니까?"

그는 말했다. "결코 아닙니다."(d)

그는 말했다. "왜냐하면 보시게. 만일 그대가 큼 자체를 쪼개고, 여러 큰 것들 각각이 큼 자체보다는 보다 작은 큼의 부분에 의해서 크다고 한다면, 그것은 불합리하게 보이지 않는가?"

그는 말했다. "전적으로 불합리합니다."

"그러면 어떠한가? 어떤 것이 동등함의 작은 부분을 취한다면, 그 소유자는 동등함 자체보다는 보다 작은 것을 소유함에 의해서 그 어떤 것과 동등할 것인가?"(e)

"불가능합니다."

"그래서 우리들 가운데 어느 누가 작음의 부분을 지닐 것이고, 이 작음은 자신의 부분으로 있는 이와 같은 것보다 보다 클 것이다. 그리고 다음과 같이 작음 자체는 보다 클 것이다. 즉 떼 내어진 것이 더해지는 것은 이전보다 보다 작을 것이고 보다 크지는 않을 것이다."

그는 말했다. "그런 일은 분명 일어날 수 없습니다."

그는 말했다. "소크라테스, 그대에게는 타자들이 형상들에 참여함에 있어 부분에 있어서도 전체에 있어서도 참여할 수 없다면 어떤 방식으로 참여할 것인가?"

그는 말했다. "신에 걸고서, 저로서는 그와 같은 것을 결정하는 일이 결코 쉬운 일로 생각되지는 않습니다."[11]

제2 비판에서는 형상계와 경험계의 관계를 하나(일자)와 여럿(다자: 타자)의 관계로 보고, 또 하나(일자) 속에 여럿(다자: 타자)이 또는 여럿(다자) 속에 하나(일자)가 전체와 부분의 관계로 참여하는 것(metaechein: take part in)으로 표현되는 참여 이론의 난점이 지적된다. 그런데 참여 이론에 대한 비판의 도구가 되고 있는 전체-부분의 관계는 두 가지가 있다. 하나는 전체가 부분들 모두에 의해 온전히 이루

11 이 저서와는 달리 아리스토텔레스는 피타고라스학파와 플라톤이 "참여나 모방이 어떻게 이루어지는가를 탐구하는 것을 거부하고 있다."고 말한다. 『형이상학』, 987b 13.

어질 수 있는 관계(panta)이고, 다른 하나는 전체가 부분들 모두에 의해 온전히 이루어질 수 없는 관계이다(holon).[12] 그리고 참여이론을 비판하는 파르메니데스의 논증은 양자가 상보적 관계에 있는 전체-부분의 이중적 의미 중 (질적 동일성을 전제한) 양적 차이를 드러내는 것만으로 이루어지고 있다. 이 때문에 파르메니데스의 전체-부분의 의미에 대한 이러한 편향된 시각에 따른 비판에 대응하는 소크라테스의 태양빛의 비유에 의한 임재 이론이 나타난다(131b).

그러나 전체와 부분의 질적 차이성과 동시에 양적 동일성을 나타내려는 이 태양빛의 비유가 의미하는 포용과 내속을 의미하는 임재(parousia)이론은 '기능론에 따른 변증법적인 것'으로서 형식적인 양(量) 관계에 따른 논리적 설명이 되지 못하고 있다. 이 때문에 이 비유는 한편으로 파르메니데스의 상보적인 전체-부분의 양적 차이만을 드러내는 의미를 지닌 돛포의 비유에 의해 대치된다. 그리고 다른 한편으로 형상의 일부만을 지님으로써 일어나는 불합리성이 지적된다. 즉 다자(타자)들은 큼의 형상들의 보다 작은 부분에 참여함으로써 큰 것이 된다는 것인데, 이것은 형상 자체보다 작은 것에 의해 큰 것이 되므로 불합리하다(131 c-e)는 것이다. 즉 파르메니데스의 비판은 한편으로 전체-부분의 수학적이고 양적인 차이를 통해 이루어지는 형식논리에 의해, 다른 한편으로는 원리와 그 파생물 사이를 동일하게 생각하는 변증법의 임재 이론의 영혼(사유) 기능의 변증법적 논리를 통해 참여이론이 성립한다는 참여 이론과 임재이론의 각각의 난점을 전체-부분의 양 관계간에 의한 딜레마적 형식으로 분명하게 드러내는 논증으로 이루어진 것이다.

파르메니데스의 형식적이고 논리적인 전체-부분의 양적 판단들의 이면에는 전체-부분의 질적 동등성과 동일성을 전제하거나 혹은 이를 가능케 하는 것(이데아)을 전제하지 않으면 안 된다. 말하자면 전체-부분의 형식논리(수학-기하

12 전체-부분의 이 두 관계를 혼동하면 논리적으로 '전체성의 오류'를 범한다. 그럼에도 불구하고 전체와 부분이 존재론적으로 서로 관련을 맺으려면 유기체적인 변증법적 논리인 "전체가 가능적으로 부분 안에 들어올 수 있다."는 것이 인정되어야 한다.

학적 양적 공간적 차이)와 변화하는 운동의 현실에 따르는 변증법적 기능의 논리는 상호보완적인 기능을 수행한다.[13] 그러나 이 양자가 서로 분리되어 각각이 독립적인 입장에서 상대편을 보면, 전체-부분의 형식논리는 현실적 사실을 나타내는데 불완전하고, 다른 한편 이를 보완하는 변화하는 현실에 대한 영혼(사유)의 '기능'의 변증법적 논리는 반대나 모순을 함축한다. 이 때문에 태양빛의 비유는 파르메니데스의 양에 따른 논리를 통하여 보면 기능적으로 모순적인 성격을 지니고 있음이 명백히 드러난다. 즉 형상과 타자들 사이의 관계에서 논해지는 참여성과 임재성은 한편으로 전체-부분의 양적 차이를 전체-부분의 질적 동일함(참여성)으로 극복하고자 하는 것이고, 다른 한편은 전체-부분의 질적 동일함의 측면을 양적 차이성(차원이 다르다는 의미의 초월성)으로 극복하고자 하는 것이다. 또한 전체-부분의 양적 논리와 태양빛의 비유가 내포한 기능 논리의 이런 이중성은 일자의 자체성이 한편으로는 모순되어 깨어질 수 있음을 전제하고 다른 한편은 깨어질 수 없음을 전제하는 모순적인 것이다. 이 때문에 이 둘 사이의 관계는 우연하면서도 사실 이 두 측면은 단독으로만은 성립할 수 없다. 그럼에도 불구하고 전체-부분의 양의 관계에 익숙한 우리의 사유에서는 형상과 경험계 사이의 초월성과 참여성을 설명하려는 이 태양빛의 비유가 전체-부분의 논리에 따라 나타나는 모순적 관계를 극복하지 못하는 것처럼 나타나 보인다. 결국 파르메니데스의 전체-부분의 양적 관계의 필연성에 따르는 논리는 소크라테스의 기능에 따르는 변증법적 논리를 지닌 형상론

13 양적 형식논리에서 무한한 공간 개념이 그러하듯이 역설을 근본적이다. 그러나 이러한 역설을 극복하려는 질적 논리인 기능의 변증법은, 집합론에서 교집합과 합집합을 두 원 A, B의 벤 그림에 의해 표현할 때 교집합의 부분적 공간에 A의 내용과 B의 내용이 함께 있는 것으로 이해하는 인간의 의미론적 (기능)공간을 근대 뉴턴이나 라이프니츠는 수학적으로는 미적분법적인 렘(rhem)사고로 승화하고자 한다. 한편 헤겔은 이러한 플라톤의 변증법을 이원론적인 기독교의 변신론을 표명하는 정반합의 변증법으로 나타내는 반면, 아인슈타인의 상대성 이론은 공간 3차원에 시간차원을 덧붙여 초육면체가 나타내는 4차원적인 시-공간 개념으로 현실의 동적 사건 존재(event)를 설명한다. 한편 마이어(Ernst Mayer)(최재천 옮김, 『이것이 생물학이다』(몸과 마음, 2002)) 41-45 쪽들에서 전체와 부분의 관계를 유기체의 조직의 창발론적 관점에서 현대 생물학자들의 견해를 언급하고는 있으나, 기능적으로는 어떻게 이루어지는지를 말하고 있지 않다. 반면에 박홍규는 이러한 플라톤의 변증법을 기능적으로 "전체가 부분 속에 가능적으로 들어올 수 있다."고 하는 유기체 논리로 현실적 존재를 설명한다.

을 비판하고 승리한 것으로 나타난다.

그러나 사실에 있어서는 파르메니데스의 전체-부분의 양적 논리도 제논의 하나와 여럿에의 논증처럼 '무한한 공간' 개념을 전제하고 있어서 그 자체 이중적 의미를 지니고 있고, 각각의 의미는 경우에 따라 다음에 나타나는 제3자 이론의 공격을 받거나, 형상들을 전제하지 않으면 아무 것도 아닌 것으로 전락할 수밖에 없는 것이다. 따라서 파르메니데스의 전체-부분의 논리는 소크라테스의 태양빛의 비유와는 한편으로는 서로 배척적이지만 다른 한편으로는 상호 협조적인 성격을 지녔다. 이 때문에 소크라테스는 파르메니데스의 전체-부분의 양적 논리에 의한 공격에 쓰러지지 않기 위해 이 전체-부분의 양의 논리와 역설적 관계에 있는 질의 논리인 변증법을 상징하는 태양에 해당하는 '기능(dynamis)의 존재'를 내세웠던 것이다. 이에 대해 파르메니데스는 제2 비판에서는 전체-부분의 논리로 비판했는데 앞으로는 4차에 걸쳐서 제3자에의 논증으로 비판한다. 그리고 이러한 3자에의 논증은 양적으로나 질적으로 무한히 축소되거나 무한히 확장된다는 의미의 무한성과 부동(浮動)하여 확정될 수 없다는 무규정성(apeiron)을 전제하고 있다. 따라서 다음에 나타나는 4차에 걸친 파르메니데스의 비판이나 소크라테스의 변호는 모두 헤겔이 지양(止揚)으로 표현한 정반합의 지향성을 지닌 변증법적인 것으로서 한편으로는 상호 배척적이나 다른 한편으로는 상호 보완적인 것으로서 부분적 타당성만을 지니며, 제1차 비판과 제2차 비판의 내용을 확대해 놓은 것에 불과하다. 제3 비판은 다음과 같이 전개된다.

2.5. 제3자에의 논증: 관념(idea)과 형상(eidos)의 변증법

파르메니데스는 말했다. "그러면 어떠한가? 다음과 같은 일에 대해 너는 어떻게 하겠는가?"

"어떠한 것입니까?"(132 a)

"내 생각에 그대는 다음과 같은 이유 때문에 각 형상은 하나라고 생각하겠지? 그대에게 어떤 여러 큰 것들이 있다고 생각될 때, 아마도 이 모든 것들을 위에서 보는 사람에게 어떤 하나의 이데아 자체가 있다고 생각되고, 이로부터 하나의 큼이 있다고 그대는 생각하지?"

그는 말했다. "당신의 말씀이 옳습니다."

"큼 자체와 큰 타자들은 어떠한가? 그와 같이 그대가 영혼에 의해 이 모든 것들에 관해서 본다면, 또 다시 다른 큰 것이 나타나서, 그것에 의해서 이 모든 것들이 큰 것으로 나타나 보이는 것이 필연적이지 않은가?"

"그런 것 같습니다."

"그러므로 다른 큼의 형상이 출현할 것이고, 그것 곁에 큼과 그것에 참여하는 것들이 생겨난다. 또한 이 모든 것들 위에 다른 것이 출현하는데, 이것에 의해 이 모든 것들이 크게 될 것이다. 그래서 확실히 그대에게는 각 형상들이 하나가 아닐 것이고 그 수가 무한할 것이다."[14] (b)

소크라테스는 말했다. "그러나 파르메니데스님, 각 형상들은 그것들의 관념이 아닐까요? 그리고 그러한 것은 바로 다른 곳이 아닌 영혼 안에 내재하는 것이 적합할 뿐입니다. 왜냐하면 이와 같다면 각각은 분명 하나일 것이고 방금 언급된 일은 결코 일어나지 않을 것이기 때문입니다."

그는 말했다. "그러면 어떠한가? 각 관념들은 하나이고, 아무 것도 아닌 것의 관념이 있는가?"

그는 말했다. "불가능하지요."

---

14 알렉산더는 아리스토텔레스의 『형이상학』 990 b 15 주석에서 제3자 논증을 이렇게도 제시한다고 하고 있다: "사람들이 여러 사물들에 대해 말하는 것이 동시에 이 사물들과 분리되어 있고 자체적으로 존립한다면, 사람이 말해질 경우 개인들과 형상의 사람이 있을 것이고, 세 번째 사람이 개인들과 형상의 사람에서 분리되어 있을 것이다. 마찬가지로 네 번째 사람이 있을 것이요, 다섯 번째 사람도 있게 되어 이처럼 무한히 계속될 것이다." 이는 이후의 대화서 나타나듯이 마치 무한한 공허를 인정한 데모크리토스의 원자론에서 한계와 비한계의 역설적 관계나 변증법적 관계와도 같이, 관념을 매개로 하는 경험적 사물과 형상의 관계는 역으로 관념과 형상의 관계와도 같은 변증법적인 것으로 나타난다.

"그러면 어떤 것에 관한 관념이지?"

"예"

"어떤 존재하는 것의 관념인가 아니면 존재하지 않는 것의 관념인가?" (c)

"존재하는 것의 관념입니다."

"모든 것들 위에 있다고 말해진 저 관념이 생각하는 그것은 하나의 이데아로 있는 그 어떤 단일한 것이며 관념은 그것의 관념이지?"

"예"

"그러면 이 하나로 있다고 생각되어진 것은, 그 자체 항상 모든 형상들 위에 있기 때문에, 형상이 아닐까?"

"다시 필연적인 것 같습니다."

"그러면 어떠한가?" 파르메니데스는 말했다. "타자들이 형상들에 참여한다고 그대가 말한 필연성에 의해 그대 생각에는 타자들 각각은 형상들로 되어 있고 모두가 생각하거나 아니면 그것들은 관념들로 있으면서 생각이 없는[15] 것들인가?"

그는 말했다. "그것은 말이 되지 않습니다. 그러나 파르메니데스님, 나에게는 무엇보다 다음과 같이 생각되는데요. 한편으로 이러한 형상들은 본성에 있어서 원본들로 고정되어 있고, 다른 한편 타자들은 이러한 것들에 비슷해지고 닮은 것들로 있으며, 타자들에 있어서 형상들에의 참여 자체는 어떤 다른 것이 되는 것이 아니라 타자들이 그것에 비슷해지는 것입니다."

그는 말했다. "그러면 어떤 것이 형상에 비슷해지면, 저 형상은 그 비슷해지는 것이 자신에 닮아지는 한, 그 비슷해지는 것을 닮지 않을 수 있는가? 아니면 닮은 것이 이에 닮은 것에 닮지 않을 어떤 방법이 있는가?"

"없습니다."

"그러므로 서로 닮은 것은 닮은 것으로서 하나이자 동일한 것[형상]에 참여하는 것이 아주 필연적이지 않은가?"(e)

"필연적입니다."

"닮은 것들이 닮은 것이 되기 위해 참여한 것은 저 형상 자체가 아니겠는가?"

"전적으로 그러합니다."

"그러므로 어떤 것이 형상에 닮아 있을 수 없고, 다른 한편 형상이 다른 것에 닮아 있을 수 없다. 그렇지 않다면, 그 형상 곁에 항상 다른 형상이 나타날 것이다. 그리고 그것이 어떤 것에 닮아 있다면, 다시 다른 형상이 나타날 것

15 희랍어 'anoeta'는 수동적 의미이나 능동적으로도 해석된다.

이며, 형상이 그 자신에 참여한 것에 닮게 된다면 항상 공통의 형상이 생겨나는 일이 결코 멈추지 않을 것이다."[16] (133 a)

"당신 말씀이 지당하십니다."

"그러므로 타자들은 닮음에 의해 형상들에 참여하지 않고, 그것이 참여하는 다른 방식을 찾아야만 한다."

"그런 것 같습니다."

그는 말했다. "그러면 소크라테스, 만일 어떤 사람이 그 자체 홀로 있는 것들을 형상들로 구분해 놓는다면, 그 어려움이 얼마나 큰지를 아는가?"

"많은 어려움도 있겠지요."

제3 비판에 나타나는 "제3자에의 논증"은, 제2 비판에서 표명된 소크라테스의 태양의 비유에 의한 참여이론을 정신과 경험 사물 사이에서 성립하는 인식관계로 해명할 수 있다는 소크라테스의 생각을 비판하는 것이다. 즉 이데아란 사물들의 공통성을 추상하는 정신의 기능에서 성립한다고 생각되는 측면을 비판하는 것이다. 그런데 제3자에의 논증은 형상이나 사태가 서로 다른 한에서의 둘 이상의 다수성을 전제하고 이들 사이의 동일성의 관계가 가능하다는 것을 전제할 때 가능한 논증이다. 역으로 앞에서 언급했듯이 사물에서 공통성을 추상하는 정신에는 제논의 하나와 여럿에의 논증처럼 양적으로는 무한성이, 질적으로는 무규정성이 전제되어 있다. 그리고 이 제3자에의 논증은 한편으로는 형상의 초월성을 전제하고 다른 한편으로는 가정된 초월성을 부정하는 것으로 되어 있다.

그런데 이미 형상들의 세계와 경험 세계라는 두 세계의 다수성은 전제되어 있다. 또한 참여이론에서 나타난 형상과 경험적 사물들은 이 '제3자에의 논증' 가운데에서는 모두 영혼 안에서 볼 수 있는 것(panhorates)으로 묘사되고 있다(132a). 즉 제2 비판에서 태양빛의 비유로 나타난 전체-부분의 동일성의 관계는 영혼이 수행하는 '함께 보는 변증법적 기능(panhorates dynamis)'에 의해 가능한

16 "동일한 형상이 원본과 모상이 될 것이다."아리스토텔레스, 『형이상학』, 991a 31).

것으로 묘사되고 있다. 그러나 영혼의 이러한 기능에 포착된 형상은 영혼 안의 하나의 표상과 같은 것으로서 경험 사물들과 동류의 것이라 해석될 수 있는 변증법이 지니는 유사성에 따르는 논리적 측면이 있다. 이 때문에 이러한 참여이론에 대한 설명은 제2 비판에서 원리적 일자를 제외한 여럿의 세계에서나 타당한 전체-부분의 논리에 의해, 즉 파르메니데스의 제3자에의 논증에 의해 비판될 수 있다. 즉 여럿이 전제되고 이들이 서로 다르다고 한 이상 여럿의 의미에 함축되어 있는 무제한성이 나오리라는 것은 쉽게 짐작되고, 이 무제한성을 끌어내는 논증의 성격은 제논의 '여럿에의 논증'과 동일한 성격의 것이라는 것을 알 수 있다.[17]

그러나 형상은 영혼 안의 표상이 아니다. 즉 형상은 영혼이 지니는 직관의 경험적 측면의 것이 아니다.[18] 이 때문에 형상을 영혼 속의 관념(통일적인 이데아)으로 대치함으로써 참여 이론의 난점을 회피하고 해결해 보려는 소크라테스에 대한 파르메니데스의 제4 비판이 나타난다.

2.6. 초월적 형상의 가능성과 사유의 '기능적 인식(noesis-noema)'의 형상

> 파르메니데스는 말했다. "그러면 잘 아시게. 그대가 존재하는 것들의 각 형상을 어떤 하나의 것으로서 구분하면서 따로 설정한다면, 그 난점이 사람들이 말하듯이, 얼마나 큰 난점인가를 결코 접하지도 못할 것이라는 것을."(b)

17 제 3자에의 논증은 원자론자들이 원자와 함께 이들의 결합과 분리에 의해 만물의 생성-소멸을 설명하기 위해 끌어들인 공허(kenon)와 같이 공간 개념이 우주의 유한-무한의 이율배반의 변증법에 처하는 것과 동일하다.

18 경험론에서 관념이 경험 사물과 관계되는 측면은 사유의 추상기능(알렌은 반성기능이라고 하고 있다. 앞의 책, 147쪽 참조)에서 성립한다. 그러나 형상은 사유의 추상기능에서 성립하지 않고 상기라는 직관에서 성립한다.

그는 대답했다. "어떻게 그러합니까?"

그는 말했다. "다른 많은 난점들이 있다. 그러나 가장 큰 것은 다음과 같다: 만일 어떤 사람이 말하기를, 형상들이 우리가 말했듯이 그러해야 한다고 하는 그러한 것들로 있다는 것을 아는 것조차 적합하지 않다고 한다면, 이 논박자가 많은 경험을 한 사람이고 본성이 뛰어난 사람이 아니라면, 다른 한편 증명이 수행될 때 아주 많고 우원한 논증들을 뒤따라가려고 원하지 않는다면, 이와 같은 것을 말한 사람[논박자]에게 그가 잘못했다고 어느 누구도 증명할 수 없을 것이다. 그렇지 않으면 형상들이 인식될 수 없다고 강변한 사람이 설득력이 있을 것이다."(c)

소크라테스가 말했다. "파르메니데스님, 어떻게 그러합니까?"

"왜냐하면 소크라테스, 내 생각에는 당신과, 그 각각의 홀로 고립되어 있는 존재 자체가 있다고 설정하는 사람은 누구나 무엇보다도 이런 것들의 어떤 것도 우리와 함께 있지 않다는데 합의할 것이다."

소크라테스는 말했다. "진정 어떻게 달리 그 자체 홀로 있을 수 있을까요?"

제4 비판은 앞에서 언급했듯이 형상(eidos)과 관념(idea)을 동일시하려는 소크라테스에 대한 비판이다. 형상은 상기를 통해서 주어진다는 것 때문에 영혼 안에 내재하는 사유(noesis)의 상관자(noema) 즉 관념(이데아)이라고 할 수 있다. 그리고 이러한 사유의 상관자인 관념은 경험적인 것에서 어느 정도 초월적인 듯이 나타난다. 이 때문에 소크라테스는 형상을 관념이라고 제안한다. "관념은 모든 대상들 위에서 항상 같은 것으로 있으면서 그 대상들을 생각하는 단일한 것(132b)"이라고 생각되고, 이 때문에 참여이론의 난점이나 제3 인간 논변의 공격을 해결하고 방어할 수 있는 것처럼 보인다. 그런데 인용문 안에서는 '관념'이 '생각하는' 것(기능적인 것)으로 표현되고 있다.

그런데 관념이란 존재하는 것에 대한 관념이지 아무 것도 아닌 것에 대한 관념은 아니다. 즉 무엇인가 있는 것에 대한 관념이므로, "관념은 모든 것들 위에 있다고 그 관념이 생각하는, 하나의 이데아로 있는 그 어떤 단일한 것의 관념일 뿐이다"(132c). 즉 관념의 지칭 대상인 형상은 관념과는 다른 것으로 관념에서도 초월적인 존재이다. 따라서 이데아를 관념으로 보고, 그리고 타자들이 관념인 이데아를 나누어 갖는다면 타자들 각각은 관념들로 되어 있고 이 때문에 타자들 모두가 생각한다고 해야 하거나 관념들이면서 생각하지 않는다고 해야 한다(132b-c).

이상의 비판은, 관념이 지니는 형식적이고 선험적 측면을 부각시킴으로써 참여이론의 난점을 회피하려는 소크라테스가 관념을 형상이라고 하려고 한 것에 대한 것이다.[19] 즉 관념이 갖는 이중적 구조(noesis-noema)에 의해, 관념(noesis)은 한편으로는 경험적인 것에 관계하면서도 다른 한편으로는 관념(noema)에서도 초월적인 사유의 대상(형상)을 관념(noema)이라고 하여 이를 지칭할 수 있음에도 불구하고, 소크라테스는 이를 표현함에 있어서 관념의 상관적 대상(noema)을 경험적인 것과 관계하는 현실적인 활동으로서의 사유기능(noesis)과 동일시하려고 한 것이다. 관념의 상관적 대상(noema)과 사유 활동(noesis)은 서로 뗄 수 없이 상호 보조에 의해 사유 활동을 이루나, 그렇다고 관념의 상관적 대상(noema)이 사유-활동(noesis)과 꼭 동일한 것은 아니다. 더 나아가 관념의 상관적 대상(noema)이 꼭 관념-활동의 주체(noesis)가 관계한다고 생각되는 경험적인 것만을 지칭할 필요는 없다. 관념의 경험적 측면과 선험적 측면의 혼동은 마치 여럿과의 관계에서 언급되는 하나와, 하나의 원리적 측면(일자)과의 혼동과도 같다. 기능과 이 기능의 대상, 활동과 이 활동의 주체-대상 사이의 이중적 동일화나 자연주의적인(순환적인) 변증법적 이행은 헤겔식의 통속적인 변증법에서나 볼 수 있는 것이다. 비판은 이러한 수준에서 이루어지고 있는 소크라테스의 변증법적 언명에 향해지고 있다. 또한 소크라테스의 변증법적으로 언명된 관념(noema)론에 따르면, 형상의 존재론적 근거는 사라지고 형상은 사유

19 관념은, 한편으로 경험의 대상들과 현실적으로 관계하는 측면에서는 다수성에서 성립하는 경험적 표상이다. 그러나 다른 한편 이 관념의 경험적 표상들을 통합하는 측면은 칸트가 말하듯이, 관념의 선험적 측면으로서 인식론적으로 경험에서 초월적인 형식적인 것이다. 이 양자를 혼동할 때 일어나는 오류가 합리적 심리학에서의 영혼 불멸 등에 관한 오류추리이다. 칸트,『순수이성비판』, b 427. 소크라테스는 여기에서 서로 차원이 다르거나 모순(우연)관계에 있는 관념의 경험적 측면과 선험적 측면을 혼동하거나 동일시하고 있다. 플라톤의 형상이나 이데아는 영혼에 상기된 한에서 관념이기는 하나 이러한 선험성을 지니고 있어서 인식에서마저도 초월적인 대상을 지칭하는 존재론적인 의미를 지닌다. W. D. 로스, 앞의 책, 88쪽 참조.

활동(모순적 기능을 수행하는 상상)의 산물에 불과하게 된다.[20] 그러나 형상은 정신 안에만 있는 관념이 아닌, 관념에서 초월적인 것이다. 결국 파르메니데스는 제3 비판에서는 제3자 논증에 의해 초월적인 일자를 부정하는듯하지만 지금의 제4 비판에서는 역설적으로 초월적인 형상을 인정하고서 소크라테스의 형상에 대한 관념적 이해를 비판하고 있는 셈이다.

그러나 형상의 관념에서의 절대적인 초월성이 이야기된다면, 그것은 또한 관념(noesis)과 같은 영혼의 기능이 변화하는 경험계에서 초월한 불변의 것으로 상정되는데, 이에 따른 소크라테스의 참여이론은 모방이라는 기능론으로 나타나고, 이에 관한 난점은 제5 비판에서 원본-모방이론의 난점으로 나타난다. 즉 모방이론에 따르면, 형상은 파르메니데스의 일자와 같은 것으로서 불변하는 것으로 있고 경험 사물들은 이 형상들을 닮으려고 한다. 그러나 닮고 닮아지는 유사성의 관계가 성립하려면 이들 사이에 동일성의 관계가 전제되어 있어야 하는데, 이렇게 되면 형상의 불변성은 깨어지고 만다. 따라서 형상의 불변성이 보존되려면 형상에 무한히 접근해 가는 제 3의 것이 무한히 나타나야 한다. 혹은 역으로 형상 편에서 무한수의 형상들이 나타나야 한다(132e). 결국 제3자 이론이 다시 나타난다.

그런데 우리는 파르메니데스의 제3자 이론이 제논의 '여럿에의 논증'에 다를 바 없고 이 여럿에의 논증은 한편으로 일자를 비판하나 다른 한편으로는 이를 전제하거나 옹호하는 것임을 앞에서(제1권) 보았다. 또한 이러한 파르메니데스의 일자를 전제한 제 3자에의 논증은, 태양빛이나 관념(noesis)과 같은 것으로서의 기능적 형상들을 전제하는 소크라테스의 참여이론에 다름 아님을 알 수 있다. 다른 점이 있다면, 파르메니데스의 변증법이 하나와 여럿이라는 형식적이고도 전체-부분의 양 관계로만 이야기되는 듯한 추상적인 것인 반면,

---

20 형상의 관념과의 관계는 원자론자들의 공허 관념이 지니는 역설적 성격들 역으로 관념적인 형상론에 그대로 나타남을 의미한다.

소크라테스의 형상과 참여이론은 비유적이나마 보다 기능적인 측면에서 구체성을 띄었을 뿐이다. 이어서 소크라테스의 명칭(이름)과 기능적인 '인식' 개념이 형상으로 제안되는 것의 난점이 제시된다.

그는 말했다. "옳은 말이다. 또한 그러므로 서로 서로에 대해서 관계하고 있는 바대로 있을 뿐인 이데아들은, 그 자신들에 대해서만 그런 관계를 가질 것이고, 우리들 곁에 있는- 이들이 닮은 것들이든 아니면 어느 누가 이들을 어떤 방식으로 설정하든- 사물들에 대해서는 아니다. 그리고 그런 것에 우리가 참여하고 있고 그 각각의 경우에 우리는 그에 따라 명명된다. 다른 한편 그것들에 동일한 이름으로 있는 우리들 곁에 있는 것들은 다시 자신들에 대해서만 관계하지 그 형상들에 관계하지 않는다. 즉 그들 자신들 사이의 것이지 우리가 그에 따라 다시 호칭하는 한의 것들과의 관계는 아니다."

소크라테스는 말했다. "무슨 말씀입니까."

파르메니데스는 말했다. "예를 들면, 만일 우리 가운데 어떤 사람이 주인이거나 그의 노예라면, 생각컨데, 그 주인 자체-그도 주인이겠지만-의 노예가 아니라, 그의 주인인 그 사람의 노예이며, 주인은 노예 자체-그도 노예이겠지만-의 주인이 아니라, 그들의 양쪽(주인과 노예)이 동일한 사람들인 그러한 사람이다. 한편으로 주인임 자체는 노예일터인 노예임 자체의 주인이고, 노예임도 이처럼 주인임 자체의 노예임 자체이지, 우리 세계에서의 주인인 것들이 저것들에 대해서 권능을 지니지도 않고 저것들이 우리들에 대해서 힘을 지니지도 않으며, 그대가 언급한 것으로, 자체적인 것들은 자신들의 그리고 자신들에 대해서 그러하며, 우리 곁에 있는 것들은 이처럼 그 자신들에 관계한다. 그대는 내가 한 말의 의미를 이해하지?"(134 a)

소크라테스는 말했다. "물론 이해합니다."

그는 말했다. "그러므로 그것도 인식일터인 인식 자체도 그것도 진리일터인 진리 자체의 인식이 아닌가?"

"전적으로 그러합니다."

"다른 한편, 특정한 각각의 인식은, 특정한 존재들 각각에 대한 인식이다.[21] 그렇지 않은가?"

"예"

21 플라톤은 여기에서 자신의 관계이론을 적용하고 있을 뿐이다.(디에). 『국가-정체』편, 483c 참조: "학문 자체는 대상 자체의 학문이다: 일정한 한 학문은 일정한 한 대상의 학문이다."

"우리들 곁에 있는 인식은 우리들 곁에 있는 진리의 인식이고, 다시 우리 곁에 있는 각 인식은 우리들 곁에 있는 존재 각각에 대한 인식임이 도출되지 않는가?"(b)

"물론입니다."

"그런데 우리가 합의하듯이, 형상 자체들을 우리는 갖지 않고, 그것들이 우리들 곁에 있을 수도 없다."

"진정 그러합니다."

"인식의 형상 자체에 의해서 각각으로 있을 그러할 종류들 자체가 알려지지?"

"예."

"그런데 그러한 것들을 우리는 갖고 있지 않다."

"진정 가지고 있지 않습니다."

"그러므로 우리들에 의해서는 어떠한 형상도 알려지지 않는다. 왜냐하면 우리는 인식 자체에 참여하고 있지 않기 때문이다."

"참여하지 않는 것 같습니다."

"그러므로 그러한 아름다움 자체와 선 자체와 우리가 이데아 자체로 있다고 가정한 모든 것들은 우리에게 알려지지 않는다."(c)

"그런 것 같습니다."

2.7. 인식론 상 신(神) 개념의 모순성

제5 비판에서 파르메니데스의 제3자 논증이 비판하는 형상은 마치 불변하는 것으로서 경험에서 절대적으로 초월적인 것처럼 가정된 것임에 반해, 제3 비판에 나타나는 제3자에의 논증에 의해 비판되는 형상은 마치 기능적인 것으로서 관념과 같은 것으로 경험에서 상대적인 초월을 나타내는 형상들이다. 따라서 제3 비판에서 나타난 전체-부분의 논리에 따르는 제3자 이론과 제5 비판에서 나타난 모방(같음-다름)의 논리에 따른 제3자 이론은 그 전제되는 형상의 성격이 서로 다르고, 이들이 공격하는 형상도 서로 다르다. 즉 서로 다른 의미의 형상들이 각각 서로 다른 의미의 형상들을 전제하는 제3자 논증에 의해 비판되어 성립될 수 없다고 말해진다.[22]

또한 제3자 논증은 여럿에의 논증과 같은 성격의 것으로서, 논증으로서 이중적인 의미를 지니고 있어 자기 모순된 성격도 지님을 앞에서 보았다. 따라서 3자 논증에 의해 비판되는 형상들은 한편으로 이 제3자 논증에 우연하고 서로 무관하다. 그러나 다른 한편 제3자 논증이 모순되어 있는 한 이 제3자 논증에 의해 비판되는 형상들이란 모두 모순되지 않다는 것은 분명하다. 역으로 단지 제 3자 논증이 무모순의 완전한 것이라는 가정에서 보면 형상은 모순된 존재가 된다. 하나는 파르메니데스의 일자처럼 경험 사실이 아니라는 의미에서 모순이고, 다른 하나는 소크라테스의 비유적으로 나타난 태양처럼 제3자 논증에 의해 논리적인 모순이 드러나는 점이다. 따라서 경험에 상대적인 듯이 혹은 절대적인 듯이 나타난, 제3자에의 논증에서 전제되거나 이 논증에 의해 모순적인 것으로 드러나는 (원리적인 것이든 기능적인 것이든) 형상들을 제외하면, 제3자에의 논증을 가능케 하는 것은 상보적인 의미의 전체-부분의 의미나 같음-다름의 의미를 가능케 하는, 서로 양립하거나 대립되는 듯이 보이게 하는 논증을 수행하는 우리의 '사유나 영혼의 기능'이다.

결국 우리의 영혼의 기능이라 일컬어지는 사유나 인식의 능력은 한편으로는 원리적인 형상을 인식(전제)하는 것이거나 경험적인 것들에서 상대적으로 초월적인 형상으로 나타나고, 다른 한편으로는 여럿에서 성립하는 타자들이나 타자성을 경우에 따라 이용하거나 비판하는 것으로 나타난다(이 제5 비판의 것은 제4 비판에서 형상을 관념과 동일시하는 것과 방향이 반대되는 것으로서 논리적으로는 같은 성격의 것이다). 이

22 서로 다른 의미의 형상들을 전제하는 제3자에의 논증이 상대방의 형상을 공격하는 이러한 변증법의 모순은 한편으로 다음과 같이도 설명된다. 즉 제3자 이론을 가능케 하는 것은 형상인데 형상은 한편으로 영혼에서 초월적이나 다른 한편은 영혼의 상기 기능에 관계를 맺고 있어 이중적이다. 또한 형상을 전제하는 제3자 이론은 영혼의 통합기능에서 성립하는 것으로서 영혼에 관계된 서로 다른 것들(형상과 경험적 사물들)을 동일성에 관련시키는 것이다. 따라서 소크라테스가 형상의 (불변적)초월성을 말하면 제3자 이론이 함축하는 영혼에 내재하는 형상으로 공격하고, 소크라테스가 형상의 경험에의 내재성을 주장하면 형상의 (불변적)초월성을 가정하는 제3자 이론으로 공격할 수 있다.

때문에 제6 비판에서는 인식이라는 '기능'이 하나의 형상으로 가정된다.

"이러한 것보다 더욱 더 무서운 다음의 것을 보라."

"어떠한 것인데요?"

"생각컨데 그대는 다음과 같이 말할 수 있다. 즉 어떤 인식의 종류 자체가 있다면, 그것은 우리들 곁의 인식보다 더욱 엄밀 정확하며, 아름다움과 다른 모든 것들도 그러하다."

"예."

"어떤 다른 것이 인식 자체에 참여한다면, 무엇보다도 신이 가장 엄밀하고 정확한 인식을 갖는다고 그대는 말할 것이다."(d)

"물론입니다."

"그렇다면 다시 신은 인식 자체를 지니면서 우리들 곁에 있는 것들을 인식할 수 있는가?"

"왜 못하나요?"

파르메니데스는 말했다. "왜냐하면 소크라테스, 우리는 저 형상들이 우리 곁에 있는 것들에 대해서 지녀야 할 능력을 지니지 못하며, 또한 우리들 곁에 있는 것들은 저 형상들에 대해서 가져야 할 능력을 가지지 못하고, 각각의 것들은 각각의 자신들에 대해서만 가진다고 합의했기 때문이다."

"정말 합의되었습니다."(e)

"그러므로 만일 신 곁에 가장 엄밀 정확한 주인임과 인식 자체가 있다면, 그곳의 주인됨은 도대체 우리들의 주인이 되지 못할 것이고, 그 인식도 우리를 알지 못할 것이며 우리들 곁에 있는 어떤 다른 것도 알지 못하고, 마찬가지로 우리들은 우리 곁에 있는 권능에 의해서는 저것들을 지배하지 못하고 또한 우리는 우리들의 인식에 의해서 신의 어떤 것도 알지 못할 것이다. 또한 저들은 똑같은 논리에 의해서 우리들의 주인이 되지 못하고 신이면서도 인간사들을 인식하지 못할 것이다."

그는 말했다. "그러나 신에게서 인식력을 박탈한다면, 그 논증은 너무도 이상합니다."(135a)

파르메니데스는 말했다. "그렇지만 소크라테스, 존재하는 사물들의 형상 자체들이 존재하고 우리가 형상 자체를 각각 구분한다면, 이러한 난점들과 이에 관계한 다른 많은 것들을 형상들이 필연적으로 갖게 된다. 그래서 청취자는 혼란되고, 그런 것들이 존재하지 않는다고 다투게 되며, 그것들의 존재가 인정된다 하더라도 인간의 본성에 의해서는 알 수 없다는 것이 필연적이다. 그리고 이러한 것들을 말하는 사람은 무엇인가 의미 있는 것을 말하는 것처럼 보이고, 방금 말했듯이, 그에게 반대 의견을 설득하는 일은 놀랍게도 어렵다. 단지 전적으로 천분을 타고난 사람만이 각각의 어떤 종과 존재 자체가 홀로 있다는 것을 배울 수 있으며, 이것들을 발견해서, 충분하게 잘 비판함에 의해 탐구하는 다른 사람을 가르칠 수 있는 사람은 더욱 더 놀라운 사람이다."(b)

소크라테스는 말했다. "파르메니데스님, 당신의 말씀에 동의합니다. 진정 당신은 저의 생각에 따라 말씀하십니다."

파르메니데스는 말했다. "그렇지만 소크라테스, 지금의 모든 것들과 함께 이와 같은 다른 난점들을 보면서, 만일 어떤 사람이 존재하는 것들의 형상이 있다는 것을 인정하지 않는다면, 각각의 하나에 대한 형상을 구분하지 않을 것이고, 존재하는 것들의 각각의 이데아 자체가 항상 존재한다는 것을 인정하지 않기에, 무엇인가에로 그의 정신을 향하게 하지 못할 것이고, 이렇게 해서 대화의 능력을 완전히 파괴할 것이다. 이와 같은 것을 그대는 더 잘 알아채리라 나에게는 생각된다."

그는 말했다. "옳은 말씀입니다."

"그러면 철학에 관해서 무슨 일을 할 것인가? 이러한 것들이 알려지지 않는다면, 어떤 방도를 취하겠는가?"

"적어도 지금은 저는 아는 바가 전혀 없습니다."(d)

그는 말했다. "왜냐하면 소크라테스, 그대는 훈련하기도 이전에, 어떤 아름다운 것과 올바른 것과 선한 것과 각각의 하나의 형상들을 구분하려고 했기 때문이다. 왜냐하면 그대가 이곳에서 어제 아리스토텔레스와 대화할 때 내가 그것을 생각했기 때문이다. 논증에로 향하는 당신의 열정은 아름답고 신적이라는 것을 잘 아시게. 그러나 아무 것에도 쓸모없게 보이고 많은 사람들에게 나태한 것이라고 불리는 것을 통하여 젊은 동안에 더욱 자신을 연습시키고 훈련시키시게. 그렇지 않으면, 진리는 당신에게서 도망칠 걸세."

제6 비판에서는 형상들의 세계와 이 경험계의 세계가 분명히 분리되고 형상계가 경험계에서 초월하여 불변하는 한, 이 두 세계가 서로 관계를 맺을 수 없음이 언급된다(133b-134c). 더 나아가서 더 무서운 비판이라고 이야기되는 이 논증에서는 형상계에서도 형상들을 서로 관계 맺게 하는 인식이라는 형상 자체가 설정되고 이 인식 기능이 형상계에서만 신에 의해 이루어질 뿐 결코 경험계의 것들과 관계될 수 없음이 언급된다(134c-135a). 형상계의 인식은 신적인 것인데 신적인 인식이 경험계에 대해서는 전혀 이루어질 수 없다는 것은 무섭고 놀라운 일이다. 사실 인식의 형상을 인정하는 것은 이 인식이 형상의 필연성만을 절대적으로 인식하는 것이며, 만일 신이 이러한 인식 능력만을 지닌다면 이 신은 필연성으로 인도하는 모순율에 따르는 신으로서 신 개념이 지니는 절대적인 '전능의 능력의 신' 개념에 전혀 배치되는 것이다.

그런데 제6 비판이 형상계와 현상계를 철저하게 관계 맺을 수 없게 가르는 측면에서만 무서운 비판이 된다고 이해하는 것은 이 대화편에 대한 피상적인 이해가 된다. 왜냐하면 이 대화의 서두에 소크라테스가 한 "어떤 사람이 한편으로 종들과 형상들 그 자체들이 이와 같은 반대의 일들을 겪게 되는 것으로 나타내 보인다면 놀랄만한 일입니다.(129c)"에 대한 해명이 이데아론 비판에서 나타나지 않기 때문이다. 사실 이 언급에 대한 해명은 제6 비판에 숨어 있다. 즉 이 비판이 놀라운 것은 형상들의 다수성이 인정되고 이들 사이에 관계를 맺게 하는 기능의 형상으로서 인식이라는 형상이 설정되는데 있다. 즉 제1 비판에서 형상들의 다수성이 전제되어 있고, 제2-5차까지의 비판은 제3자 논증이 그 기초에 깔려 있다. 그리고 이 제3자 논증을 가능케 하는 것은 형상계와 경험계를 포용하고 내속하면서 양면으로 매개하는 영혼의 변증법적 기능이었다. 즉 앞에서 보았듯이 영혼은 형상을 모방하는 기능과 경험계에 참여하는(사실은 임재하는 paousia: presence) 기능을 하면서 상호 반대되는 방향으로 기능하고 있다. 따라서 형상 세계에서 인식이라는 형상이 전제되어 형상들 사이에 상호 분리와 결합이 가능하다면, 형상세계에서도 변증법적인(모순된) 성격의 형상인 인식 기능에 따른 제 3자 논증이 나타나지 않을 수 없게 된다. 즉 닮음과 안 닮음이라는 형상이 서로 간에만 관계한다 하더라도 서로 '대립하는 기능'이라는 형상이 또한 가정되어야 하는데, '대립하는 기능'이라는 형상 또한 닮음-안 닮음이라는 두 형상에 각각 전체-부분의 관계나 같음과 다름이라는 기능을 이중적으로 수행하여야 하고, 또한 전체-부분으로 기능하는 형상이나 같음-다름으로 기능하는 이중의 형상들이 그 기능들 각각에 대해 4중적으로 설정되어야 하는 일이 무한히 계속되어 닮음-안 닮음이라는 형상 사이에는 모든 형상들이 무한히 나타나야 한다는 역설이 성립된다. 결국 제6 비판은 파르메니데스의 형상론 비판에 앞서 언급된 소크라테스의 언명에 연결된다. 즉 "어떤 사람이 한편으로 종들과 형상들 그 자체들이 이와 같은 반대의 일들을 겪게 되는 것으로 나타내 보인다면 놀랄만한 일입니다.(129c)"

제6 비판에서는 형상으로서의 인식 기능과 함께 신(神)이라는 존재가 가정되어 있다. 그리고 이 신은 홀로 초월적인 형상에 인식론적으로 대응하는 존재로서 제3, 제4 비판에서는 영혼이나 사유에 해당하며, 논리적으로는 제2 비판에서 태양빛에 비유된 형상에 상관자로 나타나야 하는 것이다. 제6 비판이 암시하는 문제는, 초월적인 형상들의 존재가 부정되지 않는 한(135c), 제3자에의 논증을 가능케 하는 변증법에 전제되는 이중의 사태 즉 초월적으로 존재한다고 생각되는 형상과 신에 연관되어 나타난 사유(영혼)의 기능적 성격이 경험적 사물과의 관계에서 어떻게 설정되어야 하는가이다. 그리고 이를 해명하기 위해서는 6차에 걸친 형상론 비판들의 순서와 구조를 살펴보아야 함이 필수적임을 알 수 있다.

우선 제1 비판에서는 파르메니데스에 의해 형상의 다수성이 전제되고, 이어 제 2 비판에서는 경험계에서 초월적인 형상을 가정하는 참여이론의 난점이 지적된다. 이에 소크라테스는 태양빛의 비유를 내세운다. 그러나 이 태양빛의 비유는 기능론으로서 파르메니데스의 전체-부분의 논리에 의해 이중적으로 비판된다. 그러나 이 비판은 각각 부분적으로만 성립하는 것으로 자기모순을 숨기고 있다. 즉 돛포의 비유나 큼의 형상의 역설에서는 전체-부분의 변증법에 함축된 동일성에서 성립하는 기능 함수적 측면이 나타나 있지 않다. 이 때문에 제3차에서 6차까지의 비판에 걸쳐서 소크라테스는 유비적으로 표현되는 기능의 존재(영혼, 사유나 신 등)나 모방이론들을 내세우는데 파르메니데스는 제3자 이론으로써 이들의 모순됨을 비판한다. 그런데 파르메니데스의 제3자 이론은 한편으로 인식 기능이나 생성계에서 절대적으로 초월적인 불변하는 형상을 가정하고 다른 한편으로는 절대적으로 초월적인 신을 가정함으로써 가능한 것으로 사실상 자기모순을 숨기고 있는 것이었다. 그리고 이 절대적으로 초월적인 신은 제2 비판에서의 소크라테스의 태양빛에 비유된 형상에 상관자로서 나타난 것이다.

결국 분석을 통하여 제3차에서 제6차에 이르는 4차례에 이르는 파르메니데스의 제3자 이론에 의한 소크라테스의 형상론에 대한 비판은 서로 다른 의미를 지닌 형상을 전제하는 두 3자 이론이 서로 상대방의 형상을 공격하는 형식으로 되어 있어 전체적으로는 방향이 상호 반대인 모순된 것이며, 제1 비판과 제2 비판의 상보성과 대립성을 확대해 놓은 것에 불과하다. 다른 점이 있다면, 소크라테스가 하나와 여럿의 문제를 형상과 경험들 사이의 관계에 대한 설명이론으로 내세우는데 반해 파르메니데스는 형상과 형상들 사이의 문제에로까지 끌어올리고 있다. 나아가 두 이론에서 하나와 여럿의 매개를 수행하는데 결정적인 역할을 하는 것이 소크라테스에서는 영혼이, 파르메니데스에서는 신이 담당한 것이 된다. 또한 파르메니데스의 일자와 소크라테스의 태양에 비유된 형상은 논리적으로는 동일한 성격의 것이다. 단지 파르메니데스의 일자는 불변하는 것으로서 변화하는 현상계(사실 불변하는 요소적인 것으로 구성되어 원자론에서처럼 이합 집산하는 것이다)와 우연한데 반해, 소크라테스의 태양에 비유된 초월적인 형상은 기능적인 것으로서 임재이론이나 참여이론에 의해 변화하는 현상계와 관련되어 있는 것처럼 보이는 점이 다를 뿐이다. 결국, 소크라테스의 형상론에 대한 이 대화편의 파르메니데스의 논박은, 즉 논박과 응답의 구조적 관계가 이 대화편 후반부에 나타나는 〈변증법의 연습〉부분처럼 동일성-타자성의 변증법으로 되어 있다는 것을 발견할 수 있다. 그럼에도 불구하고 인간의 사유에서 소크라테스가 말하는 형상론을 전제하지 않으면, 인간의 진리탐구가 불가능하다는 것을 파르메니데스는 역설적으로 피력하고 있다. 그러면서 파르메니데스가 소크라테스에게 변증법을 연습하기를 권하고 있다는 것이다.

Chapter 03

사유와 언명(판단)의 존재론적 진리 인식의 조건-변증법 연습

사유와 언명(판단)의 존재론적 진리 인식의 조건-변증법 연습

『파르메니데스』편 후반부는 변증법의 연습으로 되어 있다. 여기에서 제논의 역설, 그것도 여럿에의 논증을 논하고 있다. 따라서 여기에서 무한한 공간을 전제하는 제논의 논증의 성격은 다시 언급할 필요는 없겠다. 단지 우리는 〈제1권〉에서 파르메니데스의 존재론 분석하면서 파르메니데스의 존재론이 진리를 탐구하는 방법론적인 측면에서 볼 때, 특히 생성-소멸하는 존재자들이 이루고 있는 자연의 현상세계를 설명하고자 할 때 비존재(me eon: apeiron)를 허용해야만 한다는 사실을 말하고자 한다.[1] 이러한 비존재를 허용하지 않음으로써 여신이 이끄는 파르메니데스의 진리의 길조차 우리 인간을 말할 수 없고 생각할 수 없다는 것이다. 달리 말하자면 파르메니데스의 존재론을 방

1 사실 우리의 사유(영혼)에서 운동이나 기능과 관계하는 무한성을 상징하는 'apeiron'은 변증법의 기초가 되는 것이나 현실적 물적 존재를 설명하기 위해서는 이러한 apeiron에 제한을 가해야 한다. 앞으로 볼 것이지만 이 일을 플라톤은 존재론적으로『소피스테스』편과『티마이오스』편에서 하고 있다.

법적으로 이용하는 제논의 여럿에의 논증이나 운동 역설들이 사실은 현상세계의 진실을 말하지 않고 운동과 존재(비운동: 정지)가 대립된 것으로서 그러면서도 역설적으로 서로 변증법적으로 관련을 맺은 채 상보적으로 혹은 구조적으로 질서 있게 조직되어야 한다는 사실을 나타낸다. 그리고 이러한 조직과 체계를 가진 존재론적인 것의 이면에는 아리스토텔레스가 말한 우리 사유 가능성이 모순율에 따르는 '일반논리학'으로 전제되어 있다는 것이다. 파르메니데스는 제논의 역설들(논증들)이 젊음의 소치이고 결함이 있다는 것(파르메니데스의 일자를 옹호하면서도 논박하는 양날을 가진 것이라는 것)을 소크라테스의 형상론에 적용하면서 소크라테스의 형상론에 대한 파르메니데스의 비판을 변호하지 못하는 것을, 변증법을 연습하지 않은 데에서 기원한다는 것을 다음과 같이 말한다.[2]

> 파르메니데스는 말했다. "그렇지만 소크라테스, 지금의 모든 것들과 함께 이와 같은 다른 난점들을 보면서, 만일 어떤 사람이 존재하는 것들의 형상이 있다는 것을 인정하지 않는다면, 각각의 하나에 대한 형상을 구분하지 않을 것이고, 존재하는 것들의 각각의 이데아 자체가 항상 존재한다는 것을 인정하지 않기에, 무엇인가에로 그의 정신을 향하게 하지 못할 것이고, 이렇게 해서 대화의 능력을 완전히 파괴할 것이다. 이와 같은 것을 그대는 더 잘 알아채리라 나에게는 생각된다."
>
> 그는 말했다. "옳은 말씀입니다."
>
> "그러면 철학에 관해서 무슨 일을 할 것인가? 이러한 것들이 알려지지 않는다면, 어떤 방도를 취하겠는가?"
>
> 소크라테스: "적어도 지금은 저는 아는 바가 전혀 없습니다."(d)
>
> 파르메니데스는 말했다. "왜냐하면 소크라테스, 그대는 변증법을 훈련하기도 이전에, 어떤 아름다운 것과 올바른 것과 선한 것과 각각의 하나의 형상들을 구분하려고 했기 때문이다. 왜냐하면 그대가 이곳에서 어제 아리스토텔레스와 대화할 때 내가 그것을 생각했기 때문이다. 논증에로 향하는 당신의 열정은 아름답고 신적이라는 것을 잘 아시게. 그러나 아무 것에도 쓸모없게 보이고 많은 사람들에게 나태한 것이라고 불리는 것을 통하여 젊은 동

2 인간의 현실에 대한 진리탐구에서 논리적 사유가 일정 부분 그 역할을 하고 있기 때문이다.

안에 더욱 자신을 연습시키고 훈련시키시게. 그렇지 않으면, 진리는 당신에게서 도망칠 걸세."

소크라테스는 말했다. "그러면 훈련의 방식은 무엇입니까?"(e)

그는 말했다. "그대가 제논에게서 들은 것이다. 그러나 다음 것은 제외한다. 그대가 제논을 향하여 말할 때, 즉 그대는 우리가 보는 사물들 사이에서 이것들에 대해 방황하는 것을 탐구하는 일을 허용하지 않을 것이고, 누군가가 이성으로써 가장 잘 파악하는 것과 형상이 있다고 생각하는 것들에 대해 탐구하게 할 것이라고 말했을 때, 나는 그대에게 경탄했다."

그는 말했다."왜냐하면 저에게는 이와 같은 점에 있어서 닮음과 안 닮음과 이와 같은 방식으로 일을 겪는 다른 것들을 보여주는 일에 어떠한 어려움도 없는 것처럼 보이기 때문입니다."(136 a)

파르메니데스는 말했다. "그대의 말이 맞다. 그러나 이런 일에 덧붙여 다음의 일을 해야만 한다. 즉 각각의 전제들이 있다면 그 전제로부터 무엇이 귀결되는가를 탐구해야만 할뿐만 아니라 그대가 더욱 더 훈련[3]하고자 한다면, 전제된 이 동일한 것이 없을 경우도 탐구해야 한다."

소크라테스는 말했다. "무슨 말씀입니까?"

파르메니데스는 대답했다. "그대가 원한다면, 예를 들면 제논이 설정한 가설에 대해서와 같다. 즉 만일 여럿이 있다면, 어떤 결과가 여럿 자신에, 그들 자신이나 일자와의 관계에서 일어나야만 하는가, 또 일자에 그 자신이나 여럿과의 관계에서는 어떠한가? 그리고 다시 여럿이 존재하지 않는다면, 이번에는 일자와 여럿에게 그들 자신이나 서로 서로와의 관계에서 어떤 일이 일어날 것인가를 탐구해야 한다는 것이다. 그리고 닮음이 있다면 혹은 없다면, 이 가정 각각에 관해서 이 가정들 자체나 다른 것들에게 그 자신이나 서로 서로와의 관계에서 어떤 일이 나타날 것인가를 또한 탐구해야 한다. 또한 안 닮음과 운동과 정지와 생성과 소멸에 대해서 그리고 존재 자체와 비존재에 대해서도 동일한 말이 성립한다. 그리고 한 마디로, 있다고 하거나 없다고 하거나 항상 다른 어떤 성질을 가진다고 설정한 것에 대해서도, 그것 자체나 그리고 그대가 무엇을 설정하든, 다른 각각의 것과의 관계에서 또 여럿과의 관계에서나 이와 같은 모든 것들에 관계하여 이들에 어떤 결과가 나오는가를 탐구해야 한다. 또한 타자들을 그 자체나 그대가 항상 선택할 수 있는 어떤 다른 것과의 관계에서 가정된 것이 존재한다고 혹은 존재하지 않는다고

3 아리스토텔레스의 『토피카』에서도(101a 34-36, 163a 36, 163b 16) 이 방법을 변증법의 연습과 함께 학문적인 탐구의 도구로서 권하고 있다. 또한 『토피카』와 『파르메니데스』편 사이의 관계는 유사성을 넘어서서 내용이 일치하고 있음이 학자들에 의해 밝혀졌다.(디에).

설정된다면, 그대는 온전히 연습함으로써 진리를 정확하게 구분할 수 있기 위해서 그 결과들을 탐구해야 한다."

앞에서 살펴보았듯이 제논은 여럿에의 논증에서 "여럿이 있다."고 하는 경우에 불합리한 결론이 초래한다는 사실로부터 존재하는 것이 하나라고 결론짓는데, 이는 "파르메니데스의 일자인 하나가 존재한다."고 해도 똑같이 불합리하다는 논증을 하지 않는다는 것으로서 (양날을 가졌기 때문에) 편향적인 논박법적 성격을 드러내고 있다. 이 때문에 플라톤의 『파르메니데스』편 후반에서 변증법의 연습부분을 통해 드러나는 플라톤의 변증법의 성격은 파르메니데스의 존재론을 그리스어에서 쓰이는 술어와 존재사의 의미에 대한 구별을 통해 그것도 완전한 문장으로 이루어진 판단을 통해 간접적이면서도 비판적으로 이루어진다. 즉 『파르메니데스』편의 후반부에 나타나는 변증법의 연습 구조를 보면 전체적으로는 파르메니데스의 이러한 포용적 태도는 일자를 '있다'와 '없다'라는 존재술어와 결합된 명제로서 동일-차이의 논증적 변증법을 수행하는 것으로 나타난다. 즉 "일자가 있다." 는 언명(판단 명제)과 제논의 여럿에의 논증에 나타나는 논박법에는 없는 "일자는 없다." 는 언명을 모두 다루고 있다.

그리스어 'einai'가 존재사(있다)나 술어(이다)를 의미하는 이중의 의미가 있고, '이다'와 '아니다'가 긍정과 부정은 물론 의미론적 계사로서의 동일성(t'auton)이나 타자성(to heteron)을 의미하므로, 이들에 의해 서술된(제약된) 일자에 의해 이들의 판단 형식은 처음의 판단명제 4 가지 경우가 (긍정과 부정의) 동일성-타자성과 결합하여 8 가지 경우의 가정들로 구성되어 나타나고 있다. 달리 말하자면 변증법의 연습에 나타나는 8 가지 가정들은 이데아를 상징하는 일자를 가정(이데아-가설)하여 성립되어 있고, 이러한 이데아-가설을 전제로 한, 8가지 가정들로부터 연역되는 의미가 무엇인가를 결론에서 표명하는 것으로 되어 있으며, 연역되는 것은 아리스토텔레스가 『분석론 전서』와 『분석론 후서』에서 말한 술어적 언어의 일반논리학의 구조가 전제되어 있는 엄밀한 논증구조로 이루어지고 있다. 이러한 판단들의 대당 관계 속에서 모순은 실재하는 것이 아니라 관계를 잘못 맺을 때 나타나는 개념임을 알 수 있다. 그래서 현대 기호논리학에서처럼 일자의 이중성 개념을 기호로 놓으면, 반대 개념은 사라지고 모순 개념만 나타난다.

결국 존재사 '있다'와 '없다'에 대한 주어, 파르메니데스의 일자를 보충한 술어적 언명은, "일자가 있다."와 "일자가 없다."는 배중률이 작용하는 존재론적 언명 이외에 "일자이다." "일자가 아니다."라는 술어적 언명이 첨부되는 것으로 변형되며, 존재론적으로는 변증법연습에서 나타난 것처럼 존재(on)-허무(ouk on) 개념은 비존재(me on: apeiron)를 전제하는 '동일성-타자성' 개념으로 나타난다. 즉 『파르메니데스』 편의 변증법의 연습부분에서 드러난 변증법에서는 파르메니데스가 부정한 허무에 포함시킨 이러한 허무 자체와는 다른, 술어적 의미에 함축된 '무규정성으로서 동일성에 대비되는 타자성'을 끌어들이고, 파르메니데스의 일자에 대한 '사유하는 영혼(nous)'의 언명을 중심으로 (일자를 가정하고 운동이 있는 생성-소멸하는 세계에 대한 언명을 가능하게 하는) 가정들을 만들고 있다. 그 결과 『파르메니데스』 편의 연습들에 나타난 가정들의 구조는 다음과 같다.

가정1: 일자 (원리적 무제약적 일자)가 있다면,
가정2:(타자들에 제약된) 일자[4]가 있다면,
가정3: (일자에 제약된) 타자들이 있다면,
가정4: (원리적 무제약적) 타자들이 있다면,
가정5: (제약된) 일자가 없다면,
가정6: (원리적 무제약적) 일자가 없다면,
가정7: (제약된) 타자들이 있다면,

4 파르메니데스가 <단편 8>에서 "'존재'에는 한계가 있는 것이 당연하다."고 말한 의미에서의 한계가 있는 일자이다

가정8: 타자들(일자 아닌 것)이 없다면,
*가정 5-7은 사실 가정2에서 나온 부속 논증들이다.

그리고 각각의 가정들에 대한 결론을 살펴보면 다음과 같이 현상학적으로 표명되고 있다.

가정1의 결론: 존재하지 않는 것에는 자신에 관한 것이나 자신의 것이 어떠한 것도 없다. 그런 것에는 이름도 없고, 논증이나 어떠한 인식도 없고 감각경험이나 견식도 없다(142 a).

가정2의 결론: 일자가 정지하고 운동하기 때문에 양 상태로 나아갈 수 있다.-단지 이렇게만 두 가지 일을 할 수 있으므로-그리고 일자가 변화한다면 순간에 변화한다. 그리고 변화할 때는 일자는 시간 속에 전혀 있지 않고, 그때는 움직이지도 정지하지도 않는다. 이러한 일은 일자가 다른 종류의 변화에서도 그러하고, 존재로부터 소멸로 변화할 때나 비존재로부터 생성으로 변화할 때나, 그것은 어떤 운동들과 정지들 사이에서 되어가며, 그 때는 일자는 존재하지도 않으며, 존재하지 않지도 않으며, 생성하지도 소멸하지도 않는다. 그리고 똑같은 논리에 의해서 일자는 하나로부터 여럿으로 나아가고 여럿으로부터 하나로 나아가면서, 하나로 있지도 않고 여럿으로 있지도 않으며, 결합되지도 분리되지도 않는다. 또한 닮음에서 닮지 않음으로 그리고 닮지 않음에서 닮음으로 나아가면서 그것은 비슷하지도 비슷하지 않지도 않으며, 닮아지거나 아니 닮아지지도 않으며, 또 작은 것에서 큰 것으로, 그리고 동등한 것에서 혹은 그 반대들로 나아가면서, 작아지거나 크거나 동등하지 않으며, 증가되거나 소멸되거나 똑같이 되지도 않을 것이다(156e-157e).

제3가정의 결론: 일자에 다른 것들은(타자들) 제2 가정에서 일자가 겪는 모든 반대의 일들을 (그것도 무한이) 겪는다는 것을 우리는 어렵지 않게 발견할 것이다.

제4가정의 결론: 타자들은 닮지도 닮지 않지도 않으며 양자도 아니다. 왜냐하면 그들이 닮거나 닮지 않거나 한다면, 한 형상의 다른 것에 참여하는 것이고 양자이면 두 반대에 참여하는 것이다. 그런데 이것은 불가능한 것으로 나타났다. 그러므로 같은 것도 다른 것도 아니고, 움직여지는 것도 정지해 있는 것도 아니며, 생성되는 것도 소멸하는 것도 아니며, 보다 크지도 보다 작지도 동등하지도 않다. 그리고 이와 같은 다른 어떠한 것도 겪지 않는다. 왜냐하면 타자들이 이와 같은 어떤 일을 겪는다고 하면, 그것은 하나나 둘이나 셋이나 짝수나 홀수에 참여할 것인데, 일자를 전적으로 결여한 이들에게는 이러한 것들에 참여한다는 것이 불가능한 것으로 나타났기 때문이다.

제5가정의 결론: 일자는 존재하지 않으면서 변화하는데 한편으로 달리되고 소멸하며, 다른 한편으로 변화하지 않으면서 달리되지도 않고 소멸하지도 않는다. 또한 이처럼 존재하지 않으면서 생성하고 소멸하며, 생성하지도 소멸하지도 않는다.

제6가정의 결론: 존재하지 않는 '그것에 관해서'나, '그것의'나 '그것에게'나, '어떤 것'이나, '이것'이나, '이것의'나, '다른 것의'나, '다른 것에'나, '언제인가'나, '앞으로'나, '지금'이나, '인식'이나, '경험'이나, '감각'이나, '논증'이나, '이름'이나, '존재하는 다른 어떤 것이나'도 없다. 일자는 존재하지 않으므로 결코 어떠한 상태에도 있지 않을 것이다.

제7가정의 결론; 이 덩어리들은 자신이나 각각 다른 것들에도 닮으면서 닮지 않은 것으로 나타난다. 그러므로 그들은 서로서로에 다르기도 하고 그들 자신에 접촉하면서도 떨어져 있으며, 모든 운동으로 운동하고 모든 측면에서 휴식하며, 생성하고 소멸하며 어느 것도 하지 않고 있다.

제8가정의 결론: 일자가 없다면, 타자들은 동일하지도 다르지도 않고, 접촉하지도 떨어지지도 않으며, 앞에서 환영 자체로 우리가 묘사한 그런 타자들도 아니고, 이러한 것들의 어떠한 것도 아니고 나타나지도 않는다. 우리가 요약해서 말한다면, 일자가 없다면, 아무것도 없다.

그리고 이 모든 가정의 총 결론은 다음과 같다. : 일자가 있거나 없거나 일자와 타자들은 그 자신이나 다른 것들에 대해서 전적으로 모든 것으로 있고 있지 않으며 또 현상하고 현상하지 않는다.

『파르메니데스』편 전반부는 전체적으로 보면 이데아 가설에 대한 진지한 긍정과 비판적인 부정의 논변들로 되어 있고, 후반부의 변증법의 연습에서 보면 일자를 전제로 한 8개의 가설에서 연역적으로 이끌어지는 결론들은 모순된 논변들로 나타난다. 이 때문에 우선 우리는 『파르메니데스』편이 일차적으로 파르메니데스의 일자와 소크라테스-플라톤의 에이도스나 형상의 관련성 문제라는 것을 알 수 있다. 〈제 1권〉에서 살펴보았듯이 파르메니데스의 일자는 헬레니즘의 존재론의 원리를 묘사한 것이거나 다원론자들이나 원자론자들에서처럼 우주(pan)나 이를 구성하는 원소를 묘사할 수도 있다는 것을 알 수 있다. 마찬가지로 『파르메니데스』편의 변증법의 연습에서 8개의 가설에서 주어로 설정된 일자의 성격은 연역적 추론의 결과가 모순된 것으로 나타났으므로 역추적 하여 각 가정들에서 주어로 설정된 일자의 성격을 짐작할 수 있고 이를 토대로 여기에서 설정된 일자가 바로 소크라테스-플라톤의 형상이나 이데아임을 다음의 논증들에서 미루어 추측할 수 있다. 그리고 이러한 에이도스나 이데아인 일자가 동일성-타자성의 변증법을 매개로 하여 그 구체적인 성격이 나타나는데 대화편 전체에서는 두 종류로 나타난다. 하나는 제논의 여럿에의 논증에서 나타난 하나와 여럿의 수학-기하학의 해석학적 성격의 것으로서 이 이면에서 전체-부분의 기하학과 관련된 공간 논리이고, 다른 하나는 영혼의 자발적인 능력 기능(dynamis)과 관련된 시간적 존재로서의 일자(순간)이다. 이 때문에 『파르메니데스』편의 후반부에 나타나는 변증법의 연습에서 여러 가설에서 전제된 일자인 에이도스나 이데아에 대한 성격은 파르메니데스의 일자가 상징하는 여러 가지 경우가 될 수 있다는 것과 플로티누스의 일원론 이후에는 헬레니즘의 원리(ex nihilo nihil fit)에 대립하는 기독교 창조론이 나타나고, 근대 뉴턴의 자연 철학 이후 제논의 논박법적 변증법의 딜레마적 성격에 따른 이원론과 일원론적인 상호 반박과 화해의 논리를 시대와 역사에 따라 여러 가지로 해석되어 나타날 수 있다는 것은 서양철학사가 보여주는 바와 같다.

3.1. 파르메니데스의 존재와 제1 가정의 일자

'형상론 비판부분'에 나타나는 소크라테스의 형상론에 대한 파르메니데스의 비판의 주요 요점은, 전체적으로는 제1 비판과 제2 비판 속에 들어 있다. 그것은 무수한 여러 종류의 형상들을 인정해야 한다고 하면서, 형상계와 경험계의 관계맺음을 설명하는 임재이론이나 참여이론을 전체-부분의 논리에 의해 비판함으로써 형상의 초월성을 부정하고 경험 사물과 형상을 동일시하며 형상의 존재를 무효화하는 것이다. 결국 제2 비판에 이어 나타나는 소크라테스의 변명들과 파르메니데스의 비판들 속에는 초기나 중기 플라톤의 대화록에 나타나는 소크라테스의 형상론의 모습과 파르메니데스[제논]의 논박술적인 변증법이 요약되어 나타나고 있다. 그것은 소크라테스의 형상 개념이 태양빛이나 영혼 혹은 정신적 존재나 신과 같은 '기능적 일자'라는 점이고, 파르메니데스의 비판의 논리는 〈제 1권〉에서 보았듯이 제논의 여럿에의 논증에 나타난 것과 같은 논박법이라는 것이다.

우선 소크라테스의 형상론은 다음과 같이 정리될 수 있다. 1) 형상은 하나의 종류만 있는 것만이 아니고 여러 가지가 있다.[5] 그리고 형상들 사이에는 일정한 질서에 따른 하나의 체계나 통일적 연관이 있어야 한다. 2) 따라서 수학적인 하나와 여럿 관계에 대한 존재론적인 해석의 문제가 나타나는 변증법은

---

5 플라톤의 초기나 중기 대화록에 나타나는 소크라테스의 형상들은 1.정의, 경건, 미, 선 등과 같은 가치적 윤리적 형상들, 2. 큼과 작음, 하나 여럿 등과 같은 기하학적 수학적인 형상들, 3. 인간, 동물, 삶, 불, 눈 등과 같은 자연 사물들의 형상들이 있고, 후기 대화편 특히 『소피스테스』 편에서 4.동일, 다름, 존재, 운동, 정지 등과 같은 존재론적인 범주의 형상들이 있다.

형상과 경험 사물들 사이의 관계뿐만 아니라 형상 자체들 사이에도 있어야 한다. 이 때문에 형상들의 질서에 따른 통일성도 있어야 하므로 하나와 여럿의 문제는 이중적인 것이다. 그러면서도 3) 이러한 형상들은 경험의 상대적인 것들에서 초월적(경험에서 주어지지 않는 것)이어야 한다.

그런데 이 대화록 서두에서 보았듯이 이러한 성격을 지닌 형상들이 인정되지 않으면 대화나 철학적 사유가 불가능하다는 것이 대화자 모두에 의해 인정되고 있다. 따라서 '변증법의 연습' 부분에서는 소크라테스의 형상에 대한 이러한 요구 조건이 파르메니데스의 일자 존재론을 통해서 어떻게 만족될 수 있는가가 문제이다. 왜냐하면 소크라테스의 형상은 파르메니데스의 일자와 존재론적 성격이 완전히 같은 성격의 것이나, 파르메니데스의 불변 부동의 일자와는 달리 소크라테스의 형상은 기능적인 것으로서 운동하는 현상계와 관련성을 가지고 있는 것처럼 보이기 때문이다. 이 때문에 파르메니데스의 비판에 대한 대답으로 소크라테스는 끊임없이 기능적 존재의 성격을 지닌 형상들을 제시했었다.

그러면 소크라테스의 기능적 일자의 모순적 성격을 드러내는 파르메니데스의 논리는 무엇인가? 그것은 제 2비판에서는 전체-부분의 논리였고 그 이후의 비판에서는 제3자 논법이다.[6] 그런데 전체-부분의 논리는 제3자 논법과 같은 성격이다. 왜냐하면 전체와 부분간의 논리는 양 항과 이들의 서로 관련성을 전제하고 상호적으로 서로의 한계를 규정하되 엄격한 양적 관계로 이루어지는 것이듯이 제3자 논리도 양 항과 서로의 관계를 전제하고 이에 의해서 서로를 규정하는 논리이기 때문이다(물론 제 3자 논리는 양적 규정만으로 되어 있지는 않다). 더 나아가 이 제3자 논법은 제논의 여럿에의 논증이 지닌 이중적 성격의 한 측면이다.

제논의 여럿에의 논증은 앞에서(제1권) 보았듯이 이중적 성격의 것이다. 즉

6 플라톤의 제3자 논법은 아리스토텔레스가 말하는 제3인 논증과 달리 무한히 반복되는 성격을 지닌다.

한편으로, 여럿이 자체 모순이므로 스스로 소멸한다고 보면 일자만 남게 되어 파르메니데스의 일자를 옹호하는 것이다. 단 이 때의 여럿은 연장성과 동일시되어 있고, 이 연장성이 한계적 성격의 일자의 규정에 의해 온전히 규정되지 않고 무한하다는 것이 모순으로 생각될 때에 한에서이다. 그리고 이 때 파르메니데스의 일자는 여럿과 서로 분리되어 우연함으로 여럿과 어떠한 연관성도 없다. 그러나 다른 한편, 이 여럿에의 논리를 파르메니데스의 일자에 적용하여 비판하면 일자의 터무니없는 성격(제6 비판에서처럼 신의 인식이 오직 신적인 자체적 형상들만 인식하고, 경험적이거나 인간적인 것은 인식하지 못하는 것처럼 소크라테스의 형상이 경험계와 아무런 관련이 없음으로 해서 드러나는 불합리한 사실들)이 드러나 파르메니데스의 일자의 모순(불합리성)을 드러내는 것이 되어 일자를 공격할 수도 있다. 단 이 때의 여럿은 이번에는 연장성과 동일시되지 않고 나누어질 수 없는 것으로서 여럿이 분리된 채 서로 우연하다고 전제되는 한에서이다. 그런데 한편으로 여럿이 분리되어 있음을 전제하면서도 다른 한편으로 여럿을 연장성과 동일시하는 제논의 '여럿에의 논증'이 갖는 논리란 모순율에서 성립하는 파르메니데스적인 존재론적 논리이다. 그리고 파르메니데스의 일자가 모순율을 전제하는 사유의 변증법 위에서 성립하는 것인 한, 일자가 변증법적인 성격을 지니게 됨으로써 파르메니데스의 일자는 모순된 것이 된다.[7]

사실 파르메니데스의 존재론은 "비존재는 알 수도 말할 수도 없다."고 하면서 비존재를 언급하는 모순을 범하고 있는 변증법적인 언명의 것이다. 마찬가지로 파르메니데스는 일자를 생성-소멸계에서 초월적인 (무관련적인) 것으로 말하면서 일자가 사유(nous)에 직관된다고 말하지만, 우리의 사유가 모순율에 따르는 한, 그 일자는 우리 사유의 변증법을 통해서 연장성을 가진 자연적

7 이 문제는 귀류법의 정당성 문제와 연결된다. 귀류법은 A라는 명제의 정당성을 증명하기 위하여 이와 모순 관계에 있는 非A 명제의 모순이나 허위를 분석하거나 증명함으로써 A명제의 정당성을 증명하는 간접 증명의 방법이다. 그런데 문제는 A명제와 非A의 명제가 반대 관계가 아닌 모순 관계에 있기 때문에 이 두 명제의 관계가 단절되어 있고 우연한 측면이 있어서, 非A 명제의 부당성이 반드시 A명제의 정당성을 보장하는 것은 아니라는 사실이다.

인 사물과 같은 것(plenum)으로 되어버린다. 그래서 파르메니데스의 '한계를 지닌 충만한 일자'라는 표상은 역설적으로 파르메니데스의 현존하는 단편(6)에서 언급된 '어리석은 인간들'이 지닐 수 있는 표상의 하나가 된다(그는 일자를 단순한 것으로서 비은폐성의 것(aletheia:진상)이므로 사유에 직관된다고 하고 있으나 사실은 모순율에 따르는 사유의 귀류법적 논증의 산물임이 드러난다).[8] 이 때문에 플라톤은 이 대화편에서 파르메니데스의 존재론적 논리가 궁극적으로 도달하는 일자가 현상계에서 절대적으로 초월한 일자라면, 그 일자에 대한 언급이나 인식은 물론 그 존재까지도 불가능하다는 제1 가정의 결과에 이를 것임을 명백히 말하고 있는 것이다. 여기에서는 이 점을 제1 가정을 분석하면서 분명히 하고 그것의 의미를 플라톤의 변증법의 체계와 관련하여 드러내고자 한다.

1. 전체-부분의 두 의미와 일자(一者)

제1 가정은, "일자가 있다면(ei hen estin),"이다. 여기에서 '일자'는 철학사에서 엘레아학파의 파르메니데스의 '일자'이다. 왜냐하면 변증법의 연습에 들어가면서 파르메니데스는 자신의 일자로써 변증법을 연습하자고 했기 때문이다(137a). 그리고 역사적 실존 인물로서 파르메니데스의 일자는 생성-소멸하는 자

8 박홍규는 <베르그송에 있어서 근원적 자유>(전집 1권-182쪽)에서 "직접적으로 주어지는 사실은 단순하며 단순한 사실은 직접적이다. 여기서 사실의 단순성은 사실의 객관성을 은폐하거나 변질시키는 모든 인위적인 것을 배제를 지칭한다."고 말하고 있다. 그러나 제1권에서 살펴보았듯이 파르메니데스의 일자는 존재와 허무의 경계(한계)에서 성립하는 한계를 가진 존재로서 모순율에 따르는 사유가 분간하는 분석의 한계와 일치한다. 이 결과로서 파르메니데스의 일자는 모순율에 따라 귀류법에 의해 증명되는 생성소멸이나 가분성, 농축-희박화나 운동 등과 무관하여야 하며, 이러한 사실은 존재에 대한 "한계"의 개념은 생성소멸이나 가분성 등과 같이 귀류법적 논증이 성립치 않는다는 사실에 있다. 즉 "일자가 한계가 없다면 존재에 의해서이거나 허무에 의해서 일텐데, 허무에 의해서는 논증 자체가 이루어질 수 없다. 즉 무한한 존재에 의해서는 아무런 모순도 나타나지 않는다." 그런데도 파르메니데스는 "한계가 없는 것은 (사유의) 법도에 맞지 않다"(단편 8)고 하여 무한성을 버린다. 왜냐하면 존재가 무한하다고 하면 우리의 현존은 물론 우주가 확장과 축소에 있어서는 물론 생성소멸이나 가분성 운동들을 설명한 수 없는 아포리아에 빠지기 때문이다. 그러나 우리가 파르메니데스의 존재에 한계를 부여하자마자 역설적으로 우리는 상대적 의미의 비생성-소멸이나 비가분성, 비운동 등은 일자를 수식할 수 없을 뿐만 아니라, 일자는 유한적 성격을 가져서도 안 된다. 이 점은 제1 가정이 분명히 보여준다. 그런데도 엘레아의 파르메니데스가 일자에 유한적 성격을 부여함으로 인하여 상대적 성격의 비운동, 비가분성 등의 물체적 성격이 일자에 들어온다. 특히 파르메니데스를 자연철학자로 보는 버넷(J. Burnet *Greek Philosophy,* 1968, 54쪽)은 파르메니데스의 일자를 연장성과 같은 물체적 속성을 지닌 충만자(plenum)로 해석한다.

연 현상계에서 초월적인(우연한) 존재로서, '생성 소멸이나 가분성 혹은 운동이 없는 사방으로 균일한 한계를 지닌 구와 같은 충만자'로 알려져 있다. 그런데 이 대화편에서의 제1 가정의 일자는, 제1 가정의 추론의 결과가 보여주듯, 현상계를 설명하는 상대적으로 규정되는 어떠한 술어와도 연관성을 배제하는 것으로서 무한하고 무규정적인(apeiros) 것일 뿐 파르메니데스의 일자가 지니는 '한계'마저도 없는 것이다.

플라톤은 일자가 서로 상대적인 술어들과 관계가 없는 절대적으로 초월적인 성격의 것임을 보이기 위하여, "하나는 여럿이 아니다(133c)."고 말한다. 이 때 '아니다'는 의미는 일상적인 상대적 의미의 "다르다"(하나와 여럿은 서로 상대적인 의미를 지닌다)가 아니라 대립과 단절(모순)의 의미이다. 이 때문에 플라톤은 "하나가 여럿이 아니다."고 하여 하나를 여럿에 관계시켜 말하였음에도 불구하고 여럿(多)에 관한 제논의 논증방식을 끌어들이지 않는다. 그리고서 여럿을 상호 규정되는 전체-부분의 논리로 설명되는 것으로 대치하고, 제1 가정에서의 하나는 이러한 전체-부분의 논리로 규정될 수 없음을 다음과 같이 설명한다.

> 일자는 그것의 부분도 아니고 전체도 아니다. 부분은 전체의 부분이고 부분인 어떤 것도 전체의 부분이다(137c). 즉 여럿은 전체와 부분으로 설명될 수 있다. 그리고 전체와 부분의 논리는 전체가 부분에 의해서 규정되고 부분이 전체에 의해 규정되는 상호성의 관계에 있는 것이다. 그래서 가령 제1 가정에서 하나가 여럿과 절대적으로 다르지 않고 상호적으로 연관성을 갖는 것이라면, 하나는 부분으로 되어 있거나 전체이면서 부분을 가져야 한다. 그래서 하나가 여럿이고 하나가 아니어야 한다(137c).

상대적인 하나는 여럿과 관계를 맺고 있으며 따라서 하나 안에도 상대성이 들어와 하나는 전체나 부분으로 되어 있거나 관계적 개념이 되고 만다. 그러므로 제 1 가정에서 의미하는 '하나'는 여럿과 관계없는 단적인 하나이며, 여럿과 함께 규정됨으로써 지니게 되는 상대적 규정성을 완전히 배제하는 것으로서 하나 자체(hen kathauto), 혹은 일자(一者)이다. 따라서 여럿과 절대적으로 구분되는, "일자라는 것이 있다면 그 일자는 전체도 아닐 것이고 부분도 가지지 않는다(137d)."

일자에는 여럿의 성질(다수성)이 전혀 없다. 그리고 여럿은 상호간에 한계를 규정하는데 일자는 여럿과 어떠한 연관성을 지니지 않기 때문에 일자에는 전체-부분의 논리에 따른 어떠한 규정도 없어야 한다. 이 점을 플라톤은 다음과 같이 말한다. "일자는 시초와 끝이 없기에 무규정한(apeiron) 것이다."(137e).[9] 또한 전체-부분의 논리를 적용할 수 없는 일자의 성격은 전체-부분의 상호관계에 의해 규정될 수 있는 '형태'나 '한계', 그리고 '포섭관계(자신 안에 있음, 타자 안에 있음)'가 배제된다.

그런데 여럿에는 하나와 상호적으로 완전히 규정되는 측면(하나들로 된 여럿)과, 제논의 '여럿에의 논증'에서 드러나듯 무한히 쪼개질 수 있다(하나로 모두 세어질 수 없는 측면)는 무규정성(apeiron)의 측면이 있다. 한편 전체-부분의 논리에도 전체가 부분에 의해 완전히 규정되는 측면(every)과 전체가 부분들에 의해 완전히 규정되지 않는 측면(all:무제약적 통일성)이 있다.[10] 따라서 여럿의 의미나 전체의 의미 속에는 모두 무제한성(apeiron)이 들어 있는 점에서는 공통적이다. 그러나 이 무제한성은, 여럿의 경우에는 하나와의 관계가 배제되면 타자성으로서 기능하는(해체적인) 무규정성만이 남는다는 점에서, 하나라는 규정성을 지반으로 하는 전체의 기능적 무제약성(통일성)과는 성격이 다르다. 즉 하나와 상관된 여럿은 전체-부분과 의미지향의 방향에 상관없이 치환이 가능하나, 다수성의 논리(분석

---

9 여기에서 철학사의 파르메니데스는 비판된다. 그는 자신의 시에서 "일자가 한계를 가져야 한다."(H. Diels, *Die Fragmente der Vorsokratiker,* 조각글 8)고 한다. 마찬가지로 한계에 대해 반대되는 비한계의 개념을 일자에 결부시키는 멜리소스의 일자도 여기에서 비판된다. 왜냐하면 앞으로 볼 것이지만 제1 가정의 일자는 상대적인 의미의 유한성-무한성과는 무관하기 때문이다.

10 전체와 부분의 관계는 두 가지가 있다. 하나는 전체가 부분들 모두에 의해 온전히 이루어질 수 있는 관계와 전체가 부분들 모두에 의해 이루어질 수 없다는 관계이다. 이 두 관계를 혼동하면 논리학적으로 "전체성의 오류"를 범한다. 전체와 부분의 관계의 이중성은 제2 가정의 "내재와 외재"를 논하는 곳(145c)에서도 분명히 나온다. 다른 대화편으로서는『테아이테토스』편 232e ff.를 참고할 것.

의 논리)와 전체성의 논리(변증법의 논리)는 상호 반대되는 방향의 기능적(가능적) 무제한성을 지닌다.[11] 말하자면 플라톤은 하나가 여럿과 다름을 말하면서 제논의 여럿에의 논증 대신에 전체-부분의 논증을 끌어들이는데, 이러한 전체-부분의 무한성의 논리는 하나-여럿의 논리와 똑같은 성격의 것이다. 그리고 이러한 플라톤의 전체-부분의 논리는 하나-여럿의 논리처럼 상대적 규정성(한계)을 지니는 전체-부분의 양면으로 기능적인 무제약성(통일성)과 무규정성(무한성)을 지닌다. 그리고 이러한 기능적인 무제한성의 한쪽 측면은 〈형상론 비판부분〉에서 소크라테스가 자신의 형상론을 옹호하기 위하여 자신의 이데아를 태양빛이나 정신적 기능의 것에 비유적으로 말한 것에 해당한다. 따라서 제1 가정에서 언급되는 '일자'는 이러한 기능적인 성격의 통일성이나 이와 이중적으로 상관하는 양의 논리인 하나-여럿의 논리나 전체-부분의 논리와 관련이 없는 것이므로, 우리가 하나라고 언급하면 모순에 빠지는 인식론적으로는 절대적으로 무규정한 것이다.[12] 즉 파르메니데스가 "일자는 시초와 끝이 없기에 무규정한 것이다."(137d)라고 했는데, 이 일자는 철학사적으로 이야기되는 파르메니데스의 '생성-소멸이나 운동이 없는 불가분의 한계를 지닌 일자'까지도 넘어서 있는 절대적 한계에 관련된 것이다.

이러한 '하나'라는 기능적 규정에마저 무관한(모순되는) 일자의 절대적인 무규정적 성격은, 일자가 운동하지도 않고 정지하지도 않는다는 것을, 즉 운동-정지의 상대적인 것과 무관하다는 것을 논증하는 데에서도 분명히 드러난다. 이 논증은 두 부분으로 이루어져 있는데, 하나는 전체-부분의 논리(부분으로 이루어지는 전체)에서 직접 도출되는 성격인 '형태'나 '포섭관계'를 일자가 갖지 않는다는 것을 출발점으로 하는 운동 부정의 논증이다. 이 점은 쉽게 논증되는데

11 제1권에서 언급했듯이 이 모든 것은 사실 한계와 관계하는 무한성의 이중적 성격(가능적 무한성과 현실적 무한성) 때문이다. 무제약성(apeiron)은 통일성의 측면과 타자성의 측면 양쪽에 있다.

12 이 모순 때문에 테일러(Taylor)는 제 1 가정이 파르메니데스의 일자의 초월적 존재 불가능성을 이야기하는 것으로 해석한다. 더 나아가 그는 플라톤의 형상론에서 형상의 절대적인 초월이 불가능하다고 함으로써 제 1 가정에서 언급된 일자를 부정한다. W. D. 로스, 앞의 책, 94-95쪽들 참조.

요약하면 다음과 같다.

> 운동한다면 그것은 장소를 이동하거나 변화가 일어날 수 있고 이런 것들만 이 운동이다. 그런데 일자가 그 자신으로부터 질적으로 변화하면서 아직도 그 자신으로 남아 있을 수 없다. 한편 일자가 장소 이동을 한다면, 그것은 자신 안에서 회전하든가, 아니면 다른 장소에서 다른 장소에로 움직인다. 그런데 원으로 움직인다면, 중앙이 고정되어 있어야 하고 중심 주위를 움직이는 것들은 그 자신의 다른 부분이다. 그런데 중심이나 부분들에 해당 사항이 없는 것이 무슨 수단으로 중심 위에서 원으로 돌 것인가? 한편 장소를 이동한다면 다른 시간에 다른 장소에 있게 되면서 이같이 운동하는 것이다. 그런데 일자는 생각하건데 어떤 것 안에 있는 것이 불가능한 것으로 나타났다. 따라서 다른 시간에 다른 장소에 있게 된다는 것은 더욱 더 불가능하다. 왜냐하면 어떤 것이 다른 어떤 것 안에 있게 된다면, 반드시 그것은 아직은 그 다른 것 안에 있게 되는 것이므로 그 다른 것 안 어디엔가 있는 것도 아니고, 또한 이미 다른 것 안에 있게 되는 것이므로 아직도 그 다른 것의 밖에 전적으로 있는 것도 아니기 때문이다. 그러므로 일자가 다른 무엇을 겪는다면 부분을 지닌 것만이 겪을 수 있다. 왜냐하면 그것의 일부가 한편으로는 다른 것 안에 있어야 하고 동시에 다른 한편으로는 그 밖에 있어야 하기 때문이다. 그런데 부분들을 지니지 않은 것은 생각하건데 어떤 방식으로든 그 전체가 동시에 어떤 것의 안에도 밖에도 있을 수 없을 것이다. 그러므로 장소 이동의 운동이 일어난다는 것은 더욱 더 불가능하다. 부분들로 이루어진 것도 아니고 전체로 있지도 않은 것이 어떤 것 안에 있게 된다는 것은 생각컨데 더욱 더 불가능하다. 왜냐하면 그것의 부분들이나 전체가 어떤 것 안에 있을 수 없기 때문이다. 그러므로 일자는 어느 곳으로 나아가 어떤 것 안에 있게 되면서 장소를 바꾸지 않고 동일한 장소에 있지 않고, 동일한 장소에 있으면서 회전하거나 성질을 바꾸지 않는다. 그러므로 일자는 어떤 운동방식에 따라서도 운동하지 않는다. (138d-e) (편의상 본문의 대화체 문장을 논술식으로 요약함. 이하 동일함).

일자는 질적 변화를 거부하는 한에서 절대적 규정성을 지닌 채 있으며, 다른 한편으로 전체-부분에서 성립하는 운동체가 장소를 이동한다는 공간운동과도 무관하다.[13] 즉 일자는 전체-부분의 측면에서 보면 전체-부분의 논리와 무관련하므로 전체-부분의 관계로 설명되는 질적 운동이나 연장적인 공간운동과 무관하다. 그런데 앞에서 보았듯이 일자는 절대적 무규정성이었다. 따라서 일자가 질적 변화를 거부하는 한에서 자신으로 남아 있다는 말은 "말할 수 없는 것을 말한다."는 의미에서 변증법적인 언명일 뿐이며, 그것이 질적 변화와 관련되고 있다는 것을 의미할 수는 없다. 여기에서의 일자가 자신으로 남아 있다는 말에서 일자가 갖는 절대적 규정성이란 사실상 절대적 무규정성일 뿐이다.

이 논증의 다른 한편인 일자가 정지하고 있지도 않다는 것은 어떻게 증명할 수 있을까? 일자가 운동과 관계없다는 점을, 일자가 전체와 부분으로 구성되어 있지 않다는, 따라서 전체-부분과 무관련하다는 것으로부터 증명하였기 때문에, 정지가 운동의 반대이므로 마찬가지로 장소와 관련된 정지와도 무관련하다.[14] 이 때문에 일자가 정지하고 있지 않다는 것은 다음과 같이 증명된다.

> 또한 우리는 일자가 어떤 것 안에 있을 수 없다고 말한다. 따라서 동일한 장소에 결코 있지 않다. 왜냐하면 동일한 장소에 있다는 것은 이미 어떤 것 안에 있을 것이기 때문이다. 그래서 일자는 동일한 장소나 다른 장소에 내재한다는 것은 불가능하다. 따라서 일자는 결코 동일한 장소에 있지 않다. 더 나아가 결코 동일한 장소에 있지 않은 것은 휴식을 취하거나 정지하고 있지 않다. 따라서 일자는 이미 본 것처럼 휴식하지도 운동하지도 않는다.(139a-b).

---

13 물리학에서의 공간운동을 의미한다. 상식적 관점에서의 이런 공간운동의 표상은 원자론자들의 공간표상(무한한 공허)이 역설들을 가지는 것과 동일하다.

14 운동과 정지가 존재론에서 반대관계인가 아니면 모순관계인가 하는 문제는 어려운 문제이다. 운동을 하나의 현실로 보고 정지를 결여로 본다면 이 양자 사이에는 모순관계가 성립한다. 플라톤은 이곳에서 일자가 정지하고 있지 않다는 논증을 운동하고 있지 않다는 논증에 연결시키고 있는 것은 운동과 정지를 반대관계로만 보고 있다. 그리고 이 의도는 본질적으로 파르메니데스의 일자의 비운동성(정지)에 대한 비판으로써 중요한 의미를 지닌다. 즉 귀류법적 논증에 따른 파르메니데스의 일자는 생성소멸이나 가분성, 운동 등과는 관련성이 없음에도 불구하고 파르메니데스는 이 무관련성을 상대적인 의미의 "없음"으로 해석하여 일자가 생성소멸, 가분성, 운동 등이 없는 불변하는 일자라고 하였다. 그러나 플라톤에 따르면 파르메니데스의 일자는 진정 불변과도 관계가 없는 것이어야 한다.

2. 같음-다름(동일과 차이)의 두 의미와 일자(一者)

플라톤의 제1 가정에 따르는 논증 중 전체와 부분의 양적인 논리에 내용적으로 관계없이 이루어지는 논증이 있다. 그것은 일자를 같음-다름(동일-차이)의 개념에 관계시키는 논증들이다.[15] 이 논증의 결과는 일자가 자신에게나 타자들에게 동일하지도 않고 또 다르지도 않다는 것이다. 이 점은 일자가 동일과 차이의 논증에 무관하다는 것인데, 이것은 일자의 성격이나 그 존립 여부와 관계하는 것일 수 있다.

이 논증은 우선 일자가 같음-다름의 상대적 규정과 무관하다는 의미로서 두 쌍(4개)으로 분석되는데, 한 쌍은 일자가 타자에 동일하거나 자신과 다를 수 없다는 것으로 이것은 쉽게 증명된다. 즉 일자가 자신에 다르다면 그것은 일자일 수 없다. 또 일자가 타자들과 동일하다면 그것은 타자들로 있기 때문에 일자일 수 없다. 결국 일자는 타자들과의 관계에서는 동일성을 배제하고 자신과의 관계에서는 차이성 즉 타자성을 배제하기는 하나 문제는 일자가 동일성과 차이성의 관계 속에 있다고 해석될 수 있다는 점이다. 따라서 이 문제는 앞의 운동 논의에서 일자의 질적 운동을 부정하는 논변의 변증법적 성격과 동일하다. 즉 여기에서의 같다는 말이나 다르다는 말은 상대적 차원의 말이 아닌 자체성의 차원의 것이라는 점이다. 즉 지금까지의 일자의 성격으로 추단하면 이 일자는 자체성의 영역의 것이므로 우리는 위의 문장을 단순하게 해석해서는 안 되고 동일이나 같음의 의미를 상대적이면서도 자체성의 것으로 이중적이거나 자기 술어적인(self-predicated) 의미를 가진 것으로 해석해야 한

15 일자와 동일-다름과의 연관성을 다룬 이 항목의 논증은 근본적으로 일자와 타자성의 관계를 다룬 것으로서 하나와 여럿의 관계를 전체와 부분의 논리에 의해 다룬 앞의 항목의 논증과 논증방식은 동일하나 그 성격은 전체와 부분의 논리로 되어 있지 않아 다르다. 이 때문에 밀러(Mitchell H. Miller, *Plato's parmenides* (Princeton: University Press, 1986), 100쪽)는 이 논증이 제1 가정 아래에서 나타나는 결론들의 부정적 결과에서 제외된다고 한다. 그러나 이러한 밀러의 언급은 제1 가정을 제2 가정과의 관련성에서 이중적으로 해석할 경우에나 가능하다. 즉 한편으로 제1 가정의 결론에서 부정되는 일자의 존립을 제2 가정에서는 전제로서 인정하는 것이다.

다는 점이다. 어법적으로는 한편으로 일자가 자신에 다르다는 것을 부정함으로써 성립하는 모순을 통해 일자의 절대적 자기 동일성을 언명하고, 다른 한편으로는 일자가 타자들에 동일하다는 것을 부정함으로써 타자들과의 단절을 도출한다. 따라서 앞에서의 전체-부분의 논증에서와 같이 여기에서의 일자나 타자는 동일함이나 다름의 상대적 관계와는 무관한 절대적 규정으로 해석해야 한다. 그리고 이러한 무관련성은 이 논변과 다른 한 쌍인 "일자는 자신에게 동일하지도 않고 다른 것에 다르지도 않다."는 것의 증명에서도 보다 분명하게 나타난다. 이 명제의 논증은 다음과 같이 전개된다.

> 일자인 한에서 일자는 다른 것과 다르지도 않을 것이다. 왜냐하면 다른 것에 달리 있는 것은 일자에게는 적합하지 않고, 타자에 달리 있는 것에만 적합하지 다른 어떤 것에도 적합하지 않기 때문이다. 그러므로 일자로 있는 것에는 타자성이 없다. 그런데 일자로 있는 것에 타자성이 없다면 일자는 자신에 다르지 않을 것이고 그 자신에 다르지 않다면 그것은 타자성이 아니다. 그리고 자신이 결코 타자성이 아니므로 그 어떤 것에도 다르지 않을 것이다. 그런데 일자는 그 자신에 동일하지도 않을 것이다. 일자의 본성 그 자체는 아마도 동일성의 본성은 아니다. 왜냐하면 어떤 것에 동일한 것이 생겨났을 때 하나가 생겨나지는 않을 것이기 때문이다. 많은 것에 동일한 것이 생겨날 때 하나가 생겨나지는 않을 것이기 때문이다. 그런데 일자와 동일성이 결코 다르지 않다면 어떤 것이 동일하게 될 때에는 항상 하나가 생겨나고 또 하나가 생겨날 때에는 동일한 것이 항상 생겨날 것이다. 그러므로 만일 일자가 그 자신에 동일하게 된다면 일자는 그 자신에 똑같지 않을 것이다. 그리고 이렇게 해서 하나로 있으면서 일자가 아닐 것이다. 그런데 이런 일은 정말로 불가능하다. 그러므로 일자에게는 다른 것에 달리 있거나 그 자신에 동일하게 있다는 것은 불가능하다. 이처럼 일자는 자신에게나 타자에게나 다르거나 같을 수 없다(139d-e).

위의 논증은 다음과 같이 정리된다. 즉 일자는 다른 것에 다를 수도 없는데, 왜냐하면 일자에 달리 있는 것의 성질(타자성)이 속해 있지 않기 때문이다. 마찬가지로 일자에는 동일함의 속성(동일성)이 없다. 이 때문에 일자는 자신과도 같을 수도 없다. 일자가 어떤 것에 같게 된다면 그 일자는 어떤 것이 되는 것이므로 일자로 남아 있을 수 없다. 마찬가지로 일자가 어떤 것과 다르게 된다면 일자는 어떤 것과 다른 것이 되어버리므로 일자로 남아 있지 않게 된다. 결국 플라톤의 논리는, 한편으로 일자 자체, 타자 자체, 동일함 자체와 다름 자체가 각각이 분리되어 있고 일자와 타자, 동일성이나 타자성이 어떠한 술어로도 표현될 수 없이 절대적으로 자신만으로 머물 수밖에 없어, 자기 동일성 명제(하나=하나)를 이룬다는 것이다. 즉 주어 술어의 형식을 갖출 수 없다.) 본래적으로 같음-다름의 술어는 두 항 사이의 관계를 다룬다. 즉 주어와 대상어의 관계나, 주어와 주어의 관계이다. 파르메니데스의 일자에 선(善)과 같은 술어적 개념을 결부시키는 메가라학파의 사상에서는 명사들만이 존재하게 되어 주어-술어로 된 명제가 성립할 수 없다.[16]

같음-다름은, 전체-부분의 논리가 그러하듯, 두 가지 의미를 지녔다. 하나는 동일-다름이 상대적 개념으로서 절대적인 일자와의 무관련성(모순)을 드러내는 데에서 나타난다. 즉, "일자가 자신과 다르지 않고 타자와 같지 않다."는 명제에서 동일과 다름이 부정어와 함께 술어로 사용되어 모순을 형성하는 데에서 그 하나의 의미가 드러난다. 그리고 이 명제에서 일자는 타자화 되지도 않고 타자와 동화되지도 않는다는 의미에서 하나라는 의미의 절대적 규정성 자체이다. 동일과 다름의 또 하나의 의미는 동일과 다름이 일자와 무관하다는 것(우연)을 드러내는 두 번째 명제에서 나타난다. 즉,"일자는 자신과 같을(같아질) 수도 없고 다른 것과 다를 수도 없다."는 언명에서 일자가 본성상 동일성 자체, 타자성 자체와는 무관함을 언표한다. 그리고 이때 동일성 자체나 타자성 자체는 같음-다름의 상대성에서 벗어나 독립적인 것으로 나타난다. 이 때문에 일자와 본성상 무관한 가운데서 논해지는 동일성과 타자성은, 그것들

16 본래적으로 같음-다름의 술어는 두 항 사이의 관계를 다룬다. 즉 주어와 대상어의 관계나, 주어와 주어의 관계이다. 파르메니데스의 일자에 선(善)과 같은 술어적 개념을 결부시키는 메가라학파의 사상에서는 명사들만이 존재하게 되어 주어-술어로 된 명제가 성립할 수 없다.

이 자체적인 한, 그들 사이마저도 상호간에 우연적인 관계로(모순되어) 있다(그들 사이에는 서로 우연하나 반대라는 의미 내포적 관계는 지닌다). 결국 같음-다름의 논증에서 보이듯이 제 1 가정에서의 일자는 상대적 규정인 같음-다름과 무관련하고 더 나아가 상대적인 양항의 무제약적인 통일성에서 성립하는 규정인 동일성 자체-타자성 자체와도 무관련하다.

그런데 같음과 다름은 서로 상반된 개념으로 상호 관련을 맺고 있으며, 더 나아가 같음이나 다름은 두 대상(항) 사이의 비교 관계를 다루는 용어이다. 따라서 이들 용어들은 본질적으로 술어적 개념(관계적 용어)이다. 즉 같음과 다름은 상호 규정될 수 있고, 또한 같음은 일상 어법에서 두 항 사이에 동일한 기준(단위)을 통해 두 항이 동등함을, 다름은 두 항 사이의 관계가 동일한 기준을 통해 차이가 남을 나타낸다.[17] 이러한 술어적 개념은 본질적으로 상호관계를 맺게 하는 형식적 개념이거나 운동을 나타내는 개념(동사)이다. 따라서 이 개념은 그것의 주어나 운동 주체라는 어떤 절대적인 항의 것을 요구한다. 문제는 이러한 술어적 개념이 형상으로서의 일자처럼 고립되고 동일성 자체나 타자성 자체처럼 절대적 규정으로서 명사화될 수 있느냐는 점이다. 즉 운동이나 관계맺음을 나타내는 술어를 일종의 형상 존재로 설정할 때 이 존재의 성격이 무엇이냐는 것이다. 즉 관계나 관계맺음을 가능케 하는 운동의 존재 문제이다.[18] 또한 일자와 타자는 이러한 이중적 의미의 같음-다름의 것과 무관련할 수 있느냐 하는 점에도 문제가 있다. 왜냐하면 일자와 타자도 한편으로는 상대적이나 다른 한편으로는 상호관련을 맺고 있어서 같음과 다름의 관계와 똑같기 때문이다.

더 나아가 일자가 동일-다름과의 관련하여 논의되는 데서 나타나는 이와

17 동일과 다름에 관한 논증 다음에 나오는 동등과 비동등의 증명과 닮음과 닮지 않음의 논증도 동일과 다름의 논증과 똑같다. 단지 동등-비동등의 경우는 기하학처럼 단위를 기준으로 하여 성립하는 개념이고, 닮음-닮지 않음의 경우는 무규정성의 정도를 기준으로 하여 성립하는 개념이다. 이 후자는 형상과 생성계의 관계를 설명하는 개념으로 원본과 유사물의 관계를 설명하는데 중요하다.

18 운동의 존재성 문제는 영혼의 존재 문제와 함께 『소피스테스』편 247-249에서 다루어진다.

같은 동일-다름의 이중적 성격, 즉 동일과 다름의 반대적 성격(반대적 모순)과 이들의 일자와의 모순적 관계에 따른 동일-다름의 자체성의 것들 간의 모순적 성격(우연적 모순)은 어떠한 관계에 있는가? 왜냐하면 이들은 의미적으로 서로 관련을 맺고 있기 때문이다. 이 점은 무엇보다도 사유에 상기되어 나타나는 동일-다름의 자체성에서 성립하는 형상들의 세계와 경험적 세계의 동일-다름의 상대성이 서로 성격이 다름을 말해주나 이들이 의미론적으로 서로 관계를 맺고 있기 때문이다. 즉 사유에서 성립하는 형상들의 세계에서는 절대적인 무제약성이 전제되고 경험적인 현상세계에서는 상대적인 무규정성이 지배됨을 보여주나 이들은 서로 관련을 맺고 있기 때문이다.[19]

한편 제1 가정의 일자는 물론 타자마저도 이러한 이중적 상대성에서 절대적으로 독립되어 있다. 따라서 일자와 다수의 형상들의 차이는 한편이 상대성의 요인이 되는 타자성을 절대적으로 배제하고 다른 한편이 타자성을 요구하는 듯이 나타나며, 형상과 경험 사물들의 차이도 그러하나, 형상들의 경우는 일자에 비해 상대적일 뿐이라는 말이 성립한다.

3. 시간과 일자

일자와 같음-다름과의 관련성 논의와 같은 논리적 구조를 지니는 것이, 보다 젊음-보다 늙음의 일자와의 관계에 대한 논증이다. 그런데 얼핏 보기에 이 논증은 같음-다름의 논증과 달라 보인다. 그 이유는 보다 젊음-보다 늙음의 관계가 같음-다름의 관계와 같이 대칭적이지 않기 때문이다. 이 논증은 다음과 같이 전개된다.

19 이 문제는 형상론의 제 6 비판과 관련되며, 이 문제에 대한 해답이자 문제제기는 제2 가정의 일자와 타자의 동등-비동등을 증명하는 데에서(149e-151e, 특히 150e) 나타난다. 그리고 이 부분이 『파르메니데스』편에서 가장 난해하다고 한다.

일자가 어떤 것에 보다 늙거나 보다 젊거나 똑같은 나이를 가지고 있을 수 없다. 왜냐하면 생각컨데 똑같은 나이를 지닌다면 일자는 자신이나 타자에게 동등하거나 비슷한 시간에 참여하는 것인데 비슷하건 동등하건 이런 일에 일자가 참여하지 않기 때문이다. 또한 일자가 유사하지 않음과 비동등에도 참여하지 않는다. 그러므로 이와 같은 성질의 것에게 어떻게 그것이 다른 것보다 보다 늙거나 보다 젊거나 같은 나이를 가질 수 있을 것인가? 그러므로 일자는 자신이나 타자에게 보다 젊거나 보다 늙거나 같은 나이를 가지고서 있을 수 없다. 그러므로 이제 사태가 이와 같다면 일자는 전적으로 시간 안에 있을 수 없을 것이다(140e-141a).

일자와 시간의 관계를 논함에 있어서 플라톤은 일자의 같음-다름의 논변과 똑같은 논리적 구조를 생각하고 있다. 즉 일자는 자신에게나 타자에게 동일한 시간이나 다른 시간을 가지거나 그것에 참여하는 것을 묻고 있다. 그리고 보다 젊음-보다 늙음의 시간은 동일한 시간이 아니라 다른 시간의 의미로 사용하고 있음에 틀림없다. 왜냐하면 시간성은 변화를 내포하고 따라서 동일한 시간이란 의미가 없기 때문이다. 그래서 플라톤은 일자와 시간의 관계를 물음에 있어 일자를 다른 시간이라는 형식 속에 있는 보다 젊음-보다 늙음에 관련시키는 대화를 시작하고 있다. 결국 일자와 상반성에 기초를 둔 시간과의 관계 문제는 일자와 정지-운동의 상반적인 것의 관계를 다룬 논증처럼 무관련하다. 플라톤은 일자가 시간 안에 전적으로 있을 수 없다고 한 뒤에,

만일 어떤 것이 시간 안에 있다고 한다면 이것은 항상 자신보다 더 늙어가게 되는 것이 필연적이다. 그런데 적어도 보다 늙은 것은 항상 보다 젊은 것보다 늙은 것이다. 만일 보다 늙어진다고 할 때의 그 기준 시점을 유지할 수 있다면, 그 자신에 보다 늙어지는 것은 동시에 그 자신에 보다 젊어지는 것이다. 즉 어떤 것이 이미 달리 있으면서 다른 어떤 것에 서로 다른 어떤 것이 될 필요는 없다. 오히려 이미 달리 있으면 이미 달리 있는 것이요, 다르게 되었으면 다르게 된 것이며, 달리 될 것이면 달리 될 것이지, 달리 되는 것이면 달리 된 것도 달리될 것도 달리 되어 있는 것도 아니라, 달리 되는 것이지 달리 되어 있는 것도 아니다. 그런데 보다 늙은 것은 보다 젊은 것에 달리 있지

다른 어떤 것에 달리 있는 것이 아니다. 그러므로 그 자신에 보다 늙게 된다는 것은 동시에 그 자신에 보다 젊게 되는 것이 필연적이다. 그런데 이때 그 자신보다 더 많은 시간이나 더 적은 시간 동안 그렇게 되는 것이 아니라 그 자신에 동등한 시간 동안에 그렇게 되고 되어 있으며 되었고 될 것이다. 그러므로 아마도 어떤 것이 시간 안에 있으면서 이러한 일에 관여하는 한, 이러한 각각의 경우에서 그것은 자신에 동일한 나이를 지니고 있고, 자신에 보다 늙으면서 동시에 자신에 보다 젊다는 것이 필연적이다. 그런데 일자는 이러한 일들에 전혀 관여하고 있지 않다. 따라서 일자는 시간에 전혀 관여하지 않고 어떤 시간 안에 있지도 않다.(141a-d).

위의 논증은 다른 시간 안에서, 즉 "어떤 것이 시간 안에 있다면 그것은 필연적으로 자신보다 늙게 된다."는 전제 아래서 행해진다. 그런데 이러한 전제 아래서 플라톤은 "보다 늙은 것이 항상 보다 젊은 것보다 늙어진다."고 함으로써 일상적인 의미에서 늙는다는 것의 의미인, 전제에서와 같은 늙지 않고 있는 자신을 기준으로 한 것과 다름을 보여준다. 그리고 비교를 한다는 것은 동등한 것(동일성)을 기준으로 해야 함을, 타자와 생성, 그리고 시간의 세 계기의 예를 통해 보여주고 있다. 결국 이러한 논변을 통하여 플라톤은 자신의 시간관을 보여주고 있는데 그것은 다른 시간 안의 동등한 시간의 의미이다. 그리고 일정한 방향을 지닌 다른 시간 안의 동등함이란 변화 속에서 항상 상대적이라는 동일성만을 유지하는, 따라서 그 자신 변증법적인 언명을 통해서만 언급되는 끊임없이 변화하는 것을 나타낸다. 이것은 바로 『티마이오스』편(37-38)에서 영원한 것의 변화하는 모상(eikon)으로서 시간의 모습임을 알 수 있다. 그리고 이 다른 시간의 변화는 바로 타자화하는 운동으로서 통일성에서 성립하는 무제약성과 방향이 다른 무규정성의 방향임을 나타낸다. 일자는 이러한 시간과 무관하다. 일자는 시간에 따른 어떠한 생성에도 참여하지 않고 따라서 시간성과 함께 논의되는 어떠한 존재(ousia)에도 참여하지 않는다.[20]

20 M. H 밀러(Mitchel H. Miller), *Plato's Parmenides*, 88-91쪽들)는 제1 가정에서의 일자가 존재에서 초월적임을 밝히기 위해, 이곳에서의 존재의 의미가 시간성에서 성립하는 것임을 명백히 하고 있다.

이상에서 일자는 결코 현재하지 않으므로 시간 안에 존재하지 않는다. 따라서 일자는 하나로서 있지도 않으며, 존재하지도 않고, 자신에 대한 어떠한 것이나 자신의 것으로 소유하지 않을 것이다. 그러므로 제1 가정의 주어 '그것'에게는 이름도 없고, 언급도 없고, 어떤 인식도, 감각이나 신념도 있지 않다. 따라서 그것은 명칭으로 호칭되거나, 말해지거나, 생각되거나, 인식되거나, 그것의 어떤 존재도 감각되지 않을 것이다(142 a). 그리고 그것은 시간에서 초월한 변증법적인 언명으로나 표현되는 절대적 하나인 어떤 무규정적인 것이다.

제1 가정의 일자가 갖는 성격을 엘레아의 파르메니데스의 일자와 비교하기 위해 이 대화편에서 일자에 관계시킨 상반적인 쌍들을 살펴보자. 1. 전체-부분, 2.한계-(비한계), 3.모양-(모양없음), 4.자신 및 타자 안에 있음-(자신 및 타자 안에 없음), 5.정지-운동, 6.동일-다름, 7.닮음-닮지 않음, 8.동등-비동등, 9.같은 시간-다른 시간: 보다 젊음-보다 늙음, 10.존재-(비존재), 11.인식-(비인식), (괄호 안의 것은 모순관계의 것으로서 이 대화편에 명시적으로 나타나지는 않았지만 분석의 결과 쉽게 보충할 수 있는 것이다.)

플라톤이 특별한 의도를 가지고 나열한 닮음관계(7)와, 내재성(4) 및 시간성(9)을 제외하고서 파르메니데스가 이 상반된 쌍 중 왼편의 것을 일자에 결부시키는 반면, 플라톤은 제 1 가정에서 일자에 이 상반된 쌍을 결부시키지 않고 일자와 무관련한 것임을 드러냈다(이 때문에 플라톤은 괄호 안의 모순관계의 것일 경우 오른편의 것을 제 1 가정의 일자에 결부시켰다). 왜냐하면 상반된 쌍들은 상반성과 함께 상보적인 성격의 것으로서 생성계에 해당하는 것이기 때문이다. 즉 제 1 가정의 주어 '일자'에는 하나라는 상대적 규정성마저도 없어져야 했다. 그리고 이 점이 파르메니데스의 유한한 일자에 대한 플라톤의 비판임을 앞에서 밝혔다. 더 나아가서 제1 가정의 결론은 변화하는 자연현상에서 절대적으로 초월적 파르메니데스의 불변하는 일자의 존재에 대해 부정적이다. 즉 제 1 가정의 주어인 일자는 상대성에서 성립하는 어떠한 것들과도 무관련하다. 그리고 전체-부분이나 같음-다름 등의 상대적인 것들은 시간과 관련되어 있음이 시간과 일자의 관계를 논증하는 곳에서 드러났다.

따라서 우리가 앞에서 언급한 소크라테스의 형상들의 초월성을 생각할 수 있다면 그것은 어디까지나 시간성 안에서 성립하는 것이어야 한다. 그리고 이때 시간은 앞의 논증에서 보았듯이 변화뿐만 아니라 존재가 복합된 이중적인 것이다. 사실 제 1 가정의 논증들 중 전체-부분의 논증과 같음-다름의 논증은 철저히 이중적인 의미를 지니고 있다. 그리고 이러한 이중성의 한편은, 비록 시간성에서 성립하는 상대성을 지니고는 있으나 전부(panta)와는 다른, 무제약적인 통일성에서 성립하는 전체(holon), 동일성 자체나 타자성 자체 등과 같은 기능적인 것이긴 하나 자체적인 것들이 존재한다. 즉 이들은 소크라테스가 파르메니데스의 비판에 대응하기 위해 내세운 태양빛이나 영혼, 혹은 정신이나 신과 같은 것으로서 경험의 반대적이고 상대적인 것들로부터 초월적인 기능적 형상들의 것임을 알 수 있다. 그리고 이들은 전체-부분의 양적 논리에는 모순적인 것으로서 드러나 파르메니데스에 의해 비판받으나 사실은 전체-부분의 논리의 전제가 되면서 전체-부분의 논리에 역기능하는 현실로서 나타난다.

그런데 경험적인 것들에서 초월적인 기능적 형상들의 존재가 인정된다고 하면, 파르메니데스의 불변하는 한계를 지닌 일자의 존재도 인정되어야 한다. 왜냐하면 파르메니데스의 한계를 가진 불변하는 일자도 사실은 소크라테스의 통일적 기능의 형상과 상대적이며 이들은 모두 현상계에서 초월적인 것으로써 현상계와 모순 관계에 있기 때문이다.[21] 물론 소크라테스의 형상은 기능적인 성격을 지녀서 불변의 성격을 지닌 파르메니데스의 일자보다는 이 모순 관계를 더 잘 극복하는 것처럼 보일 뿐이다.[22]

---

21 물론 여기에서 일자의 불변성이나 정지가 운동과 모순 관계에 있지 않고 반대 관계에 있을 경우이다. 주석 12를 참조하시오.

22 동적 존재론에서 모든 존재는 운동이기에 동질적인 듯 하지만 운동의 방향이 상향과 하향이거나 서로 역행하는 것이기 때문에 이들은 서로 화합할 수 없는 모순된 것이다.

더 나아가 소크라테스의 형상들은 서론에서 언명했듯이 여럿이 존재하므로 이들이 하나의 체계나 질서 아래 통합되어야 할 것 같다. 즉 경험적인 것들에서 초월적인 것이긴 하나 상호 연관성을 지닌 형상들을 통합할 일자가 필요하다. 그런데 파르메니데스가 소크라테스의 형상론을 비판하기 위하여 사용한 제 3자 논법은 무한한 반복의 성격을 지녔다. 그리고 제3자 논법은 전체-부분의 논리나 같음-다름의 논리를 함축하고 있다. 이 때문에 이러한 논리를 역으로 극복하고 성립하는 소크라테스의 전체성 자체나 동일성-차이성 등의 자체성에서 성립하는 기능적 형상도 무한히 반복되는 성격을 지녀야 한다. 이 점을 수학적으로 표현하면 하나와 여럿의 관계가 전체-부분의 논리에 무한히 내재하기도 하고 초월하기도 하는 것으로 나타난다. 즉 일자는 한편으로 여럿에 내재하여 상호 논리적 관계를 맺고 무한히 반복되는 측면과 다른 한편으로 여럿에 역기능하거나 여럿과는 무관한 비논리적 측면이 무한히 반복되는 성격을 지니는 것이다. 즉 하나와 여럿의 의미도 이중적이며 무한히 반복될 수 있는 것이다. 따라서 이러한 일자는 대화편『국가-정체』에 나오는 선(善)의 이데아와 같은 절대적인 것이라 해석할 수 있다. 즉 이 선의 이데아는 진상(형상들의 세계)을 밝게 비추는 것으로서 형상들을 하나의 조화와 통일성에로 이끄는 이데아들의 이데아인 것이다.[23]

그러나 이러한 무한 반복은 불변하는 존재 세계를 인정하는 플라톤의 세계관에서는 불가능하다. 이 때문에 제1 가정의 일자도 절대적 한계로서의 그 존재가 인정되어야 할 것 같다.[24] 부정적 결론에 대비되는 제1 가정의 이러한 긍정적 결론은 사실 불가능한 것이나, 우리가 경험적 존재를 이중적으로 해석하고 이에 따라 형상들도 존재(ousia)와 기능(dynamis)을 지닌 이중적인 것으로 해

23 질송(앞의 책, 20-23쪽들)은 제1 가정의 일자를 플라톤의『국가-정체』편에서 나타나는 선의 이데아로 해석한다. 즉 동일성 자체에서 성립하는 존재들인 여러 이데아들을 통합하는 원인으로서 선의 이데아를 생각한다. 따라서 존재 너머에 있는 선의 이데아는 이데아들의 이데아인 셈이다.

24 사실 제1 가정의 일자와 같은 초월적인 것의 제2 가정의 일자와의 논리적 관계도 모순 관계에 있으며 이런 모순 관계는 사실상 상호 전제나 조건의 관계에 있다.

석하는 한, 그리고 현상계와 형상계를 하나의 통일된 질서 안에서 체계적으로 보려고 하는 한 피할 수 없는 결과로 나타나는 것 같다.

플라톤은 파르메니데스의 일자가 인식되고 말해지기 위해서는 능력(dynamis)의 존재(영혼 혹은 사유의 존재)나 여럿의 세계가 인정되어야 함을 알고 있었다.[25] 이 때문에 그는 파르메니데스의 초월적 일자가 갖는 모순적 성격뿐만 아니라 여럿의 세계가 갖는 상대적인 모순성까지도 끌어들임으로써 이들의 연관성을 살피려는 그의 존재론적 사유인 변증법은 매우 복잡해졌다. 그리고 플라톤의 철학은, 그의 변증법이 여러 가지의 모든 경우를 설정하고 각 경우에서 성립하고 성립하지 않는 측면을 밝히면서 정도를 가지고 점진적으로 이루어지듯이, 파르메니데스의 일자와 생성계의 극단적인 분리 사이에 사유와 존재의 동일성에서 성립하는 변증법의 세계를 설정함으로서 극단적인 모순을 어느 정도 완화하고 있다. 즉 사유기능(dynamis)의 존재를 설정함으로써 형상의 불변성과 경험계의 운동을 매개하고자 한다. 그러나 제 3자 논증의 기초에 놓여 있는 일자는 그것이 불변하는 것이든 기능적인 개념이든 모순적인 존재이다. 그래서 이러한 존재도 파르메니데스의 일자처럼 딜레마를 인정하지 않을 수 없는 존재이며 따라서 파르메니데스처럼 일방적으로 눈에 뜨이는 과도한 모순을 범하는 것 같지 않을 뿐이다.[26] 결국 불변하는 형상들을 인정하면서 다른 한편 변화하는 경험 사물계를 설명하려면 기능(dynamis) 개념을 플로티누스처럼 이중으로 무수히 분화시켜야 한다.[27] 그러나 이러한 이중성의 무한 분화는

25 영혼의 능력에서 성립하는 기초적 형상들로서 플라톤은 『파이돈』편에서의 큼과 작음의 형상, 『소피스테스』편에서 영혼의 능력(dynamis)을 하나의 존재로 인정하고, 이 능력이 이루는 형상으로서 동일, 다름, 운동, 정지 및 존재의 형상을 말하고 있고, 『티마이오스』편에서 데미우르고스는 우주영혼을 동일, 다름, 존재로써 혼합하여 만들었음을 이야기한다.

26 어느 정도의 모순을 인정하는 일은, 『소피스테스』편에서 엘레아 출신의 이방인이 그의 사상의 아버지인 파르메니데스를 (일부) 죽이고 정신(nous)이라 불리는 사유의 존재, 즉 능력(dynamis)의 존재인 영혼을 실재로서 받아들이는 데에서 가장 극적으로 나타난다. 그리고 이 대화편에서의 이방인은 플라톤임이 분명하다. 플라톤의 변증법과 관련하여 전체적으로 평가한다면, 운동에 관한 원자론이 갖는 무한한 공허 표상의 모순을 극복하기 위해 만물의 운동원인으로서 신적 영혼을 설명하는 플라톤의 우주론에는 어느 정도 모순이나 반대의 사실이 나타나는 것이다.

27 제1 가정에 나타난 일자를 무제약적인 통일성의 일자(無)로 해석하려고 했던 철학자가 플로티누스이다

플라톤의 세계관에서는 인정될 수 없다. 따라서 제 1 가정에서의 절대적 일자는 그 결론이 보여주듯 그 절대적 존재가 부정될 것이 아니라, 단지 시간성에서 성립하는 인식과 관련하여 말해지는 존재(ousia)의 전제가 되는 것으로 해석되어야 한다. 이 점을 밝히기 위해 우리는 제1 가정에서 나타난 논증들이 철저히 이중적인 의미를 지니고 있음을 밝혔다.

플라톤은 제논처럼 여럿의 세계를 부정하는 것이 아니라 정신(nous)이라 불리는 사유(능력)의 존재와 여럿의 세계를 인정하고 파르메니데스를 따르려는 또 하나의 제논이었다. 파르메니데스의 불변적인 형상과 소크라테스의 기능적 형상은 경험적인 상대성의 것에서 절대적으로 초월적인 한 똑같이 인식 불가능한, 따라서 그 존재(ousia)까지도 의심스러운 존재이다. 그러나 자체성에서 성립하는 기능적인 형상(동일성 자체나 타자성 자체)은 그것이 기능적인 한 현상계의 변화와 관계를 맺을 수 있을 것 같다. 소크라테스의 형상론은 여기서 성립한다. 그리고 소크라테스의 형상론이 성립한다면 형상들의 통일성이나 불변성을 확보해주는 파르메니데스의 일자도 성립해야 한다. 결국 모든 것은 마치 현상계와 형상계의 관계가 형상계와 일자 사이의 관계에서도 나타나는 것처럼 이중적으로 반복된다는 데 있다. 결국 플라톤에 있어서 딜레마는, 그가 파르메니데스의 존재론적 사유에 따르는 한, 형상의 성격을 기능적인 것으로 하던 부동의 것으로 하던 우리 인간의 사유가 모순율에 따르는 진리 탐구를 하는 한에 있어 필연적인 것이다.[28] 그러나 다른 한편, 플라톤의 변증법에 따

(알렌, 앞의 책, 189-195쪽들; 질송(Etiènne Gilson), *Being and some philosophy* (Toronto: Ponticipal institute of mediaeval studies, 1949) 20-23쪽들). 사실상 전체-부분에 의해 상호 규정되는 것(여럿의 세계)을 운동하는 것으로 보면 이 들을 통합하는 형상은 불변하는 것이어야 한다. 그러나 스스로 무제약적 통일성 가운데 있는 것은 역동적인 것이지 않을 수 없다. 마찬가지로 형상들을 통합하는 무제약적인 일자는 절대적으로 무제약적인 통일성 가운데 있어야 한다. 이 때문에 형상들이나 일자가 갖는 무제약적인 통일성의 운동은 전체-부분에 의해 규정되는 것(여럿의 세계)의 타자화하는 운동과 질적으로 다르다. 결국 두 운동만이 남는데 이러한 상호 질적으로 다른 역방향의 운동을 하나의 통일성 가운데 설정하려고 했던 철학자가 베르그송이다. 그에 따르면 무제약적 통일성과 타자화하는 운동 사이에 두 운동이 중화된 타성적인 것으로서 운동하지 않는 것들(물체와 법칙)이 나타난다. 베르그송(Henri Bergson)은 『창조적 진화』(Paris: P. U. F., 1948), 제3 장, 229-327쪽들)에서 이러한 중화된 타성적인 것들 중 법칙적인 것을 플라톤의 형상이나 이데아로 보고 있다.

28 플라톤도 그의 대화록 대부분에서 인간의 인식능력의 한계를 소크라테스로 하여금 항상 언급하게 하거

르는 철학을 체계의 학으로 해석하려는 경우 현상계나 형상들을 통합하는 기능을 하는 이러한 일자를 선의 이데아와 같은 것으로 끊임없이(무한히) 아니면 제1 가정의 일자와 같이 한번은(비록 그 결과는 자신을 부정한다 하더라도) 전제하지 않으면 안 된다.

3.2. 제2 가정에 나타난 플라톤의 변증법의 구조

파르메니데스의 일자를 가지고 변증법의 연습을 위해 형성한 제1 가정, "일자가 있다면, 그 일자란 어떠한가?"에서 파르메니데스의 일자는, 전체-부분의 논리에 따르는 여럿(多)의 세계와 완전히 무관한 것으로 논증되고 있다. 즉 파르메니데스의 일자는 여럿의 세계에서 보이는 상대성에서 성립하는 어떠한 규정성도 가질 수 없고, 따라서 파르메니데스의 일자에는 이름이나 경험과 인식은 물론, 시간에 참여하지 않으므로 제1 가정의 결론에서 보이듯 시간성에서 성립하는 존재(ousia)까지도 없게 된다(142a). 그러나 앞으로 볼 것이지만 여러 가정들의 구조에서 살피면 제1 가정에서의 일자가 단일한 의미에서 부정되는 것은 아니다. 왜냐하면 제1 가정의 일자도 다른 가정과의 연관성에서 살피면 이중적인 의미를 지니기 때문이다. 우선 변증법의 '훈련부분'에 나타나는 8개의 가정에 따른 논증들의 변증법적인 성격과 구조를 가장 잘 보여주는 가정은 제2 가정이고, 제2 가정 중에서도 같음-다름을 논증하는 부분이므로 이를 살펴보자.

나 무지를 고백하게 하고 있는 점에서 그의 철학은 철저히 유한한 인간의 인식능력의 입장에서 이루어지는 진리탐구의 것이다.

제2 가정, "일자가 존재라면, 그 존재인 일자는?"에서는 제1 가정에서 부정된 모든 규정들이 일자와 결부됨을 알 수 있다. 왜냐하면 제2 가정의 전제가 되는 일자는 시간성 속의 존재(ousia)와 하나라는 술어적 규정을 지니는 일자가 결합하여 이루어졌기 때문이다.[29] 즉 시간성 속의 존재는 시간을 이루는 존재와 생성이 결합되어 있어서(152a-b), 제1 가정에서의 일자의 초월적 존재-비존재의 모순에서 벗어나 서로 반대되는 동일성과 타자성의 기능(dynamis)을 함축하는 존재가 되며, 또 일자의 술어적 규정인 하나도 여럿과의 관계에서 제1 가정에서의 원리적 일자-여럿의 모순적 관계에서 벗어나 상보적 성격을 지닌 하나와 여럿의 관계로 변모한다. 그리고 자체성에서 성립하는 형상을 원리로서 전제하는 이 존재와 일자의 변증법적 사유에서의 상호 결합은 항상 4 가지 경우를 (이중적으로) 가능케 한다. 즉 플라톤이 원자적인 존재 개념과 원자적인 일자 개념을 사유에서 결합하여, 사유의 변증법적 기능이 선험적으로(a priori) 갖게 되는 전체-부분의 논리를 통하여 "존재하는 일자"의 4 경우를 보여주듯이, 일자는 1.동일성-부분으로 이루어진 전체의 통일성(142d1-7)의 것으로, 2.타자성-무규정한 양자적 부분들로서 이루어진 전체가 무제한으로(142e-143a2), 3.동일성-전체의 제약 아래 여러 동일한 부분들로서(143a6-143b6), 4.타자성-전체의 제약 아래 여러 부분들의 무규정한 양자성(143b7-143d3)의 것이라는 4 경우로 나타난다.[30] 이 때문에 일자는, 한편으로 수에 있어서도 전체적인 하나로,

---

29 밀러(앞의 책, 88-91 쪽들)는 제1 가정에서의 일자가 원리적인 것으로서 존재에서 초월적임을 밝히기 위해, 제2 가정에서의 존재의 의미가 시간성에서 성립하는 것임을 명백히 하고 있다. 이 제2 가정의 일자 존재는 존재와 생성으로 되어 있다(154a). 이 때문에 존재의 의미도 자체성에서 성립하는 것과 동일성에서 성립하는 것으로 이중성을 띄게 된다. 한편 앞으로 볼 것이지만, 존재 의미의 이중성 때문에 비존재의 의미도 이중성을 가지나 자체성에서 성립하는 의미는 자기모순이어서 사라지고 타자성에서 성립하는 의미만 남게 된다.

30 이 4 가지 경우는 플라톤의 변증법에서 기초적이므로(『소피스테스』편 253d에서는 4경우가 내포와 외연, 그리고 일과 다의 관계로 표현되고 있다.), 전체집합의 표시가 없는 벤-그림(Benn diagram)으로 다음과 같이 나타내고자 한다. 단, 플라톤의 변증법은 벤-그림처럼 집합논리에서만 성립하는 것이 아니고, 의미 내포적으로 이해되는 질적 규정이나 동일성-타자성의 기능(dynamis)개념이 있으므로, 두 종류의 원을 사용한다. 즉 A에서 연속적인 선분의 원은 원리적으로는 일자나 동일성을 의미하는 것으로서 경우나 가정의 성격에 따라 일자의 단일성 혹은 전체성을 나타내는 것이 되고, 이와 상관하여 점선으로 구성된 원은 원리적으로 여럿이나 타자성을 의미하는 것으로서 양자 혹은 무제한성을 나타내는 것이 된다. 그러나 두 원의 차이는 한편에서는(A) 질적인 차이를, 다른 한편에서는(B) 정도의 차이를 나타내는 이중적인 것

무규정한 양자적 부분들로 무한히, 단일한 것들인 여럿으로, 무규정적인 양자적 부분들 여럿으로 나타나며(143d-144a), 다른 한편으로 일자와의 관계에서 존재는, 일자와 동등하므로 전체-부분의 논리에 따라 일자와 수에 있어서 동일하게, 시간적으로는 다르게, 함께, 하나이자 존재인 양자적인 것(ampho)들로 나타난다(144b-d). 그리고 이 제2 가정에서는 제1 가정에서 나타난 인식에 절대적으로 초월적인 일자는 눈에 보이지 않고, 대신 동일성에서 성립하는 전체(holon)의 통일성과 타자성에서 성립하는 부분들의 무제한성이 부분들 전체로 이루어지는 여럿의 세계에서 초월적인 것처럼 나타난다. 이러한 제2 가정의 특징은, 같음-다름의 논증에 앞서, 우선 일자의 자신과의 관계에 관한 한, 일자의 한계의 논증이나 형태의 논증보다는 일자의 내재성(자신이나 타자 안에 있음)의 논증에서 명백히 드러난다.

1. 내재성-초월성 증명(B1-2가 상징)

일자가 하나로 있으면서 여럿으로도 있으며, 또 전체적인 것과 부분적인 것으로 있다면,

> 부분들 각각은 전체(holon) 안에 있고 전체 밖에는 어떤 것도 없다. 모든 부분들은 전체에 의해 둘러싸인다. 그리고 일자는 그 자신의 전 부분들이고 전 부분들(ta panta)보다 더 많지도 더 적지도 않다. 그런데 일자는 전체(holon)이기도 하다. 그래서 부분들 전부(ta panta)는 전체(holon) 안에 있고, 그리고 일자가 전 부분들이자 전체라면, 일자는 일자에 의해 둘러싸인다. 따라서 일자 자체가 이미 자신 안에 있다.(146b-c). (대화체인 원문을 논술식으로 축약했다. 이하 긴 인용문도 동일하다.)

이며, 변증법의 사유에서 성립하는 동일성과 타자성을 제외할 때, 한 원에 대해 3 개의 단어로 표현하는 것은 이중성을 지닌 두 단어 사이의 개념이 존재하기 때문이다. 이 점은 칸트의 범주 4 개가 각각 3 개의 부분들로 나뉘는 것과 동일한 이치이다. 따라서 B에서의 4 경우는 이중성을 함축하고 있어 두 가지로 해석된다. 가령 첫 번째 경우의 동일성에서 전체의 의미는 내재성 증명에서 나타나듯 부분이 없는 전체와 부분으로 된 전체가 함께 있다. 이러한 이중성은 2. '같음-다름'의 논증에서 보다 명백히 나타난다.

이 논증에서 일자는 하나라는 규정성을 지니는데 이 규정성이 존재와 결합된 일자의 자기 동일성으로서, 일자는 이제 하나의 전체(holon)로 나타난다. 그리고 이 하나라는 규정을 지니는 일자의 자기 동일성으로서의 전체는 부분으로 조합된 전부(ta panta)는 아니다. 즉 일자는 한편으로 부분들 전부로 조합된 것(ta panta)으로 말해질 수도 있고, 다른 한편은 부분들 전부로 이야기될 수 없는 측면(holon)도 지닌다. 그러나 여기에서의 일자는 하나 자체라는 자기 동일성의 규정을 지니며, 자체성에서 성립하지 않는 하나가 아닌 것들(부분으로 된 것들 전부)에 관계하고 있다. 따라서 일자의 이러한 이중적 성격 때문에 일자는 자신 안에 있을 수 있다. 그렇다면 일자가 다른 것 안에 있다는 것은 어떻게 증명되는가?

그런데 전체(holon)는 다시 부분들 안에 있을 수 없고 따라서 전부분에도 어떤 부분 안에도 있을 수 없다. 왜냐하면 전부 안에 있다면 어떤 하나 안에도 있는 것이 필연적이기 때문이다. 또한 어떤 부분의 하나 안에 있지 않으면 더욱이 전부 안에도 있을 수 없다. 만일 이 일자가 전-부분들 안에 있다면 전체가 이 전부 안에 있을 수 없는데 어떻게 전부 안에 있을 수 있겠는가? 또한 부분들 어느 것 안에도 있을 수 없다. 만일 전체가 어떤 것 안에 있다면 더 많은 것이 더 적은 것 안에 있게 되는데 이런 일은 불가능하기 때문이다. 전체는 더 많은 것 안에도, 하나 안에도, 전부 안에도 없으므로 그것은 어떤 다른 것 안에 있거나 어느 곳에도 없어야 하는 것이 필연적이다. 어느 곳에도

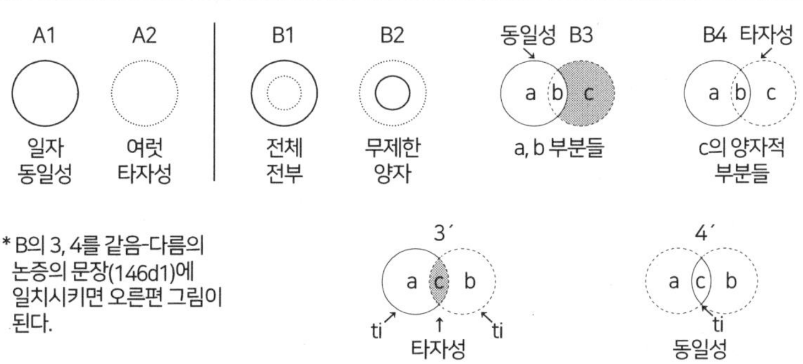

* B의 3, 4를 같음-다름의 논증의 문장(146d1)에 일치시키면 오른편 그림이 된다.

없다면 전체인 일자는 아무 것도 아니므로 그것은 다른 것 안에 있다.(145c-145e).

이상의 논증에서 전체(holon)는 부분으로 된 전부나 그러한 전부인 하나, 그리고 그 부분들 안에도 없을 뿐만 아니라 더 많은 부분들 안에도 없다고까지 말해진다. 따라서 이 때 전체로서의 일자는 부분들과는 질적으로 다른 것으로서 존재한다. 그리고 제 2 가정의 일자는 존재와 결합되어 있어 일자가 존재하는 한, 그것은 부분으로 이루어지는 것과는 다른 어떤 것 안에 존재해야 한다. 따라서 일자는 자신의 동일성을, 부분들로 이루어지는 것과는 질적으로 다르게 확보하여 주는 것 안에 있어야 하고, 이것이 전체-부분의 관계로 이루어진 여럿의 세계에서 배제되는, 타자성에 관계하는 동일성(dynamis)이다.[31] 이처럼 전체-부분의 양적으로 상호 규정되는 관계에서 초월적인 것으로 나타나는 동일성과 타자성의 성격이 보다 분명하게 드러나고 플라톤의 논증의 구조가 4 가지 경우들로 된 이중적 딜레마(전체-부분의 이중적 의미 때문에 벤-다이어그램에 따른 전체와 부분의 4 경우 이외에 각각 동일성과 타자성이 결부되어 도합 8 개)들로 이루어진 전형적인 예는 일자에 대한 같음-다름의 논증이다.

2. 같음-다름(동일-차이)의 논증

같음-다름(동일과 차이)의 개념은 플라톤의 변증법에서 본성상 일자와 존재 개념에 결부된 술어적(기능적) 개념으로서, 일자의 자신이나 타자와의 관계를 매

31 이 기능(dynamis)의 존재는 본문 안에서는 "없거나 다른 것 안에 있다."는 말로 표현되고 있다. 그런데 전부(panta)의 내재성 증명은 앞에서 이루어졌다. 이곳에서는 전체(holon)의 내재성 증명이므로 이 증명이 이해되는 것은 존재론적으로 정확히 두 가지 방식뿐이다. 하나는 유비(analogy)에 의한 것이고 다른 하나는 내재성 증명과 역설관계에 있는 존재를 찾는 것이다. 유비는 존재론적으로는 초월에 관계하고, 역설적 관계에 있는 존재는 전체-부분의 논리를 가능하게 하는 변증법적 기능을 수행하는 우리의 사유(dynamis)이다. 그러므로 이 기능의 존재는 전체-부분의 논리에서 보면 이러한 이중적인 기능을 수행하는 것으로서, '모순된 것이거나 초월적인' 형상에 관계한다. '모순된 것이거나 초월'이라는 것이 본문에서는 "없거나 다른 것 안에 있다."라는 말로 표현되고 있다.

개하는 역할을 한다.[32] 한편 일자는 내재성 증명에서 보이듯이 일자가 그 자신에 소외되어 있는 타자들(여러 부분으로 된 전부로써 전체(holon)의 내부에 있다.)로 나타났으므로, 이제 일자는 일자와 타자들의 관계로 표현된다. 따라서 일자와 타자들의 같음-다름의 논증은, 일자의 자신과의 관계에서 나타난 4 경우가 존재-비존재의 술어적 개념인 동일성-차이성과 관계하여 표현되므로 8개의 경우로 나타나는 것이다. 그리고 동일이 존재를, 차이가 비존재(현상계)를 지향함을 의미하는 한, 이 8 개의 경우는 이 대화편의 〈변증법의 훈련부분〉의 일자의 존재-비존재에 따른 8 개의 가정과도 밀접한 관련을 지닌다. 같음-다름 논증의 첫 번째 경우는 일자가 자신과 동일하다는 것으로서,

> 일자는 그것이 자신의 부분일 수 없다. 그 자신과의 관계에서 부분으로 있다면, 그것은 부분과 관계하여 자신의 전체가 아니기 때문이다. 그러면 일자가 일자와 다른가? 아니다. 그러므로 일자는 그 자신과 다르지 않을 것이다. 그러므로 일자가 그 자신과의 관계에서 다르지도 않고 전체(전부)도 아니고 부분도 아니라면 이미 그것은 그 자신에 동일하다는 것이 필연적이다. (부분이 없는 전체) (146c).

이 논증은 일자는 자신의 부분도 아니고 부분으로 된 전부도 아니며 자신과 다르지 않기 때문에 자신과 동일하다는 형식으로 이루어져 있다. 즉 주석 3의 첫 번(B1)에 나타나는 벤-그림에 의하면, 두 원 가운데 연속적인 선으로 된 것은 원리적인 일자의 자기 동일성을 나타내는 것이고, 점선으로 이루어진 다른 또 하나의 원은 여러 부분들로 이루어진 전부를 나타내는 것으로서, 일자는 자신에 소외되어 여럿으로 나타나는 자신의 전부를 배제하고 분리될 때, 자신과 동일하다. 따라서 이 그림은, 1)한편으로는 자신으로 남아 있고, 2) 다른 편으로는 전체-부분으로 된 자신에서 분리되는 두 가지 사태를 동시에

32 앞에서 존재는 자체성에서 성립하는 존재와 시간성에서 성립하는 동일성-타자성의 이중적 기능을 지닌 것으로 나타났다. 그리고 존재론적 명제에서 동일성과 타자성은 존재술어인 '이다-아니다'로 나타난다.

나타내는 것으로 보아야 함으로 벤-그림 A(1,2)와도 관련된다.

두 번째 경우는 일자가 자신에 달리 있다(다르다)는 논증이다. 이 논증은 일자의 내재성을 이용한 증명이다. 즉 일자는 그 자신 안에 있으면서 그 자신에 달리 있다면 그 자신에 달리 있는 것인데(146c-d), 1)일자는 자신 안에 있는 동시에 2)자신의 다른 것들(타자성) 안에 있음이 일자의 내재성 증명에서 이루어졌으므로, 일자는 자신에 달리 있다는 것이다. 벤 그림으로 말하면 둘째의 것(B2)으로서, 1)연속 선분의 전체는 점선으로 표현된 자신의 다른 것들(타자성) 안에 있는 것으로 표현된다. 2)다른 한편, 부분들로 이루어진 점선으로 표현되는 일자는 연속 선분으로 표현된 전체적 통일성으로서의 자신의 내부에 있어서 자신에 달리 소외되어 있고, 따라서 이 그림도 첫 번째 그림(B1)과 연관되어 이해되어야 한다.

세 번째 경우는 일자가 타자들(t'alla)과 다르다는 것의 논증이다. 이 논증은, "어떤 것(ti)이 그 밖에 어떤 것(ti) 하고 다르다면 그것은 자신과 달리 있는 것에 다르다. 하나가 아닌 것들은 모두 하나와 다르다. 그러므로 하나는 다른 것들과 다르다."(147d)고 하여 두 번째 경우와 네 번째 경우 사이에서 짧게, 일자에 다른 것들이라는 의미의 정의에 따라 언급되고 있으나, 사실은 두 번째 경우에서 증명된, "일자가 자신에 달리 있다"와 네 번째 경우의 증명에서 보일 "일자가 아닌 것들은 일자에 관여한다."는 것을 이용하여 증명될 수 있는 것이다. 세 번째 증명은 벤-그림 B3에 관계하나 어떤 것(ti)과 어떤 것(ti) 사이의 관계를 나타내므로, 세 번째의 또 다른 벤 그림(B3')에 의하면, 일자를 나타내는 연속선으로 표현된 원들의 교차에 의해서 표현되고, 교차된 부분은 타자성이 들어가므로 빗금친 것으로 나타내진다. 그런데 이 그림도 두 가지 사태를 나타낸다. 이를 나타내기 위한 플라톤의 예비적 설명은 다음과 같다.

> 동일성과 타자성은 서로 반대가 된다. 동일한 것이 타자들 안에 있기를 원하거나 타자들이 동일한 것 안에 있기를 원하지 않는다. 타자성은 동일성 안

에 결코 있지를 않을 것이고, 타자성에는 어떤 시간에도 그 안에 있을 존재하는 것은 아무 것도 없다. 왜냐하면 만일 타자성이 어떤 것 안에 있는 그 시간 동안에는 타자성은 동일함 속에 있기 때문이다. 그러므로 결코 동일함 속에 있지 않을 때 타자는 존재하는 어떤 것 안에도 있을 수 없다. 그래서 타자성은 일자 안에도 하나가 아닌 것 안에도 없다.(146d-e).

결국 타자성은 일자 안에도 하나가 아닌 것들(t'alla) 안에도 없으므로 그 자체로서 존재할 수 없다(그림 B3의 c). 타자성은 존재하지 않으므로, 모든 것들은 동일성 안에 있음이 드러난다. 이 때문에 플라톤은 곧바로 이어서 다음과 같이 말한다.

그래서 일자는 일자가 아닌 것들에 달리 있지 않고 일자가 아닌 것들은 일자에 다르지 않다. 즉 타자성에 참여하지 않는 것들은 자신들에 서로 서로 다르지 않다.(146e).

그래서, 1)한편으로는 타자성이 배제되고, 다른 한편으로는 타자성에 반대되는 동일성에 따른 일자와 타자들인 여럿(多)이 있게 된다. 즉 원리적인 일자와 여럿으로서의 수가 있다. 그러나 2)타자들은 원래 반대관계에 있는 일자에 참여하지 않는 것이었다. 즉,

일자가 아닌 것들은 일자에 참여하지 않는다. 왜냐하면 그러하다면, 그들은 하나가 아닌 것이 아니고 어쨌든 하나이기 때문이다. 그리고 하나가 아닌 것은 수(數)일 수 없다. 왜냐하면 만일 그렇지 않다면, 수를 가짐으로써 모든 것에 수가 있게 되기 때문이다.(147a).

따라서 1)한편으로는 하나에 참여하여 동일성에 따르는 일자와 여럿으로서의 타자들이 있지만, 2)다른 한편으로는 하나가 아닌 것들에 수가 전혀 있을 수 없음이 증명된다. 즉 벤 그림에 의하면, 점선으로 표시된 여럿인 타자들은 일자에 참여하지 못하므로 수가 없게 된다(무규정하고 무제한하다). 결국, 하나가

아닌 것들, 즉 타자들은 하나의 부분도 전체도 아닌 타자성의 것이 된다. 이 사실은 네 번째 증명의 벤-그림 B4에도 나타난다. 즉 벤-그림 B3은 필연적으로 그림 B4를 함축하여 서로 연관된다.

네 번째 증명은 일자와 타자가 같다는 것의 논증으로 일자와 타자가 동일성을 전제로 하는 반대 관계임을 통해서 증명된다. 네 번째 증명은 세 번째 증명 다음에 곧바로 다음과 같이 말해진다.

> 만일 한편으로 모든 점에서 하나가 있고 다른 한편으로 하나가 아닌 것들이 있다면, 하나인 것은 하나 아닌 것의 부분일 수 없고 부분으로 된 전체일 수 없다. (일자의 타자들에서의 분리). 역으로 하나가 아닌 것은 하나인 것의 부분도 아니고 하나가 부분인 전체인 것들도 아니다(타자성이 일자에서 분리됨). 그러나 부분들도 아니고 전체들도 아니며 서로 서로에 다른 것도 아닌 것은 서로 서로에 동일하다고 했다(147b).(이것은 타자성이 존재하지 않으므로 배제된 뒤 일자와 타자들의 동일성을 지칭하는 것으로서, 일자가 자신과 동일하다는 첫 번째 경우의 증명과 논리가 같아 서로 연결된다.)

따라서 네 번째 증명도 두 가지 사태를 함축하는데, 벤-그림 B4에 따라 표현하면 하나는 1)연속된 선분으로 된 일자와 타자들을 표현하는 점선의 원이 교차된 부분이 동일성을 나타내고, 일자를 나타내는 원 밖의 타자들을 표현하는 원은 점선으로 표시되며 타자성을 나타내는 것이 된다. 그러나 다른 하나의 사태는 2)두 원의 교차부분이 일자와 완전히 동일하게 되면 타자들을 나타내는 원은 역으로 일자 밖으로 밀려나 일자의 원과 분리되며(B4') 이윽고 두 번째의 벤-그림(B2)과 같게 되는 것이다.[33] 그리고 이 두 원이 완전히 분리되면, 타자들을 나타내는 원은 타자성을 의미하게 되어, 타자성이 존재하지 않으므로 사선으로 지워야 한다. 결국 남는 것은 일자를 나타내는 연속선분의 원 하나뿐이다(B1). 즉 B4의 그림은 B1에도 연속된다. 그리고 벤-그림 B1은 벤-그림 A

33 B4'가 B2에 관련성을 지니는 것에 반해, B3'는 B1에 관련되어 나타난다.

에 관련됨을 앞에서 보았다.

결국 동일-다름의 증명은 네 개의 증명으로 나누어지나 이들은 상호 연관되어 순서적으로 연속되어 있다. 그런데 이들 증명 각각은 서로 반대되는 두 경우들(딜레마)을 지니고 있어서, 전체는 8개의 경우들로 구성되어 있다.[34] 그리고 마지막 4번째 증명의 한 경우는 첫 번째 증명의 한 경우와 연결되어 (타자성에서 성립하는 비존재를 동일성의 존재에로 다시 환원하면) 원환으로 되어 있다. 즉 이 같음-다름의 증명에서 일자가 자기 자신과의 관계를 나타내 보인 증명(첫째와 둘째 증명)일 경우, 일자 자체와 전체-부분에 관계하는 여럿은 완전히 분리된 경우를 보이기는 하나 존재하지 않는 것이 나타나는 경우를 보이지 않는다. 그러나 일자가 자기 자신과 다른 경우를 일자와 타자들의 같음-다름 관계로 나타내는 셋째와 넷째 증명에서는 일자와 타자성이 완전히 분리되면서 타자성이 존재하지 않는 것으로 나타난다. 따라서 이 같음-다름의 논증은 한편으로 원리적 일자와 원리적인 여럿의 분리 관계를 나타내는 벤-그림 A와도 관계를 맺고 있어서, 한편으로는 원리적인 일자를 정점으로 동일성과 타자성이 점차적으로 정도를 지니고 상호 침투된다고 말할 수도 있다.

그러나 위에서 언급되었듯이 같음-다름의 마지막 논증이 첫 번째 논증과 연결되는 점에서 윤리의 사유에서 질서를 이루기 위해 원환을 이룬다. 왜냐하면 이 증명에서 절대적인 허무로 말해지는 타자성이 사실은 절대적인 비존재가 아닌 점을, 플라톤이 동일-다름의 증명 다음에 나타나는 일자가 타자들에 비슷하고 비슷하지 않다는 것을 증명하는 데에서 말하고 있기 때문이다. 요약하여 언급하면 다음과 같다.

> 타자성이란 "어떤 것"에 대한 이름이며, 그 이름은 그것의 본성을 지칭한다. 이 때문에 타자성이 어떤 본성을 갖고, 이 본성은 동일한 방식으로 작용하는 것이므로 타자성이 이미 동일성에 참여하고 있으며 결국 일자와 타자

34 주석 30 참조.

> 는 비슷하게 된다(148a). 그런데 비슷함과 비슷하지 않음은 서로 반대가 된다. 동일과 다름도 그렇다. 그러므로 일자와 타자가 차이가 있는 한, 그것은 서로 닮았고, 일자와 타자가 동일한 한에서 그들은 서로 반대되어 닮지 않고 있다. 결국 차이는 일자를 비슷하게 하고 동일은 일자를 닮지 않게 만든다(148b).

그리고 이 논증은 타자성이 존재에 참여함에 의해서 일어나는 것은 물론이다. 따라서 이상의 같음-다름의 논증에서 나타난 4개의 각 논증들이 보여준 이중성뿐만 아니라 4개의 논증들 간의 연결에 대한 해석의 이중성(벤-그림 A의 성격이 벤-그림 B들 각각에 침투하여 일자를 정점으로 하는 위계적 구조와 벤-그림 B들만으로 형성된 순환적 구조)은 무엇을 의미하는가?[35] 특히 같음-다름의 논증들의 구조가 이 대화편『파르메니데스』편에 나타난 8개 가정들과도 연관성을 지님을 생각한다면, 이 이중성이 각 가정에서 어떤 의미를 갖는가를 생각해보아야 한다. 왜냐하면 이러한 이중성은 상보적인 반대와 단절인 모순이 상호 교차하는 제논의 변증법의 본성과 구조를 나타내는 것을 의미하기 때문이다.[36] 동일과 차이를 기초로 한 닮음과 닮지 않음의 논증에 이어 접촉과 비접촉의 논증이 나온다. 이 접촉 비접촉의 논증은 일자와 타자가 동일성과 타자성을 매개로 하여 단절과 연속을 되풀이하면서 계기적으로 이루어지고 있음을 논증한다.

3.3. 변증법에 의한 현실(reality)의 존재론적 환원

제2 가정에 따른 논증들 중에서 초월적인 이데아의 성격과 이데아의 생성

35 변증법의 사고란, 통일적인 기능적 존재를 가정하는 사고에서는 순환을, 존재를 범주적 분석이나 차원으로 설명하는 사고에서는 차원이나 직선을 나타낸다.

36 이 때문에 알렌과 밀러는 컨포드의 가정을 순서에 따라 둘씩 묶어 하나로 처리했다.

계와의 관계에 대한 플라톤의 생각들을 정리할 수 있게 하는, 이데아론에 중요한 하나의 시사를 주는 논증은 일자가 타자에 동등하고 동등하지 않다는 것을 증명하기 위해 일자와 타자들의 큼 자체-작음 자체와의 관계를 논하는 데에서 주어진다.[37] 이 논증을 살펴보면 다음과 같다.

> 일자가 다른 것들보다 크거나 작거나 한다면, 역으로 타자들이 일자보다 크거나 작거나 한다면, 한편으로 일자가 하나임(존재)인 것에 의해서, 다른 것들이 하나에 다른 것들임(존재)에 의해서, 그들에 동일한 것들인 '존재'에 의해서 서로 서로에 보다 큰 것과 보다 작은 어떤 것이 있는 것이 아닐까? 그리고 만일 이와 같이 존재하는 것들에 관계하여 각각이 동등한 것들을 갖는다면, 이들은 서로 서로에 동등할 것이다. 다른 한편으로 한편의 것들 (타자들)이 큼을 다른 한편의 것(일자)이 작음을 지니거나 혹은 일자가 큼을 지니고 다른 것들이 작음들을 지닌다면, 큼이 더해지는 어떠한 형상에게나 보다 큼이 있을 것이요, 작음이 더해지는 형상은 작을 것이다. 두 개의 형상, 즉 큼과 작음의 형상이 있다. (존재하지 않는다면) 이 둘은 서로 서로에 반대되지도 않고 존재하는 것들(ousias)에 내재할 수 없다. 만일 작음이 일자 안에 내재한다면, 일자의 전체 안에 있거나 부분 안에 있거나이다. 전체 안에 있다면, 일자 전체를 통해 일자에 동등하게 연속되어 펴져 있거나 일자를 둘러싸고 있다. 동등하게 펴져있다면 작음은 일자와 전체가 동등하게 되며, 둘러싸고 있으면 일자보다 크다. 그런데 작음은 어떤 것에 동등해지거나 보다 크거나 할 수 없고, 그 자신의 일이 아니라면, 크거나 동등해지거나 하는 일을 할 수 없다. 따라서 작음은 일자 전체 안에 있지 않고, 있다면 부분 안에 있다. 그런데 확실히 전 부분 안에도 없다. 그렇지 않다면 작음은 전체와의 관계된 다음의 일을 할 것이다. 즉 그것은 항상 자신이 내재해 있는 어떤 부분과 동등하거나 크게 될 것이다. 그러므로 작음은 어떤 존재하는 것에도 그것의 부분이나 전체에 내재할 수 없다. 그리고 어떤 것도 작음 자체를 제외하고는 작을 수 없다. 마찬가지로 큼도 일자에 내재할 수 없다. 왜냐하면 큼 자체를 제외하고도 다른 어떤 큰 것이 있을 것이고 큼은 그 안에 내재해 있을 것이며, 그럼에도 그것이 큰 것이라면 능가해야 하는 것들이 그에게는 적지 않기 때문이다. 그

37 컨포드(앞의 책, 171쪽)는 이 논증이 이 대화편에서 가장 어려운 부분이고 이 부분에 대한 그 자신의 해석을 특히 의심할만하다고 고백하고 있다. 한편 밀러(앞의 책, 105-111쪽들)는 이 부분이 초월적인 형상과 경험 사물 간의 관계를 언급하는 중요한 곳임을 통찰하고 있다.

런데 다른 한편 작음이 어디에도 내재해 있지 않다면, 이런 일은 불가능하다 (149e-150c). (괄호 안은 필자가 삽입한 것임).

이상의 논증에서 일자와 타자들은 서로 서로에 대해 큼과 작음의 관계에 있는데 그것은 '존재'를 매개로 하여 이루어짐을 언급하고 있다. 그리고 둘째 단락에서 우선 두 개의 형상, 큼과 작음의 형상이 서로 반대 관계에 있음이 말해지고 존재자들에 내재(enggignesthai)해야 함이 언급된다. 그러나 이들이 형상인 한, 전체와 부분의 관계 속에 있는 존재자들인 일자나 타자에 곧바로 내재할 수 없음이 밝혀진다. 즉 큼과 작음의 형상은 상호간에만 내포적으로 상대적 관계에 있고, 전체-부분의 상대적 내용을 지니는 어떠한 존재들에 직접 내재 관계를 맺을 수 없다. 마찬가지로 큼의 형상이나 작음의 형상은 일자라는 형상과도 직접적인 관계를 맺을 수 없다. 이들은 모두 자체성과 자기 동일성만을 확보하고 내포적 관계만을 지닐 수 있게 하는 사유에 포착된 형상들이기 때문이다. 그래서 만일 작음의 형상이 일자와 어떤 방법에 의해서든 사유에서 결합한다면, 그것은 우선 존재를 매개로 해야 함이 말해진 것이다.

작음의 형상과 일자의 관계는 제2 가정에서 일자와 존재가 결합함으로써 나타나는 일자의 자신과의 관계나 타자와의 관계에 대한 같음-다름의 논증에서처럼 8개의 전형적인 경우들이 나타나게 된다. 즉 형상 일자와 존재의 형상이 우리의 사유에서 결합함으로써 나타나는 전체-부분의 관계 속에 있게 되는데, 이때 작음의 형상이 존재자들에 직접 내재한다고 말할 경우에는 모순들이 있게 된다는 것이다. 그런데 큼과 작음의 형상들이 존재함을 말하고 있다. 그리고 형상들의 내포적 관계맺음이나, 제2 가정에서 우리 사유에 의해 일자가 존재와 결합해서 나타나는 일자나 타자들과 같은 존재자들이 크고 작을 수 있는 것은, 위 인용문의 첫 단의 첫머리에서 동일한 '존재'에 의해서라고 언급되고 있다. 이 사실은 존재의 의미가 형상들에서나 일자와 타자들인 존재자들에 동일하게 사용되고 있음을 의미한다. 따라서 형상들에 관계하는 존재의 의미와 일자-타자들인 존재자에 사용되는 존재의 의미가 구별되는 한, 이곳에서의 존재의 의미는 이중적으로 사용되고 있다. 문제는 이러한 존재의 이중적 의미를 동일한 것으로 허용하고 있는 것이 무엇인가이다. 그것은 바로 일자나 존재와 같은 원자적 형상들을 결합하면서 선험적으로 전체-부분의 논리를 지니고 모순율에 따르는 변증법을 수행하는 사유(nous)가 아닌가? 즉 이 대화편의 변증법은 형상 존재의 자기 동일성을 확보해주는 우리의 사유(기능존재)를 통해서 이루어진다.[38] 따라서 큼과 작음의 형상이 전체-부분의 상대적 내용을 지니는 경험적 사물과 관계를 맺는다면 그것은 직접적 내재가 아닌, 존재를 매개하는 사유에 의한 변증법적 방식에 따를 것이다. 즉 이제까지 존재와 일자(하나)의 결합은 제2 가정에서는 양적 측면에서는 전체-부분의 관계를, 질적 측면에서는 동일성의 측면과 차이성의 측면을 전제하는 사유의 기능을 통해서였다. 역으로 사유가 전제하는 전체-부분이나 동일-차이가 일자에 직접적으로 관계하는 것이 아니라, 사유라는 변증법적 '기능'의 존재를 통해 일자가 존재와 결합함에 의해서였음을 알 수 있다. 따라서 사유(형상론 비판 부분의 제6 비판에 나타나는 개념인 '인식')의 매개 없이는 일자(하나)와 전체-부분의 관계나 동일-차이에 대한 관계는 제1 가정 아래서의 논증들이 보여주었듯이 있을 수 없으며(모순적이며), 마찬가지로 큼의 형상이나 작음의 형상도 전체-부분의 관계 속에 있는 것들과 직접적 관계를 맺을 수 없다.

그런데 하나라는 형상은 전체-부분이나 동일-차이에 초월적이면서도 다른 한편 이들 상대적인 것들을 전제하는 사유를 통해 이들과 변증법적으로 관련되어 있었다. 그리고 제2 가정에서 이들 상대적인 것들과의 관계는 일자가 사유를 통해 존재(ousia)와 결합함으로써였다. 마찬가지로 큼과 작음의 형상도 우리 사유에 의해 자체적이고 전체-부분에서 초월적인 것으로 포착되면서도 사

38 형상의 자기 동일성을 확보해주는 것은 우리의 사유로서 '기능적 존재(dynamis)'이다. 이 '기능'이 존재론적으로 탐구되고 하나의 존재(ousia)로서 인정되는 곳은 『소피스테스』편(247c-249b)에서이다.

유의 기능을 통해 일자-타자에 관계하는 방식이 곧 이어 나오는 다음의 논증에서 보인다.

> 큰 자체는 작음 자체 이외의 다른 것보다 클 수 없고, 다른 한편 작음 자체도 큼 자체 외의 다른 것보다 작을 수 없다. 따라서 타자들은 큼이나 작음을 지니면서 일자보다 크거나 작거나 할 수 없고, 이 두 가지 것은 일자에 관해서도 능가하고 능가되는 어떤 능력도 없고 단지 상호간에만 그러하며, 또한 일자도 이들에 관계하여 큼이나 작음을 지니면서 다른 것들보다 크거나 작거나 할 수 없다. 그러므로 일자가 다른 것들보다 크거나 작거나 하지 않는다면, 일자가 다른 것들을 능가하거나 능가되거나 하지 않는 것이 필연적이다. 그런데 능가하지도 능가되지도 않는다는 것은 동등함으로부터 그러함이 필연이고, 동등함 때문이라면 동일하다. 또한 진정 일자 자체는 그 자신과의 관계에서 이와 같을 수 있다. 즉 그 자신 안에 큼이나 작음을 지니지 않고서 그자신보다 능가하거나 능가되거나 하지 않고 동등함 때문에 그 자신에 동일하게 있을 수 있다. 따라서 일자는 자신에게나 다른 것들에게 동등할 수 있다. 또한 일자는 그 자신 안에 있고 또 밖으로부터 그 자신의 주위에 있을 수 있으며, 둘러싸고 있으면 자신보다 클 것이고, 둘러싸이면 작을 수 있어서 이처럼 일자 자체는 그 자신보다 크거나 작거나 할 것이다(150d-e).

위의 논증에서 보이듯, 우선 큼의 형상과 작음의 형상은 상호적으로만 관계할 뿐 타자들이나 일자와 어떠한 관계를 맺지 않고 있는 것으로 언급된다. 형상의 이러한 측면은 〈형상론 비판부분〉의 제6 비판에서 제기된 문제이다. 그런데 이 큼과 작음의 형상이 서로 관련을 맺고 있다고 말해진다. 그리고 이어 다음 문단에서 "능가하지도 능가되지도 않는다는 것은 동등함으로부터 그러함이 필연이고, 동등함 때문이라면 동일하다"고 언급되고 있다. 즉 동등의 개념에서 동일함으로 급격히 변모되고 있다. 동등은 다른 형상들과의 존재론적 비교를 나타내는 기준이나 척도(원리)를 의미하는 것인데 반해 동일은 척도가 아닌 다른 형상들과의 비교나 관계맺음을 나타내는 어휘이다. 따라서 이때의 동일하다고 언급되는 일자는 제2 가정에서의 존재와 결합되어 자기 동일성을 지닌 형상으로서의 일자가 됨은 물론이다. 즉 이 자기 동일성의 일자는 제2 가정에서의 내재성 증명이나 같음-다름의 논증에서 볼 수 있었듯이 사유를 통해 존재(ousia)와 관계 맺어진 한에서의 전체-부분에서 초월적인 것으로 나타나는 일자의 동일성이다. 그리고 이 일자에 큼과 작음의 형상도 동등하다고 언급되고 있고 곧바로 이어서 동등함으로 동일하다고 말해지고 있다. 이것은 큼과 작음의 형상도 제2 가정의 일자처럼 변증법적 기능을 수행하는 사유에 의해 존재와 결합할 것임을 동일하다는 한 마디로 말하고 있는 것이다.

따라서 이제 자신과 동일성의 관계에 있는 일자는 내재(초월)성 증명에서 보인 것처럼 전체-부분의 관계 속에 있게 되고, 이 때문에 동일성을 매개로 한 큼-작음의 관계 속에 있음이 다음 문단에서 언급된다. 그리고 이러한 일이 가능한 것은 일자 자신의 동등함 때문이라는 것이다. 그러면 과연 어떤 점에서 이 동등함의 성격이 일자에 있었는가? 그것은 앞에서 언급되었듯이 다름 아닌 '존재'에 있어서의 동등함이다. 그리고 이 존재는 이미 사유의 변증법적 기능과 결합된 것으로서 한편으로는 존재라는 형상을 지칭하고 다른 한편으로는 변증법적 기능을 수행하는 사유존재와 동일시되는 의미를 지닌다. 이 때문에 존재는 한편으로 제1 가정의 일자처럼 일자와 무관한(우연한) 측면을 가지면서도 다른 한편으로는 제2 가정에서처럼 모든 방식으로 자신이나 다른 것들과 결합되고 분리되어 나타난다. 따라서 일자는 이제 큼-작음의 관계 속에 있을 수 있다. 일자가 큼과 작음의 관계 속에 있으면, 타자들도 그러한 관계 속에 있음은 말할 필요도 없다(150d-151b).

요약하면, 일자와 타자가 큼과 작음의 관계 속에 있게 될 때 일자와 타자 속에 큼과 작음의 형상이 직접 내재한다고 말해질 수 없고 존재와 변증법적으로 결합된 사유를 통하여 정도를 가지고 점차적으로 이루어지고 있음을 나타내며, 이것은 분명 큼과 작음의 형상이 우리의 사유를 매개로 하여 일자와 관계하되 직접적 관계가 아닌 존재의 동등성(형상들의 관계)이나 동일성(자신이나 타자들과의 관계)을 매개로 한 간접적(변증법적) 관계임에 틀림없다.[39] 그리고 하나나 큼, 작음의 형상은 모두 사유를 통해 존재라는 형상에 관계하고 있다. 물론 존재도 이중적인 의미를 지닌다. 하나는 원자적 형상으로서의 존재의 의미이고 다른 하나는 타자성이 매개된 (시간성에서 성립하는)존재의 의미이다.

결국 인식론적으로 원자적인 형상들은 이제 사유를 매개로 하여 한편으로는 형상의 존재에, 다른 한편으로는 시간적 존재에 참여하게 됨으로써, 모든 원자적 형상들은 형상으로서의 존재와 시간적 존재 사이의 존재의 동일성을 매개하는 사유에 의해 존재론적으로 하나와 여럿의 이중적 관계로 환원되어 나타나며,[40] 존재를 지향하는 사유는 변증법이라는 진리탐구의 방법적 의미를 지니게 되는 것이다. 따라서 플라톤의 변증법에서 가장 중요하게 부각되는 형상은 하나와 여럿, 그리고 '사유와의 관계에서 논의되는 존재'[41]라는 형상임을 알 수 있다. 그리고 이 대화편에서 보이는 플라톤의 변증법의 훈련은, 형상들의 동일성을 확보하여 주면서 이들을 상호 관계 속에 있을 수 있게 하는, 즉 모순율에 따라 모순을 통합하는 사유의 변증법적 기능을 그대로 보여주고 있음을 알 수 있다. 따라서 우리는 이제 형상들과 사유, 그리고 존재와 현상의 관계를 이 개념들이 갖는 이중성을 통하여 설명할 수 있다.

우선 위의 논증에서 한편으로 자체적인 하나나 존재, 큼 자체와 작음 자체 등의 원자적 형상이 전제되고, 이어 사유에 포착된 형상들의 세계가 있고 이들은 상호간에 내포적 관계 이외에는 직접 관계되어 있지 않으며, 더욱이 이

---

39 존재의 동등성과 동일성의 관계는, 제논의 여럿에의 논증이 파르메니데스의 일자에 우연하거나 귀류법에 의해 옹호하는 변증법의 관계와 똑같다. 따라서 자체성과 동일성에서 성립하는 존재의 두 의미 사이의 관계도 변증법적이다.

40 플라톤의 변증법(존재론적 사유)은 『소피스테스』편 253d에서 하나와 여럿의 관계에서 이중적인 4 경우로(현상과 이데아, 그리고 형상들의 관계) 말해진다. 즉, 철학자의 변증법은, "형상에 따라 나누되 같은 것을 다른 것으로, 다른 것을 같은 것으로 취하지 않는 인식"이고, "1.각각이 서로 분리되어 있을 때 이 여럿을 모든 방향으로 전개되어 관통하는 하나의 이데아를 알 수 있고, 2.서로 많은 것을 하나의 이데아에 의해 밖에서 포괄하는 것이며, 3.다시 여럿 전체를 통하여 하나의 이데아 안에 묶되, 4.여러 이데아들은 완전히 분리되어 있음을 아는 것이다."

41 『국가-정체』편에서의 선의 이데아에 해당된다.

형상들이 현상계로서의 경험계와는 직접 관련이 없음에도 불구하고, 사유 존재에 의해 존재와 결부된 일자에 관계하고, 이어 일자로부터 소외된, 자신에 다른 타자들로서의 현상계와 관계를 맺고 있음이 드러난다. 따라서 시간적 존재에 참여하고 있는 모든 것들, 즉 일자와 타자들은 시간적이든 공간적이든 제2 가정에서의 타자성이 매개된(사유에 의해 일자와 결합된) 존재를 통하여 상호간에 크고 작을 수 있으며, 큼의 형상이나 작음의 형상뿐만 아니라 모든 형상들이 그러하다는 사실이 성립된다.

그런데 사유를 통하여 전체-부분의 관계 속에 있는, 타자성이 매개된 존재에 관여하는 일자는 사유에 초월적으로 자체성과 자기 동일성을 확보하는 측면을 보였다. 즉 일자가 전체-부분의 관계 속에서 독립될 수 있음이 일자의 내재(초월)성 증명에서 언급되었다. 마찬가지로 큼과 작음 자체의 형상도 존재라는 형상과 사유를 통한 존재의 동일성을 통하여 관계맺음으로써 일자에 관계하나 이들 역시, 일자의 형상이 그러했듯이 우리의 사유에서 자기 동일성을 초월적으로 확보하는 측면이 있다. 결국 모든 원자적 형상들, 존재, 하나, 동일, 다름, 작음, 큼 등의 형상들은 타자성이 매개된 존재와의 관계맺음을 통하여 자기 동일성을 확보하는 측면이 있고, 이 때 형상들은 상호 내포적 관계에 있는 것들(예를 들면, 큼과 작음의 형상) 이외에는 존재에 있어서만 동등한 성격을 지닌 채 관련성이 없이 서로 모순된 채 우연할 뿐이다.

그러나 다른 한편, 존재라는 형상에 참여하는 사유에는 존재만이 매개되어 있는 것이 아니라 비존재로서의 타자성이 매개되어 있어서, 형상들은 이 사유 존재의 매개를 통하여 현상계에 임재(parousia)할 수 있게 된다.[42] 결국 초월적 형상들은 타자성을 매개하는 사유존재를 통하여 존재세계에서 상호 동등한

42 존재의 형상에 상기를 통해 관계하는 사유의 존재에 대한 타자성은 『티마이오스』편에서(35a) 데미우르고스가 우주영혼을 만들면서 동일과 다름의 형상을 존재의 형상과 결합하여 만든다고 서술하는 곳에서 명시적으로 나타난다. 즉 영혼의 한 측면은 타자성이 침투되어 있다. 한편 사유에 나타나는 존재에 상대적인 비존재로서의 타자성은 데미우르고스의 설득의 대상인 우연-필연한 힘이 작용하는 공간으로서의 자리(chora)에 관계한다.

채 상호 내포적 관련을 지닌 것으로 드러나고, 다른 한편 형상들에 의존하는 비존재로서의 현상계에 형상들이 임재하는 방식으로 형상이 현상계와 관계를 맺는 것이다. 즉 한편으로 형상들이 우연적으로나마 상호 관련성을 맺을 수 있는 것은 타자성을 매개하는 사유를 통해서이다. 그리고 다른 한편으로 존재에 의존하는 비존재로서의 타자성을 전제하는 현상계도 타자성을 매개하는 사유 존재(영혼)의 동일성에 의해서 존재라는 형상에 참여하며, 경험적 사물이나 사태에서 보면 이러한 타자성을 매개하는 사유 존재에 대해 자기 동일성을 지니는 것으로 드러나는 형상들은 초월적인 것으로 나타난다. 이처럼 사유에서 자기동일성을 지니는 형상의 측면은 제1 가정에서의 일자처럼 사유에 절대적으로 초월적인 것이 아님은 물론이다. 그리고 우리의 사유도 형상계와 현상계 사이에서 상승과 하강을 동시에 수행하는 이중적 기능을 수행하는 모순된 것이다.

한편, 우리는 사유에 포착된 자체적 존재로 있으면서도 자기 동일적인 형상들의 관계에 의문을 가질 수 있다. 즉 작음의 형상과 큼의 형상이 관계한다는 의미는 무엇일까? 이들의 관계는 의미 내포적인 관계이지 어떤 외연적 관계도 있는 것 같지 않다. 즉 반대되는 형상들의 관계는 의미 내포적 관계만 있을 뿐이고 다른 형상들과는 존재에 있어서 동등한 채 서로 우연할 뿐이다. 이는 한 형상이 자신과 관계하는 형상에 상대적 타자성을 요구고 다른 한편 자신과 관계없는 형상들에 대해서는 절대적 타자성을 요구한다고 해야 한다는 말이다. 결국 사유에 나타나는 현상계에서 초월적인 자기 동일적 형상들은 모두 이중적 타자성을 요구한다는 역설을 의미한다. 이러한 역설은 형상들 사이에만 있는 것이 아니라 현상계의 존재자들 사이에서도 성립하는 것은 물론이다. 왜냐하면 존재에 참여하는 일자와 타자들이 상호간에 크고 작을 수 있는 것은 전체와 부분의 논리를 통해서였으며 이 전체와 부분의 논리에도 이중성이 있어서, 비록 형상들에서 성립하는 역설들과는 정도에 있어서 차이가 있기는 하지만, 역설이 성립하기 때문이다. 따라서 우리는 다음과 같이 말할 수 있다. 즉 형상들이 서로 독립되어 있으면서도 큰 자체와 작음 자체 사이에 내포적으로 반대(모순) 관계가 성립하듯이, 전체와 부분으로 말해질 수 있는 연장적 존재자들인 일자와 타자들 사이에는 이들의 연장적 성격 때문에, 형상계의 단적인 반대(모순)관계와는 달리, 연속성과 무한성이 들어와 정도를 허용하는 모순인 반대관계와 연속성에서 성립하는 상보적 성격이 함께 있다는 것이다. 그리고 이 두 세계는 존재를 매개하는 사유의 변증법적인 기능(상호 역행하는 기능)에 의해 관계를 맺고 있다는 것이다.[43]

1. 일자의 시간적 존재방식과 생성의 상대성

제2 가정 아래서 존재의 의미는 현재라는 시간 안에서 존재에 참여한다는 의미이다(152e). 즉 일자가 존재에 참여한다면 그것은 시간에 참여하는 것이다. 따라서 이제 존재의 이중적 의미를 간략히 시간성에서 살펴보자.

> 시간은 흘러간다고 말해진다. 따라서 시간에 따라 흐르는 일자는 항상 자신보다 늙어간다. 그리고 늙어간다는 것은 일반적으로 변하지 않는 자신에 비해 늙어가는 것을 의미하나, 플라톤은 제1 가정에서 언급했듯이 보다 젊어지는 것에 보다 늙어감을 말한다(141c). 이것은 플라톤이 생성의 상대성을 전면적으로 언급함을 의미한다. 따라서 1)생성 가운데 있는 일자는 전면적으로 자신보다 보다 젊어지고 보다 늙어간다.(152b)

그런데 일자는 생성 가운데 있을 때 과거와 미래 사이에 있는 현재 시간 안에 있고 이 때는 생성을 멈추고 존재한다. 즉 생성 속에 현재라는 존재가 부분적으로 끼어 있다. 그러므로 모든 생성하는 것이 현재 순간을 피할 수 없다면

43 여기에서 우리는 인식론적으로 분별원리(이데아)에 따른 모순율에 따르는 사유와 모순율을 가능케 하는 차이성의 통일인 사유의 변증법적 기능의 관계도 『소피스테스』편에 나타난 "하나와 여럿의 변증법적 관계"로 다시 생각해볼 수 있다.

사물들이 현재에 있을 때 생성을 떠나고 우연적으로 생성하는 것이 된다.[44] 따라서 2)일자는 보다 늙어지면서 3)지금을 만나게 될 때 생성을 멈추고 그때에는 보다 늙어 있다. 또 생성의 상대성에 의해 2)젊어지고 3)젊어 있다(152d).

그러나 부분적으로만 그러한 것이 아니다. 왜냐하면 일자는 그 존재 전체를 통해서 지금 이 순간 현재해 있기 때문이다. 따라서 4)일자는 항상 자신보다 늙고 젊어 있으며 늙어지고 젊어진다.(152e). 이처럼 일자는 생성(운동)과 존재(정지)가 전체-부분적으로 서로 교차하면서 4 경우에 따라 시간적 존재에 참여한다. 즉 시간성은 존재의 측면과 생성의 측면이 서로 구분되는 듯하나, 상호보완적이며, 존재의 동일성의 기능과 생성의 차이성의 기능이 서로 구분되나 생성에서 이 기능들이 상호 교환된다.

그런데 일자는 시간에 참여함에 있어 자신보다 더 많은 시간 동안 그러할 수 없고 자신에 동일한 시간 동안만 그러하다. 이때는 늙어지거나 젊어질 수 없다.(152e). 즉 존재는 비록 생성 가운데 있으나 생성은 아니다. 이처럼 일자는 생성 가운데 있으면서 존재의 전체와 부분의 일정한 방식에 따라 생성에 관계하면서 존재하고, (생성으로) 존재하지 않는다. 말하자면 일자는 시간적 존재 방식으로서 생성에 내재와 초월을 수행하는 이중성의 것이다.

일자가 생성계에 존재하게 되는 순서를 살펴보아도 일자의 전체-부분에 따라 모든 방식으로 이루어짐을 알 수 있다. 즉 일자는 타자들보다 많은 수가 아니므로 생성하게 된다면 타자들보다 먼저 존재하게 된다. 먼저 존재하게 되는 것은 나중에 존재하는 것보다 늙었다고 말해지므로 일자는 타자보다 늙어 있다(153b). 그러나 존재하는 일자는 부분을 지니고 있다. 부분이 있다면 처음과 중간과 마지막이 있다. 그런데 일자는 끝 부분과 함께 온다. 그래서 일자는 마지막에 온다(153d). 마찬가지로 모든 타자들은 전체나 하나인 것의 부분이고 이 부분이 끝과 함께 하나와 전체로서 온다. 따라서 끝과 함께 일자가 옴으로

44 파르메니데스의 존재론에서 시간성과 '현재'에 관한 것은 <단편 8> 참조.

일자는 가장 젊고 타자는 가장 늙어 있다. 또한 일자의 부분은 하나이지 부분들이 아니다. 그래서 일자는 최초의 부분이 생성되면서 함께 생성된다. 그리고 두 번째 부분, 세 번째 부분과도 함께 온다(153e). 그래서 마지막까지에 이르고 하나의 전체가 된다. 따라서 일자는 타자들과 동일한 나이를 지닌다. 결국 일자는 타자보다 전체적으로나 부분적으로나 먼저, 같이 그리고 나중에 생성한다.

한편, 일자가 생성에 의해 드러내는 나이 차이의 상대성에 대한 변증을 살펴보면, 차이의 동일성이 생성에 의존하기도 하고 의존하지 않기도 함을 나타낸다. 즉, 어떤 것이 다른 것보다 더 늙는다면, 최초의 차이보다 더 큰 양으로 더욱 더 늙어가는 일은 불가능하다. 왜냐하면 생성계에 있는 모든 것은 모두 함께 늙어 가고 따라서 서로 다른 것에 같은 양을 더하면 항상 최초에 다른 만큼만 서로 다른 것들이 똑같은 차이를 낸다. 따라서 존재하는 것은 일자보다 더 늙어지거나 젊어지거나 할 수 없다. 왜냐하면 나이에서 차이는 항상 동일하기에. 즉 일자는 존재하는 한, 존재하는 다른 사물들보다 결코 더 늙거나 젊거나 하지 않는다.(154b-c). 생성은 어떠한 차이도 존재에 가져오지 않는다.

그러나 과연 생성이 존재에 어떠한 차이도 가져오지 않을까? 보다 큰 시간과 보다 짧은 시간에 동일한 시간을 더해 가면, 최초의 시간들 사이의 차이는 각각의 시간 전체끼리 비교하면 점점 짧아진다. 따라서 일자와 타자들 사이에 처음 있었던 나이의 차이가 무엇이든 이 차이는 미래에까지 지속이 안 된다. 왜냐하면 일자는 타자들과 같은 시간을 취하여 그 이전보다 더 작은 나이 차이로 타자와 서로 달라지기에. 그래서 어떤 것이 다른 것과의 관계에서 예전보다 나이 차이가 덜 나게 된 것은, 그전에 그가 더 늙었던 것과의 관계에서 자신이 그의 과거보다 더 젊어졌다는 것을 의미한다. 그래서 만일 일자가 타자보다 더 젊어졌다면 타자는 일자와의 관계에서 보다 늙어질 것이다. 그래서 생성에 있어서 늙은 것은 젊은 것보다 보다 젊어지고, 젊은 것은 늙은 것보다 보다 늙어지는 상호 역방향의 시간 생성이 가능하게 된다. 즉 존재에서는 그럴 수 없었으나 생성에서는 사실상 서로 서로에서 보다 늙어지고 젊어진다(154d-e).

이처럼 일자 존재에는 동일성에서 성립하는 상대적으로 불변하는 측면과 타자성에서 성립하는 상대적으로 변화하는 측면이 동시에 있음으로 해서, 이 양자는 상호적으로 독립되기도 하고 침투되기도 하여, 한편으로는 서로 대립하나, 다른 편으로는 상호보완적으로 유기적 전체를 이룬다. 그래서 일자존재는 시간적 순서에 따라 모든 방식으로 생성하면서 동시에 존재하는 것으로 일종의 구조적 전체를 이룸을 알 수 있다.

이상과 같은 제2 가정 아래서의 추론들의 결과는, 제1 가정 아래서의 추론의 결과와는 달리, 우리로 하여금 일자에 대해서뿐만 아니라 이와 관계된 모든 것을 이름 짓고 말하고 대화가 가능하며 궁극적으로는 사유를 통한 존재이해와 인식이 가능하게 됨을 알 수 있다. 그러나 제2 가정 아래서 이러한 일이 가능하기 위해서는 전제되어야 할 것이 있었다. 그것이 사유 안에서 자기동일성을 이루는 형상들의 존재이다. 이들은 물론 제1 가정의 일자처럼 절대적으로 초월적인 존재가 아니라 변증법을 수행하는 우리의 사유에 포착된 일종의 종류(genos)이다. 그리고 이 형상의 존재와 경험 사물들이 관계하는 방식은 바로 전체-부분의 관계에서 시간적 존재방식에 따른 것임을 우리는 알 수 있다. 따라서 형상은 어떤 방식으로든 생성에 매개되어 있어야 한다. 그리고 존재의 동일성에서 성립하는 형상은 존재에 참여하는 기능(dynamis)을 지녀야 한다. 그러나 이렇게 되면, 모든 것은 생성에 관계하게 된다. 존재와 생성의 구분은 근본적으로 어디에서 성립하며, 형상의 초월성이란 궁극적으로 무엇을 의미하는가? 이 때문에 플라톤은 제2 가정의 결론 다음에 제1 가정과의 관계에서, 생성에 관계된 존재와 비존재의 의미, 이에 따른 존재의 생성과 소멸, 그리고 이러한 시간적 존재에 내재와 초월을 수행하는 순간(exhaiphanes)의 존재

방식에 대해 다시 설명한다.[45]

2. 일자의 시간성과 초월성 : 모순과 딜레마의 해소

형상들 자체와 이 형상들에 참여하는 경험 사물들 사이의 관계는 어떠한가? 이 점은 앞에서 설명되었듯이 사유를 매개로 하여 존재와의 관계에서 일자가 드러내는 타자화하는 존재방식, 즉 일자 존재의 시간성을 살펴봄으로써 밝혀졌다. 그러면 이번에는 일자가 생성계에서 초월적으로 있다는 것은 어떠한 의미인가?

제2 가정, 즉 일자가 존재한다면, 그것은 하나로, 여럿으로, 하나도 여럿도 아닌 것으로 나타났고, 시간에 참여하며 이 때문에 어떤 때는 존재에 참여하고 어떤 때는 참여하지 않는다. 참여할 때는 있다고 하고 참여하지 않을 때는 없다고 한다. 그러나 이런 일은 동시에 일어나지 않는다. 이런 방식으로 일자는 동일한 것에 참여하고 참여하지 않는다. 즉 일상적인 의미의 존재, 비존재의 의미는 시간적 존재의 의미이며, 시간적 존재에서 비존재의 의미는 타자성으로서 존재에 참여하는 것이었다. 그리고 그것은 생성의 요인이다.[46] 생

45 제2 가정에 따른 추론들 다음에 시간성에서 성립하는 존재와 비존재, 생성소멸 등의 의미를 설명하는 추론들이 나타나는데 이 추론들에 대한 해석에 있어 컨포드(앞의 책, 194쪽)는 단순히 제2 가정의 연속적인 계(corollary)로 간주한다. 그러나 알렌(앞의 책, 261쪽)에 따르면 이 추론들은 무제약적 생성에 대한 새로운 개념을 산출함으로써 제1 가정과 제2 가정의 결론들을 결합하는 것으로 간주한다. 왜냐하면 이 추론들은 제1 가정과 제2 가정이 동일한 가정, 즉 "일자가 있다면"으로부터 이끌어지는 상호 양립할 수 없는 것들이기 때문이라는 것이다. 그러면서도 알렌은 이 추론들에 대한 결론에서(266쪽) 이 추론들이 제1 가정과 제2 가정의 결합에서 이끌어지는 경우와 제1 가정에서만 이끌어지는 경우 모두를 고려한다. 전자일 경우 이 추론들의 결론이 보여주는 것은, 현실적인 무한자가 주어진 경우 시간이 모순들을 조정할 수 없다는 사실이며, 후자일 경우에도 이 추론들의 결론은 현실적인 무한자가 주어진 경우, 제2 가정은 제1 가정의 결론들을 함축한다는 사실이라고 말함으로써, 제1,2 가정의 일자가 이데아임을 주장한다. 한편 밀러(앞의 책, 120-121 쪽들)는 제1 가정과 제2 가정의 관계는 형상과 형상에 참여한 사물 사이의 관계와 같다고 하면서 내재와 초월의 관계를 논한다.

46 헤겔의 변증법은 바로 이곳에서의 생성에서 성립한다. 따라서 동일성과 타자성을 전제하는 존재, 비존재의 의미가 마치 통속적인 헤겔식의 변증법에서처럼 순수존재와 순수무가 동일하다는 의미로 해석되어서는 안 된다. 즉 존재, 비존재가 동일-차이의 개념처럼 (의미적) 상호침투에 의해 연결되어 생성에서 성립하는 상대적인 의미만을 갖는 것으로 해석되지는 않는다는 것이다. 플라톤의 이데아를 전제하는 변증법은 존재 우위의 직선적인 것으로서 이러한 상대성에 일정한 한계를 설정하는 것이다. 따라서 시간적인 존재 비존재의 의미를 상대적인 것으로 해석하려면 그 이면에 절대적인 존재가 설정되어야 한다. 이 점

성과 소멸은 어떠한가? 일자가 존재에 참여할 때와 참여하지 않을 때가 있는데 이런 일은 과정이 없이 이루어질 수가 없다. 그리고 이 과정이 생성-소멸이다. 또한 일자가 하나가 될 때와 여럿으로 될 때가 있고 하나가 될 때는 여럿이기를 그만두고 여럿이 될 때는 하나이기를 그만둔다. 그리고 하나이자 여럿이 될 때는 결합과 해체가 있다. 더 나아가 같아지고 다르게 될 때, 크고 작게 될 때에도 마찬가지이다.

생성-소멸은 운동과 밀접한 관계가 있다. 생성은 존재에의 참여과정이고 소멸은 존재에서 이탈하는 과정이다. 그리고 이 과정의 양 끝에는 정지가 있다. 따라서 정지에도 두 가지가 있다. 하나는 존재로서의 정지이고, 다른 하나는 비존재의 한계이다. 그런데 비존재에의 한계는 존재가 아니므로 플라톤은 존재로서의 정지만을 언급한다. 그러나 생성과 소멸의 양 과정 사이에 정지가 있다. 이 때문에 운동에는 정지도 있다고 하면서, 일자에 운동과 정지가 동시에 있을 수 없다고 말한다.(156c).

운동과 정지 사이에는 변화가 있다. 따라서 운동과 정지는 존재하는 것이다. 그리고 일자가 운동도 정지도 않는 시간은 없다. 따라서 변화의 과정 없이 변화가 있다면 일자는 어느 순간에 변하겠는가? 왜냐하면 일자의 변화는 운동하는 시간에도, 정지하고 있는 시간에도 아니며, 변화하는 시간 안에 있는 시간에도 아닐 것이기 때문이다. 따라서 "이상하게도 일자가 변화(운동에서 정지, 정지에서 운동으로의 변화)할 때, 일자는 (변화하지 않고) 존재한다는 그런 순간이 나타난다)(괄호 필자 삽입)"(156d). 여기에서 '순간'은 변화가 이로부터 나와서 (운동과 정지) 어느 쪽으로도 나아가는 그러한 것을 의미한다. 정지에서 정지, 운동에서 운동으로의 변화는 없다.[47]

을 암시하는 듯 알렌은 다음과 같은 말을 하고 있다. 즉 "일자가 존재하지 않는 시간이 있을 때 일자가 있어야 하고... 따라서 일자가 있지 않으면 있고, 있으면 있지 않다"(앞의 책, 261-262쪽들). 즉 "존재가 시간 안의 존재이면, 일자는 만일 존재한다면 그것은 (생성으로서)존재하지 않는다."(264쪽).(괄호 안은 필자 삽입).

47 플라톤은 여기에서 변화를 정지에서 운동, 운동에서 정지 사이에서만 성립하고 있는 것으로 말하고 있

그러나 '순간(to exhaiphnēs)'은 운동과 정지 사이에 끼어 있고 그것은 어떤 시간 안에도 있지 않다. 그런데 일자는 정지하고 있기도 하고 운동하고 있기도 하므로 양 상태로 나아갈 수 있다. 그리고 변화가 있다면 순간에 이루어진다. 그리고 "변화할 때 시간 속에 전혀 있지 않고 움직이지도 정지하지도 않는다."(156e). 즉 순간은 시간성에서 성립하는 상대적인 존재-비존재(생성)에서 초월하여 있다. 그리고 이때 순간은 이러한 생성에서 떠난 변화-존재이다. 이러한 일은 일자가 다른 종류의 변화, 즉 생성-소멸이나 존재와 비존재 사이의 변화에서도 마찬가지이다. 그래서 "일자는(생성으로) 존재하지도 않으며 존재하지 않지도 않으며(변화-존재), 생성하지도 않으며 소멸하지도 않는다."(괄호 필자 삽입)(166e). 파르메니데스의 일자는 논리적 사유와 이를 가능케 하는 변증법적 사유에서 '순간(to exhaiphnēs)'과 그 '기능(dynamis)'이 똑같다.

또한 하나와 여럿 사이의 변화에서도, 일자는 하나도 아니고 여럿도 아니며, 결합되지도 분리되지도 않는다. 닮음과 닮지 않음의 변화에서도 마찬가지이다. 그리고 이러한 결론의 시간 속의 일자가 갖는 순간의 모순적 성격(초월과 내재를 수행함)은 제1 가정의 일자의 모순적 성격과 똑같은 것으로 나타난다. 즉 우리는 제 2 가정의 끝에서 제1 가정의 일자가 순수한 비존재일 뿐만이 아니라 절대적으로 "무제약적(137d) 존재로 해석할 수 있음을 확인하는 것이다. 그래서 제2 가정의 결론에서 나타나는 순간의 존재는 그 성격상 논리적으로는 제1 가정의 일자에 직접 연결되거나(제2 가정의 같음-다름 논증에서 B4번째 증명의 일부가 첫 번째(B1) 논증과 연결되고 논증B1이 A의 분리된 상태를 전제하듯이), 아니면 역으로 논증들을 순서적으로 거슬러 올라가면서 점진적인 환원과 부정을 통하여 제1 가정의 일자에 도달하는 것이다.[48] 그런데 이 후자에 관한 것은 156e7

으나, 이것은 모순율에 따른 사유에서만 그러하지 현실로는 그렇지 않다. 왜냐하면 운동에서 운동으로의 변화(가속 운동처럼 정도의 차이에서 성립하는 변화)가 생각될 수 있기 때문이다. 결국 플라톤이 생각하는 변화는 존재론의 원리적인 측면에서의 변화이다.

48 밀러, 앞의 책, 114-121쪽.

이하에서 분명히 언급된다. 이것은 제1 가정과 제2 가정이 직접적이거나 전면적으로 관계되는 것이 아니라 부분적으로만 관계함을 함축한다.

3.4. 어떤 의미에서 『파르메니데스』편의 제2부는 제1부의 해결일 수 있는가?[49]

1. 파르메니데스의 일자인 '하나'와 연습

이데아론의 문제 상황 특히 신 개념의 모순성 때문에 2부의 연습이 요구되었다. 그러나 제2부의 변증법의 연습에는 제1부에 등장하던 '이데아 (idea)' 혹은 '에이도스 (eidos)'라는 개념이 사라지고 논의의 중심에 파르메니데스의 일자 즉 '하나(hen)' 라는 개념이 등장한다. 이 때문에 제2부에 등장하는 '하나'가 무엇을 의미하는지 학자들마다 다양하게 규정해 왔다. 제2부를 형이상학적 교설로 이해하려는 학자들은 『소피스테스』 편에 나타나는 하나와 여럿의 변증법에 걸맞게 '하나'를 『국가-정체』 편의 선의 이데아 혹은 어떤 하나의 이데아라고 주장하기도 하고, '보편자(hen epi pollon)'으로서 이데아 일반이라고 이해하기도 하며, 파르메니데스의 '하나'와 플라톤의 '하나 (단일성의 이데아)'가 번갈아 등장하는 것이라고 말하기도 한다. 반면 제2부를 형이상학적 교설이 빠진 논리적 연습으로 이해하는 학자들은 '하나'를 형이상학적 근거 개념이 아닌, 사

49 이하 논의는 『파르메니데스』편의 텍스트에 준한다는 관점에서, 또한 서구 플라톤 연구가들의 연구를 공유하고자 하는 관점에서 김수진(Soojin Kim, *Platons Parmenides und eine Untersuchung des metaphysischen Grundes*, Dissertation, Universität zu Köln)이 2019년 추계 서양 고대 철학회에서 발표한 논문의 줄거리에 필자의 동일자-타자성의 논리적 관점을 첨가하여, 박홍규의 형이상학에 이르기까지 플라톤 연구의 3 세대를 포괄하려는 것으로서 필자의 플라톤의 변증법에 대한 총체적인 논변이 될 것이다.

유 훈련을 위한 문장 성분으로서의 단어 혹은 개념으로 이해한다.

그러나 제2부를 위의 학자들처럼 〈논리학〉 혹은 〈형이상학〉이라는 이분법적 규정 안에서 해석하려고 할 때, 그리하여 제2부에 등장하는 '하나'의 의미 역시 그 이분법 안에서 규정하고자 할 때, 우리는 길을 잃고 만다. 왜냐하면 제2부는 논리학적인 성격과 형이상학적인 성격 둘 다를 담고 있는 텍스트이기 때문이다. 즉 제2부의 논의들이 제1부와 연결되는 한, 제2부에서 일관되게 등장하는 주제로서의 '하나'는 파르메니데스의 존재로서의 일자이면서 플라톤의 이데아론과 연관될 수밖에 없고, 동시에 그 '하나'에 대한 탐구는 논리적인 개념 규정들의 연쇄들을 통해 드러난다. 그리하여 『파르메니데스』 제2부에 등장하는 '하나'와 관련해서 이제 우리는 그것이 플라톤의 형이상학의 핵심 개념으로서 '이데아'인지 아니면 그저 논리학적 연습의 한 단위로서 의미규정의 대상에 불과한 것인지 묻는 것이 아니라 어떻게 저 '하나'라는 개념이 플라톤의 이데아론과 논리학적인 연습 둘 다와 연루될 수 있는지 바로 이것을 물어야만 한다.[50]

2. 제1 가정의 '오직 하나인 하나'

제1 가정의 '하나'에 대한 첫 번째 탐구는 다음과 같이 시작된다. "만약 하나가 있다면, 그 하나는 여럿일 수 없겠지?(137c) - 어떻게 그럴 수가 있겠습니까?" 하나가 여럿이 아니라는 '하나'에 대한 첫 번째 규정을 시작으로 여럿으로 간주될 수 있는 모든 것을 제거해 나가면서 〈하나〉에 대한 첫 번째 탐구는 바로 그것(하나)은 이름 붙일 수도 없고 말해질 수도 없으며 생각될 수도 없고 인식될 수도 없으며, 있는 것들 중에 어떤 것이라고 그것이 지각될 수도 없다(142a4-6)는 결론에 이른다. 즉 하나는 여럿이 아니기에, 부분과 전체도 가질 수

50 서문, 주석 1을 참조하시오.

없으며 (137c5-d3), 그로 인해 한계와 형태도 없고(137d4-138a1) 따라서 어디에도 있을 수 없다(138a2-b6). 그리하여 하나는 어떠한 시간 속에도 머물 수 없고 (141a5-c4; 141c4-d6) 따라서 하나는 있지도 않으며 (141e9-10) 그로 인해 '하나'라고 규정될 수도 없다(141e10-11). 이것이 파르메니데스의 한계가 있는 하나(일자)와는 다른 무한한 '하나'에 대한 첫 번째 탐구의 논리적 연쇄이다.

그런데 첫 번째 탐구의 시작과 그로 인한 논리적 연쇄 그리고 저 결론은 우리에게 하나의 모순적 사태를 보여주고 있다. 왜냐하면 '하나'에 대한 첫 번째 탐구에서 '하나'는 '하나'라는 이름으로 말해지며 일련의 탐구의 연쇄를 통해 어떤 방식으로든 규정되고 설명되기 때문이다. 그런데 이 하나는 무한과 관계되어 있는 하나이다. 그럼에도 불구하고 저 결말은 '하나'가 명명될 수도 없고 규정될 수도 없으며 인식될 수도 없다고 주장한다. 즉 첫 번째 탐구의 결과는 그 탐구의 과정과 모순되는 셈이다. 그렇다면 '하나'의 첫 번째 탐구는 어찌하여 저 모순된 결말에 도달하게 되었는가? 논변의 연쇄들 사이사이에 저 각각의 부정적 결말을 이끌어내는 공통의 근거를 살펴보면서 첫 번째 탐구의 모순의 근거를 추적해보자.

"앞의 논의에서 두 경우 모두, 즉 그것이 전체이든 부분을 가지든, 하나는 부분으로 이루어져 있을 것이네 그럴 수밖에 없지요. 그렇다면 두 경우 모두 그런 식으로 하나는 여럿이지 하나는 아닐 것이네. 맞습니다. 그러나 그것 자체는 적어도 여럿이 아니라 하나여야만 하네. 그래야만 하지요. 따라서 만약에 하나가 하나이려면 그것은 전체도 아닐 것이고 부분을 가지지도 않을 것이네(137c8-d3). 그러니까 어떤 하나는 둘러싸는 것 자체일 것이고, 다른 하나는 둘러싸이는 것이 될 것이네: 왜냐하면 양쪽 다 똑같이 전체로서 동일한 것을 당하면서 동시에 행할 수는 없으니 말이지: 그리고 그런 식으로 하나는 여전히 하나가 아니라 둘이 될 것이네. 하나가 아닐 것입니다. 따라서 하나는 자기 자신 속에도 타자 속에도 있을 수 없는 한 어디에도 있을 수 없다네(138b2-6). 그러나 하나가 자기 자신과 다른 것이 된다면 어쨌든 그것은 여전히 하나일 수 없다네. 그럴 수 없지요. 따라서 그것은 적어도 다른 것이 되는 방식으로 운동하지는 않는다네(138c1-3). 먼저 그것이 자기 자신과 다르다면 하나와 다르게 될 것이고 그래서 하나일 수 없을 것이네. -맞습니다. 그리고 심지어 그것이 다른 것과 같은 것이라면 저것이 되지 자기 자신일 수는 없을 것이야. 따라서 그것은 그런 식으로 그것인 것, 즉 하나가 아니라 하나와는 다르게 될 것이네. - 다르게 될 것입니다. 따라서 그것은 다른 것과 같은 것이 되지 도 못하고 자기와 다른 것이 되지도 못할 것이네(139b5-c3)."

위 구절들은 모두 '하나'가 그것의 타자들을 배제하기 위하여 내세운 근거들이다. 그리고 그 근거들은 모두 하나의 '하나임' 혹은 하나의 '자기 자신임' 혹은 하나의 '자기와 다른 것이 아님'이다. '하나'가 다른 것이 아닌 '하나'인 한, 저 '하나임'이라는 본성은 '하나'를 가장 정확하게 표현하는 '하나'의 본질이다. 여기에서 하나는 동일성을 타자는 타자성을 의미하며 후자는 궁극적으로 무한성을 의미한다. 그런데 '하나'의 바로 저 '하나임'이라는 본질은 결국 '하나'의 존재와 규정성(동일성) 모두를 부정하는 결과로 나아간다는 것을 첫 번째 탐구는 보여주고 있다. 즉 '하나'의 첫 번째 탐구의 내용은 '하나'가 단지 '하나임'의 본성을 통해, 다시 말해서 '하나'가 자기규정(self-predication: 하나는 하나다) 혹은 자기관계(per se: 자기와 다른 것이 아닌 오직 '자기 자신' 만을 통해 탐구 됨)를 통해서만 탐구 될 때, '하나'는 모든 것 심지어 자기 자신의 존재 ("하나가 있다.")와 자기 자신임 ("하나는 하나다.") 조차 부정하게 된다는 것이다. 따라서 하나의 자기 자신임, 즉 '하나임'을 통해 탐구된 '하나'의 내용이란 '하나'는 있지도 않고 '하나다' 라고 규정될 수도 없다는 것이다. 결국 여기에서 하나는 규정성의 한계 개념으로 나타날 뿐 다른 것이 아님을 할 수 있다.

우리는 이것을 어떻게 이해해야 할까? 위의 하나와 여럿의 관계는 점차 한계와 무규정성의 관계로 나타남을 보여준다. 사실 논리학에서는 무한과 관계하는 하나로부터는 어떠한 규정성도 지닐 수 없다. 더 나아가 무한을 모순된 존재로 본다면 무한한 하나로부터는 모든 것을 끌어낼 수 있다. 그러면 하나와 무한은 반대관계인가 모순관계인가? 제 1권에서 언급하였듯이 한계와 무한성의 관계는 양날을 지녔다. 그래서 현대 수학의 집합론에서는 한계와 관계하는 무한성은 가능적 무한성과 현실적 무한성으로 나눈다. 무한성에 한계를 전제하는 방식이 하나는 자연수에서 볼 수 있듯이 단위 1을 전제한 뒤에 이를 뒤따르는 가능적 무한성이고, 다른 하나는 무한성을 자신 안에 혹은 무한성을 둘러싸는 현실적 무한성이다. 그런데 이러한 무한성은 모두다 양날을 가졌다. 이 때문에 프로클로스(Proklos)는 첫 번째 탐구의 '하나'를 『국가-정체』편의 선(善)의 이데아의 표현이라고 주장한다.[51] 그리고 이를 플로티누스의 일자와 일치하는 것으로 파악한다. 반대로 컨포드(F. M. Cornford)에게 저 '하나'란 플라톤의 이데아와 전혀 무관하며 그럼에도 불구하고 무한성이 공간적 속성을 지니게 되면 역사적 파르메니데스의 일원론과도 다른 멜리소스의 존재에 대한 표현과 같은 것이라고 말한다. 그리하여 프로클로스에게 첫 번째 탐구의 모순은 모든 이데아를 산출해내는 이데아들의 이데아로서 최고의 존재에 대한 유일한 표현으로서, 자기 자신 이외의 모든 것에 대한 '부정'으로 결국 긍정되지만, 컨포드에게 첫 번째 탐구의 모순은 타자와 어떤 관계도 맺지 못하고 그리하여 어떤 적극적 내용도 산출할 수 없는 그러면서도 이와 반대-모순되는 파르메니데스의 절대적 '하나'에 대한 비판일 뿐이다.[52] 그렇다면 컨포드가 주장하듯이 '하나'가 이러한 모순적 결말에 놓이지 않도록 '하나임'의 본성은 앞으로의 '하나'의 탐구에서 지양되어야 하는가? 플라톤의 해결이 무엇인지 우리는 이제 '하나'에 대한 두 번째 탐구로 건너가야 한다.

---

51 Proklos(1864), 1097. *Procli Commentariumin Platonis Parmenidem, in: Procli Opera Inedita*, ed. V. Cousin, (Paris, 1864); *Proclus' Commentary on Plato's Parmenides*, Translated by G. R. Morrow and J. M. Dillon with Introduction and Notes by J. M. Dillon, Princeton, 1987.

52 F. M. Cornford, *Plato and Parmenides* (London,1939), 131-135쪽들.

3. 제2 가정의 '여럿인 하나'

'하나'에 대한 두 번째 탐구는 다음과 같이 시작된다. "하나가 만약 있다면 그것이 존재에 참여하지는 않으면서 있을 수 있는가? -있을 수 없지요. - 그렇다면 존재는 하나와 같지는 않지만, 하나에 속할 것이네."(142b). '하나'에 대한 첫 번째 탐구는 "하나가 있다면 하나는 여럿이 아니다."라는 규정과 함께 시작되었다. 그런데 두 번째 탐구의 시작은 하나가 있다면 그것은 '있음(존재)'에 참여한다는 것이다. 탐구의 이 다른 시작은 논변의 다른 진행을 이끌어낸다. 부분들 각각이 즉 "하나가 있다면"의 이것들, 즉 '하나'와 '있음'이 '하나'가 '있음'의 부분으로부터 분리된다거나, 아니면 '있음'이 '하나'의 부분으로부터 분리될 수 있을까? - 분리될 수 없지요. - 그렇다면 다시 각각의 부분들도 '하나'와 '있음'을 가지고, 최소한 두 부분으로부터 다시 부분이 생기며, 동일한 논리에 따라 부분이 생긴 것은 무엇이든, 항상 그런 식으로, 즉 이 부분 속에 항상 (부분을) 가진다네. 왜냐하면 '하나'는 항상 '있음'을 가지고 '있음'도 '하나'를 갖기 때문이지: 따라서 항상 둘이 생기는 것이 필연적이지, 결코 하나가 있을 수는 없다네. - 전적으로 그렇습니다. - 따라서 '하나'가 그런 식으로 있는 한 그것은 수에 있어서 무한하게 되겠지? - 그렇겠네요."(142d9-143a3).

'하나'에 대한 첫 번째 탐구는 '하나'의 '하나임'을 탐구하고, 그로 인해 그 '하나'는 어떠한 부분도 가질 수 없었다. 그러나 두 번째 탐구에서 '하나'는 존재에 참여하는 하나, 즉 존재하는 하나이기에 '존재'와 '하나'를 그것의 부분으로 가진다. 그러나 텍스트가 말하듯이, 하나가 존재하는 한, '하나'와 '존재'는 서로 분리될 수 없다. 그리고 두 부분은 서로 떨어질 수 없기에 '하나' 옆에는 다시 '존재'가 오고, '존재' 옆에는 다시 '하나'가 붙는다. 이것이 '하나'에 대한 두 번째 탐구에서 '하나'가 '여럿'으로 이행되는 첫 번째 방식이다. 우리는 '하나'가 '여럿'으로 이행되는 이 논변에서 플라톤의 특별한 논의의 틀을 발견하게 된다. 그는 위에서 '존재'와 '하나'를 서로 분리될 수 없는 것으로 규정함과 동시에 '존재하는 하나'의 두 부분으로 간주한다. 우리는 이러한 그의 설명 즉 그 둘이 서로로부터 분리될 수 없으면서, 각각이 부분들로 서로 분리되어 세워진다는 그 설명을 어떻게 이해해야 할까? 여기에서 하나와 존재 사이에는 제논의 〈여럿에의 논증〉에서 보여주었듯이 우리(플라톤)의 사유와 언명에서 존재라는 개념에 연장성이 필수적으로 따라들어 온다는 것을 알 수 있다. 이런 방식으로 '하나'의 존재는 '여럿'의 존재에로 나아간다. 아리스토텔레스가 이원론적인 파르메니데스-제논을 비판하듯이 논리적으로 반대와 모순의 대당관계에 있는 다른 두 차원에 놓인 '하나'를 임의로 하나의 차원으로 가져와서 섞어 놓은 범주적 오류 논변일 뿐이라고 말해야 하는가? 즉 논리적인 오류일 뿐인가? 그러나 2부의 목적이 누군가를 비판하거나 학생들을 가르칠 목적으로 의도적으로 잘못된 논변들을 나열해 놓은 것이 아니라 앞에서 우리가 전제했듯이 이데아론에 관한 어떤 의미 있는 설명을 주는 것이라면 우리는 저 불합리해 보이는 논리적 구조 속에서 이데아론에 관한 숨은 뜻을 발견할 수 있어야만 한다. '하나'와 '존재'의 분리와 결합은 어떻게 동시에 가능한 것인가? 그것은 우리가 제 1권에서 보았듯이 심플리키우스가 전하는 제논의 여럿에의 논증에서 첫 번째 전제가 된 존재의 필수 요인으로서 공간성, 즉 존재에 필수적인 연장성이 들어오면서 하나와 여럿의 관계가 한계(규정성)와 비한계(무규정성)의 변증법으로 나타나며, 사유와 언명이 가능한 동일성-타자성을 동시에 보존하는 공간일 때-역설적으로 동일한 것은 자기 자신과도 동일한 것이지만 타자는 다른 것과 다르고 자신과도 다르다는 것- 여러 가지 변증법이 가능하다는 것이 곧 밝혀진다.

4. 제1 가정의 '오직 하나인 하나'와 제2 가정의 '여럿인 하나'의 관계

우선 본문은 저 두 모순적 규정의 원인을 플라톤은 우리의 사유의 기능(동일성과 타자성을 보존하는 공간)을 통해 설명하고 있다. "우리는 그것이 있기 때문에 '하나'가 '존재'에 참여한다고 주장하지? - 그렇지요. - 그리고 그 이유 때문에 '하나'는 많은 것(여럿)으로 드러나기도 했네. - 그렇지요. - 그러나 이건 어떤가? 우리가 존재에 참여한다고 말하는 '하나 자체'가 참여한다고 말하는 그것 없이 우리가 그것을 사유를 통해 (또는 사유 속에서) 오직 그 자체로서 취할 때마다, 오직 하나로서 드러나게 될까 아니면 동일한 이것이 많은 것으로 드러나게 될까? - 제가 생각하기에는 하나로서 드러납니다.(동일성의 논리). - 그렇다면 같이 보세: '하나'가 '존재'는 아니고 하나로서 '존재'에 참여하는 한 그것의 '존재'가 어떤 다른 것으로서 있고, 다른 한편 그것 자체도 다른 것으로서 있어야만 하지 않겠는가? - 필연적이지요."(143a4-b3).

"하나가 있다면"이라는 가정에서 '하나'는 있기 때문에(dio estin) 존재와 결코 분리될 수 없다. 즉 '하나가 있다면'의 그 '하나'는 항상 '있는 하나(to on hen)'이다. 그러므로 '하나'는 항상 '존재'와 결합되어 있다. 그리고 바로 이러한 '하나'와 '존재'의 결합 혹은 '하나'의 '존재'[53]에의 참여는 '하나'를 여럿으로 이행시킨다. 그런데 앞에서도 언급했듯이, 이 이행의 과정은 결코 분리될 수 없는 '하나'와 '존재'를 '있는 하나'의 각 부분으로 분리해내는 (분리와 연결의) 모순을 지니고 있다. 그런데 본문은 저 모순의 시작을 다음과 같이 설명하고 있다: "우리가 존재에 참여한다고 말하는 하나 자체는 참여한다고 말하는 그것 없이 우리가 그것을 사유를 통해 오직 그 자체로서 취할 때마다… ", 즉 위의 두 모순적 규정이 가능한 이유는 '있는 하나'의 '여럿'에로의 이행이 바로 우리의 사유 안에서 이루어지고 있기 때문이다. 사유를 통해 혹은 사유 안에서 (tē dianoē) '있는 하나'는 '존재'와 '하나'를 서로로부터 분리된 것으로, 그 자체로 세웠다가, 서로 분리될 수 없는 것으로, 다시 결합시킨다.

따라서 '하나'의 두 번째 탐구의 '있는 하나(to on hen)'가 '여럿 (polla)'으로 이행되기 위해서는 '하나'와 '존재'의 분리 원인인 '사유(dianoia)'와 '있는 하나(to on

53 여기에서 '존재'는 연장성을 지닌 '현실적 존재'를 의미하는 것으로 변화한다.

hen)'의 구성 성분으로서 '존재'로부터 분리된 '하나(to hen)' 그리고 '하나'로부터 분리된 '존재(he ousia)'가 근거로서 요구된다. 그리고 이렇게 '존재'로부터 분리된 '하나'는 위의 텍스트에서 볼 수 있듯이(143a4-b3), 여럿이 아닌 '오직 하나로서 드러나는 하나'이다. 이로서 우리는 '하나'의 두 번째 탐구의 저 구절에서 컨포드가 첫 번째 탐구 이후에 더 이상 등장하지 않는다고 주장하는 '오직 하나인 하나'를 다시 만나게 된다. 그리고 그 '오직 하나인 하나'는 '있는 하나'가 '여럿'이 될 수 있는 계기 혹은 원인으로 작동한다는 것 역시 텍스트를 통해 확인할 수 있다.

이제 '하나'에 대한 두 번째 탐구는 사유를 통해 그 자체로 세워진 '하나'와 '존재'로부터 '다름(heteron)'을 도출해 내고(143b1-8), 다시 '다름'을 통해 수의 존재를 도출해낸다(143c1-144a7). 그리고 수의 존재는 결국 '있는 하나'를 '여럿'으로 이행하게 만들어(144a7-144e7) 두 번째 탐구에서 드러나듯이 '하나'는 여럿으로 규정될 수 있는 '하나', 자기 속에 모든 규정들을 담고 있는 '여럿인 하나'가 된다. 신플라톤주의자(neo-platonist)들에게 이러한 '여럿인 하나'는 '하나인 하나' 즉 선의 이데아로부터 도출된 여럿의 이데아들이고 이 해석의 세례를 받은 헤겔에게 이것은 절대정신의 정반합에 의한 변증법적인 자기 전개이다[54]. 한편 컨포드에게 이러한 〈여럿인 하나〉는 파르메니데스적인 내용 없는 '하나'를 넘어선 풍부한 내용을 지닌 플라톤의 참된 이데아의 모습이지만, 알렌(Allen)에게 이 '여럿인 하나'란 자체적 혹은 자기-술어적(self-predicate)이어야만 하는 '오직 하나인 하나'로서의 이데아와 구별된 여럿의 특징을 지닌 개물들의 본질의 표현일 뿐이다.[55]

우리는 위의 해석들의 옳고 그름 이전에 한 가지 공통점을 발견할 수 있다.

---

54 우리 사유에서 유한-무한의 관계는 한편으로는 상대적인 의미로, 다른 한편에서는 절대적 의미로(존재론적으로) 사용됨으로써 이를 통일하는 관점에서 헤겔의 정반합의 존재론적 의미가 역사적으로 거슬러 올라가 기독교 변신론인 부정신학적인 삼위일체 개념으로 전환될 수 있는 계기가 있음을 발견한다.

55 R. E. Allen, *Plato's Parmenides*, (New Haven and London, 1997), 245-246쪽들.

그들 모두 첫 번째 탐구의 '하나'와 두 번째 탐구의 '하나'를 질적으로(이원론적으로) 구분하고 있다는 것이다. 그리하여 그들은 나름대로 '오직 하나인 하나'와 '여럿인 하나'를 구별하여 내용적으로 규정하고 있다. 하지만 위의 본문이 보여주는 그 둘의 '관계'에 대해서는 그들은 명확한 설명을 제시하지 못한다. 그러나 '하나'에 대한 두 번째 탐구에서 우리가 보았듯이 본문은 분명 '오직 하나인 하나'가 '여럿인 하나'의 결정적인 근거가 된다는 것을 보여주고 있다.[56] 물론 플로클로스가 '오직 하나인 하나'를 '선의 이데아'로 규정하고 그것으로부터 도출된 '여럿의 이데아'를 '여럿인 하나'라고 규정한다는 점에서, 혹은 알렌이 '오직 하나인 하나'와 '여럿인 하나'를 '이데아'와 '개물'로 규정한다는 점에서 둘은 '오직 하나인 하나'와 '여럿인 하나'를 어떤 인과관계 속에서 이해하고 있다고 말할 수 있다.

그러나 본문이 '오직 하나'로부터 '여럿'이 도출되는 것이 아니라 '하나'와 그 옆에 세워진 타자로서의 '존재'로부터 '여럿'이 도출된다는 것을 보여주는 한 (143a4-144a7), 프로클로스의 해석은 텍스트와 맞지 않고 알렌의 설명 역시 1부의 소크라테스의 이데아론을 반복한다는 점에서 1부의 아포리아를 해결하기 위한 2부의 연습의 시도로 보기 어렵다. 그렇다면 어떤 설명이 텍스트와 상충되지 않으면서 1부의 이데아론을 넘어서기 위한 시도로서, '오직 하나인 하나'와 '여럿인 하나'의 관계를 해명할 수 있을까? 우리는 '오직 하나인 하나'가 '여럿인 하나'의 근거가 된다는 것의 참된 의미를 파악하기 위해 이제 두 번째 탐구의 맨 마지막 논의로 건너갈 것이다.

5. '순간의 하나'와 '오직 하나인 하나'

두 번째 탐구에서 드러난 '여럿인 하나'는 모든 규정들을 자기 속에 담을 수

56 한계(규정성)와 비한계(무규정성)가 동일성-타자성을 매개로하여 우리 사유에서 맺고 있는 관계이다.

있는 '하나' 혹은 모순되는 여러 술어들을 자기 속에 품을 수 있는 시간에 참여하는 '하나'였다. 그런데 '여럿인 하나', 즉 자기 속에 여러 모순된 규정을 지닌 '하나'는 구체적으로 어떤 하나인가? 본문에 따르면 '여럿인 하나'는 하나의 시간 안에서 즉 '동시에' 여러 규정들을 자기 속에 품을 수 없는 '하나'이다. '하나'가 A로서 규정된다는 것의 의미는 어떤 하나의 시간에 A라는 내용이 생겨나고 ~A라는 내용은 사라진다는 것이다. 그러나 반대로 '하나'가 ~A라고 규정된다면 이번에는 A라는 내용이 사라지고 ~A라는 내용이 생겨나는 것이다. '하나'는 이런 방식으로 A와 ~A라는 술어를 자기 속에 품게 되는 것이다. 즉 '하나'가 여럿의 술어들을 자기의 내용으로 지니기 위해서는 분리된 시간 속에서 어떤 시간에는 A로서 규정되고 또 다른 시간에는 ~A로서 규정되어야 한다. 따라서 '여럿인 하나'란 시간의 지배를 받으면서 A로부터 ~A로의 이행, 즉 '변화 (to metaballein)'의 문제를 불러낸다. "이전에 정지하던 것이 나중에 운동한다는 것, 그리고 이전에 운동했던 것이 나중에 정지한다는 것, 이것은 한편으로는 변화한다는 것 없이는 생길 수가 없을 것이네. 어떻게 생길 수가 있겠어요? (156c3-5) … 그렇다면 그것은 언제 변하는 것인가? 그것이 정지하고 있을 때도, 또 운동하고 있을 때도 변하지 않는다면, 즉 어떤 시간 안에 있을 때 변하지 않는다면 말이네 (156c8-d1) … 그렇다면 어떤 종류의 변화인가요? 순간이지. 왜냐하면 순간이란 어쨌든 이와 같은 것 즉, 저것으로부터 각각으로 변화하는 것을 의미하는 것 같거든. 왜냐하면 그것이 여전히 정지하고 있을 때는 적어도 그것은 정지한다는 것으로부터 변화하지 않고 여전히 운동하고 있을 때는 운동으로부터 변화한 것은 아니네. : 오히려 순간 자체는 어떤 이상한 본성으로서 운동과 정지 중간에 자리하는데 그 본성이란 어떤 시간 안에도 있지 못한다는 것이야 …(156d2-e1) - 그래서 그것('하나')이 변할 때마다 (즉 변하는 순간) 그것은 어떤 시간 안에도 있을 수 없을 것이네. 즉 그 때(순간) '하나'는 운동 할 수도 없을 것이고 정지해 있지 도 못할 것이야… (156e6-7) - 그래서 그 때(순간) '하나'는 있지도 않고 있지 않지도 않네. 마찬가지로 생기지도 않고 소멸하지 도 않네.”(157a2-3).

본문에서 드러나듯이 ‘하나’가 어떤 때는 A라고 규정되고 다른 때는 ~A라고 규정된다는 것은 그것이 A에서 ~A로 “변화한다.”는 것을 의미한다. 그리하여 ‘여럿인 하나’ 즉 ‘하나’가 여럿의 술어를 지닐 수 있다는 것은 이제 ‘하나’가 시간의 흐름 속에서 A라는 내용으로부터 ~A라는 내용으로 변화한다는 것을 함축한다. 그런데 플라톤은 ‘여럿인 하나’의 의미를 이렇게 설명해 놓고 갑자기 새로운 질문을 제기한다. ‘하나’는 어떤 시간 속에서는 A라는 내용으로 가득 차 있고 또 다른 시간 속에서는 ~A라는 내용으로 가득 차 있어야 한다. 그렇다면 ‘하나’는 도대체 언제 A에서 ~A로 변화하는 것인가? 즉 ‘하나’가 A에서 ~A로 변화하려면 그 변화를 가능하게 해주는 중간지점으로서 변화의 원인이 있어야만 한다는 것이다. 플라톤은 A와 ~A의 그 중간지점을 ‘순간(to exhaiphnēs)’이라고 규정한다. 그러나 본문에서 이미 말했듯이 하나의 시간 속에는 A라는 규정만이 머물고 또 다른 시간 속에는 ~A라는 규정만이 머문다. 따라서 하나의 시간과 다른 하나의 시간 사이 그 어디에도 우리는 ‘순간’이 머물 수 있는 자리를 내어줄 수가 없다. 그리하여 플라톤은 ‘순간’을 ‘중간(metaxy)’이라고 말하면서도 동시에 ‘어떤 자리도 차지하지 못하는 본성 (physis atopos)’이라고 규정한다.

결국 ‘순간’이란 시간의 지배를 받는 모든 변화의 원인으로 작동하지만 정작 자기 자신은 어떤 시간 속에도 존재하지 못한다. 이렇게 시간 속에 놓여있지 않으면서 시간 속에 놓여있는 변화들의 원인이 되는 것을 어떤 학자는 시간과 변화를 넘어선 ‘초월적 원리’로 이해하기도 하고, 또 어떤 학자는 시간과 변화 속에 내재하는 원리로 이해하기도 한다. 그러나 그것이 무엇으로 이해되든 분명한 것은 그것이 모든 변화 혹은 서로 모순되는 다양한 규정들을 품을 수 있는 가능성의 근거로 작동한다는 것이다. 즉 ‘순간’이란, 〈여럿인 하나〉의 근거로 작동했던 ‘오직 하나인 하나’와 마찬가지로 어떤 시간에도 머물지 못하고 어떤 것으로도 규정될 수 없지만, 변화를 경험하는 시간 속의 존재들,

즉 '여럿인 하나'의 근거가 된다. 따라서 우리는 '하나'에 대한 두 번째 탐구의 끝에서 '오직 하나인 하나'와 '순간의 하나'의 공통점을 발견하게 된다. 둘은 모두 '여럿인 하나'의 근거로서 작동하지만 정작 그것들은 시간의 변화 속 '그 어디에도 없고(oudamou, 138a2; atopos 156d7)' 그 어떤 것으로도 규정될 수 없다. 다시 말해서 둘은 모두 '하나'가 '여럿'으로 이행하는 변화의 원인이지만, 정작 그것들은 시간 속에 머물지 못한다. '오직 하나인 하나'와 '순간의 하나'는 '여럿인 하나'의 근거가 된다는 말 이외에 우리는 그 둘에 대해서 어떤 규정도 내릴 수가 없다.

6. 이데아의 필연성과 규정을 위한 가능성

이제 비로소 우리에게 다음과 같은 질문이 허락된다. 지금까지 논의에서 드러난 '오직 하나인 하나' 혹은 '순간의 하나'는 무엇이고 '여럿인 하나'는 무엇인가? 플라톤은 그의 모든 저작에서 이데아들을 모든 변화하는 존재자들의 존재론적, 인식론적 근거로 규정한다. 그리고 그는 저작 곳곳에서 이데아들을 시간을 초월한 것으로 묘사하고 있다. 더 나아가 플라톤이 말하길, 우리는 이데아를 '순간(exhaiphnēs)'속에서 만나게 된다. 이러한 '이데아'와 '순간'에 대한 플라톤의 규정은 우리에게 '오직 하나인 하나'와 '순간의 하나'를 '이데아'나 '형상'이라고 이해할 수 있도록 허락한다. 그리고 우리는 '오직 하나인 하나' 혹은 '순간의 하나'가 '여럿인 하나'의 근거로 작동한다는 것을 통해, 이데아가 모든 변화의 원인으로서 결코 폐기될 수 없다는 이데아의 필연성 역시 텍스트를 통해 확인할 수 있다.

그렇다면 '여럿인 하나'는 알렌(Allen)의 주장처럼 시간의 지배를 받으며 변화하는 '개별물들'이란 말인가? '오직 하나인 하나'가 이데아라면, 2부의 논리구조를 따를 때, 두 번째 탐구 역시 동일한 전제에서 시작되기 때문에, '여럿인 하나' 역시 '이데아'이어야만 한다. 그러나 오직 자기 자신일 뿐인 '하나'가 자기 자신 속에서 '자기의 대립자(여럿)'를 품고 있는 '여럿인 하나'를 우리는 어떻게 플라톤의 참된 이데아라고 주장할 수 있을까? 사실 이 물음은 플라톤의 이데아론에서 이른바 『소피스테스』의 결합된 이데아 ('symplokē eidōn')와 『파이돈』과 『국가-정체』의 자기 동일성 속에 있는 이데아(auto hekaston to on)'가 어떻게 양립 가능한지에 대한 물음과 같은 성격의 것이다. 도대체 자기 자신과 다른 형상과 관계 맺고 즉 자기의 자체성을 온전히 지키지 못하고 그것을 통해 다양한 개념적 연쇄를 자기의 내용으로 지니는 이데아를 우리는 어떤 이데아라고 이해해야 하는가?

이 물음은 우리의 본문으로 돌아가면, '여럿인 하나'가 '오직 하나인 하나'와 어떻게 다른지 묻는 것이다. 이 물음 앞에서 오원(Owen)과 리클레스(Rickless)는 중기까지의 이데아론에 등장하는 이데아는 자기의 자체성을 잃어버리지 않는 이데아 즉 '오직 하나인 하나'이고 후기 이데아론의 이데아는 자체성을 잃고 다른 이데아들과 결합된 이데아 즉 '여럿인 하나'라고 구분하면서 플라톤이 후기에 가면, '오직 하나인 하나'를 버리고 '여럿인 하나' 만을 인정했다고 주장하지만, 이미 체르니스(Cherniss)가 지적했듯이 『티마이오스』를 그렇게 간단히 중기 대화편이라고 결론 내리기는 어렵다. 이런 점에서 마인월드(Meinwald)는 '오직 하나인 하나'와 '여럿인 하나'를 이데아의 두 속성으로 규정하면서 플라톤의 이데아론에서 둘 중 하나를 버리는 것이 아니라 둘 다를 수용할 수 있는 근거를 마련한다. 즉 마인원드에 따르면 '오직 하나인 하나'와 '여럿인 하나'는 구별된 두 종류의 이데아의 표현이 아니라, 이데아가 가지는 구별된 두 속성이다. 마인월드는 '오직 하나인 하나'를 이데아의 '자체성 (the One pros heauto)'으로, '여럿인 하나'를 이데아의 '관계성 (the One pros ta alla)'으로 규정한다.[57] 그러나 이 주장은 그럴듯해 보이지만 『파르메니데스』의 본문과는 맞지 않다. 왜냐하면 결국 그의 해석은 '오직 하나인 하나'와 '여럿인 하나'가

57 C. Meinwald, *Plato's Parmenides* (Oxford,1991), 95-107.

동일한 '하나'의 다른 두 속성이라는 의미인데, '오직 하나인 하나'와 '여럿인 하나'는 본문에서 드러나듯이 '하나(A)'와 '하나(A)+존재(B)'로 재규정될 수 있다. 우리는 이 둘을, 즉 'A'와 'A+B'를 'A'의 다른 두 속성으로 놓을 수는 없다. 따라서 '오직 하나인 하나'가 보여주는 모순이란, 마인월드가 주장하듯이 이데아의 자체성으로부터 기인하는 모순이 아니라, 우리의 사유가 그것을 자체적으로 탐구하고자 시도할 때 필연적으로 만날 수밖에 없는 것이기도 하고, 우리 사유의 한계에 대한 표현으로 이해하는 것도 정당하다. 또한 '여럿인 하나' 역시 이데아의 관계성이라는 또 다른 속성으로 바라보는 것이 아니라, 우리의 사유를 벗어나지 않고 우리의 사유 안에서 규정되는 그리하여 관계성 속에 놓이게 된 이데아로 바라보아야 할 것이다.

결론적으로 '오직 하나인 하나'와 '여럿인 하나'의 대립은 마인월드가 주장하듯이 이데아의 자체성과 관계성의 대립이 아니라, 우리의 사유로 규정될 수 없는 이데아와 규정되는 이데아의 대립인 것이다. 그리하여 '하나'에 대한 첫 번째 탐구는 우리의 사유가 이데아를 그 자체로서 즉 오직 '자기 자신임: 하나임'을 통해서만 탐구하고자 시도할 때, 우리의 사유는 결코 이데아를 붙잡을 수 없다는 것을 보여주는 반면, '하나'에 대한 두 번째 탐구는 우리의 사유가 '하나'를 그것의 타자(존재)와 대립시키면서 어떻게 '하나'의 내용을 발전 혹은 규정해 나가는지 그 과정을 보여준다. 그리고 그 내용은 '오직 하나인 하나'의 내용이 아니라 '있는 하나' 혹은 '존재'와 결합된 '하나'의 내용이다. 그리하여 『파르메니데스』편 2부의 변증법의 연습은 그 자체로서 탐구된 이데아, 즉 '사유로부터 벗어난 이데아'와 타자와의 관계를 통해서 탐구된 이데아 즉 '사유로 붙잡은 이데아'를 번갈아 우리에게 제시한다. 그리고 우리는 2부의 이러한 사유 연습이 다 끝날 때쯤, 1부의 이데아의 아포리아가 결국 이 두 이데아의 대립으로 인해 발생했다는 것을 알아차릴 수 있다. 즉 대부분의 학자들이 범주적 오류라고 규정하는 1부의 아포리아는 오직 자기 자신일 뿐인 이데아가 우리의 사유를 통해 탐구될 때 필연적으로 발생할 수밖에 없는 이데아의 개념화의 아포리아인 것이다. 신플라톤주의는 이데아를 탐구하는 우리의 사유가 이데아를 대상화하는 작업을 하고 있다는 이러한 우리의 해석과 반대로 이데아들의 이데아로서 하나의 '무전제적 원리(archē anypothetos)'가 자기 스스로를 탐구하여 자기의 내용을 스스로 전개시키는 것이라고 해석한다. 그리고 이 해석은 플로티누스의 '유출설'을 시작으로 프로클로스의 '하나의 자기인식', 기독교철학의 '삼위일체론' 그리고 헤겔의 '절대정신의 자기전개'까지 이어진다. 그러나 이러한 해석들은 나름대로 신적인 존재에 대한 타당한 형이상학적 전제를 지니고 있으나 이들의 논리를 따른다면, 우리는 2부 연습의 '오직 하나인 하나'와 '여럿인 하나'가 그 본질에 있어서는 동일하다고 주장해야 한다. 그러나 본문에서 '여럿인 하나'는 '오직 하나인 하나'만으로부터 산출되지 않는다. 그것은 '오직 하나인 하나'와 '존재'로부터 여럿으로 나아가기 때문에 '오직 하나인 하나'와 같을 수 없고, 그것 이외에 그것의 타자 (존재)와 항상 함께 있어야만 가능한 '하나'이다. 그리하여 우리는 신-플라톤주의적 혹은 헤겔식의 『파르메니데스』편의 일자 해석에 동의할 수 없다.[58]

끝으로 제2부의 사유 연습이 이런 식으로 제1부의 아포리아의 원인을 설명해 줄 수 있다는 의미에서 이제 우리는 제2부를 제1부의 해결이라고 규정할 수 있으며, '오직 하나인 하나' 즉 '이데아'가 그 자체로 무엇인지 직관적 사실과 결부되지 않고서는 사유를 통해 밝혀내지 못했다는 점에서 제2부를 그저 여러 가지 경우들로 분류되는 〈연습〉일 뿐이라고 이름 붙일 수 있다. 또한 우리는 파르메니데스의 일자를 중심으로 한 존재론적 사유가 현실과 관계하려면 플라톤의 동일-차이의 변증법이 필수적이며, 또한 동일-차이의 변증법에 나타난 위의 논증들에서 하나와 여럿에 관한 공간논리와 시간성에 따르는

58 동일자-타자의 변증법에 존재론적으로 전제되는 이데아와 아페이론, 그리고 이를 매개하는 사유의 기능적 관계는 『티마이오스』편의 서두 신화적인 이야기(mythos:그럴듯한 이야기), 즉 데미우르고스가 이데아계를 보고서 장소(apeiron)에다 이데아를 설득과 강제로 결합함으로써 우주를 만드는 과정으로 설명한다. 여기에서 플라톤 존재론의 세 계기인 이데아나 아페이론, 그리고 데미우르고스 모두는 현실과의 관계에서 그 규정성으로서 '한계'를 갖는다는 것이 드러난다.

논리가 극명하게 분리되는 것을 볼 수가 있고, 그럼에도 불구하고 이들에 공통적인 것으로서 이데아나 에이도스로 말해질 수 있음을 알 수 있다. 여기에서 우리는 하나와 여럿의 변증법으로 나타나는 하나와 여럿의 관계는 박홍규가 말하고 있듯이 데카르트의 직교좌표에서처럼 한편으로는 수평적으로 다른 한편으로는 수직적인 위계성을 지닌 것으로 나타난다.[59] 그리고 『소피스테스』편이나 『필레보스』편에 나타난 동일성-차이성의 변증법이 전제된 하나와 여럿의 변증법을 베르그송의 철학을 통하여 유기체적 변증법으로 환원하는 박홍규가 플라톤 철학의 진수를 알려면 베르그송 철학을 알아야 한다고 말한 이유를 알게 된다. 즉 박홍규는 논문 "베르그송에 있어서 근원적 자유"에서 공간적 사유와 시간적 사유가 영혼의 자발적 기능을 매개로 하여 종합되는 것을 베르그송의 지속 존재론에 대한 해설을 통하여 밝히고 있다.

박홍규는 이 논문에서 베르그송이 『의식의 직접 소여론』에서 강조하고 있는 기계론과 역동론의 대결은 플라톤 철학에서 기본적인 원인의 구실을 하고 있는 이념(이데아)과 능동인, 또는 본질과 자발성의 대결임을 전제하면서, 근대 철학에서 역동론과 기계론이 전제하는 생성-소멸이 있는 존재자들 전체를 의미하는 자연(physis)의 의미를 직접적인 것으로 파악되는 것과 자연과학자의 것으로 양분한다. 그리고 우리의 존재론적 사유에서 선험적으로 전제하는 존재에 필수적인 것이 공간성인가 아니면 자기 충족적인 것으로서 자발성인가를 묻고, 다음과 같이 〈본질과 자발성〉이라는 타이틀 아래에서 오르페우스종교에서 묘사되는 이원론적인 세계관에서 가질 수 있는 상기 개념을 통해 나타나는 소크라테스-플라톤의 진리(aletheia: 비은폐성)[60] 개념인 이데아론이 전제하는 영원의 좌표를 상징하는 공간적 사유와 베르그송의 능동적 자발성을 지닌 일자를 중심으로 하는 시간적 사유를 대비시키고, 플라톤의 영원 좌표를 베르

59 박홍규, 『플라톤 후기 철학 강의』 '『필레보스』편 총정리', 특히 243-244 쪽들, 참조.

60 파르메니데스의 <단편 2>에서 최초로 나타난다.

그송의 지속이라는 지간 좌표로 환원하고 있다.[61]

3.5. 박홍규의 "베르그송에 있어서 근원적 자유"에 나타난 플라톤의 인식 형이상학

1. 본질과 자발성

학문은 사물의 진상(眞相)을 밝힘을 임무로 하며, 형이상학은 만유의 진상을 남김없이 밝힘을 그 소임으로 삼는다. 고금을 통하여 모든 철학에서 끊임없이 문의 되고 검토, 음미된 진상은 그것을 표현하는 우연적인 어휘를 기초로 하여 해명할 수 없다. 그러나 진상을 의미하는 희랍어 'aletheia(비은폐성)'는 은폐되어 있지 않음을 의미하는데 이것이 진상 개념의 탐구의 지침이 된다.

다(多)로 성립하는 현실적인 자연의 진상을 탐구하기 위하여 모든 사물에 대하여 던져진 〈이것이 무엇이냐?〉는 물음도 비은폐성의 지침 아래 해명될 수 있다. 이 물음의 의미는 그 사물이 다른 사물이 아니며 그 사물로 존재케 하는 이유를 사물 자체에서 찾는바, 그렇게 되거나, 그렇게 나타나거나, 그렇게 사유되는 근거를 탐구하는 것이 아니라, 그것이 직접적으로, 즉 객관적으로 그렇게 성립하는 근거를 찾는 것이다. 이러한 물음의 존재이유는 그러한 근거가 현실에서 은폐되어 있은데 있으며, 진상의 탐구는 그러한 근거를 은폐하고 있는 요인을 제거함을 뜻한다. 사물의 진상은 사물에서 그것을 은폐하는 것을 제거함으로써 성립한다. 그런데 은폐는 사물이 단적으로 부정되는 것이 아니므로 은폐에서는 일자(一者)와 타자를 예상하

---

61 이하는 박홍규, "베르그송에 있어서 근원적 자유", (『희랍철학 논고』, 박홍규 전집 1, 183-197쪽들)의 필요한 일부를 항목의 숫자만을 변경하여 인용한다. 이 논문 속에 요약되어 있는 플라톤과 베르그송의 철학을 기초로한 박홍규의 플라톤 철학 강의와 베르그송 철학 강의는 현대 과학이론들을 통섭하는 것으로서, 전 세계 어디에다 내놓아도 자랑스러운 강의이며, 그 내용은 5권으로 된 박홍규 전집에 수록되어 있다.

며 타자와의 관계맺음에서 연유되는 사태인 것이다. 이러한 관계맺음의 사태는 필연적으로 일자를 타자화(他者化)하므로, 사물의 진상은 그 사물이 타자화 되지 않는 극한점에서 성립하며 사물이 시간, 공간, 관점의 변화에도 불구하고 그것으로서 성립하는 극한치인 것이다. 그럼으로 사물의 진상은 모든 타자에 대한 관계맺음을 완전히 단절함에서 성립하며, 모든 타자에게 절대함으로써 성립한다. 그러므로 각 사물의 진상은 그 사물에만 고유한 것이며 그 자신의 내용에 있어서도 타자와의 관계 맺음을 포함하고 있지 않으므로, 내외의 구별은 없으며 일자화(一者化)한다. 일자는 그 자체에 대해서는 진상이며 타자에 대해서는 절대상이 되는데 절대함에는 상대적인 무가 아니라 절대적인 무, 즉 허무가 요청된다. 허무는 은폐하는 모든 것이 완전히 없으며 일자를 부정하는 요인이 완전히 없다는 것을 의미한다. 무는 자기 모순된 개념이며 존재에 대해서 아무런 영향력을 미치지 않는 극한점에서 성립함으로 허무를 통해서 일자는 시간, 공간 그리고 관점을 초월하여 그 자체로서 성립할 수 있으며, 또 외부로부터 아무런 간섭을 받지 않으므로 모든 시공을 넘어서 존재한다. 즉 일자로서의 본질은 허무가 아니므로 그 자체 실재하며 그것을 부정하는 요인은 그것밖에 없다.

그러므로 본질로서의 진상은 1) 타자 일반, 2) 관계맺음 일반, 3) 허무 일반에 대비하여 규정된다. 사물의 진상은 다른 모든 사물과 전제적으로나 부분적으로나 교환될 수 없는 그 사물에만 고유한 내용이며, 관계맺음 일반의 법칙에서 오는 모든 규정을 배제하며 최후로 무가 아니므로 그 자체로 실재한다.

진상의 이면(裏面)은 타자에 대한 절대상이다. 그리고 이것은 허무로 인하여 가능하다. 그러므로 본질 사이에는 상호 해후(邂逅)가 없으며 상호 간섭이 없다. 상호 해후는 우연의 원인이며 상호 간섭은 비공존의 원인이다. 그런데 존재에 속한 모든 것은 허무가 아닌 이상 본질로 화한다. 그리고 본질들은 허무를 통하여 서로 절대함으로 서로 우연하지 않고 서로 간섭하지 않으므로 영원히 공존한다. 역으로 영원에는 일자만 있지는 않으며, 다의 본질로서의 진상이 모조리 필연적으로 공존한다. 즉 영원은 질과 양에 있어서 다의 진상의 대명사이다. 영원에 있어서 다의 질의 진상은 양의 진상과 일치한다.

다는 본질에 있어서 즉자적으로 고립하여 상호간에 무관심하므로 모조리 공존한다는 결론에 도달하였거니와, 직접적으로 소여되는 현실적인 대상은 관계맺음 속에서 성립한다. 그러므로 현실적으로 주어진 대상의 진상을 남김없이 파악하려는 형이상학은, 다를 순수한 본질로서 영원 속에서 파악하려 함과 동시에 또한 관계맺음 일반의 차원에서 현실을 파악하여야 한다.

관계 맺음은 존재의 고립성을 개방하여 타자와 연결을 설정함으로, 관계 맺음 일반의 원리는 연속성에서 구할 수 있다. 두 개의 관계 맺어진 존재들은 상호간에 그 고유한 질은 부분적으로나마 타자화하여 극한에 가서는 어느 것도 아닌 무규정적인 것에 도달하며, 이 점에서 관계항의 연결은 성립한다. 모든 존재의 상호 타자화의 극한인 무규정성 일반은 모든 존재의 관계 맺음 일반의 성립 기반이다. 존재와 무는 단절의 원인이며, 이와 반대로 동시에 존재도 아니고 무도 아닌 무규정성은 연속의 원인인바, 무규정성은 질의 관점에서의 규정이며 연속성은 양의 관점에서의 규정이다. 모든 존재의 관계맺음에서 관계맺음의 필연적 법칙은 모든 존재를 연속적으로 무규정성으로 인도한다. 그런데 연속적인 타자화에서 운동이 성립하며, 무규정성에서 성립하는 부동성(浮動性)은 운동의 특징이므로 무규정성은 운동의 원인이다. 공존하는 본질들과 대조적으로 관계맺음의 필연적 규정은 연속적으로 타자화하는 운동 그 자체, 즉 과정(process)을 동반하며 그 과정의 극한치는 그 과정 자신도 구별될 수 없는 상태이다. 만유는 서로 관계 맺고 있는 한, 그 진상은 만유의 무규정적인 것으로의 연속적인 몰락과정이다. 바꾸어 말하면 관계 맺음은 독립된 존재자들의 상호 간섭을 야기하므로 존재자들의 공존은 무너지며, 타자화 시키는데 이질적(異質的)인 존재가 잔존하는 한 관계맺음은 불가능하므로, 모든 이질적 존재, 즉 모든 규정의 무규정화가 초래된다. 즉 모든 본질의 몰락이 초래되는 것이다.

이리하여 순수한 본질들의 남김 없는 공존의 대명사라고 단정된 영원(永遠)과 모든 질들의 상호 간섭으로 인한 비공존화의 연속적인 과정, 즉 모든 질들의 상호 간섭으로 인한 비공존화의 연속적인 과정, 즉 모든 질의 무규정적 상태로 환원되는 과정은 데카르트 해석 기하학에서 성립하는 횡축과 종축처럼 서로 방향을 달리 한다. 그러므로 영원에서 성립하는 본질의 좌표는 비공존의 운동에서 성립하는 현실을 영원히 외면한다.

그러나 만약 관계맺음 속에서 존재의 보존이 이루어지며 공존이 가능하고 운동을 통하여 새로운 존재가 형성되고 다가 탄생되는 경우가 있다면 이러한 사태에 대한 해결의 근거는 나변(那邊)에서 구해야 할 것이냐의 문제가 제기된다.

주지하는 바와 같이 관계맺음과 운동을 통하여 사물이 탄생하며 공존이 가능한 사태는 유기체의 영역에서 볼 수 있는 바, 이러한 사태에 대해서, 현실의 관계맺음을 외면하고 고립 속에서만 다가 성립한다는 영원의 좌표와 관계맺음 속에서는 다가 무규정성 속에서 몰락한다는 관계 맺음의 필연적 법칙의 좌표는 해결을 제공할 수 없다. 그러므로 사태 자체가 지시하듯이 관계맺음 속에서는 다가 무규정성 속에 몰락한다는 관계맺음의 필연적인 법칙에 역기능 하는 좌표, 즉 관계맺음과 운동 속에 존재가 형성되며 공존한다는 새로운 관계맺음의 좌표를 설정해야 한다. 이러한 좌표는 관계맺음에서 존재에 대한 관계맺음의 원인인 무규정성의 당연한 규정, 즉 관계맺음에서 존재에 대한 무규정성의 우위를 주장하는 필연성에 역기능 하는 비합리적인 좌표이다. 그러므로 이 비합리적인 좌표는 불가능한 것이 가능성을 통해서 현실화되는 좌표이며 필연성의 좌표에 대해서는 가능성의 좌표이다. 필연성의 좌표는 가령 물리학의 열역학 제2법칙에서 나타난다고 하며, 가능성의 좌표는 전자에 역기능하는 것으로서 일자 속에 타자가, 부분 속에 전체가 가능적으로 들어 있는 생명현상에서 성립한다고 한다. 그런데 전자의 운동은 다를 무규정성으로 몰락시킴으로써 운동마저 구경(究竟)에 가서는 소멸시키는 데 비하여 후자의 운동은 사물을 존재케 하는 운동이며 따라서 그 운동 자신을 지속시키려는 운동이다. 이러한 운동은 타자에 의지할 수 없다. 운동을 양분하여 운동을 주는 부분과 받는 부분으로 구분할 경우에, 그 운동[후자의 운동]은 타자화 되는 운동이지만, 이 운동[전자의 운동]은 타자화 되지 않으며 운동 그 자신을 유지하므로, 자신에로의 운동이며, 역으로 말하면 자신에서의 운동이며 그 출발점과 종점이 자신에게 있는 운동이다. 이러한 운동은 자발성에 기인한 운동이라 한다. 베르그송은 전자의 운동은 하강하는 운동이며 후자는 상승하는 운동이라 한다.

이상에서 논한 바와 같이 다에 관하여 두 가지 대립된 좌표가 성립한다. 그 하나의 좌표에 따르면 다는 공존을 뜻하는 바 공존은 상호 무간섭에만 성립한다. 또 하나의 좌표에 따르면 다의 공존은 상호 관계맺음에서 성립하며 운동의 과정에서만 현상한다. 전자에 있어서 다의 본질은 즉자적으로 존재하며 그것의 실재성은 스스로 확보되며 본질 이외에 아무것도 필요로 하지 않는다. 후자의 경우에는 관계맺음과 운동을 통하여 다의 내용이 존재하게 됨으로, 그것의 존재는 의존적이며, 즉자적으로 존재하는 대신 자발성으로 인하여 무규정성 속에서 밖으로 나타나는 존재, 즉 현상이며, 이러한 관계맺음 속에서 성립하는 존재를 'exsistence(existentia)'라 하므로 이러한 다(多)는 'exister'한다. 그리고 운동에 있어서 존재가 드러나는 측면, 즉 하강하는 운동에 역기능 하는 측면을 시간이라 함으로 다는 시간에서만 현상한다. 시간의 이면은 운동이며 운동은 비공존의 소산이므로 시간에서 모든 다가 현상할 수 없으며 또 시간에서는 고정적인 것을 성립하지 않으므로 다의 변하는 측면, 양상만이 현상한다. 이렇게 영원과 시간이 다를 성립시키는 좌표에서 대립한다.

박홍규는 이어서 인간의 존재론적 사유에서 시간좌표와 공간좌표가 딜레마적인 성격을 지녔으면서도 이 양자가 데카르트의 직교좌표에서처럼 서로 차원을 달리하면서도 영혼을 매개로 하여 유기체적 변증법의 기초가 되는 하나의 지점(시점)에서 만나고 있음을 다음과 같이 밝힌다.

2. 영원좌표의 시간좌표로의 환원

이상과 같이 다의 성립에 관하여 두 가지 대립된 좌표가 성립하였는데 베르그송은 본질론적인 다의 진상의 좌표, 즉 영원의 좌표를 양상론적인 다의 좌표, 시간의 좌표로 환원시킴으로써 플라톤의 철학과 결정적으로 결별한다.

본질론적인 입장에서 다의 공존은 본질들의 무간섭성에 기인하며, 이 무간섭성은 허무에서 기인하거니와 허무는 본질을 절대적으로 고립시키는 요인이다. 그런데 고립된 본질은 그것들이 고립되어 있는 한 다의 구성 요소는 되지만 아직 다를 구성하지는 않는다. 요소들이 다를 구성하려면 관계를 맺어야 하며 새로운 단위가 그 결과 성립하여야 한다. 가령 수에 있어서 1과 1은 2를 구성하는 단위인데, 이 단위들이 고립되어 있는 한에서는 2를 구성할 수 없으며, 1과 1이 합하여 불가분의 하나가 되어도 2는 성립하지 않으므로 이 단위들은 양자 어느 편도 아닌 단순한 관계맺음에 머물러 있어야 한다. 그리하여 고립되지 않는 한에 있어서만 2 자체에 참여할 수 있으며, 또한 불가분의 하나가 아닌 한 1과 1이 될 수 있다. 즉 관계맺음에 있어서 1과 1은 고립되지 않고 동시에 완전히 통일되어 있지도 않음으로 인하여 부동(浮動)상태에 있게 되는데, 바로 이러한 이유 때문에 1과 1은 2가 되며 2는 다시 분할되어 1과 1로 나누어질 수 있고 또 다른 모든 수와 관계를 맺을 수 있는 연산(演算)의 대상이 된다. 1이 많은 부분으로 나누어지는 까닭도 완전한 통일체가 아니며 가분적인 연속성을 그 속에 함유하고 있기 때문이다. 일반적으로 다와 운동은 상호 불가분리의 관계에 있으며, 양자는 관계맺음의 대립된 양극이다. 다에 있어서는 관계 맺음으로 인하여 야기되는 부동성(浮動性)은 후면으로 사라지고 고정적인 관계 항(項)만이 전면에 나타나며, 운동과정에 있어서는 고정적인 관계항은 후면으로 사라지고 그 부동성이 전면에 나타난다. 그러므로 다가 관계맺음 속에서만 성립한다면 본질론의 입장에서 성립하는 다의 관계맺음의 좌표의 성질은 과연 무엇인가라는 문제가 해결되어야 한다.

본질론적 입장에서 다가 성립하려면 여러 존재가 공존하여야 한다. 그런데 공존을 가능하게 하는 근거는 허무였다. 그러나 공존에 있어서 본질들은 허무 속에 임의로 있을 수 없으며 적어도 위치를 달리 하여야 한다. 왜냐하면 본질은 불가침의 존재이기 때문이다. 그러므로 허무는 위치에 의해서 분할되며 상대적으로 하나의 차원으로 변한다. 그런데 그 위치는 서로 여러 방향으로 갈라지는 바 이러한 위치를 동시에 공존 가능케 할 수 있는 차원은 텅 빈 공간이다. 텅 빈 공간은 한편으로는 허무에 접하고 있으므로 본질들의 비분할성을 확보하여 주며, 한편으로 그것의 연장성으로 인하여 상대적인 규정을 부여함으로, 본질들이 자동성(自動性)을 지니면서 관계를 맺을 수 있는 공간이 된다. 즉 법칙이 성립하는 제 1차적 규정은 텅 빈 공간에서 성립하므로, 텅빈 공간이 지닌 법칙성은 그 속에 주어진 존재자들 사이의 특수한 법칙들에 선행한다. 그런데 텅 빈 공간은, 본질들의 공존의 차원인 바, 시간상으로는 시간에 있어서 비공존에로의 과정이 완전히 배제되어 있는 순간, 즉 동시성(同時性)에서 성립한다. 그러므로 본질들의 존재방식, 즉 'existence'는 동시성이다.

이상과 같이 본질의 영역도 현실과 동일한 인자, 즉 관계맺음이라는 인자로 구성되어 있음이 판명되었으며, 다만 관계 맺는 방식만 달리 할 뿐이다. 그런데 모든 사물은 한편으로 그것에만 고유한 내용이 있고 다른 한편으로는 타자와 관계 맺음으로 인하여 규정되는 측면이 있는데, 베르그송에서 만유는 그 고유한 내용, 즉 본질을 기준으로 하여 그 영역이 구별되는 것이 아니며 그 내용들이 관계 맺는 방식여하에 따라서 구별된다. 즉 유기체와 비유기체의 구성 요소는 직접적인 지각상(知覺像)에서 볼 때 동일한 요소로 일원화되나 그 관계 맺는 방식이 다르며, 비유기체는 텅빈 공간이 지난 법칙성을 받으며 유기체는 그것에 역기능 하는 관계 맺음에서 성립한다. 텅 빈 공간성은 무규정성의 한 양태인 한 그것의 존재 일반에 대한 관계는 무규정성의 존재일반에 대한 규정성, 즉 존재 일반에 대한 무규정성의 우위성을 요구한다.

그러나 본질들이 성립하는 영원의 좌표는 시간의 좌표로 아직 완전히 환원되어 있지 않다. 즉 다의 이면(裏面)은 운동이며 운동의 필연적 법칙은 모든 존재자들의 상호 타자화하는 과정이며 그 극한은 무규정성으로 환원이므로 여러 본질들의 자기 동일성을 확보하여 주는 순간, 즉 동시성을 계속 성립시키는 원인은 나변(那邊)에 있는가 하는 문제가 생긴다. 그리고 이 문제는 본질들이 텅빈 공간에서 성립하므로 텅 빈 공간의 성립 근거의 문제와 병행한다. 텅 빈 공간은 사물들의 내용이 자기 동일성을 지니고 나타날 수 있는 공간이다. 그런데 이 공간은 연장성의 한 범주이며 연장성은 무규정성의 하나의 범주이다. 무규정성은 본질의 자기 동일성을 상실케 하는데, 텅 빈 공간은 본질이 자기 동일성을 가능케 함을 특징으로 함으로 이러한 공간은 본질을 무규정적인 것으로 환원시키는 능력에 역기능 하는 능력의 소산임은 분명하다. 따라서 텅 빈 공간은 자발성의 소산임이 분명하다. 자발성은 관계 맺음에 있어서 무규정성의 기능에 대한 역기능으로서 성립하는 바, 사물의 표면에서 무(無)에 접힌 부분[한계]을 배후의 관계 맺음으로부터 차단하여 자기 동일성을 유지하도록 한다. 사물의 표면은 운동과 관계 맺음이 끝나는 곳이며 무에 접하며 따라서 본질에 참여한다. 관계 맺음에 있어서 운동의 반대 방향의 극한은 다라고 이상에서 논하였거니와 자발성은 다를 동시에 그 본질에 참여한 부분에 있어서 배후의 무규정성의 영향으로부터 보호하며 보존한다. 즉 자발성은 다를 본질로 승화시켜 존재케 함으로써 자기 내부에서 그것들을 보존하는데 이러한 자발성의 보존 능력을 베르그송은 기억이라 하며 동시성은 기억에서만 가능하다고 한다.

그러므로 관계 맺음에 대한 자발성의 기능이 1) 운동과정에 대해서 발휘될 때는 하강하는 운동과정에 역기능함으로써 시간[표상]이 성립하며, 2) 운동의 반대 방향의 극한인 다에 작용할 때는 그것들의 본질의 공존을 가능케 함으로 동시성[공간표상]이 성립한다. 현실적인 운동의 특징은 사물의 무규정성으로 이행하는 과정이 모든 측면에서 이루어지는데 있으므로 이러한 과정에 역기능함으로써 성립하는 진정한 시간은 그 시간 내용이 다른 모든 시간 내용과 순간순간 다르게 계기(繼起[succession])한다. [시간] 계기와 [공간] 동시성의 차이는 자발성이 [존재와] 현실적인 관계맺음의 양면, 운동과 다에 대하여 작용하는데 그 근거를 두고 있다.

끝으로 자발성의 입장에서 본질을 고찰하면 텅빈 공간에서 타성적(惰性的)으로 정지하거나 운동하는 본질은 자발성에 비하여 자기 동일성을 지니고 있다는 점에서 같으나, 자발성처럼 무규정성의 힘에 대하여 수동적으로 운동하는 점에 있어서 자발성과 다르므로 자발성의 능력의 결핍을 의미한다. 그러므로 본질은 무규정성에 대한 자발성이라는 존재의 능동성과 무규정성에 대한 수동성이 융합함으로써 이루어진 중화(中和[타성화 된]: nuetralisé)]된 상태의 일종이라 할 수 있다.

이상에서 논한 바에 따라 영원의 좌표는 시간의 좌표로, 즉자적으로 존재하는 본질은 자발성의 기능함수로, 공간은 동시성으로 환원되고, 본질보다는 'existentia'가 선행함으로 인하여 기능일변도의 동적 형이상학이 성립하게 되는데, 끊임없이 자기 동일성을 지니고 변하지 않는 것은 순수한 자발성 자신뿐이며, 만유 시-공간적[4차원적으로]으로 연속된 운동을 하고 있는 한 이러한 자발성을 단 하나이다."

3. 본질 및 자발성과 현실성의 관계

이상에서 논한 바와 같이 본질에는 존재가 합치함으로써 그것이 존재하는데 그것 자신으로 충분하며 se suffit, 다른 복잡한 존재를 성립시키는 기본적인 단위 le simple가 된다. 그러나 자발성 또한 그것을 무규정화 하여 소멸시키려는 힘에 대하여 스스로 능동적으로 방어하여 자신을 존재케 하는 능력을 지니고 있는 만큼 그것의 존재에 타자를 필요로 하지 않으며 자발성 자신만으로 존재하는데 충분한 바, 베르그송은 본질 및 자발성과 현실과의 관계를 다음과 같은 대조를 통하여 부각시킨다.

(1) 본질과 현실과의 관계

a) 현실에 대한 본질적 이설(理說)의 하나는 기계론적이다. 기계는 [atom과 같은] 불변치의

부분을 단위로 하여 해체되거나 재구성되는데, 이 운동은 집합과 이산[離散: dissociation]으로 환원된다. 기계론적 이설에 따르면, 본질 자체가 직접 현실을 구성하는 경우도 있고, 또 본질은 순순한 질이므로 양의 규정을 지닌 현실을 구성하기 위하여 본질이 [현실적인 것으로 생각된 유클리드나 뉴턴의] 공간적 규정을 받아서 현실을 구성하는 경우도 있다. 그 어느 경우를 막론하고 이러한 원자론적 사고에는 다음과 같은 난점이 있다. 첫째로 전체를 구성하는 부분들은 불변치(不變値)이므로 집합에 있어서 서로 만남을 이룰 뿐, 적극적인 관계맺음을 이룰 수 없으므로 새로운 적극적인 통일된 규정의 근거가 될 수는 없다. 그런데 현실은 서로 얽혀서 적극적인 관계를 맺고 있으며 가령 물질은 무규정성에 의하여 침투된 결과 한 덩어리가 되어 하나의 연속적인 운동을 하고 있는 측면을 드러낸다. 둘째로 기계의 부분은 불변치인 까닭에 불변치 이상의 것을 생산할 수 있는 잠재적 능력을 결여한다. 즉 있는 것은 있고 없는 것은 없다는 이론이 기계론적 집합의 근저에 있으므로 가능성이 개입할 여지는 배제된다. 즉 현재는 지금까지 있는 요인들의 집합의 결과이며 부분이 계산 가능하므로 충족률이 완전히 타당하며 부분과 전체 사이에는 필연적 법칙이 성립한다. 이러한 기계론적 입장에서는 사실들은 그 요소들의 집합으로써 성립하므로, 집합을 규정하는 법칙의 통일된 전체가 되거나 그렇지 않으면 그 법칙들의 교차점이 된다. 그러므로 복잡한 사실이 단순한 사실에 비해 공통적인 측면을 노정하지 않으며 서로 우연적인 것으로 보이는 경우에도, 그 사실을 성립시키는 법칙들은 모조리 필연성을 따르며 따라서 사실은 우연성의 외모에도 불구하고 완전히 필연성의 집합이다.

b) 또 하나의 본질의 현실에 대한 이설은 다음과 같다. 즉 본질은 구체적인 현실에서 시간과 공간을 달리하며 성립하는 여러 외연(外延)에서 추상적 작용을 거쳐 성립하며, 본질들의 외연의 관계를 정확히 파악할 수 있다면 본질들의 관계를 정확히 해명할 수 있게 되고 따라서 현실을 본질을 기준으로 하여 파악할 수 있다는 주장이 있다. 즉 본질들은 사물의 내용이 서로 구별되는 측면이므로 서로 관계 맺을 수 없으며 그 외연만이 질료(質料) 속에서 관계를 맺을 수 있다는 주장인데 이러한 정확한 외연의 관계는 유클리드 기하학적 공간에 외연을 투여함으로써 가능하다. 물론 이러한 이론은 본질이 현실에서 변질하지 않고 질료 속에서 성립할 수 있다는 가정에 의하므로, 본질이 현실에 나타나면 변질하여 본질을 이탈하기 때문에, 본질

이 직접적으로 현실을 구성하는 기본적인 단위가 되어야 한다는 가정 위에 서 있는 기계론과는 다르다.

c) 끝으로 본질의 현실에 대한 이설은 다음과 같다. 자연에서 성립하는 모든 현상은 물질적 현상이든 의식적 현상이든 모두 흐르고 있으며 인위적인 기호만이 고정적이므로 본질의 특징인 고정성은 기호에서만 볼 수 있다. 따라서 본질을 기준으로 하여 현실을 설명하는 것은 기호로써 성립하는 존재를 기준으로 하여 현실을 설명하는 것이 된다는 이론이다.

(2) 자발성과 현실과의 관계

이상에서 본질과 현실과의 관계를 일별하였거니와 자발성과 현실의 관계를 검토함에 있어서 역동론은 사물의 내용의 질재적인 연관성(filiation réele)을 찾는다는 구절이 지침이 된다.

사물의 내용의 관계 맺음은 모조리 그 관계 맺음 자체를 실재케 하는 관계 맺음이 아니며 그중에는 실재를 가능케 하지 않는 관계 맺음도 있다. 그러므로 어떠한 종류의 관계 맺음이 관계 맺음 자체를 실재케 하느냐의 문제가 된다. 그런데 실재한다는 것은 무가 아님을 의미한다. 다와 운동을 두 측면으로 하는 관계 맺음에 있어서 무가 아님은 불가분적인 지속과 단위를 내포하고 있다. 단위성은 그 내부에 분할 인자를 포함하고 있지 않으므로 통일적인 존재를 이룬다. 그런데 자기 분할의 인자, 즉 무는 단독으로 오지 않으며 현실 영역에서는 무규정성과 더불어 온다. 현실은 모든 측면에서 어느 장소 어느 시간을 막론하고 작용하는 무규정성, 즉 진정한 무규정성으로 인하여 하강하는 운동을 계속한다. 그리하여 자기 분할을 배제하고 자기 단위를 이룩하려면 무규정성의 기능에 역기능하는 관계 맺음이 필요하며 이 관계맺음은 정적인 것이 아니고 동적인 것이다. 그리고 이러한 단위는 관계맺음 속에서 이루어지는 단위인 만큼 이 관계 맺음은 일자로 향하며, 또 이 관계 맺음은 단위 속에서 성립해야 하는 만큼 일자 내부에서 성립한다. 따라서 부분적인 관계 맺음은 독립적으로 분리되어 실재할 수 없고, 전체적인 관계맺음 속에서만 실재가 가능하며, 이러한 관계맺음에서는 전체와 부분들이 상호간의 존재의 원인이 된다. 즉 전체와 부분들은 상호 타자화 됨으로써 무규정성 속으로 하강하는 것이 아니라, 그와 반대로 서로 상대방을 보존케 함으로 인하여 존재로 향한다. 이러한 관계 맺음은 봉쇄적이며 기계론적인 경우에서처럼 밖에서 주어지는 작용의 소산이 될 수 없으며 내부에 그 원인이 있다. 관계맺음에 있어서 자기 존재를 가능케 하는 자체 조정 능력을 자율이라 한다. 이러한 관계 맺음은 자율적인 관계 맺음이며 또한 자기 자신의 시간을 성립시킴으로써 자립을 도모할 뿐만 아니라 그 자립을 지속하케끔 하는 관계 맺음이다. 이러한 관계 맺음은 자발성의 기능의 소산이며 유기체에서 볼 수 있다. 그리고 유기체에서 자율은 그것의 존재 이유로서, 불변치를 단위로 하여 다가 성립하는 기계론적 이론에 있어서 사물의 존재이유가 되는 충족률과 대비된다.

이러한 자율적 존재와 연관된 비유기적 사물은, 기계론적 법칙 하에서 맺어진 관계와는 달리, 유기체를 중심으로 하여 하나의 통일된 현상계를 이룬다. 즉 생의 세계가 성립하는데 생의 세계의 내용은 그 일부분이 변하여도 전체가 만화경처럼 변하여 순간순간 그 내용이 다른 상황을 이루며 법칙적인 관계 맺음에서 성립할 수 없는 우연성으로 가득 차 있다.

영원에서 성립하는 본질은 즉자적으로 존재하므로 자율은 필요 없으며, 그 결과 본질의 항존성에 기초를 둔 법칙의 불변성으로 현실의 운동을 지배하여 그 운동 내용의 항존성을 확보하려는 존재론적 이론이 요청된다. 그러나 본질적 존재의 자동성(自動性)을 보장하는 운동은 공간 운동에 국한되며 모든 질적 변화는 변질이며 변질은 본질의 변질이 되는 까닭에 본질론적 입장에서는 모든 질적 변화는 본질의 상실을 뜻한다. 그러나 유기적 운동에 있어서는 모든 질의 변화는 존재로 향하며 추상적인 관계 맺음은 비독립적이므로 유기적인 관계 맺음으로 인하여 성립하는 세계 밖에서 독립적으로 성립할 수 없으며 세계 내부에서 자발성의 함수로서 성립한다.

역동론의 입장에서 보면 본질은 자발성의 기능에 의하여 세계의 표면에서 추상화된 것이다. 그런데 표면은 현실이 끝나는 곳이므로, 추상적인 공간 속에 병렬된 본질은 유기체를 중심으로 성립하는 세계 내용이 그 세계의 전체적인 연관성을 떠나 허무 속으로 흩어져 나가서 상호 연관성을 상실하여 소멸되려는 직전의 상태이거나 또는 자발성의 기능에 의하여 생기(生起) 직후의 상태이다. 그러므로 추상적인 공간에서의 본질들의 병렬은 사물들의 내용의 최소한의 관계맺음이며 또한 최초의 관계 맺음이다. 이렇게 추상적인 공간은 구체적 상황으로서의 세계로부터 자발성이 탈출해 나가는 한계점에서 성립하며, 그것 자체가 자발성의 소산이므로 자발성이 구체적인 세계 속으로 던져지기 이전의 상태로 초월하려는 통로로서의 의미가 있다.

박홍규는 위 논문에서 플라톤의 사물이나 사태에 대한 본질(이데아)에 관한 영원성의 좌표를 베르그송이 영혼의 자발성을 전제하는 지속의 존재론(시간론)적 관점으로 환원하면서 이데아론을 필연성과 가능성, 그리고 이에 관계하는 현실성과 우연성에 대한 아리스토텔레스의 일상언어에 의한 일반논리학의 양상론적 관점을 전복하고, 종국적으로는 영원의 좌표가 베르그송의 시간의 좌표로 환원되어야 함을 말하고 있다. 달리 말하자면, 플라톤의 이데아론을 가능케 하는 영원의 좌표가 사실상 베르그송의 시간의 좌표로 환원된다는 것은 플라톤이 『소피스테스』편에서 말하고 있듯이 영혼의 능력 위에서 가능하다는 것을 말하는 셈이 된다. 그리고 이러한 영혼의 능력이 '미소하다'는 것은 영혼의 능력이 한계가 있다는 것을 의미하는 것이며, 이는 인간 영혼의 능동-수동성에 따르는 능력이 물질로서의 타자성과의 관계에서 동일성 자체로 나타나 동일성-타자성의 변증법적 관계를 맺는다는 것을 의미한다.

그런데 플라톤의 동일성-타자성의 변증법의 특징은 동일성이 자기 자신에게로 회귀하는 자체성의 성격을 지니고 타자성은 다른 것에 다르고 자기 자신에마저 다르다는 이산적(離散的)성격을 지니고 있어서 영혼의 운동과 물질의 운동이 정 반대로 역행하며 이들의 운동이 서로를 관통한다(역기능한다)는 사실에 있다. 말하자면 영혼의 운동은 물질과 접하고 있을 뿐 필연적인 관계를 맺고 있지 않다는 사실에 있다. 이 때문에 영혼과 물질의 관계는 이원론적인 것으로 나타나며, 박홍규가 누누이 말하듯이 인간 영혼은 접촉이 의미하는 우연성에 이중적으로 노출된다는 변증법적 특징을 지니고 있는 것으로 나타난다. 달리 말하자면 인간 영혼처럼 자발성이 결핍되거나 중화될 수 있게 하는 아페이론 때문에 영혼의 능력에 한계를 설정해야 한다는 것과 한편으로는 인간 영혼이 물질과 필연적으로 관계 맺을 수 없다는 것을 말하고 있다. 이 때문에 베르그송은 '물질'관념이 오히려 영혼의 자발성이 약화되어 탄생할 수 있으며 유클리드 기하학적인 필연성이 나타나는 박홍규가 말한 영원의 좌표로 일컬어진 공간좌표[동시성의 체계]가 지성에 의해 만들어진(인위적) 개념임을 말한다.[62]

그럼에도 불구하고 아리스토텔레스는 베르그송과 달리 이러한 영혼의 자발성이 무규정성과 관련하여 능동-수동 양상으로 분화될 수 있고 이러한 양상이 또한 중화될 수 있음을 말한다는 것이다. 사실 소크라테스-플라톤의 본질론이 『파르메니데스』 편의 변증법 연습에 나타난 사실에 따르면 영혼의 능동-수동 양상이 중화된 것으로서 나타난다는 것이다. 이는 달리 말하자면 플라톤의 이데아적 존재란 사실 인간의 파르메니데스적인 존재론적 사유의 자연사물의 생성-소멸하는 현상에 대한 동일성-타자성에 기초한 양상론적 구성물로서 『티마이오스』 편에 나타나듯이 형이상학적으로는 이원론에 관계하지만 우주론에서는 일원론적 경향을 보인다는 사실이다. 이러한 플라톤의 동일성-타자성의 변증법적 특징은 인간 영혼의 능동-수동성이 한편으로 인간의 능력의 한계를 의미하면서도, 다른 한편으로 능동적 측면에서는 인간의 법이나 도덕률에 관계하는 활동(praxsis)과 도구 제작 기능으로 나타나고 수동성의 측면에서는 인식능력으로서 지각에서부터 감각이나 감정 활동으로 분화되어 나타난다는 것이다. 그런데 이 감정은 플라톤의 인식형이상학에서는 인식을 위해 영혼에서 정화(catharsis)되어야 할 것으로 말하는 반면, 베르그송은 오히려 이 감각이나 감정에 직관적인 인식개념을 부여하고 있다는 사실이다.[63] 따라서 이 두 철학자 공히 영혼의 기능을 한계가 있는 것으로 말하지만 영혼 불멸성을 주장한다는 것과 우주적인 영혼을 말한다는 측면에서 현대 과학적 관점에서 보면 영혼의 능력을 너무 과장하고 있다는 것이다.[64] 사실 철학사에서는

---

62 H. 베르그송, 『창조적 진화』, 3장 물질성과 지성성, pp.201~204,참조. 박홍규의 인식형이상학은 베르그송의 『물질과 기억』을 요약하고 있는 『베르그송의 <창조적 진화> 강독』, 111-129쪽에 가장 잘 드러나 있고, 특히 정신-지성-image(perception)-corps-flux라는 위계적 도식으로 나타난다.

63 송영진, 『직관과 사유』, 7장 참조.

64 베르그송은 『도덕과 종교의 두 원천』에서 말미에서 심령과학을 말하고 지구가 신들을 탄생케 하고 있다

이러한 영혼의 실재는 피타고라스학파나 아낙사고라스에서 우주적 운동의 원인으로 설정한 데에서 기원하고, 플로티누스(Plotinus)는 파르메니데스의 일자를 넘어 기독교적인 무한한 능력자로서 만물을 창조한 하나님과 관계할 수 있는 가교로서 일자유출설을 천명하고 있다.[65]

3.6. 플라톤의 변증법적 존재론의 총체적 의미

우리는 『파르메니데스』 편에서 소크라테스가 형상론을 주장하면서 이를 자연적인 영역에서는 제한적으로 사용하면서도 인간의 행위의 영역에서까지 사용하려한다는 것을 알 수 있다. 이는 현대의 자연과학적 관점과 도치되어 있다. 다른 한편, 이 대화록에서 파르메니데스는 형상론을 인간의 행위의 영역에서는 물론 자연의 영역에서까지 무제한적으로 사용하려한다는 것을 알 수 있었다. 이들은 자연의 영역과 행위의 영역에서 서로 다른 태도를 취하면서 소크라테스는 신성을 향하고 파르메니데스는 인간의 길까지도 고려하려고 한다는 점에서 이들 진리탐구의 태도는 서로 상반되어 있으나 지향점이 공통적이라는 것을 알 수 있으며, 그럼에도 불구하고 영혼의 기능을 전제한다는 점에서 그들이 일치하고 있음을 알 수 있다. 이러한 통찰이 옳다는 것은 우리가 『파이돈』 편에서 영혼 불멸 논증이 제논의 여럿에의 논증이나 운동역설과 형식적으로 동일하다는 사실에 있다.

다른 한편, 소크라테스와 파르메니데스 이 양자가 일치하는 점이 또 하나

고 말한다. 한편 현대과학의 모든 성과는 생물학에서 종합되고 있고, 생물학에서는 다윈 진화론이 진리가 되고 있는데, 이 진화론은 베르그송이 말하는 한편으로는 창조적 진화의 성격을 지니지만 다른 한편으로는 아리스토텔레스의 목적론과는 역전된 방향의 변증법적인 것으로 나타나고 있다.

65 송영진, 『직관과 사유』(서광사, 2005), '결론' 부분을 참조하시오.

숨겨져 있다. 그것은 『파르메니데스』 편에서 소크라테스의 산파술과 파르메니데스의 변증법이 전제하는 제논류의 논박법이다. 원래 제논의 정량적 논박법은 자연철학자 파르메니데스의 일자를 옹호하기 위한 것이다. 그리고 소크라테스의 정량적 논박법도 영혼의 존재를 옹호하기 위한 것이다. 이 때문에 제논의 논박법이 전제하는 파르메니데스의 일자와 소크라테스의 형상(과 동일시하는 영혼)을 동일시하면 제논의 논박법은 양자 어느 쪽에 대해서도 논리적으로 딜레마 형식을 취하고 있다는 것을 알 수 있다. 그렇다면 소크라테스의 산파술이 함축하는 정량적 논박법이 어떻게 형상이라는 존재를 옹호하는지를 살펴보아야 한다. 왜냐하면 형상은 정량적으로 생각되는 것이 아니라 영혼의 기능적 존재를 전제하는 정성적인 것이기 때문이다. 결국 이 딜레마를 해결하는 문제는 소크라테스의 산파술이 함축하는 정의 내리기에 함축된 제논류의 정량적 논박법이 전제하는 전체-부분의 딜레마를 벗어나는 가능성으로서의 파르메니데스의 일자와 같은 형상에 대한 영혼의 기능을 전제하는 플라톤의 변증법의 문제이다. 이 문제를 해결하는 것이 『파르메니데스』 편의 후반부에 나타난 변증법 연습에 나타난 변증법의 의미이다.

앞에서 우리는 변증법이란 말을 자주 사용했지만, 요약하자면 변증법이란 파르메니데스의 일자를 가능하게 한 존재와 허무의 의미론적 변증법을 통하여 생성-소멸이 있는 변화하는 헤라클레이토스의 현실(reality)을 기술하고 설명하려는 이론적 성찰로서 1) 한편으로 전체-부분의 양적 논리에 나타나는 모순을, 성질들의 반대로 환원(reduction)하는 것이며 존재론적으로 존재와 허무의 모순성에서 절대적 허무를 부정하고 파르메니데스의 존재론적 관점에서 생성-소멸이나 운동 가운데 있는 만물(panta)의 동일성과 차이성을 분별하는 것으로서 나타나며, 이 모든 것을 존재론의 원리(ex nihilo nihil fit)에 따라 존재 안에서 판단하는 것으로서 허무 대신 언어적으로 '존재와는 다르다'는 의미의 타자성에 기원을 둔 무한정자(apeiron)를 그 기초에 두고 있다. 2) 변증법에서 존재와 허무의 양 극단적인 모순을 완화하기 위해서 전제하는 무한정자는 존재론적으로는 원자론자들이 설정하는 한계가 없는 공허 개념에서부터 플라톤의 우연-필연성의 운동을 하는 장소(공간)와 같은 것으로 나타나기도 한다. 그런데 원자론자의 공허는 무한한 것으로 한계가 없지만 플라톤의 장소는 파르메니데스의 존재론의 원리에 지배받는 한계가 있는 것으로 나타난다(『티마이오스』 52b). 3) 존재와 허무의 모순을 무한정자를 끌어들여 모순을 반대로 완화한다 할지라도, 그럼에도 불구하고 모든 운동에 관한 이론들은 제논의 운동 역설처럼 반대와 모순을 이중적으로 함축하는 딜레마적 형식으로 정리된다. 즉 플라톤의 변증법은 영혼과 무한정자, 이 양자에 한계를 설정함으로써 이러한 딜레마적 상태의 모순을 감관-지각적 경험에 기초하여 반대 형식으로 환원하여 완화하려는 데에서 헤라클레이토스의 생성-소멸이 있는 변화하는 현실 존재에 대한 파르메니데스의 일자를 전제하는 동일성-타자성의 변증법으로 나타난다. 그리고 동일성-타자성의 변증법에서 동일성은 자기 자신에게로 회귀하는 일자의 운동을 상징하고 타자성은 다른 것과 다르고 자기 자신에 마저 다른 무규정성(apeiron)으로 나타난다. 4) 결국 플라톤에 있어서 인간의 감관-지각적 경험의 현실에 발맞추는 인간의 인식능력에 근거한 사유의 변증법적 논리는 최종적으로는 『테아이테토스』 편에 나타나 있듯이 헤라클레이토스의 세계를 파르메니데스의 존재론으로 구성하는 데에서 성립하는 것으로서 '하나와 여럿의 변증법'으로도 나타난다. 즉 모순과 반대가 존재와 허무의 이분법적인 것을 전제하는 분석-종합의 판단의 원리가 되어 있는 전체와 부분의 양-관계적 논리를 가능하게 하는 정신(영혼)의 자발성의 질적 논리로 작동한다. 5) 이러한 플라톤의 변증법의 이면에 존재하는 반대와 모순의 논리적 관계는 주어+술어적 언어의 모든 가능한 경우를 살피기 때문에 아리스토텔레스의 '일반논리학'에서처럼 전칭긍정과 부정, 특칭 긍정과 부정의 4가지 모든 판단들 사이에서 이 양자가 상보적으로 그리고 전체적으로는 모순과 반대의 4차원적인 대당관계를 이루게 되는 이유이기도 하다. 6) 다른 한편, 이러한 플라톤의 술어적 언어에 기초한 변증법은 무한한 신(神) 개념을 전제하는 헤겔에 있어서처럼 기독교 변신론으로 발전할 수 있는 것으로서 유한과 무한의 상대적-절대적인 의미와 관련하여 정반합의 변증법으로 고양되는 측면이 있기도 하다.[66]

다른 한편 변화하는 현실적 존재(reality)를 설명하려는 플라톤의 이데아론의 변증법을 박홍규처럼 지성의 전체-부분의 양의 논리를 전제하는 제논의 변증법과 감관-지각적 직관의 질의 논리를 전제하는 베르그송의 변증법으로 구분하고 후자가 전자에 역기능하는 것으로 설명하여 이 양자를 통합하는 것으로 말할 수도 있다. 그런데 제논의 하나와 여럿의 역설에 나타나는 전체-부분의 변증법은 양의 논리로서 이 양의 논리에 전제되는 무한성-무규정성(apeiron)은 존재론적으로는 원자론자들의 공허(kenon)와 같이 한계가 없는 것으로서 이에 기초한 제논의 딜레마들은 데모크리토스의 원자들의 원초적인 소용돌이-회전운동이나 루크레티우스의 경사운동을 끌어들이지 않으면 우리 우주의 현실을 설명할 수 없는 근본적인 것이다.[67] 다른 한편 이러한 지성의 양적 판단에 나타나는 딜레마들을 해결하거나 해소하려는 영혼의 지속하는 운동을 끌어들이는 베르그송의 질의 변증법에도 모순과 반대가 동일시되는 직관적 경험의 현실에 내재된 무한성-무규정성으로서 아페이론(apeiron)을 끌어들일 수밖에 없는데, 이러한 아페이론을 극복하기 위해 베르그송은 『도덕과 종교의 두 원천』에서 무한한 능력을 지닌 (기독교 신과 같은) 신비한 존재를 끌어들이고 있다. 그런데 전자나 후자에 전제된 이러한 무제약적인 능력의 존재나 무한한 공허는 인간의 제한적 인식능력의 현실에서는 인식 불가능하다. 플라톤의 변증법은 이러한 양자의 난점들을 간파하고 있는 듯이 영혼과 아페이론(apeiron), 이 양

66 유한-무한의 관계는 일상 언어에서는 반대적인 의미를 지닌 상대적인 의미를 지니나, 존재론적으로는 유한이 무한에 포섭됨으로 인하여 헤겔은 전자를 악무한이라고 하고 후자를 진무한이라고 한다. 헤겔은 생성-소멸이 있는 세계에서 생성과 소멸이 상대적인 한, 통일성을 마련할 수 없으나, 무한한 일자(하나님)를 중심으로 한 유한-무한의 관점에서 정반합의 변증법이 성립한다고 말한다.

67 현대 물리학은 원자론자들의 원초적인 소용돌이 운동 대신 대폭발(Big Bang)에 의해 시간과 공간이 역사를 지닌 우리 우주가 탄생한 것으로 말한다.

자의 기능에 제한을 가하는 데에서 성립하는 것이다.

우리는 『파이돈』 편에서 소크라테스의 자연 사물의 생성-소멸의 원인 탐구가 영혼이나 정신적인 것을 향한 것이고, 그러면서도 파르메니데스의 일자 존재론과 헤라클레이토스의 하나의 로고스의 변증법의 관계가 보여주는 반대는 물론 그 자체가 지닌 모순과 더불어 이들 상호 간에 모순되어 있음을 보았다. 즉 파르메니데스의 존재론 속에도 '일자 존재'에 관한 모순된 언명의 내용이 들어 있고, 헤라클레이토스의 '하나의 로고스'도 모순되어 있음을 알 수 있다. 그러면서도 이 양 철학자는 존재이든 로고스든 하나의 실재를 주장하는 측면에서는 동일하면서도 상호 반대와 모순관계에 있다는 것이다. 따라서 이 양자의 존재론을 하나의 관점에서 질서 있게 통합하려 한다면, 모순율에 따르는 논리적 관점에서 즉 파르메니데스의 존재론의 관점에서 헤라클레이토스의 현상론을 포섭하는 일이 될 것이다. 이러한 거대한 일을 신적-인간적으로 구분되는 영혼을 중심으로 행해짐을 우리는 대화편에 『소피스테스』에서 찾아 볼 수 있다.[68] 그런데 『파르메니데스』 편의 후반부에 나타나는 변증법의 연습에서의 변증법은 앞의 도표에서 보았듯이 여러 경우로 나타나는 동일자와 타자에서 기원하는 동일성-타자성의 변증법이다. 그리고 이러한 동일자와 타자의 변증법에서 이방인이 사용하고 있는 타자(to heteron)에 대한 의미가 『소피스테스』 편에서 무한-무규정자(apeiron)로 나타난다. 이 때문에 우리는 플라톤의 대화편 상 먼저 기록한 것으로 보이는 『테아이테토스』 편보다는 『소피스테스』 편을 먼저 분석할 것이다.

인간의 사유에서는 존재와 허무가 배중률에 따르므로 분별이 명확히 이루어지기 위해서는 파르메니데스의 일자와 같은 불변하고 고정된 존재가 반드시 있어야 하고, 따라서 존재 자체나 허무 자체는 언명 상에서 반드시 있어야

68 이러한 일은 파르메니데스의 존재론이 함축한 존재론의 원리(ex nihilo nihil fit)를 '한계'개념으로 사용하는 일이 될 것이다. 왜냐하면 인간이 사용하는 모든 존재론적 개념, 그중에서도 '존재' 개념 자체가 양상화하기 때문임을 앞으로 볼 것이기 때문이다.

한다는 것을 의미한다. 그래야 언어를 통해 의사전달을 할 수 있고 또 가르칠 수 있다. 그리고 이러한 일이 일어나기 위해서는 이 모든 경우를 포함하는 제 1가정과 제2 가정이 변증법의 연습에서 제일 중요함을 알 수 있다. 우리는 『파르메니데스』 편의 변증법의 연습의 총 결론에 대해 다음과 같이 말할 수 있다. 파르메니데스의 일자 존재 자체는 인식론적으로 있는지 없는지 알 수 없다. 그러나 존재론적으로 일자 존재를 인정하지 않으면, 현실 세계는 운동과 변화가 있는 세계이기 때문에 인식론적으로 분석할 수 있는 여지가 사라져버려, 즉 분명하게 끊고 맺는 기능(분석-종합)을 할 수가 없기에 이를 언어로 묘사할 경우 분명하게 말할 수 없고,[69] 유사하다거나 유사하지 않다고 말할 수밖에 없거나, 아니면 이러한 유사성에 따른 언어사용으로 의사소통에 혼돈만이 있으며, 역으로 우리의 사고는 언어를 통해서 이루어지는데 이러한 언어가 혼란된다는 것은 우리의 사고 작용이 이루어질 수 없거나 이루어진다 하더라도 불확실하고 불분명한 사유가 되는 것을 의미한다. 그리고 이러한 사유는 언어를 통해서 가르쳐질 수도 없다.

여기에서 우리는 플라톤의 변증법이 우선 존재론적으로 자연철학자 파르메니데스의 존재론을 전제하고 있다는 것이다. 앞에서 살펴보았듯이 파르메니데스의 존재론은 존재와 허무의 배중률에 근거하고 있는 신적인 길로서 엄밀 정확한 정의 내리기를 가능하게 하는 것이다. 반면에 인간은 생성-소멸하는 현상계에서 양 머리를 지닌 상대론적인 의견들만이 가질 수 있는 세계에 살고 있다. 전자는 사유만이 파악할 수 있는 길이요 후자는 감관-지각적 경험의 세계이다. 그런데 파르메니데스는 이 양 세계가 존재론적으로 그리고 인식론적으로 어떠한 관계에 있는지를 살피지 않았다. 플라톤의 변증법은 바로 양 세계가 존재론적으로 그리고 인식론적으로 어떠한 관계에 있는지를 살피고자 한다. 그런데 인간의 사유는 한편으로 존재론적으로는 영혼과 관계하며

---

69 이러한 사태를 문학적으로는 언어의 의미가 비유나 은유에 기초한다고 한다.

인식론적으로는 언어와 관계한다. 반면에 인간의 감관-지각은 한편으로 이러한 사유하는 영혼과 관계하면서도 다른 한편으로는 행위와 관계하는 것으로서 즉 영혼의 능동-수동의 변증법적 기능과 관계하여 사유와 관계하는 인식의 문제뿐만 하니라 실천의 문제도 관련되어 있는 것으로서 전체적으로는 파르메니데스의 존재론과 존재론적으로나 인식론적으로 이중적으로 관계하는 복잡한 것이다. 즉 인식론적으로는 언어와 관계하고 존재론적으로는 인간의 영혼의 능동성-수동성과 관계하기 때문에 플라톤의 변증법은 제1권 서문에서 언급하였듯이 적어도 파르메니데스의 존재론과 관계하여 존재와 언어, 그리고 인식과 실천의 4가지 문제와 관련되는데 전자의 문제는 파르메니데스의 존재론과 관계하는 사유하는 '영혼의 존재와 능력'의 관점에서 『소피스테스』 편에서 다루어지고 있고, 후자의 인식과 실천의 문제는 『테아이테토스』 편에서 다루어지고 있다. 즉 플라톤의 변증법이 관계하는 이러한 모든 문제는 한편으로 존재의 문제로 환원할 수 있거나 다른 한편으로는 인식의 문제로 환원할 수 있다.

우리가 플라톤의 변증법과 관련된 이러한 모든 문제를 인식의 문제로 환원할 경우, 우리는 인간의 사유가 어떻게 이루어지는가를 살피는 것이 된다. 그런데 인간의 사유는 언어를 통하여 이루어지고 있다. 그런데 인류의 언어는 주어+술어의 형식으로 되어 있다. 이러한 문장 형태로 된 명제에서 주어나 술어가 한 존재의 실체나 속성을 지칭하거나 묘사한다고 볼 때, 파르메니데스의 존재론적 관점에서는 술어도 존재를 지칭한다고 말할 수 있다. 이 점은 우리가 『크라틸로스』 편 분석에서 『크라틸로스』 편의 이름이나 명칭에 대한 관점에서 확인할 수 있었다. 따라서 한 문장 형태로 된 명제는 일반 명사와 일반 명사를 술어 '이다'와 '아니다'라는 존재술어로 연결한 것이 된다. 그리고 이러한 명제가 의미를 가지려면 '이다'와 '아니다'는 존재의 동일성과 타자성의 의미를 지녀야 한다는 것을 파르메니데스 편의 후반부 〈변증법의 연습〉 부분에서 확인할 수 있었다.[70] 그리고 이러한 벤-다이어그램의 배후에는 아리스토텔레스가 정리한 일반논리학, 즉 형식논리학이 전제되어 있다. 달리 말하자면 주어와 술어에 나타난 두 술어적 명사 사이에 의미가 통하려면 동일성-타자성의 논리에 따라야 한다는 것이다. 그리고 이러한 파르메니데스의 일자존재론이 전제된 동일성-타자성의 논리는 아리스토텔레스의 일반논리학의 법칙이라 불리는 동일률, 모순율, 배중률이 전제되어 있다.[71]

아리스토텔레스의 형식논리학은 전칭판단과 특칭판단을 조합하여 4개의 판단 간의 함축과 반대와 모순의 대당관계로 보여준 것이다. 그리고 이러한 아리스토텔레스의 형식논리학은 일상 언어의 연역법의 모델로 2,000년간을 그 영광을 지속하여 왔다. 현대에 와서 B. 러셀과 A. N. 화이트헤드의 『수리논리학(principia mathematica)』을 시발로 하여 아리스토텔레스의 형식논리학이 기호논리학으로 정리되는데, 이러한 기호논리학은 언어의 의미를 엄밀 · 정확하게 전달하기 위해서 수학과 같이 형식화한다는 점에서는 기능적으로 우수하지만, 가치나 존재론적 의미는 사라지고, 따라서 반대 관계는 사라지고, 아리스토텔레스의 연역 논리학은 모순 관계만을 토대로 하여 토톨로지(tautology)의 공리체계로 정리될 수 있는 것이다. 그리고 이러한 기호논리학으로 유명한 것으로서 러셀-힐버트 공리계가 있다.

그런데 아리스토텔레스의 일반논리학이 지니는 이러한 술어 논리를 전제하는 일상 언어가 인간의 경험의 진리를 나타내기 위해서는 분석-종합하고 일반화하는 인간 사유의 역 과정을 거쳐야 한다. 달리 말하자면, 헤라클레이토스가 말하는 생성-소멸이 있는 동적 세계를 인식하는 감관-지각적 체험과

---

70 파르메니데스의 변증법의 연습에 나타난 벤-다이어그램에 나타난 동일성-타자성의 논리는 이 대화편에서 파르메니데스가 말한 변증법으로서 수많은 철학자들로 하여금 그 현란한 논리가 어떻게 성립하는지에 대한 의문을 가지게 했고 현대에서도 『파르메니데스』편에 대한 연구나 탐구를 계속 하게 한 것이다. 그러나 파르메니데스편의 연습에 나타난 동일성-타자성의 변증법적 논리를 벤-다이어그램에 따라 해석하면 플라톤 변증법을 분명하고 명확하게 그리고 일목요연하게 바라볼 수 있게 된다.

71 송영진, 『철학과 논리』(2002-2010), 276-277쪽들.

이를 기초로 하여 이러한 감관-지각적 경험을 사유는 귀납하고 분석-종합하여야 자연과학이나 인문사회과학이 탐구하는 이론적 지식이나 실천적 지식에 있어서 진리 인식이 가능하게 된다는 것이다. 이러한 사태를 알기 위해서는 인류 역사상 최초로 플라톤이 『테아이테토스』 편에서 말하고 있는 것으로서 인간의 인식기능인 감관-지각적 경험과 관계하여 언어를 통해 사유하는 인간의 사유가 어떠한 관련을 맺고 있는가를 살펴보아야 한다. 여기에서는 우선 플라톤의 변증법이 관계하는 이러한 모든 문제를 존재의 문제로 환원하는 『소피스테스』 편을 분석해보자.

Chapter 04

플라톤의 존재론에서 잠세적 (가능적) 능력으로서의 영혼

4.1. 동일성-타자성의 변증법

플라톤의 존재론에서 잠세적(가능적) 능력[1]으로서의 영혼

플라톤의 대화록 『소피스테스』 편은 소피스트를 정의내리기 위해 현실에서의 소피스트들의 행태를 투명하게 인지하고 선문답하듯이 대화를 주도하는 이방인과 이를 정확히는 인지하지 못하는, 그러나 수학이나 기하학에서는 뛰어난 재능을 지닌 젊은 테아이테토스가 나누는 대화이다. 대화편 전반부는 소피스트들의 행태를 현상학적으로 기술하는데, 이러한 기술(description)은 범주적으로 이분법(경우에 따라 삼분법)에 의한 분할(dihairesis)과 분할된 것들을 최종적으로 결합(synagoge)하는 방식으로 수행된다. 소피스트의 행태를, '획득한 기술을 지닌 사냥꾼으로서 부잣집 젊은 아이들은 사냥하는 가짜 교육자'(223b), '말과 말로써 배울 수 있는 것들을 다루되 정치적 덕(arete: 타월성)을 방법적으로 가르

1 전능의 현실적 능력이 아닌 잠재적 능력이란 '가능성의 능력'으로서 컨포드(A. M. Cornford)가 말하듯이 (F. M. 컨포드(F. M. Cornford), 남경희 역, 『종교에서 철학으로』(이화여대 출판부, 1995), 17쪽), 그리스 신화의 신들이 지니는 능력이다.

칠 수 있다고 도매술로 파는 상인'(224b), '언어와 말로 배울 수 있는 것을 다루되 소매술로 파는 상인'(224d), '언어와 말로 배울 수 있는 것들을 다루되 직접 만들어서 소매술로 파는 상인'(224e), '쟁론적 반박과 말다툼 기술(논박술)을 통해 돈벌이 하는 자'(226a)로 표현한다. 특히 소피스트들은 자신에게 배우는 것을 방해하는 의견과 믿음을 제거할 목적으로 다른 사람들을 논파하는 논박 기술을 가진 것으로도 나타나는데, 이러한 소피스트들의 논박술은 소크라테스와 마찬가지로 모든 주제들에 관해 수행하는 것이기 때문에 젊은이들에게 지혜로운 자로 나타나 보인다.[2] 그러나 인간으로서는 세상만사 모든 것을 알 수 없기에 이러한 일은 있을 수 없다(233a-c).

사실 『소피스테스』 편은 철학자와 대비된 소피스트의 진상(眞相)을 드러내 보이려는 대화록인데, 이것은 철학자와 유사하게 보이는 소피스트의 존재를 그들의 말의 허위성에 근거지우고 허위 자체가 존재론적으로 어떻게 성립할 수 있는지를 살피는 것이다. 이 대화편의 이방인은 소피스트를 정의하기를 "모든 것에 관하여 우리들에게 그럴 듯하게 보이는(doksastiken) 지식을 지니고 있지만 진실한 지식을 지니고 있는 것이 아니다."(233c)고 한다. 그리고 이어서 소피스트는 "만물에 관하여 말하고 논쟁하는 기술이 아니라 하나의 기술로써 모든 것을 만들고 행하는 것을 안다."(223d)고 주장하나, 사실은 순진한 어린애를 속이는 화가가 그림으로써 실재를 대신하려고 하듯이, 소피스트는 사물의 실재성을 경험치 못한 젊은 청년들을 말로써 하는 "진리를 듣고 있고 또 만물에 관하여 소피스트가 가장 현명한 사람인 것처럼 믿게 만든다."(234c)고 한다. 그러므로 소피스트도 실재의 모방쟁이이자 그림놀이 하는 사람이며 그것도 말로써 하는 사람임을 밝힌다. 즉 이방인에 따르면 언어란 실재에 대해서는 일종의 그림(자)의 관계에 있다는 것이다.

2 현실에는 우연성이 지배하고 있기 때문에 이에 따르다보면 어떠한 관점도 질서를 이룰 수가 없고 모든 것이 무질서 하다는 관점이 성립하고 따라서 모든 것이 우연성에 지배되어 논박가능하다.

언어와 실재 사이의 관계가 그림(자)과 실재 사이의 관계라면, 문제는 그림과 실재 사이를 연결하는 형식적인 관계 이외에 실재로서 존재론적인 근거가 있느냐 하는 것이다. 이방인은 그림이 실재와의 관계에서 실재를 정확히 묘사할 때는 그 그림기술을 모상술(eikastike)로 부르고 실재를 있는 그대로의 비례로 묘사하지 않고 아름답게만 하려고 할 때는 환상술(phantastike)이라고 분류함으로써, 소피스트가 실재를 부정확하게 그리는 환상술에 속하는 사람으로 분류하려 하지만(235-6), 이 경우 그림과 실재 사이의 관계는 일반적으로 형식적 측면에서의 상사(相似)관계이거나 환원적 관계, 혹은 유비관계이거나 상징의 관계로 이해될 뿐이지 실질적인 존재론적 관계는 아니다. 이 때문에 소피스트의 허위성을 존재론적으로 확보하려고 하는 이방인은 언어와 실재 사이의 관계를 그림과 실재 사이의 형식적 관계를 넘어서서 현상과 실재의 문제로 환원하고(236c), 갑작스러운 비약을 하듯 허위문제에 관한 존재론적인 문제에로 대화를 바꾼다(236e). 그런데 존재론적으로 허위는 파르메니데스가 말했듯이 비존재에 기초하고 있다. 따라서 문제는 과연 '비존재가 있느냐?'는 문제로 나타나며, 이것도 이 문제를 언어로 표현해야 하는 어려움이 제기된다. 이방인은 소피스트의 말에 의한 기술을 유사 모방술로서의 환상술(幻像術)의 범주에 넣기 위해서 말과 사물, 그리고 이들 사이의 관계에 대한 존재론적인 문제를 다음과 같이 표명한다.

> "그렇게 있지 않지만 그렇게 보이거나 그렇게 믿어지는 것, 그리고 어떤 것을 말하지만 참이 아닌 것을 말하는 것, 이 모든 것들은 예전이나 지금이나 당혹스러운 어려움에 가득 차 있기 때문에 말을 할 때, 거짓이 정말로 있다는 것을 어떤 방식으로 말해야 하거나 믿어야 할지는, 그리고 그렇게 언명했을 때 모순에 빠지지 않는다는 것은 전적으로 어렵다. 왜냐하면 이 언명은 '있지 않은 것이 있다'고 가정하기 때문이며 거짓은 다른 방식으로는 있을 수 없기 때문이다."(236e).

이방인은 거짓의 문제를 존재론적으로 파르메니데스의 존재론과 관련된 것으로 언급하는 이 언명은 서양 철학사에서는 인식론의 문제와 관련하여 복잡한 문제를 일으키며, 이러한 문제를 해결하기 위해서 존재론과 관련된 철학적인 말에서 적어도 우리가 제1권에서 살핀 『크라튈로스』 편과 관련하여 언명(언어)에 대한 파르메니데스의 존재론적 관점에서 교통정리를 하고자 하는 것으로 나타난다.[3] 사실 파르메니데스도 그의 시 가운데에서 "허무에 대해서는 생각할 수도 없고 말할 수도 없다."고 말하면서 허무에 대해 언급하고 있듯이, 위의 언명에서 '그 어떤 점에서도 있지 않은 것'을 우리는 언명하고 있기 때문이다. 그런데 파르메니데스는 그의 존재론에서 '허무는 있는 것에 적용될 수 없기에 그 어떤 것에도 적용해서는 안 된다는 것'(237c)이다. 그러나 '그 어떤 점에서도 있지 않은 것'은 하나의 '이름'으로 있다. 결국 '그 어떤 것'은 어떤 '하나'를 말하는 것인데, 허무는 어떤 것도 아니기에 '하나'조차도 전혀 아닌 것으로 말해야 한다는 것이다. 즉 그런 사람은 아무것도 아닌 것을 말하지만, 말을 한다는 점, 이 점조차도 인정되어서는 안 된다는 것이다. 결국 있지 않은 것을 말하려는 자는 말조차도 하는 것이 아니라고 말해야 한다는 것이다(237d-e).

파르메니데스는 그의 존재론에서도 '존재'에 대해 허무와는 다른 비존재로서 '어떤 다른 것'이라는 말을 덧붙이고 있다. 그런데 우리는 모든 수를 '있는' 것들에 속한다고 생각한다. 여기에는 수 아닌 것도 존재한다는 전제가 뒤따른다. 따라서 우리는 수를 여럿이든 하나이든 있지 않은 것에 적용하지 말아야 한다. 그러나 있지 않은 것들, 혹은 있지 않은 것을 수와 분리된 채 입으로 언표한 수 없다. 있는 것을 있지 않은 것에 연결시키려고 시도하는 일은 정당하지 않기 때문이다(238c). 파르메니데스는 그의 시(詩) 〈단편〉8에서 있는 것

---

3 『소피스테스』편에 나타난 다양한 가설적-연역적 관점의 변증법의 전체적 관점에서 보면, 이방인의 말에 관한 교통정리는 언어가 사물들의 동일성과 차이성에 대한 구분에서 기원하기에 사물의 관점에서 그리고 이를 파르메니데스의 존재론에 따르는 인식론적인 관점에서 정리하고, 이를 최종적으로 언어, 그리고 이를 형식화한 수학적 관점에서 정리되어야 할 것으로 말하고 있다.

에는 어떤 것이 덧붙여질 수 있다고 말하고, 없는 것에 대해서는 어떤 것도 덧붙여질 수 없다고 한다. 그래서 파르메니데스는 존재는 일자이고 전체이며 생성-소멸은 물론 나누어지지도 않고 사방으로 고르게 퍼진 유한한 구와 같은 것으로 말하고 있다. 그런데 거짓은 있지 않은 것을 말하는 데에서 성립한다. 그래서 누군가가 있지 않은 것을 논박하려할 때마다 이 논박자를 난처한 지경에 빠트려서 '있는 것과는 다른 것'을 언급해야 하고, 더 나아가서는 없는 것도 '어떤 점에서 있다'는 것을 말하지 않을 수 없다는 것이다. 즉 이방인은 소피스트를 사로잡기 위해서 이 점과 관련하여 자신과 '모순되지 않을 수 없게 된다.'는 것이다(238d).

그러나 이방인은 진리와 거짓을 구분하고 소피스트를 철학자와 구분하기 위해 말하는 것에서만 찾지 말고 '눈을 가지고 있는 사람'에게서 찾자고 한다(239 e). 왜냐하면 모상이나 닮음과 관계하여 물에 비친 어떤 것이나 주조된 어떤 것을 말할 경우, 소피스트는 당신의 말을 비웃을 것이기 때문이다. 그는 거울도, 물도, 눈에 보이는 그 어떤 것도 전혀 알지 못하는 양 행동하면서, 오직 당신의 말(사유)로부터 나오는 것에 대해서만 당신에게 물어볼 것이기 때문이다(239e). 그러나 감관-지각에 나타난 "여럿이라고 말했던 이 모든 것에 두루 걸쳐 있는, 그리고 하나의 '이름'으로 불릴만하다고 생각했던 것으로서, 이 모든 것이 마치 '하나인 것처럼' 이것들에 대해 당신이 '모상(이미지)'이라고 언표한 것이다. 여기에서 이방인은 감관-지각과 사유를 분리하고 감관-지각에 나타나는 것(현상)을 (실재에 대한) 모상이라 부르며, 이러한 모상은 수학적오로는 '여럿에 걸쳐있는 하나'로 표명하고 있다.

결국 이방인은 존재론적으로나 인식론적으로 말과 사물과 이미지를 구분하면서, 이들이 서로 다르면서도 우리 사유에서는 어떤 연관성을 맺고 있다는 것을 표명하고 있다. 그런데 이러한 '모상은 참된 것과 비슷하게 만들어진 그와 같은 다른 것'이다(240a). 결국 감관-지각적 경험의 사태를 인정하고 이를 통해 존재와 비존재를 말해야 하며, 이 경우에는 '있는 것들에 반대되는 것들'을 믿음으로써만 거짓 믿음이 있게 되며, 이 때문에 "있지 않은 것들은 어떤 점에서 있어야 하며, 거꾸로 있는 것이 어떤 식으로는 있지 않다는 것을 강제해야 한다는 것이다."(241d). 여기에서 "있는 것이 어떤 식으로든 있지 않다는 것"으로 표현된 것은 역설적으로 "실재하는 것이 우리의 관념 안에 있지 않다."는 것을 지칭하는 것도 될 것이다.[4] 이방인은 관념과 감관-지각적 경험을 인식론적으로 구분하고, 감관-지각이 실재와 접하고 있다는 것을 나타내는 것이다. 그리고 인간적 경험에 관해 말을 하려면 말과 사물, 그리고 이미지를 구분하면서 수학에서 하나와 여럿이 서로 관련되어 있듯이 '정지'를 상징하는 존재와 '운동'과 관련되어 언명되는 허무가 의미론적으로 파르메니데스의 존재와 서로 관련되어 있다는 것을 표명하기 위해 파르메니데스의 존재론에 대한 부친살해(patricide)를 하는 다음과 같이 정리될 수 있는 긴 논변을 편다.

파르메니데스의 존재론에서 허무 자체의 언급은 인간의 사유에서 도달할 수 없는 것으로 벗어나 있다. 그러나 인간의 사유에서는 허무도 어떤 점에서 있어야 하며, 그것도 있는 것과는 '다른 어떤 것(타자성)'으로 있어야 한다는 것을, 그리고 '이름'이 기원하는 인간의 경험적 관점에서 보기 위해, 이방인은 파르메니데스의 존재론적 관점에서 존재사 'einai'를 존재를 지칭하는 것과 서술하는 것으로 분류하고, 서술하는 기능의 존재사는 허무에도 부과되어 파르메니데스가 존재와 허무를 분리하여 이원론적으로 말한 것을 연결하는 기능을 하는 것임을 변론하는 변증법을 전개한다. 즉 'einai'의 개념이 '있음'의 존재 개념에서 분화되어 '임'이라는 양상 개념으로 변모하는 것이다. 그리고 우리가 옳게 말하려면 말로써 존재하는 서술형 존재사 '임'은 하나로서도 여럿으로서도 구분해 내어서도 안 되고 심지어 그것으로 불러서도 안 된다는 것이다. 그것은 언어적으로는 규정할 수 없기에 무규정하다는 의미를 지닌

4 인식과 그 대상과의 문제로서 근대 철학에서 영국 경험론과 대륙 합리론에서 나타나듯이 관념과 경험의 실재론 논쟁에서 드러나는 딜레마를 지칭하고자 한 것이라고 해석할 수 있다.

무한정자(apeiron)이다.[5] 왜냐하면 그는 이렇게 부르기만 해도 '하나'라는 형식으로 부르는 셈이 될 테니까(238c-239e). 그렇지만 무한정자인 '아페이론'은 '하나'라는 '흔적(규정성:이름)'을 지니고 있는 것이다. 이렇게 하여야만 하나와 여럿, 그리고 전체와 부분의 논리에 따라 파르메니데스가 말한 허무에 관하여서도 존재에 관해서 말하듯이 '어떤 점에서' 모두 말할 수 있게 된다. 그래서 우리는 이러한 허무에 관한 말을 수행하는데 필요한 '어떤 점에서 존재하는 것이라고 말할 수밖에 없는 이 무규정자- 무한정자(apeiron)라는 사생아적 사고가 포착하는 존재(notos on: 『티마이오스』 52b)가 있다는 것을 인정해야 한다는 것이다. 결국 이 사생아적 존재는 언어적으로는 'be' 동사 'einai'에 결부되며 인식론적으로는 존재를 긍정하는 것과 부정을 통하여 동일성과 타자성의 논리로 나타난다. 현상의 생성-소멸을 언표하는 데에서 '질서 있는' 의미를 지니기 위해서는 어떠한 제한이나 '한계'를 지녀야 하는데, 그것이 바로 파르메니데스가 존재 자체에 부여한 한계이며, 이 한계의 개념이 파르메니데스의 존재론에서는 모순율의 원리(ex nihilo, nihil fit)로 나타난다는 것을 제1권에서 밝혔다.

대화록 전반부는 소피스트들의 철학자들을 모방하는 행태에 관한 분할(dihairesis-synagoge)에 의한 현상학적 기술이지만, 후반부에서는 소피스트들의 모방술이 실재와의 관계에서 어떠한 의미를 지니는지 존재론적으로 분석하기 시작한다. 그리고 이러한 분석은 헤라클레이토스의 만물 유전설(panta rhei)을, 즉 자연 존재자들의 생성-소멸을 파르메니데스의 존재론의 관점에서 인간 영혼을 매개로 분별해내는 인식론적인 작업(인식 형이상학)이다. 여기에서 파르메니데스의 존재론을 인식론적으로 변형한다는 것은, 파르메니데스의 불변하는 존재를 인식하는 것은 인간 영혼의 사유 부분에 합당한 것으로, 그리고 만물

5 이방인은 여기에서 직접 언급하고 있지는 않지만 존재에 관련되거나 빗대어진 아페이론(apeiron)으로 나타나는 허무 개념은 두 가지 의미를 가지는 것으로 나타난다. 하나는 존재론적으로 언급된 무규정자로서 질료적인 아페이론이고, 인식론적으로 나타나는 영혼에 나타나는 아페이론으로서의 타자성(부정성)이다. 그리고 이 양자가 결합된 것이 '부정'의 존재론적 의미이다. 역으로 이러한 존재론적 관점에서 보면 '긍정'은 '하나'라는 흔적을 지닌 '아페이론'이라는 이름의 관념적 동일성인 셈이다.

의 생성-소멸하는 운동을 지각하는 기관으로서는 감관-지각에 합당한 것으로 배분한다는 것이다.[6] 결국 거짓과 진실을 구분하기 위해서는 우리는 어떤 방식으로든 허무를 인정하여야 하고, 이러한 허무는 감관-지각에 나타나는 동적 사태를 묘사하고 설명하기 위해서 끌어들여야 하는 것으로서, 언어적으로는 긍정과 부정을 통해서 동일성과 차이성을, 인식론적으로는 한편으로 대상존재와 인식하는 주체의 존재를 구분하고, 이들을 주체의 영혼의 능동적 사유와-수동적 감관-지각적 기능(logos-pathos)을 매개로 하여 연결하며, 다른 한편으로 이러한 맺고 끊는 것에 부응하는 것이 존재론적으로 존재와 허무를 연결하면서도, 허무와 관련하여 수동성으로 나타나는 수용적인 것이 무규정자나 무한정자(apeiron)라는 것이다.[7]

사실, 감관-지각에 드러나는 만물의 생성-소멸은 운동론의 관점에서 살펴야 하고, 이러한 운동 속에서도 불변하는 법칙이나 양상의 측면은 이러한 생성-소멸을 반복하는 자연 사물들에 대한 귀납과 추론을 수행하는 사유가 판단하는 내용이다. 파르메니데스의 '생성-소멸이나 운동, 가분성을 배제하는 일자적 존재'는 바로 존재와 허무에 대한 인간 사유의 배중률적 판단(to be or not to be)에 따른 것이다. 이러한 배중율적 판단에 따르면 허무 자체는 없기 때문에 없다. 즉 파르메니데스의 존재론에서 허무 자체(ouk on)는 존재하지 않으므로 존재만이 있는 것으로 판정된다. 존재와 허무 사이에 넘나들 수 없는 커다란 벽이 존재하는 것이다. 인간의 이러한 배중률에 따르는 사유는 창조론을 부정하는 판단(ex nihilo nihilo fit)에 이르게 되는데, 이러한 사유는 인간들이 경험하는 자연 사물들의 생성과 소멸을, 즉 운동(양의 증감)이나 (질적)변화를 설명하거나 판

6 이 일은 『테아이테토스』편에서 수행된다.

7 허무(ouk on) 대신 들여온 이러한 무한정자(apeiron)는 원자론자들의 공허(kenon)와 달리 실재하는 것으로서는 한계를 지니며, 한계를 지니지 않으면 피타고라스학파에 따르면, 우리의 인식과 거리가 먼 신적인 세계의 것이다. 그런데 플라톤의 인식론에서는 이 무한정자는 역으로 거짓이나 모방을 기술하고 표현하기 위한 인간의 언어와 인식에 필수적인 요인으로 나타난다. 그리고 이러한 무한정자의 수학적-양적 측면에서의 무한 개념은, 개념이 아니고 부동(浮動)하는 운동과 관계하는 개념임이 박홍규의 무한정자에 대한 설명이나 수학자들이 다루는 호텔방 역설에서 나타난다.

정할 수 없게 만든다. 이 때문에 파르메니데스의 존재론적 사고의 결과를 한편으로 인정하면서도, 이러한 존재론을 통하여 경험 사물들의 생성과 소멸을 설명하려는 데에서 한편으로는 공허(kenon)의 존재를 인정해야 (공간)운동을 설명할 수 있다는 점에서 공허를 '존재가 아닌 것(me on)도 존재 못지않게 존재한다."고 주장하는 원자론자들이 나타난다. 다른 한편, 파르메니데스와 같이 허무 자체(ouk on)를 부정하면서도 생성과 소멸, 그리고 운동 일반을 말하기 위해서는 양적으로는 무한정자이며 질적으로는 무규정자로 불리는, 인식론적으로는 우리가 알 수 없는 무한성(apeiron), 존재론적으로는 아낙시만드로스가 말한 만물의 원질로서 무한정자(apeiron)가 존재한다고 하고, 그럼에도 불구하고 원자론자들의 한계가 없는 공허와 달리 이러한 무한정자는 파르메니데스의 존재에 '한계'가 있는 것처럼 '한계'가 있어야 한다는 실재론적인 것이며(『티마이오스』 52b), 이것이 엠페도클레스나 아낙사고라스처럼 자연사물의 생성-소멸의 원인으로서의 영혼(psyche)이나 정신(nous)의 존재와 관계하는 데에서 발전하여 만물의 생성과 소멸을 설명하려는 소크라테스-플라톤적 사고가 나타난다.[8]

우리는 『파이돈』 편에서 소크라테스의 형상론이 제시되고, 『파르메니데스』 편에서 이러한 소크라테스의 형상론이 비판되는 듯한 인상을 받았다. 그러나 이러한 비판은 소크라테스가 형상의 기능적인 측면을 모순율에 따르는 파르메니데스의 존재론의 배중률에 따르는 전체-부분의 논리를 넘어서까지 적용하려하는 것을 금하기 위한 것이었다. 즉 형상의 기능을 무한정으로 적용하는 것을 제한하려는 것이었을 뿐이다. 이 때문에 소크라테스의 기능적 형상론은 이제 한계와 로고스에 지배되고, 이러한 소크라테스의 형상론은 우주신 데미우르고스가 이데아 세계를 보고서 장소(chora: apeiron)에다 이를 실현하는 것으로 묘사되는 『티마이오스』에서 다시 나타남을 볼 수 있다.[9] 그리

8 H. 베르그송, 『창조적 진화』, 316쪽.

9 원자론자에 나타나는 공허는 인간의 인식론상 우주론의 유한성-무한성과 같은 많은 문제를 일으키는 원천이듯이 플라톤이 끌어들이는 무규정자는 물질이나 정신을 논하는 가운데 들어오는 우연성 때문에 소

고 『파르메니데스』편 이후의 소크라테스의 정의내리기를 통하여 형성된 형상론은 그것이 생성-소멸하는 모든 자연적 사태의 것이나 인간의 행위에 대해서까지 적용하는 것에 대해서 어떤 점에서 제한을 가하는, 말하자면 사태의 진상에 따라 옳게 혹은 행위에 있어서는 적도(to metron)에 따라 적용하는 것으로 나타난다. 즉 형상들의 기능적 측면과 존재의 꼴인 한계적 측면을 상호 조정하여 헤라클레이토스의 생성-소멸이 있는 일원론적 세계상을 파르메니데스의 일자 존재론의 입장에서 구제하거나(구성하거나) 역으로 파르메니데스의 이원론적인 존재론을 인식론적 입장에서 헤라클레이토스의 현상론과 통일적으로 조화롭게 보완하고자 한 것이다.

존재론적인 비존재 자체(허무)는 언급이나 언명하는 것 자체가 무의미하므로 파르메니데스의 비존재에 관한 언명(조각글 2)은 없었어야 한다(죽어야 한다). 왜냐하면 비존재에 기초한 존재란 있을 수 없는데, 한편 언어는 존재론적으로는 실재의 그림으로서 있기 때문이다. 따라서 비존재나 허위를 지칭하는 말이 있다면, 그것은 어떤 방식이든 존재(에서 기원)하는 것이고, 이때 말에 나타나는 허위성은 말이 그리는 존재들 사이의 차이나 관계맺음의 착종이다. 그런데도 소피스트들은 파르메니데스의 비존재에 관한 언명(조각글 2)에 기초하여 사유나 말에 허위(존재의 차이성)가 있을 수 없다고 하며, 그들의 사유와 말의 존재와의 동일성을 주장한다. 즉 그들은 말하는 기술(그림 그리는 기술)이 아니라 말에 의해 존재를 만드는(창조하는) 기술을 가졌다고 주장한다.

그러나 이방인에 따르면 말의 허위성(비존재성)은 파르메니데스의 절대적 비

크라테스의 무지는 물론, 플로티누스의 정신의 신비주의나 칸트의 물 자체는 알 수 없다는 발언에서 나타나는 신비주의나 불확실성이라는 성격을 지닌 무지의 원천이 된다. 다른 한편, 『티마이오스』편에 보면 우리의 우주는 한정되어 있다. 그러면서도 우주 밖은 아무것도 없고, 따라서 공허(kenon)도 없다. 왜냐하면 원자론자들이 설정한 '공허'는 원자에 아무런 영향을 미치지 못하는 것으로서 마치 우리가 '아는 것'으로 설정했기 때문이다. 사실 우주론에서 우주가 유한하다커니 무한하다커니의 문제는 칸트가 안티노미에서 말하고 있듯이 찬성하는 혹은 반대하는 어떠한 변증법을 사용해도 증명되거나 확실한 것으로 결정되는 것이 아니다. 존재자들의 생성-소멸을 설명하기 위해 끌어들인 원자론자의 공허 대신 소크라테스-플라톤이 끌어들인 무한정자(아페이론)는 우연-필연성의 힘이 작용하는 장소(chora)는 우주 '안에만' 있다. 이는 소멸의 원인이지만 반면에 플라톤은 우주의 존재자들의 생성의 원인으로서는 우주신 데미우르고스를 필두로 하는 영혼을 자발성의 운동 원인으로서 끌어들인다.

존재와 동일시될 수 없고, 또 그 절대적 비존재에 말이 기초될 수도 없으며, 그렇다고 말의 존재성이 파르메니데스의 절대적 존재와 같을 수도 없다. 말은 우리의 영혼이나 정신으로 말해지는 사유의 기능(존재)에 기초하여 있고, 사유존재는 파르메니데스의 존재와는 다른 존재이다. 따라서 이방인이 자신의 사상의 아버지를 죽이면서, 한편으로 "비존재가 있다."고 주장하는 모순을 알고 있는데(236a), 이 모순은 파르메니데스의 존재론적 모순인 허무 자체로서의 비존재가 아니라, 언어상 '비존재'라는 말의 의미를 파르메니데스의 존재와는 다른 방식으로 있는 사생아적 존재라는 의미에서 '타자성(to heteron)'으로 바꾸어 말하는 데에서 나타나는 비존재이다. 즉 파르메니데스의 존재론적으로 존재와 연관지우는 '사유존재'를 파르메니데스의 존재 자체와 관련하여 말하는 데서 일어난 '존재의 차이성'에 기인한 모순(우연성)일 뿐이다. 이 때문에 존재와 비존재에 관하여 사유와 말을 가능케 하는 존재론적 지반이 되는 영혼이나 정신으로 일컬어지는 사유(nous)의 '기능적 존재성'을 찾아 나서기 전에, 이방인은 파르메니데스의 비존재에 관한 언명을 소피스트처럼 해석할 때 비존재에 관한 사유나 언명만이 무의미하고 파르메니데스의 존재 혹은 실재에 관한 사유나 발언에는 모순이 전혀 없는 것일까 하는 에피메니데스의 역설과 같은 문제를 탐구한 것이다.

소피스트들은 비존재에 기초한 말이나 사유가 있을 수 없기에 그들의 모든 말에 허위가 있을 수 없다고 했는데, 과연 이처럼 말과 사유를 존재와 동일시한다면, 존재에 관한 말이 성립할 수 있으며, 역으로 현실적으로 사용하는 말에서 비존재에 기초한 말을 제거하면 남은 말이 얼마나 있을지,[10] 나아가 말이 도대체 성립할 수 있는지가 문제이다. 비존재가 어떤 방식으로는 있어야 한다는 입장을 취함으로써 이 '타자성으로서의 비존재의 존재'에 기초하여 사유와 언어가 가능함을 보이고 사유와 언어를 존재와의 실제적 연관성에서 존

10 운동과 현상의 논리적 분석에서 나타나는 모순이나 상대성이 개입되지 않은 말.

재론적으로 구제하려는 이방인이, '비존재인 타자성(他者性)'을 조금도 인정하지 않는 존재론이란 존재론적으로 사유될 수도 없고 따라서 존재나 실재에 관한 언명과 대화가 불가능하다는 것을 보여 주는 한 예는 다음과 같다.

> "실재에 관해서 다원론자는 뜨거움과 차가움이 실재이고 만물이라고 한다. 그러나 문제는 이 양자(兩者) 각각이 실재인가, 모두(전체)가 실재인가, 아니면 이 양자를 실재라고 부르게 하는 이 양자에 공통된 세 번째의 것이 실재인가이다. 그래서 실재란 둘이 되기도 하고 하나가 되기도 하고 셋이 되기도 한다. 만물이 하나이고 하나가 실재라고 하는 일원론자의 주장을 살펴보아도, 이들은 만물이란 동일한 것에 '하나'와 '실재'라는 두 이름을 붙인다. 그런데 두 이름의 한 존재를 인정하는 것은 불합리하다. 왜냐하면 하나만 있다고 했기 때문이다. 다른 한편 이름이 어떤 실재성을 갖는다 해도 불합리하다. ㉠이름이 사물과 다르다면 그는 두 가지 것을 말하는 것이고, ㉡이름이 사물과 같다면, ⓐ그것은 어떤 것의 이름이 전혀 아니던가, ⓑ그것이 어떤 것의 이름이라면 그것은 이름의 이름이고 그 밖의 다른 것의 이름이 아니라는 결과가 나온다."(243d-e).

결국 파르메니데스가 비존재에 관한 존재론적 사유의 불가능함을 소피스트처럼 언어에서의 허위성(비존재성: 타자성, 즉 차이성)을 부정하는 것으로 해석하면 일원론이든 다원론이든 존재에 대한 이름(onoma)이나 말은 물론 존재의 언급마저도 불가능하며, 역으로 언명이나 말을 파르메니데스의 '존재'와 동일시해서도 안 된다는 역설적인 결과에 부딪친다. 달리 말하면 파르메니데스에게는 언명이나 언급은 물론 사유가 불가능하거나, 아니면 역설적으로 파르메니데스 자신이 자신의 존재론에서 존재나 비존재를 말로써 서술하고 있는 점을 고려하면, "이 특정한 사고와 말은 그 자체의 존재를 부정하고 그 자체의 존재에 대해서 모순된 것을 말하고 있으며, 따라서 그 사고와 말은 그것 자신을 넘어서 있는 사태에 접하고 있음"[11]을 의미한다.

11 박홍규, "플라톤의 대화록 Sophist편의 분석(Ⅰ)", 『철학연구』, 제 12집, 철학연구회, 1977, p.19. 언어의 상징적 기능을 존재론적으로 잘 표현하고 있다. 괴델은 그의 불완전성 정리에서 수로 표현할 수 없는 기

이방인은 파르메니데스의 절대적인 비존재의 존재론적 무의미성을 인정한다. 그러나 이 무의미성은 존재론적으로 존재의 규정과 연관되는 무의미성이 아니며, 따라서 이 비존재의 존재론적 무의미성을 존재탐구에 있어 존재의 규정에 곧바로 연관지우고 적용할 때에는 존재론은 물론 언어에 의한 진리탐구가 불가능함을 이방인은 알고 있다. 그럼에도 불구하고 소피스트들이 비존재는 없으므로 자신의 모든 말이 존재(를 나타내보)이고 따라서 진실하다고 하여, 파르메니데스가 비존재에 관해 언급한 언어의 실재와의 무관한 측면을 언어(사유)가 실재와 동일하다고 한 진리관의 측면으로 전환시켜, 자신의 언어관을 변경함으로써 말을 혼란시키고, 자신은 전지(全知)하나 타인은 무지(無知)한 것으로 만드는 논박(elenchus)과 궤변에 능해서 결국에는 대화마저 불가능한 처지에 빠지는 것을 이방인은 비판한다.

소크라테스-플라톤의 존재론은 『파에돈』 편에 나타나 있듯이 철학적 탐구를 언어를 통하여 수행한다. 왜냐하면 언어 속에는 영혼의 운동방식이나 판단이 나타나 있기 때문이다. 그래서 파르메니데스의 존재론을 한편으로는 인정하면서도 무한정자와 영혼의 인식론적 기능을 반성하지 않는 파르메니데스의 사상을 극복하는 측면을 다음과 같은 말로 표현하고 있다. "실재의 문제를 형상과 물질의 측면에서 다룬 철학설들을 살펴보아도 동일한 결과에 도달한다. 즉 땅에서 나온 거인들(唯物論者)은 끝까지 그들이 만질 수 없는 것은 아무

능적인 것을 수로 표현하듯이, 수에 관한 모든 가능한 진술들의 참과 거짓을 입증해주는 규칙들의 유한집합이 존재할 수 있는가라는 문제를 해결하기 위하여 앨런 튜링(Allen Turing)은 계산이란 일련의 규칙들에 따르는 기계적인 방법임을 착안하여 이 기계적 방법을 알고리즘(algorithm)화한 만능 튜링기계를 생각해냈다. 이 만능 튜링기계에서는 문제의 입력 데이터뿐만 아니라 프로그램 자체도 수로 코드화하여 입력 데이터로 간주할 수 있다. 그 결과 튜링-처치 테제는 다음과 같다 : 모든 계산의 유효과정은 만능 튜링기계에서 실행되는 적절한 프로그램에 의해서 수행될 수 있다."

그런데 만능 튜링기계는 존재할 수 있는가? 만일 그것이 실제로 존재한다고 해보자. 그리고 다음과 같은 진술을 집어넣으면 어떠한가? "만능 튜링기계는 이 문장을 결코 인쇄하지 않을 것이다." 만일 인쇄한다면 이 문장은 거짓이 된다. 만일 인쇄하지 않는다면, 참인 진술을 인쇄하지 않으므로 이것은 이 기계가 만능이라는 사실과 모순된다. 결국 진리란 유한하게 기술될 수 없다는 것이다. 사실 규칙들 그 자체는 그것이 기술한다고 가정되는 세계 속에 존재하는 것이다. 예를 들면, 컴퓨터가 이치논리에 기초하고 이치논리가 전기적 신호(있음, 없음)라는 존재론의 배중률에 기초하고 있기 때문에 논리와 사실의 존재가 동일시되고 있다. 이 때문에 실세계의 가능한 모든 진리를 무한대로 생성하는 유한한 집합을 요구한다는 것은 자신의 구두끈을 잡아당겨 자신을 집어 올리려는 시도와 비슷하다

것도 아니라고 말한다. 그러나 생명 있는 가사적(可死的) 존재를, 따라서 영혼을 인정해야 하고 영혼 안의 볼 수도 만질 수도 없는 선과 악, 지혜와 같은 것을 인정해야 하므로, 물체적인 것 외에 비물체적인 것을 있다고 해야 한다. 따라서 이 양자(兩者)에 공통된 것으로서 '아무리 미소한 것에 의해서일지라도 조금이라도 단 한번일지라도 작용하고 작용 받는(prattein-pasxein) 능력(dynamis)을 가진 것들'을 존재라 할 수 있고(247d), 이때 '존재자들을 아는 징표로서 바로 이러한 능력을 제안할 수 있으므로 진정으로 있다고 할 수 있는 능력(dynamis)의 존재'가 있다."(247e)고 해야 한다. 다른 한편 불변하는 형상들만을 진정한 실재라고 하는 하늘로부터 온 사람(形相論者)들은 생성(genesis)을 감관-지각에 주어지는 비실재라고 하며, "한 사물 안에 아무리 작은 것과의 관계에 있어서도 작용하고 작용 받는 능력(dynamis)"으로서의 '존재자들의 징표'를 거부한다(248c). 즉 이 능력의 어느 것도 그것이 생성이기에 불변하는 실재와 함께 있을 수 없다고 한다. 그러나 이는 잘못이다.

인간은 사유하는 영혼을 지닌 동물이라 여겨진다. 영혼은 일정한 능력을 지니고 있으며 이 능력에 의해 신체를 소유하고 지배한다. 그리고 신체를 사용해 감관-지각(prattein-paschein)을 통하여 현상들의 생성과 소멸에 관계를 맺지만, 다른 한편으로는 파르메니데스의 '존재'와 영혼의 사유기능(noesis-noema)을 통해서 관계를 맺는다.[12] 그리고 이 진정한 존재는 항상 동일하게 똑같은 방식으로 있지만 생성은 그때그때마다 다른 상태에 있다(248a). 여기에서 소크라테스-플라톤의 존재론에서의 영혼의 미소한 작용하고 작용받는 기능(dynamis)에 의한 인식론에서 성립하는 감관-지각적 경험에 나타나는 현상론과 관계하는 존재론적 사유에 의한 동일성-타자성에 의한 정신의 변증법적 사유가 나타

12 여기에서 감관 지각과 사유 사이에 능동-수동의 4차원적 변증법적 관계가 형성된다. 플라톤은 감관-지각을 수동적인 기능으로, 사유를 능동적인 기능으로 파악하여 이를 통일하지만, 이는 적극적인 행위(poiesis-praxis)와는 다른 타자의 존재에 접하는 인식론적으로 말해지는 수용성인 한에서이다. 근대 이후 현대에서는 감관-지각적 기능을 행위와 관계하는 능동적인 것으로, 사유를 행위와 관계없는 수동적인 것으로 파악하는 경향을 형성하면서 인식형이상학의 4차원적 변증법이 형성된다.

난다. 그리고 사람들은 영혼이 인식하고 실재(ousia)는 알려진다는 것을 인정한다. 그런데 아는 것과 알려지는 것은 이 미소한 능력에 의한 능동적이거나 수동적이거나 이 양자의 것이거나다. 따라서 아는 것이 어떤 것에 작용하는 것이라면 알려지는 것은 작용 받는 것이고, 그래서 실재가 앎의 작용에 의해 알려지는 것이라면 실재는 작용 받음에 의해 변화된다는 것을 인정해야 한다. 그런데 이런 일은 변화가 없는 것에서는 일어날 수가 없다. 따라서 변화, 생명, 영혼, 사유는 불변하는 파르메니데스의 일자존재 안에 그 자리가 있어야 한다. 실재가 생명도 사유도 없이 지성이 결여된 채 근엄한 가운데 [파르메니데스의 일자처럼] 초연히 부동(不動)할 수는 없다(248e). 변화하는 것과 변화 자체도 실재하는 것들이다(249b). 모든 사물이 불변한다고 하면 지성은 있을 수 없고, 모든 사물이 변한다 해도 지성이 있을 수 없게 된다.

이방인은 파르메니데스의 존재와 헤라클레이토스의 하나의 로고스를 통합하는 것으로서 즉 존재의 징표로서 이 양자(兩者)에 공통된 것으로서 '아무리 미소한 것에 의해서일지라도 조금이라도 단 한번일지라도 작용하고 작용 받는 능력(dynamis)을 가진 것들'을 존재라 할 수 있고(247d), 이때 '존재자들을 아는 징표로서 바로 능력을 제안'할 수 있으므로 진정으로 있다고 할 수 있는 능력(dynamis)이 있다고 해야 한다고 한다(247e). 그러면 이방인은 왜 이러한 기능 존재[영혼]를 미소한 것으로 제안하는가? 그것은 이러한 능력을 인식능력으로서 뿐만 아니라 행위능력에서도 한계를 가진 것으로서 간주하기 위한 것이다.[13] 이방인은 또한 파르메니데스의 일자(一者)존재의 입장에서 보면 이 존재에 모순이 없는 것이 아님을 알고 있다. 즉 이방인은 모순을 부정하고 자체적으로 자립하는 존재와는 다른 의미의, 따라서 존재론적으로는 어느 정도 모

13 인간의 영혼의 능력은 컨포드(cornford)가 말했듯이 '가능성'의 능력이며 이 가능성의 양상 개념을 존재론적인 원리(ex nihilo nihil fit)로 제약하는 것인데, 이방인은 신적 존재와는 다른 인간의 실존적 영혼의 한계를 생각하며 파르메니데스의 존재론을 현실적인 경험의 존재론으로 바꾸는 일을 한다. 여기에서 중요한 것이 원자론자 데모크리토스와 달리 실재하는 공간에 한계를 설정하며, 또한 생성-소멸의 운동 원인을 영혼이나 정신으로 따로 설정하는 것이다.

순된 존재(실제로는 반대의 기능을 하는 존재)를 인정해야만 하고, 그래야만 사유와 언명에서 진상(眞相)과 허상(虛像)이 그려질 수 있음을 주장하는 것이다. 즉 존재의 사유(인식)와 언명을 위해서는 능력(dynamis)과 생명과 사유의 존재, 즉 전적인 허무도 아니고 그렇다고 파르메니데스의 일자존재(一者存在)와는 같을 수 없는 존재, 즉 영혼의 존재를 운동 원인으로 인정해야 함을 말하고 있다. 그리고 이 영혼의 존재가 파르메니데스의 일자 존재와 이러한 존재(존재 자체)와는 전적으로 다른 인식대상으로서 물적 존재 (타자성의 존재론적 의미의 이중성에서 기초하는 아페이론)에 양면으로 관계하고 있다는 것을 말하는 것이다. 그리고 이 양자 사이의 관계를 매개하는 것이 감관-지각적 경험이라는 것이다.[14]

결국 이방인에 있어서 사유와 언명의 진위가 존재론적으로 가능하기 위해서 (인간존재의) 인식형이상학적 관점에서 확보되는 영혼의 존재는 파르메니데스의 존재와는 다른 존재이며, 이 때문에 파르메니데스의 존재와 함께 이와는 '다르다'는 의미에서의 비존재인 존재를 허용하는 것이다. 그리고 이 정신적 사유존재(영혼)의 지반 위에서 파르메니데스의 존재는 동일률(同一律)의 형식으로 말해지고 비존재는 모순율에 따른 발언의 근거가 된다. 또한 바로 정신적 사유존재의 이러한 기능적 성격 때문에 사유 안에서의 형상들의 분리와 관계맺음이 가능하고 진상과 허상이 그려질 수 있게 된다. 그러나 사유 안에서의 형상들의 분리와 관계맺음만으로 진상과 허상이 밝혀질 수는 없다. 왜냐하면 사유 안의 형상(들의 분리)은 파르메니데스의 진리관에 따른 일자적(一者的)인 것이되 형상들의 관계맺음은 이미 비존재를 허용하는 영혼의 존재라는 토대 위에서 가능하기 때문에, 이러한 토대의 영향을 고려함이 없이는 일자적 존재의 진리의 결정이 이루어질 수 없기 때문이다. 이 때문에 플라톤은 사유 자체가 자신의 비존재성과의 관계를 극복하고 파르메니데스의 진리관에 따른 일자

---

14 감관-지각의 발생에 대한 원자론적 견해는 감각이 발생하는 것으로 설명하는 『메논』편 76d)에서 나타나 있고, 감각은 물론 지각까지도 헤라클레이토스의 운동론(파동론)의 관점에서 발생론적으로 설명하는 것은 『테아이테토스 』편, 156 b-e에서 나타나고 있다. 이 두 견해가 종합되어 근대에서는 감관-지각의 발생에 대한 표상론(representative theory)으로 나타난다.

존재에로 '상승하는' 데에서 사유와 언명의 진리성이 드러남을 다음과 같이 표현한다. "철학자는 존재를 향하고 소피스트는 비존재를 향한다."(254a).

사유가 진상을 그리기 위해서는 한편으로 자신과 다른 실재에 접하여야 하는 노력이 있어야 하고 다른 한편으로는 사유가 이미 실재에 접하고 있다는 것이 전제되지 않으면 안 된다.[15] 사유와 언명의 존재론적 진리조건으로서 나타는 사유존재(영혼이나 정신)의 이러한 성격 때문에 플라톤은 진리탐구의 학문을 변증법(dialektike)이라고 말하고 있다(253c). 그리고 이방인은 철학자의 변증법을 하나와 여럿의 수학적 관계로 표현하는데, "형상에 따라 나누되 같은 것을 다른 것으로, 다른 것을 같은 것으로 취하지 않는 인식"이고, "①각각이 서로 분리되어 있을 때, 이 다(多)를 모든 방향으로 전개된 채 관통하는 하나의 이데아를 알 수 있고, 서로 다른 많은 것을 하나의 이데아에 의해 밖에서 포괄하는 것이며, ②다시 다(多)를 전체를 통하여 하나의 이데아 안에 묶되 여러 이데아들은 완전히 분리되어 있음을 아는 것이다."(253d) 이것(①)은 실재와 접하는 사유 안에서의(254a) 형상들의 결합과 분리의 기술이며(253e), 존재론적으로는 내포(內包)에 의한 논리이다. 이 내포에 의한 존재론에서는 형상들의 분리와 결합만으로는 사유 그리고 명제의 진위결정에 충분하지가 않고, 다시 ②의 하나의 이데아에 의해 이 경험의 세계의 여럿을 존재론적으로 사유해야 한다. 즉 ①, ②과정과 ③, ④과정은 동일한 것을 나타내면서도, ①, ②의 과정은 포용과 내속의 내포와 외연에 따른 존재론적 사유에 나타나는 현상계 참여와 형상의 임재의 관계를 나타내고, ③은 ①과 ②의 과정을 종합하며, ④의 과정은 ③의 결과로 나타난다는 것을 형상의 수준에서 언급함으로써 형상들 사이의 관계(분리와 위계)까지도 암시한다.

형상들의 분리와 결합은 소피스트도 할 수 있다. 소크라테스의 논박술도 이러한 면을 지녔다(231e). 그러나 소피스트는 존재론적 사유에 있어 비존재의

15 사유가 실재와 접하고 있는 측면은 형상의 상기(想起: Anamnesis)설에 의해 설명된다.

어둠 속에 있는 사람이요, 철학자는 존재의 밝음 속에 있다(254a). 결국 한 명제의 진리에 관한 검증은 두 측면에서 이루어질 수밖에 없다. 그것은 플라톤이 명제의 진위결정에 관한 예를 두 가지 들고 있듯이[16] 형상들 간의 본성에 따른 필연적인 결합과 분리(모순율에 따른 검증을 하는 진리 정합설)외에 비존재가 침투된 감관-지각에 나타난 현상세계와 비존재가 침투된, 하나와 여럿으로 사유하는 정신(영혼) 사이의 그려지고 그리는 관계가 일치할 때(진리 대응설)인 것이다. 물론 이때의 비존재는 전적인 허무가 아니고 타자성의 존재로서, 여럿의 존재는 이러한 타자성의 의미를 함축하고 있는 또 다른 물적 존재를 표현하는 아페이론에 대한 사유의 능력의 자발적인 운동에서 기인하는 것이다. 이러한 아페이론도 그것의 무한성을 사유능력의 유한성 안에 가둠으로써 가능하다. 이 때문에 이러한 존재론에서의 무한성과 유한성의 존재는 타자성과 동일성을 의미하며, 이들이 결합하면 타자성은 여럿으로, 동일성은 하나로 변모된다.[17]

이상과 같은 추론을 통해 이방인은 존재론이 파르메니데스의 진리관에 따른 존재론적인 모순(비존재)을 부정하는데 그침으로써만 성립할 수 없고, 여기에서 더 나아가 존재의 사유(인식)와 언명을 위해서는 능력(dynamis)과 생명과 사유의 존재, 즉 전적인 허무도 아니고 그렇다고 파르메니데스의 일자존재(一者存在)와는 같을 수 없는 또 다른 타자성의 존재를 인정해야 함을 말하고 있다. 이 타자성의 존재는 허무인 무의 일자와의 변증법적인 관계를 맺게 하는 영혼의 기능이 작용할 수 있게 하는 항상 부동(浮動)하는(aei mallon e hetton) '무한정자(apeiron)'로서 물적 존재와는 다른 영혼에 내외로 존재하는 타자성의 존재이다.[18] 그리고 우리가 『소피스테스』 편을 통해 알 수 있는 것은 플라톤이 존재와

---

16 존재, 정지, 운동, 같음, 다름의 현상들 간의 관계를 다루는 명제들과 "테아이테토스는 날아간다." 등의 명제에 관한 것이다. 이 논문에서는 면수의 제약 상 생략했다.

17 플라톤에서 허무는 한편으로는 '무한성'과, 다른 한편으로는 구체성을 표현하는 차이성의 '타자성'과 관련되는 이중성을 지닌다. 마찬가지로 플라톤에서 파르메니데스의 존재는 '유한성'과 '동일성'이라는 이중적 의미를 지니며, 이 양자의 관계를 매개하는 것이 능동-수동성으로 나타나는 인간 영혼의 가능성(dynamis)의 능력이며, 이를 수학적으로 표현하여 하나와 여럿의 변증법으로 표현하는 것이다.

18 플라톤은 apeiron을 『티마이오스』편에서 우연-필연성의 힘[현대 양자역학에서 플랑크상수가 띠엄띠엄한 '힘'(energy)]이 가득한 장소로 말하고 있다. 박홍규는 이러한 타자성 존재의 동적 측면과 정적 측면은

비존재를 나타내는 말에서 우리나라말처럼 '이다'와 '아니다'를 존재와 비존재와 구분하여 사용하고 있고, 또 동일성과 차이성을 엄밀하게 구분하고 있음을 알 수 있다. 우리는 이를 종합적으로 또 구체적으로 인식하기 위해 『티마이오스』 편에 나타난 인간 영혼 구성요소들을 반영하는 우주의 존재론적 구성을 살펴보자.

4.1. 동일성-타자성의 변증법

초 · 중기 대화편에 나타난 소크라테스는 생성-소멸의 원인을 생기론적인 물질에서 탐구한 자연철학자들과 달리 영혼에서 찾았다. 그리고 그가 정의내리기를 통하여 파악한 존재를 형상이라 부르고 이를 파르메니데스의 존재와 동일시하고자 한다는 것을 보았다. 즉 형상이란 사유하는 영혼이 파악한 것으로서 인식론적으로 감관-지각이 파악한 생성-소멸이 있는 현상들의 원인으로 파악하고 있으며, 이를 자연사물이나 행위의 영역에서 무제약적으로 사용하려는 것을 『파에돈』 편에서 보았다. 이 때문에 『파르메니데스』 편에서 파르메니데스는 이러한 형상이 한편으로는 전체-부분의 외연적 논리로, 다른 한편으로는 전체-부분의 논리를 가능하게 하는 변증법적 기능의 관점에서 작동하는 내포의 질적 존재임을 드러내면서 이러한 형상의 내포가 양적 관계로

무질서의 단계로 뜻하지 않고, 타자성의 동등한 두 측면을 뜻할 수 있다고 말하고 "[데미우르고스]의 설득에 의한 방황하는 원인의 지배와 공간의 기하학적 도형에 의한 규제는 동일성의 타자성을 지배함으로써 우주의 질서가 탄생하는 경우에 필요한 두 조건이다."라고 운동론의 입장에서 잘 설명한다. 『형이상학 강의 1』, 박홍규전집 2, '필연 ananke' 강의, 특히 59쪽. 근대철학에서는 감관-지각 작용의 발생을 설명하는 표상론은 마음의 능동성과 외적 대상에 대한 원자론에 기초하고 있는 인과필연성과의 관계로 설명한다. 여기에서 아리스토텔레스가 말하는 반대와 모순이 함께 대당 관계에 있는 온갖 양상 개념이 나타난다. 송영진, 『철학과 논리』(충남대 출판문화원, 2009), 3.7. 양상논리, 참조.

환원할 수 없는 한계를 지녔기에 비판적으로 살핀다. 그리고 『소피스테스』 편에서 이러한 변증법의 존재론적 의미를 밝혔다. 즉 파르메니데스의 존재론의 모순율(ex nihilo nihil fit)에 따라 파르메니데스의 일자와 변화하는 세계의 로고스를 존재와 사유의 변증법적 관계로 종합적으로 말하고 있는 대화편이 철학자와 소피스트를 구분하려 한 『소피스테스』의 사상 내용이다. 이 때문에 『소피스테스』의 인식형이상학의 사상은 영혼의 변증법적 기능을 밝힘으로써 소크라테스의 형상론을 한편으로는 비판하면서도 다른 한편으로는 옹호하는 것이다.

결국 『소피스테스』 편에서의 정의 내리기의 대상인 형상들은 이제 존재론의 범주들인 존재와 비존재, 정지와 운동을 한계와 비한계의 반대나 모순관계에서 이루어지는 변증법적 조합의 관점에서 살펴보면서 형상들의 분리와 결합을 피타고라스(학파)가 그러했듯이 만물의 근원인 수의 관점에서 하나와 여럿의 형상들의 변증법적 관계로 표현한다. 이러한 하나와 여럿의 변증법은 사실 앞에서 살펴본 파르메니데스와 헤라클레이토스의 존재론에 나타나는 사유의 두 변증법의 종합으로 나타난다. 제1권에서 헤라클레이토스의 로고스가 우리의 사유에 의해 파악될 수 있는 한 파르메니데스의 일자와 공유될 수 있는 성격을 지녔다는 것을 보았다. 다른 점이 있다면 파르메니데스의 사유가 존재와 허무에 대한 판단에서 배중률 우위의 모순율을 사용하여 동일자를 사유한다면, 헤라클레이토스는 윤회론이나 헤겔에서처럼 존재와 무의 변증법적 지양을 통해 통일성을 생각한다는 것이다.

더 나아가 우리의 인식능력인 감관-지각과 사유 사이의 관계에 대해서도 파르메니데스의 존재론의 변증법적 사유에서는 감관-지각과 사유를 극단적으로 분리하여 파악하나, 헤라클레이토스의 변증법에서는 사유와 감관-지각이 서로 연결되어 오르페우스 종교의 윤회론이나 헤겔식의 정반합의 관계 등 여러 가지로 해석될 수 있는 것처럼 이해되고 있음을 알 수 있다. 이 때문에 사유가 파악하는 로고스와 관계하는 일자의 한계(유한) 개념은 존재론적으로 아낙시만드로스의 원질(arche) 사상에서 보인 무한자(apeiron) 개념에 이중적으로 관계하고 있음을 알 수 있다. 결국 사유 안에서 일자존재는 동일성으로, 비존재와 관계하는 운동은 동일성이 타자성과의 변증법적 관계를 맺고 있는 것으로 묘사되며,[19] 수학적으로 동일자에 관계하는 하나와 동일자의 타자성과의 관계에서 형성되는 여럿에 견주면서, 정의내리기는 하나와 여럿의 수학적인 변증법적 관계로 그려지고 있다. 즉 형상들이 전제되고 이들 사이의 관계인 로고스는 수학의 하나와 여럿의 관계로 말하여지며, 존재론의 변증법에서 최고의 형상들, 즉 존재, 정지, 운동, 같음, 다름이 현상들 간의 모순율에 따르는 로고스적 관계를 다루는, 한편으로는 구체적인 경험적 사실을 묘사하는 "테아이테토스는 날아간다." "테아이테토스는 앉아 있다." 등의 명제들이 성립하고, 이 형상들이 소위 『티마이오스』 편에서는 그럴듯한 이야기 (mythos)로 말해지는 우주 영혼의 우주 구성요인으로 나타난다. 즉 이 대화편에서 데미우르고스는 우주를 '행복한 신'으로 생겨나도록 제작한 것으로 말하면서 인간 영혼을 반영하는 우주 영혼을 다음과 같은 형이상학적 원리로 제작했음을 말하고 있다.[20]

> "데미우르고스는 [우리의 정신적 사유(nous)에 의해서 파악되는] 불가분적이고 언제나 같은 상태로 있는 존재(ousia)와 [우리의 감관-지각에 나타나는] 물체들에 있어서 생성되고 가분적인 존재, 이들 양자로부터 그 중간에 있는 셋째 종류의 존재를 혼합해냈습니다. 그리고 그는 동일성(he tautou physis) 및 타자성(he tou heterou physis)과 관련해서도 역시 같은 방식으로 이것들의 불가분적인 것과 물체들에 있어서 가분적인 것의 중간에 있는 셋째 종류의 것들을 구성했습니다. 그리고서 셋인 이것들을 가지고서 이 모두를 하나의 형태

19 존재론적으로 운동 일반은 『티마이오스편』, 57e에서 "운동을 균등성(homalotes)의 상태에서는 결코 존재하지 않는다."고 언급되고 있듯이 편향성을 지닌다. 즉 존재와 관계하는 동일성이 허무화 하는 과정적인 존재로 묘사되며, 현대의 열역학에서 운동 원인인 에너지가 엔트로피 법칙에 따르는 것으로 나타난다.

20 이는 마치 「국가-정체」편에서 국가가 인간 행위(poesis-praxis)의 결과물인 언어-글자를 반영하는 '큰 글자'라고 말하는 것과 같다.

(idea)로 혼합했는데, 동일성과 섞이기 힘든 타자성은 강제(biai)로 조화를 이루게 결합했죠. 그리고서 이것들을 존재와 함께 섞어서 이들 셋으로 하나를 만들고, 다시 이 전체를 부분들만큼 나누었지만, 나뉜 각 부분은 동일성, 타자성 그리고 존재가 혼합된 것입니다."(『티마이오스』 34c-35a).

여기에서 우리는 티마이오스가 존재론적으로 헤라클레이토스가 말하는 감관-지각적 사물을 '토 기그노메논(to gignomenon)'인 생성에, 그리고 파르메니데스가 말하는 존재를 '토 온(to on)', 즉 이데아에 견주며 인식론적으로는 노에톤(noeton)과 아이스테톤(aistheton)을 구분함을 볼 수 있다. 그러면서도 이 양자를 혼합하여 이 중간에 있는 세 번째 것들을 구성한다고 말한다. 그리고 동일성과 타자성의 변증법적인 것에 관해서도 마찬가지로 세 번째 것을 만들었는데, 이는 파르메니데스의 존재론이 아닌 파르메니데스의 존재론을 전제하는 존재론적 관념들의 변증법적인 것이다. 그리고서 이 셋, 즉 존재론적으로는 존재와 생성, 그리고 이 중간 것을 가지고, 변증법적인 것으로서는 동일성과 타자성, 그리고 그 중간 것인 세 번째 것, 이 모두를 하나의 이데아, 즉 우주적 영혼의 형상(eidos)으로 혼합했다고 말한다. 그러면 이 세 번째 것이 무엇인가? 그것은 우주론에 관한 새로운 시작을 이야기하는 『티마이오스』 편 48e-49a에서 다음과 같이 언급되고 있다.

"그때에는 우리가 두 가지 종류만을 구분했지만 이번에는 다른 셋째 종류를 명시해야만 하기 때문입니다. 그 하나는 본(paradeigma)의 종류로 전제된 것으로서 정신적 지성에 의해서 알 수 있는 것(noeton)이며, '언제나 같은 상태로 있는 것'인 반면, 둘째 것은 본의 모방물(mimema)인 생성을 가지며 눈에 보이는 것입니다. 그때 우리는 셋째 것을 구분하지 않았는데 그 두 가지로 족할 것이라 생각해서였습니다. 그러나 우리 이야기가 어렵고 분명치 않은 종류의 것을 논의를 통해 밝히도록 강요하는 것 같습니다. 그렇다면 이것이 어떤 성능(dynamis)과 본성(physis)을 갖고 있는 것으로 이해해야 할까요? 무엇보다도 이런 것으로 이해해야 합니다. 이는 일체의 생성의 수용자(hypodoche)인데, 이를테면 유모(tithene)와 같은 것으로 이해해야 합니다."

이 세 번째 것은 언제나 같은 이름으로 지칭해야만 하는 것으로서 "언제나 모든 것을 받아들이면서도, 자신 속으로 들어오는 것들 중 어느 것과도 어떤 식으로 닮은 형태를 갖는 일이 결코 없는 것"이며(50c), 여기에 들어오고 나가는 것들은 "언제나 존재하는 것들의 모방물로서 이것들한테서 설명하기 힘들고 놀라운 어떤 방식으로 그 형태를 얻어갖게 된 것인데, 우리가 그것을 눈에 보이지 않고(ahoraton) 형태도 없는(amorphon) 종류의 것으로서 모든 것을 받아들이는 것이지만 어떤 점에서 지극히 당혹스런 방식으로 지성에 의해서 알 수 있는 것에 관여하는 것으로서 또한 가장 포착하기 힘든 것"(51a-b)이라고 언급한다. 사실 "지성(nous)과 참된 판단(doxa alethes)이 별개인 두 종류라면, 이들은 우리에게 지각될 수 없고 단지 지성에 의해서나 알려지는 형상들(eide)은 전적으로 그 자체로 존재하는 반면, 어떤 사람에게는 그렇게 보이듯이 참된 판단(doxa)이 지성과 어떤 점에서 다르지 않다면 우리가 육신(감관-지각)에 의해 지각하게 되는 그 모든 것을 이번에는 가장 확고한 것으로 간주해야 한다. 이들 중 한쪽은 가르침에 의해 다른 쪽은 설득에 의해서 우리에게 생기는데 한쪽 것은 언제나 설명(logos)을 동반하나, 다른 쪽은 그것이 없다. 또 한쪽 것은 설득에 의해 바뀌지 않으나 다른 쪽은 설득에 의해 바뀐다. 그리고 한쪽 것에는 모든 사람이 관여하나 지성에는 신들이, 인간들 중에는 소수의 부류가 관여 한다고 말해야만 한다.

그런데 이 셋째 것은 언제나 존재하는 공간(chora)의 종류로서, 자기의 소멸을 허용하지 않으면서도, 생성을 갖는 모든 것에 자리(hedra)를 제공하는 것이지만 이것 자체는 감각적 지각을 동반하지 않는 '일종의 서출적 추론(logismos tis nothos)'에 의해서나 포착될 수 있는 것으로 도무지 확신(pistis)의 대상이 될 수 없는 것으로서 우연-필연적인 힘이 가득한 켜질과 같은 운동을 하는 것이다." (51d-52b). 결국 이것은 변증법적 사유의 기초가 되는 원리로서 비존재(me on으로서 apeiron: 부정성)가 아니라 항상 부동하는(浮動)(aei mallon e hetton) 현실적인 비존재로서 플라톤은 '우연-필연성'으로 규정하는 것이며, 존재론적으로는 아낙시만드로스의 무한정자(apeiron)이지만, "존재하는 한 자기 소멸을 허용하지 않는다."(52b)는 점에서 존재론의 원리인 "허무로부터는 아무것도 생겨나지 않는다(ex nihilo nihil fit)."는 원리에 지배된다. 이 때문에 앞에서 언급된 불가분적인 존재와 동일성, 타자성은 형상들의 유한-무한의 존재론적 원리와의 관계에서 변증법적 조합을 지칭하는 존재론의 원리들을 지칭하고, 가분적인 존재, 동일성, 타자성은 감관-지각들과 관련되어 "언제나 유사한 것으로 반복되어 나타나는 현상 존재자(peripheromenon)'의 '이것(touto)'이 아니라 '이와 같은 것(toiuoton)'이라고 말해야만 하는 것들"(49e)의 설명적인 구성 원리들이다.

이상에서 살펴본 바와 같이 소크라테스-플라톤은 파르메니데스 사상과 헤라클레이토스의 자연에 관한 존재론적 사상에 기초하여 영혼과 물질을 구분하고 이 양자 사이의 분리와 결합의 관계를 영혼의 능동성-수동성과 관계하여 변증법적으로 조화나 통일, 즉 인식론적으로는 진리로 표명되고, 실천적으로는 적도(to metron)로 표현되는 선을 탐구한 사람으로 나타난다. 즉 파르메니데스는 불변하는 일자적 존재를, 헤라클레이토스는 변화하는 생성계에서 하나의 로고스를 찾았는데, 이 양자의 종합을, 그것도 이원론적 입장에서 즉 영혼은 불변하는 것을 탐구하는 사유 쪽에, 신체는 생성 변화하는 감관-지각 쪽에다 분양하고, 이 양자의 결합을 영혼의 '한계를 지닌(poiein-paschein하는) 자발적 기능'의 유한-무한의 변증법인 로고스로 통합하려고 한 것이다. 이 때문에 우리는 소크라테스-플라톤의 정의내리기에서 기원하는 형상론, 즉 이데아론은 사실 파르메니데스의 일자 사상을 통해 헤라클레이토스의 만물유전 사상을 구성-포섭하려는 제 삼의 길을 걷는 것이었음을 알 수 있다.

소크라테스-플라톤은 이 양 철학자의 존재론을 이데아와 에이도스 개념을 통해 통합하는 방식은 『티마이오스』 편에서 우주 영혼을 구성하는 것으로 표명되는데, 그것은 『파르메니데스』 편에 나타난 변증법을 사용하되, 『소피스테스』 편에 나타난 유물론과 유심론의 두 사상을 통일-조화시키는 관점에서 일정한 원리에 따르고 있음을 보여주고 있다. 즉 『티마이오스』 편에서 우주신-데미우르고스가 우주를 구성함에 있어서 이데아(존재론적 형상)들을 보고서 아낙시만드로스의 원질인 아페이론인 공간(chora: 존재론적인 원리에 따라 한계에 제약되어 중심이 있기에 위상이 있음으로 장소라고도 번역된다)에다 이데아들의 로고스(비례)에 따라 우주(영혼)를 구성함에 있어서 강제보다는 설득을 사용하는 것이다. 이 때 이데아들의 조합과 관계하는 로고스는 동일성과 타자성을 존재와 섞어서 제3의 것을 만들고, 이를 다시 둘로 나누어 동일성의 원과 타자성의 원으로 만들어, 동일성의 원(천구) 안에 타자성의 원(천구)을 자이로스코프처럼 대각선의 방향으로 조합하여 한편으로 수성, 금성, 화성, 목성, 토성과 같은 행성들의 운동을 설명하고, 다른 한편으로 이들의 영향으로 인해 지구의 지 · 수 · 화 · 풍의 원소들과 이들의 조합으로 형성된 모든 생명체들을 구성하고 이들의 행동을 설명하려고 한다. 우주신 데미우르고스는 『파르메니데스』 편의 이방인처럼 생성을 수용하되 감관-지각이 주는 생성과 소멸 가운데 있는 운동하는 존재자들의 형상을 분리함에 있어서 파르메니데스의 존재론의 배중률에 따르는 변증법을 사용하는 것이다. 즉 소크라테스-플라톤은 형상들 간의 차이에서만 배중률을 사용하고, 동일성과 차이성은 데미우르고스의 우주 제작의 원리이지만 우주의 자족적인 자동운동을 설명하는 동일성 우위의 변증법이다. 이 점은 타자성 우위의 변증법으로써 현대 과학이 발견한 빅뱅 이후 열역학 법칙에 따라 확산하는 우주와는 전도된 것으로서 플라톤은 자족하는 천체의 자동운동을 설명하는 것이다.[21]

플라톤의 초기와 중기 대화록에 따르면 무지를 전제하는 소크라테스는 파르메니데스 존재론을 진리 탐구의 방법인 산파술로 변형하여 파르메니데스의 일자를 이데아나 형상 개념으로 변화시키고, 이를 인간이 관계하는 모든 세계, 즉 자연이나 실천적 영역에까지도 과도하게 적용하며, 이러한 과도한

21 우주에 대한 플라톤의 이러한 설명은 S. 호킹(Steven Hwauking)이 『시간의 역사』에서 말하는 자족하는 우주와 닮아 있다. 그러나 우리의 우주가 자족하는지는 의문이다. 다중우주론이 나타나는 이유가 바로 그러하다.

적용을 오르페우스종교에 의해 합리화하는 것으로 나타난다. 그러나 이러한 자연이나 인간의 행위의 세계 속에 나타나는 모든 현상에 대한 이데아의 과도한 적용은 사실 『파이돈』편에서 이데아-가설로 말해진 것이다. 즉 이데아를 가설적으로 말하고 있는 것이다. 이 때문에 이러한 전반적인 이데아-형상론을 『파르메니데스』편에서는 비판적으로 검토하는데, 여기에는 헤라클레이토스의 세계관이 전제되고 있다. 즉 존재와 생성의 날카로운 대립에 반한 통일과 조화의 문제가 나타나고, 이 문제를 존재론적으로 다루는 것이 『소피스테스』편인 것이다.

『파르메니데스』편 후반부에 나타나는 변증법의 연습은 파르메니데스의 일자를 전제한 모든 가능한 가설들에서 결론을 추론하는 감관-지각적인 구체적 경험을 배제한 것으로서 소크라테스의 산파술에 함축된 논박법과 이데아 가설-연역적 방법의 결합의 문제로 나타나고, 그것이 『파르메니데스』편에 나타나는 플라톤의 가설적 방법에 의한 변증법의 연습이다. 여기에서 변증법적 정신은 '전체를 보는 눈(panopsios)'으로 나타나고 이런 관점에서 경험의 구체적인 사태를 언어로 적합하게 정의하고 이를 표현하는 자가 『소피스테스』편에서 하나와 여럿의 변증법을 가진 철학자로 나타난다는 것이다.[22] 그리고 이러한 하나와 여럿의 변증법을 인식론적으로 규명하는 것은 『테아이테토스』편에 나타난다. 즉 앞에서도 언급하였듯이 플라톤의 변증법을 인식론적으로 환원할 경우 『테아이테토스』편에 나타난 경험에 대한 진리탐구에는 가설-연역적 방법이 전제되고, 여기에서 인간실존이 강조되면서 이론적으로나 실천적으로 철학자의 진리의 형식은 최종적으로 '설명이 있는 옳은 판단-속견(orthe doxa meta logou)'으로 나타난다는 것이다. 이 점을 살피기 위해 『테아이테토스』편을 분석해 보자.

22 박홍규는 이러한 철학자를 플라톤으로 간주하고, 변증법은 생성과 여럿이 있는 세계를 고려하는 것으로 말하고 있다. 『형이상학 강의』 1, '필연성(Ananke)'의 장.

Chapter 05

『테아이테토스』 편에 나타난 플라톤의 인식론

『테아이테토스』편에 나타난 플라톤의 인식론

파르메니데스의 신적 존재론 때문에 나타나는 인간의 인식의 문제는 역설적으로 인간의 인식과 대비되는 인간이 목표로 하는 이상적인 신적 인식과도 관계되는 문제이다. 왜냐하면 자연철학자 파르메니데스는 그의 존재론이 나타난 단편들에서 분명히 여신이 이끄는 신의 길과 인간의 길을 구분하고 있기 때문이다. 이 때문에 신의 길이 아닌 인간의 길을 구제하려는 소크라테스-플라톤의 진리 탐구의 태도는 이러한 모든 문제를 해결하기 위해 인간의 편에서서 인식론적으로 파르메니데스의 존재론에 접근하려는 대화편이 『테아이테토스』편인 것이다. 즉 소크라테스의 정의 내리기에서 출발한 산파술의 핵심인 상기와 관련된 가설-연역적 방법이 플라톤의 인식형이상학인 동일자-타자의 변증법을 매개로 하여 감관-지각적 경험과 관계한다는 것을 밝힌 대화편이 『테아이테토스』 편인 것이다.[1] 사실 인간에 있어서 인식은 칸트가 말하였듯이 감관-지각과 사유의 협동에서 이루어진다. 그리고 인간의 감관-지각에서부터 행위와 관계하는 인간의 사유에서 성립하는 인간의 인식은 한편으로는 실천 철학적으로는 사람과 관계하지만 다른 한편으로는 자연철학에서는 물질과의 관계에서 기술(techne)로 변형된다. 전자는 인문 사회과학에서 수사학과 웅변술로 나타나 인간을 이해하고 조종하는 기술로서 정치술과 관련하여 국가나 사회적 문제에서는 윤리나 정의론으로 나타나고, 후자는 물질과의 관계에서 제작을 의미하는 기술(techne)로 나타나며, 이러한 기술적인 것은 공간에 관한 수학이나 기하학과 같은 지식(인식)을 사물이나 사건으로서의 사태에 적용하는 것이므로, 엄밀 정확하게 판정할 수 있다. 그러나 인간의 행위는 자발성(자유)이라는 능동성에서 기원하는 동기와 인간의 성격의 다양함을 고려해야하기 때문에 수학과 같이 엄밀 정확하게 정리되고 또 가르쳐질 수 없다. 이 때문에 정치적인 덕은 가르쳐질 수 있는 것일까라는 의문이 제기된다. 정치술이나 여기에 필요한 덕은 그것이 기술이자 수학이나 기하학과 같은 지식(인식)이라면 가르쳐질 수 있다. 그러나 『메논』 편에 따르면, 정치술은 이러한 공간적이고 기하학적인 인식을 물질에 적용하는 것처럼 단순하고 명료한 것이 아니다.[2] 정치술은 물적 현실에 대한 인간의 정신적-신체적 경험이 쾌나 고통에서 기원하는 선악판단은 물론, 이를 토대로 한 인간과 인간들 사이의 행위의 동기나 결과에 대한 정신적 관계에 대한 가치인식이 결합되어 복잡한 문제가 개입되는, 한마디로 표현하면 삶과 죽음에 관계하는 인간 존재의 생성-소멸이 있는 영역이다. 사실 정치술과 관계하는 변증법은 변증술로 변모되는데 이러한 인식의 문제는 『소피스테스』 편에서 이미 다루었고, 변증법이 실천

1 H. 베르그송은 『테아이테토스』 편을 통하여 인간의 인식에 있어서 기억의 역할을 해명하는 것이 얼마나 중요한지를 자각하고 『물질과 기억』에서 이미지(image)론을 통하여 정신적 기억의 기능을 현상학적으로 밝힌다. 송영진, 『직관과 사유』, 5장, 감관-지각과 기억의 정신현상, 참조.

2 현대의 양자 역학에 따르는 물질관에서도 인간의 행위에 내재하는 자발성(영혼의 능동-수동성)에서처럼 우연성의 것이 개재되어 있기에 엄밀 정확한 것이 아니라 확률적 성격을 지니는 것이다.

의 문제와 관련하여 변증술로 변모되는 것은 『정치가』에서 다루어지고 있고, 최종적으로는 플라톤의 변증술과 관계하는 변증법은 전체적으로 『필레보스』 편에서 『소피스테스』 편에서처럼 '하나와 여럿의 변증법'으로 나타나고 있다. 여기에서는 우선 인간 영혼의 내외로 관계하는 타자로서 인적-물적 대상에 대한 영혼의 자발성이 지니는 능동-수동성의 한쪽 측면인 수동성(수용성)의 측면에서 성립하는 인식의 문제를 다루고 있는 『테아이테토스』 편을 분석해 보자.

5.1. 감관-지각적 경험의 분석[3]

『테아이테토스』 편은 앎에 대한 정의 내리기에서 출발하여 앎에 대해 이미 정의 내리기를 끝낸 인간적 경험에 관한 철학적 이론들, 가령 '앎은 지각이다.' 나 '앎은 올바른 판단-속견'이나 혹은 '앎은 설명이 있는 올바른 판단-속견'이라는 설들을 파르메니데스의 존재론적 관점에서 인식론적으로 검토하고 엄밀 정확한 인식(episteme)이 인간에게서 과연 가능한가를 살피고 있는 대화록이다. 이 대화편은 소크라테스-테아이테토스, 소크라테스-테오도로스, 그리고 다시 소크라테스-테아이테토스의 대화에 따라 3부분으로 구분된다. 첫 번째 대화에서는 '앎은 곧 지각'[4]이라는 명제에 대해 헤라클레이토스적 유동론의 관점에서의 해명이며, 두 번째 대화는 이를 감관-지각과 사유를 분리하는 관점에서의 전자를 헤라클레이토스의 유동론에, 후자를 "그것은 유일하

3 『테아이테토스』편에 대한 분석은 본문에 즉해서 해설과 주석을 수행한다. 본문에 대한 우리말 번역은 객관성을 유지하기 위해 정준영 역 (『테아이테토스』(2013)을 따랐으며, 경우에 따라 필자가 고쳤을 경우는 이를 [ ]안에서 수행하였다.

4 영국 경험론에서 흄이 말하는 "esse est percipi"를 연상케 하는 것이다.

고 움직일 수 없는 것이다. '있음'은 모든 것에 대한 이름이다."라는 명제 아래, '존재'가 사유의 전제가 되는 언어로서의 '이름'(명칭)으로 나타나는 파르메니데스의 일자 존재론에 결부시키는 대화이며, 세 번째 대화에서는 인간의 진리 개념이 '앎은 설명이 있는 올바른 견해'라는 것으로 나타남을 인간의 인식능력과의 관계에서 검토하는 것으로 이루어지는 대화이다.

『메논』 편은 정치-사회적인 덕은 가르쳐질 수 있는가에 대한 물음에서 시작되고 있지만, 덕의 본질에 대해 알지 못하는데 어떻게 그것이 가르쳐질 수 있는가를 알 수 있느냐는 소크라테스의 생각 때문에 덕에 대한 정의내리기로 질문의 방향을 다시 잡는다. 덕에 대한 인식이 덕에 대한 가르침에 우선하는 문제라는 것이다. 그리고 덕이란 여러 가지가 있으나 이러한 덕을 관통하는 '덕 일반(덕의 형상 혹은 이데아)'에 대한 정의내리기를 화두로 던지는 소크라테스는 원자론에 기초한 수학-기하학적 방식에 따라 정의내리기를 요구한다. 여기에서 소크라테스의 정의내리기가 이데아론의 시원이 되고 있다. 과연 인간의 실천적 영역에서의 경험적 사실로서 여러 가지 덕들을 통관하거나 이를 포괄하는, 『소피스테스』 편에서 하나와 여럿의 수학적 변증법으로 말해지는 덕에 대한 엄밀 정확한 정의에 따르는 인식이란 있을 수 있는가? 즉 덕에 대한 일반적인 정의로서 하나의 이데아나 하나의 형상이 존재할 수 있는가? 덕에 대한 이러한 요구 자체가 과도하다는 것을 우리는 『메논』 편에서 밝혔다.

마찬가지로 『테아이테토스』 편은 인식(앎)에 대한 일반적 정의를 요구하는 것으로 시작된다. 인간이 배우는 학문과 기술은 음악과 화성악, 기하학, 수론, 그밖에 천문학과 제화술, 도자기술, 의술 등 여러 가지이지만, 이들을 통괄하는 지혜, 즉 앎이란 무엇인가를 정의 내리고자한다. 소크라테스는 기하학과 수론에 특출한 재능을 지닌 테아이테토스로 하여금 앎이란 무엇인가에 대한 정의 내리기를 요구하자, 테아이테토스는 제화공의 기술, 그밖에 여러 장인들의 기술에 대한 앎이 있다고 대답한다. 테아이테토스의 이러한 대답에 대해 소크라테스는 『메논』 편에서와 같이 '점토'에 대해서 물었는데, 그것이 '물로 반죽된 흙'이라고 대답하지 않고 도기장이나 농부의 것이라고 대답하는 꼴과 같이 앎이 무엇인가라는 질문에 대해서 이러저러한 앎이 있다고 대답하는 꼴이라고 하면서 이러한 여러 가지 학문이나 기술에 들어 있는 공통적인 지혜나 앎에 대해 정의를 내려달라고 말한다.[5] 이에 테아이테토스는 수론에서 특히 무리수를 정의내리는 방식과 관련하여, 피타고라스학파에서 이루어진 피타고라스 정리는 물론, 무리수가 무한히 많다는 것을 무리수라는 명칭 하나로 정리하는 것에서부터 정사각수, 직사각수, 이와 관련된 정입방체(정사면체, 정육면체, 정8면체 정 12면체, 정 20면체)[6]에 관련된 정의를 말하자 소크라테스는 아주 훌륭한 답변이라고 말하면서 그와 같이 앎에 관해서도 같은 방식으로 정의를 내려주기를 원한다.(148c). 이는 『메논』 편에서의 원자론에 기초한 기하학적 방식을 넘어선 궁극적으로는 아이디얼한 수를 기초로 한 수학적(해석학적) 방식으로 정의내리기를 원하는 것이다.

여기에서 우리는 소크라테스가 그 당시 앎을 지칭하는 일반적으로 사용되던 삶의 '지혜(sophia)'와 다른 엄밀 정확한 '인식(episteme)'개념을 정립하는 것을 알 수 있다. 동사 'epistastai'는 '사실을 아는 것(know what)'이외에 '할 줄 안다는 것(know-how)'을 의미하는 '기술(techne)'을 지닌 능력까지도 함축하는 개념이다. 마찬가지로 그리스어 'arete(덕)'도 할 수 있다는 능력과 함께 방법적인 기술의 의미를 지닌다. 더 나아가 한 사태에 대한 '철학적' 앎은 대상에 대한 단편적인 앎이 아니라 대상에 대한 본질적이면서도 전체적인 앎(panopsios)을 지칭한다. 그리고 이러한 전체적인 앎에 대한 정의 내리기 방법에는 『메논』 편에서 제기한 것과 똑같은 전체와 부분에 대한 인식론적 역설이나 교육역설이 성립

5 앞으로 설명(해석)에서는 『테아이테토스』편 본문에 설명(해석)을 괄호〚 〛안에 집어넣는 방식으로 이루어진다. 여기에서도 『메논』편과 마찬가지로 앎이란 무엇인가에 대한 소크라테스의 정의내리기의 방식은 존재를 양, 질, 관계, 양상으로 분석하는 방식인 존재론적 분석이 함축된 것으로서, 인간을 정신과 물질로 분석하고, "사유란 영혼의 자기 자신이나 물질에 대한 운동"이라고 대답하여야 한다는 것이다. 이 운동 방식이 어떠어떠하다는 것은 이러한 정의 내리기 다음에 이루어진다.

6 정입방체는 사실 이 5개뿐이라는 것이 현대수학에서 증명되었다.

한다는 것이 전제되어 있다. 이러한 엄밀 정확한 앎(인식)에 대한 전체적 인식은 『파이돈』 편에서의 이데아설로 나타나는 것이었으며, 신적인 인식(인식의 이상)으로 전제된 이데아설이 경험과의 관계에서 많은 문제들을 산출한다는 것을 우리는 『파르메니데스』 편을 분석하면서 알아보았다.

소크라테스는 자신의 정의 내리기 방식에 대한 요구를 일종에 진리를 낳는 산파술이라고 말하면서 자신의 산파술에 대해 자세히 설명한다. 즉 자신의 어머니인 파인아레테(Phainarete)는 자손의 생산과 관계된 신체와 남녀의 결합시키는 중매에 대한 산파술이지만, 자신의 산파술은 영혼의 경험과 이를 통한 지혜의 산출과 영혼과 영혼의 결합에 의해 이루어진 (변증법적) 대화에 의한 지식의 산출을 돕는 것으로 말해진다. 이러한 소크라테스의 산파술에는 제1권에서 살펴보았듯이 논박법과 정의내리기에 대한 요구가 결합된 것으로서 언어적 의미의 원자론에 기초한 기하학적 방식을 넘어선 수학적-해석학적 방식인데, 존재에 대한 기하학과 수학적 해석의 방식 사이에는 존재론의 변증법이 존재하며, 이 변증법은 전체와 부분의 논리를 보완하는 영혼의 기능적 측면이 들어가 있음을 우리는 앞에서 살펴보았다.

이러한 소크라테스의 기하학의 수에 의한 해석학적 방식인 수학적 관점에서 정의내리기의 요구에도 불구하고, 테아이테토스가 앎에 대해 내린 최초의 정의는 "앎(인식)은 다른 것이 아니라 감관-지각적 경험(aisthesis)"(151e)이라는 것이다. 테아이테토스의 '앎이란 감관-지각적 경험'이라는 정의에 대해 소크라테스는 이 주장이 프로타고라스가 한 주장이며 이 주장의 기원은 호메로스나 헤라클레이토스가 주장한 것과 동일하다고 말한다. 그러면서 프로타고라스가 말한 "인간은 만물의 척도이이다. 있는 것들에 대해서는 있는 것들의 척도이며, 있지 않은 것들에 대해서는 있지 않다고 하는 척도이다."라는 명제를 감관-지각의 경험명제로서 해석한다. 즉 소크라테스는 감관-지각적 경험이 어떠한 것이라는 것을 설명하고자 "지각은 언제나 있는 것에 대한 것이며 앎인 한 틀리지 않는다."(152c)고 말하면서 감관-지각적 경험이 지니는 직관적 성격[7]을 말하고, 이 직관에서 분화되어 파르메니데스가 말하는 사유에 나타나는 존재(존재자의 존재)를 생성-소멸이 있는 현상들(phaenomena), 즉 과정적인 것(process)으로 환원하여 설명하는 헤라클레이토스의 만물 유전설을 끌어들인다.

헤라클레이토스의 만물 유전설에 따르면, 모든 생성-소멸하는 현상적 존재에는 파르메니데스의 일자와 같은 것은 존재할 수 없으며, 이 때문에 그것 자체로 하나인 것은 아무것도 없고 동일성을 나타내는 '어떤' 것이라거나 이와 유사한 '어떠어떠한' 것이라고도 제대로 부를 수 없게 되어, 어떤 사람이 큰 것이라고 부르면 작은 것으로, 다른 사람이 무거운 것이라고 부르면 가벼운 것으로 나타나기도 하는 상대적인(상반적인) 현상의 세계가 존재할 것이다. 사실 '운동(phora) 〚한 물체가 장소이동으로서 운동과 증감과 같은 양적 변화를 의미하며 공간적으로 기술될 수 있다.〛 일반'과 '변화(aloiosis) 〚생성-소멸이 있는 질적 변화를 일으키는 것으로서 공간 함수에 시간 함수가 들어가 4차원적 초육면체의 함수[8]가 이루어진다.〛', 그리고 이들 간의 혼합으로부터 우리가 '있다'고 말하는 모든 것이 생겨난다. 그래서 우리가 '있다'고 말하는 어떠한 것도 사실은 결코 '있지[존재하지]' 않으며, 늘 생성 중에 있는 것이다(152e). 그리고 이 원인은 헤라클레이토스에 따르면 불과 열이며[9], 이들의 (불의) 운동과 마찰(열)로부터 이 모든 것이 생성되며 생성은 운동에서, 소멸은 운동이 정지함에서 나타난다.[10] (153a-c). 그래서 헤라클레이토스의 일반적인 생성(변화) 일변도 이론에 따르면 '정지'란 있을 수 없다.[11]

---

7 직관이란, 지성의 분석-종합하는 기능이 들어가지 않고, 단지 경험을 귀납하여 일반화한 지적 사태만을 지적하는 베르그송의 용어이다.

8 현대 물리학의 관점이 들어간 해석이다.

9 여기에서 불은 존재자로 열은 이들 사이의 마찰로 일어나는 것으로 표현되고 있다. 사실 현대역학에서도 불과 열은 서로 다르다. 열역학에서는 한편은 '존재자의 존재(에너지)'를 지칭하는 것이며 열은 열역학에서 엔트로피법칙에 지배되는 것이다.

10 헤라클레이토스의 소멸 과정이 없는 생성일변도의 유전론에서 정지는 운동에 반대나 모순된 것으로 파악된다. 이 때문에 생성의 지향점인 파르메니데스의 존재는 영원성을 상징하는 정지한 존재로서 일자를 상징하나, 플라톤의 변증법에서는 불변하는 이데아들과 이러한 이데아들에 관계하는 우주 영혼인 데미우르고스로 분화되어 나타난다.

11 그러나 플라톤은 헤라클레이토스의 생성계가 '항상 부동(浮動)하는 (aei mallon e hetton), 그래서 '무어

그럼에도 불구하고 우리가 우리 자신의 경험을 자기반성적 의식의 수준(metron)[12]에서 비교해볼 경우에 나타나는 관계되는 대상의 성질이 크거나 희거나 뜨거운 것이라고 명명할 경우, 그것 자체(형식적 명칭)가 변하는 게 없다면, 자신에게나 다른 사람에게도 결코 다른 것이 되지 않는다. 그래서 첫째로 자기 자신과 동등한 한에서는 부피에 있어서나 수에 있어서나 그것이 자기 자신과 동등한 한에서는 그 자체는 더 크게 되지도 더 작게 되지도 않을 것이다(154b). 그래서 여섯 개의 주사위를 네 개의 주사위와 비교할 경우 그것이 네 개보다 한 배 반이라고 이야기 하고, 열두 개의 주사위와 비교할 경우 그것이 작고 반에 해당한다고 말한다. 두 번째는 더해지고 감해진 것(mallon e hetton)이 없는 것은 결코 증감하지 않고 동등한 것으로 남는다. 즉 반성적 사유가 개입되는 우리의 의식 수준에서는 항상 부동(浮動)하는(aei mallon e hetton) 것이 아닌 동등한 것이 현상하고 여기에 고정되고 불변하는 파르메니데스의 '일자-존재'가 개입될 수 있다. 그리고 세 번째로는 파르메니데스가 〈단편8〉에서 말했듯이 이전에 있지 않은 것이 과거나 현재에 생성됨이 없이 나중에 있는[존재하는] 것은 불가능하다(ex nihilo nihil fit)(155a-e).[13]

만물의 운동 원인으로서 영혼의 기능을 도입하는 소크라테스에 따르면, 운동에는 두 종류가 있는데, 하나는 작용을 가할 힘을 지닌 것 〖주체 편의 영혼을 상징함〗이고, 다른 하나는 작용을 받을 만한 힘을 지닌 것 〖대상 쪽의 존재〗이다. 이 둘 간의 교섭과 마찰로부터 현상(phaenomenon)이라 부르는 그 소산들이 수적으로 무한하되, 쌍 〖한 존재의 생성과 소멸처럼 상대적이고 상반적이다.〗을 이루는 것들로서 하나는 지각되는 것(대상 쪽의 것)이고, 다른 하나는 지

라 규정할 수 -없는 우연-필연성의 존재(apeiron)'가 있다고 생각한다. 이리스토텔레스는 이 무규정한 존재를 질료라 부른다.

12 '자기반성적 의식의 수준(metron)'이라는 말은 경험 내용을 반성이 가능한 정지 상태(still)로 만들음으로써 존재론적으로 고정된 것으로 간주하는 것이다.

13 '동등'이란 관념은 사물들이나 사태들의 관계를 나타내는 내포(본질)를 지닌 것으로서 형식적으로 관념의 불변성을 지닌다. 즉 언어로 표현된 관념화된 경험은 그렇다는 것이다.

각 작용(주체 쪽의 것)인데, 이 쌍들은 지각 작용과 함께 떨어져 나와 그것과 더불어 태어난다(156b). 이러한 동적 존재론에 의해 지각작용을 설명하면 움직임에는 빠른 것과 느린 것으로 있는데, 느린 것〚감관-지각〛은 느린 것인 한에서는 동일한 곳에서 있으면서 접근해오는 것들을 상대로 움직임을 유지하는 것으로서 낳는 작용(생성)을 하는 것이고, 이러한 방식으로 태어나 것 〚대상의 속성들, 즉 질〛은 더 빠르다. 그것들은 〚외적으로 투사되는 것으로서는〛 운동하는(phora) 것이며, 변화(aloiosis)는 본성상 운동 속에서 성립되기 때문이다. 〚영혼의 운동을 전제하는 감관-지각인〛 시각 작용은 눈에 들어맞는 것들이 다른 것들과 함께 접근해오면 눈이 쌍생하는 지각을 낳은 경우, 눈으로부터는 봄 〚(능동적인 작용〛이, 눈과 짝을 이루는 색깔들을 산출하는 것으로(대상으로)부터 하양이, 이 양자 사이에서 이루어지게 되는 것이다.[14] 다른 모든 것들에 대해서도 이러한 방식으로 설명될 경우 [명칭이 아닌 실질적 존재로서] 그것 자체가 그것 자체로 있는 것(존재하는 것)은 아무것도 없다고 말해진다(156e).

감관-지각의 발생론에서 이러한 감각의 발생에 대한 설명은 『메논』 편에서 원자론적으로 설명되고 있다. 그런데 이곳에서는 감각과 함께 지각의 발생에 대한 설명이 헤라클레이토스의 운동론의 관점(현대에서 보면 파동론)에서 이루어지고 있다. 그리고 이 양자가 종합되어 근대에서 뉴턴 역학의 원자론적 성격때

14 감관-지각의 발생에 대한 이러한 설명은 『메논』편에서 감각 발생에 대한 원자론자들의 것을 플라톤은 헤라클레이토스의 현상론(물질계는 항상 부동하는(浮動) 존재라는 현대적으로는 파동론)의 관점에서 종합적으로 하는 것이다. 즉 소크라테스는 주체와 대상을 매개하는 빛에 대한 설명이 없이 감관-지각 쪽은 능동성이, 대상 쪽은 수동성이 서로 상호 작용하여, 그 중간에서 하양이 산출되는 과정을 설명하는 것이다. 물론 헤라클레이토스는 주체도 일정한 한계 안에서 운동하고 있고 대상도 마찬가지이나 주체 쪽은 능동-수동의 운동을, 대상 쪽도 능동-수동적 운동하고 있는 물활론적인 것이다. 이에 반해 현대 역학적으로 말하면 대상은 죽어 있는 물질이므로 수동적인 베르그송에 따르면 중화된(neutralisée)된 타성적 운동만 한다. 그리고 하양 자체도 외부로 투사될 경우 운동하는 것으로 설명되고 있다. 즉 질들이 영혼(주체) 내에서도 능동-수동의 운동을 하듯이 감각에서 생겨난 질들이 외적으로 투사되는 것을 주체가 운동하는 것에 유비하여 운동하는 것으로 지각의 발생을 묘사하고 있다. 근대에서 이러한 감관-지각의 현상의 발생을 논하는 것이 표상론(representative theory)이다. 표상론은 원자론적인 설명이나 이러한 원자론적 설명의 이면에는 현상론(파동론)이 전제되어 있다. 표상론자에 따르면 칸트처럼 내감의 형식인 감각과 외감의 형식인 지각은 분리된다. 감각은 외부 자극에 의해 발생한 능동-수동의 능력을 지닌 심성의 반응으로서 질적으로 변화하는 감각 사상이다. 반면에 지각적 사상(事象)은 뉴턴의 작용-반작용의 필연적 인과율의 운동관계 속에 있다. 박홍규는 (강의에서) 감관-지각의 발생이 우리 신체의 표면에서 이루어지는 것으로 말하고 지각을 허상이론에 의해 설명한다.

문에 영국 경험론자들이나 데카르트를 비롯한 대륙 합리론자들에서 감각-지각의 발생에 대한 표상론이 나타난다.[15] 이러한 표상론은 존재론적으로 한 대상의 표상은 우리의 인식 주관의 영향에서 독립적으로 존재한다고 생각되는 연장적 대상이, 이에서 독립적으로 존재한다고 생각되는 비연장적인 심리적 주관에 대해 미친 물리적 영향력(자극)에 의해 우리의 마음 안에 생긴 심적 표상(representation)이다. 따라서 우리가 직접적으로 대하는 심적 표상은 외부의 대상이 우리 마음에 작용하여 우리의 마음 안에서 발생한 것이거나 현상한 것으로 비연장적인 마음의 변화된 질적인 양태(감각질)로서 표상이다. 따라서 표상론은 물리학에서 뉴턴역학처럼 미리 물심 이원론과 이 양자 사이에 인과관계가 한 쪽은 물리적인 기계적 필연성에 따르고, 다른 한쪽은 마음이나 정신의 능동-수동성의 양상으로서 분석할 수 있는 심리적인 것으로 서로 다르게 설정되어 있으며, 이 양자의 (인과) 관계가 접촉으로 설명될 뿐 어떠한지는 결코 알지 못하고 추측될 뿐이다. 즉 비연장적인 마음과 연장적인 물체 사이에 어떠한 발생이나 인과관계가 있는지 알지 못하게 하며, 아는 것도 이제 질적인 직관적인 것이 아닌 다양한 의미를 지닌 인과관계에 따른 형식적인 것에 불과하다. 그리고 이 형식도 물자체의 것이 아니라 관점에 따른 사유의 범주적 형식에 불과한 것이다. 이 때문에 칸트에 따르면, 물 자체의 촉발에 의해 생긴 감각-지각의 현상을 표상이라 부르고 우리의 마음은 이 표상을 통하여 외적인 대상에 우연적으로 관계할 뿐 결코 대상 자체의 본질을 직관하지 못한다고 한다. 그리고 이러한 관찰지각으로부터 우리는 현상에 관한 과학적 이론을 결코 귀납할 수 없다.[16] 물 자체는 마음에서 독립적으로 존재하는, 전통철학에서 의미하는 현상에 대립하는 일종의 실체이다. 이처럼 표상론의 지각발생에 대한 설명의 배후에는 주관과 대상이 서로 다른 성질을 지닌 실체로서 이미 완

15 감각-지각의 발생을 설명하는 표상론에 대한 상론은, 송영진, 『그리스 자연철학과 현대과학』, 2권 "1-2 뉴턴의 자연철학, 5. 근대 자연과학에서 관찰지각과 측정" 참조.

16 K. R. 포퍼, 『추측과 논박』, 383쪽.

성되어 독립적으로 실재한다고 하는 독단적인 존재론적 사고가 깔려 있다.

감관-지각에 나타나는 감각의 성질은 직관적인 것으로서, 맹인은 빛이나 색깔을 모르고, 농아는 소리를 알지 못한다. 즉 이러한 사물의 질적 성격을 분별하는 것은 『테아이테토스』 편에 나타나 있듯이 우리 인간 인식능력을 지닌 영혼이라고 부르는 심적 능력을 지닌 존재의 운동(기능)이 외적 사물의 존재에서 유출된 존재(오관에 접촉되는 빛, 소리, 향기, 맛, 열 등)의 운동과 만나(칸트에 따르면 촉발(affizieren)이나 베르그송에 따르면, 공명(sympathos)함으로써) 이루어지는 것으로서 감각기관에 직관되는 것으로서의 '기능적인 것'이다. 여기에서 『소피스테스』 편에서 언급된 인간 주체의 마음과 외적 대상인 물적인 것이 만나 이루어진다고 하는 감관-지각의 발생을 논하는 표상론에 따르면, 물적인 대상에 대한 외적 지각과 감각이 분화된다. 인식론적으로 이러한 감관- 지각의 기능적인 것은 '분별력을 지니는 의식'이나 이 의식을 지닌 '영혼이라고 불리는 능동-수동의 기능' 때문에 일어나는 것이다. 그리고 이러한 영혼의 분별력의 본질을 소크라테스는 심리적인 것이 아닌 '자기 자신에게 대화하는 일종의 사유작용'(189e-190a)이라고 생각한다. 이 때문에 감관-지각의 내용에도 능동적인 것(감각)과 수동적인 지각 내용이 있고, 우리의 마음이나 정신이라는 것도 능동적인 것으로서의 사유(noein-logos)와 수동(수용)적인 기능으로서 감정(pathos)이 분화된다. 그리고 감관-지각의 내용은 수용적이고 직관적인데 반해 사유와 감정은 능동적이다.[17]

대상이나 사태에 대한 인식은, 인간 영혼의 분별 기능으로서의 감관-지각적 기능의 수용적 기능(감각 대상에 대한 수동적 paschein-파토스)과 외연적 사고 작용(로고스에 따르는 능동적 적극적 기능)의 결합으로서 나타나는데, 이 때문에 대상이나 사태

17 감관-지각은 직관적이지만, 이러한 기능은 영적이라고도 불리고 통각적 의식이라고도 불리는 정신적 사유 기능에서 분화된 것이기에, 능동성과 수동성(수용성)을 지닌다고 말할 수도 있다. 역으로 우리의 언어를 통한 사유는 모든 것을 논리적으로 분화시키는 것으로서 심리적으로는 무의식과 의식의 변증법적인 것으로 나타난다. 플라톤에서 이러한 인식 형이상학은 서문에서 말했듯이 인식이론(철학)과 실천(철학)에 관한 덕의 문제로 양분되어 인간의 자발성에서 기원하는 활동이 분화되어 나타난다는 것이다.

에 대한 인식에 있어서 이 양자의 작용방식은 서로 다르다.[18] 왜냐하면 감관-지각에 나타나는 지각장 속의 현상은 베르그송이 말하듯이 행위를 위한 것으로서 신체의 반영물인 대상에 대한 신체적 경험을 반영하는 것이며,[19] 이 가운데 지각과는 다른 감각은 그 자체가 사물의 성질을 직관적으로 분별하는데 반해, 사유작용은 사물 대상의 공간 운동에 대한 직접적 지각 체험을 분석-종합하여 언어로 기술하거나 설명하는 것을 통해서 이루어지는 것이기 때문이다. 그리고 언어라는 것이 이미 인간의 체험을 모순율에 따라 분석하고 종합한 것으로서의 의미를 지니고 있기 때문에, 언어의 의미를 정확하게 분석하고 종합하는 것만으로도 이미 신체적 지각경험이나 감각 경험에 대한 기술과 설명으로서의 판단작용인 정의내리기는 시작된 것이다. 이 때문에 『파에돈』 편에서 소크라테스는 진리 탐구에 있어서 직접 체험하는 것으로 하지 않고 언어를 통해서 한다고 말하고 있다.[20]

---

18 영국 경험론자들, 특히 존 록크는 사물에 관한 감관-지각적 경험을 대상의 성질로서 연장성을 지닌 제1성질과 감각적 성질을 제2성질로 구분하고, 우리의 관념도 감각적 성질에 대한 단순 관념과 이들의 복합으로 이루어지는 복합 관념으로 나누어 대상에 대한 인식은 제1성질과 복합관념과의 종합(연결)에 의해 이루어진다고 한다. 『서양근세철학』 참조. 여기에서 문제되는 것은 우선 단순한 관념이라는 것이 존재하는가이다. 그리고 존 록크가 말한 사물에 관한 복합 관념이라는 것이 실체나 인과율과 같은 것이라고 말하는데, 이는 칸트가 말하듯이 판단하는 사유의 범주일 뿐이다.

사실 우리의 감관-지각은 감각과 지각으로 분류될 수 있다. 감각은 칸트가 말하였듯이 내감으로서 사유와 관련하여 감정(affection)으로 발전하는 것이요 지각은 외감으로 공간 지각으로 나타나는 것이다. 이 때문에 감관-지각의 내용을 양과 질로 구분하여, 양은 의식-사유 쪽에 질은 감각-감정 쪽으로 현상하는 것으로 분화시킬 수 있다. 더 나아가 이 양과 질이 결합된 존재로서 대상존재는 (오관에서 주어진) 감각적 질들을 결합하여 가진 실체로 상정할 수 있고, 속성은 양-질-관계-양상의 것으로 분화시키는 성격을 가진 것으로 판단할 수 있다. 왜냐하면 칸트에 따르면, 감관-지각은 직관하는 기능이요 사유는 판단하는 기능이기 때문이다.

이 때문에 감관-지각이 직관하는 현상은 대상(object)-존재로서 실체와 성질을 지녔으며, 파르메니데스의 존재론적 사유가 판단하는 일자를 토대로 한 '이다', '아니다'와 결합한 존재론의 변증법은 한편은 경험적 사실로서 다른 한편은 이러한 사실을 존재론적으로 설명하거나 구성하는 것으로 되어 있어서 칸트는 이 사실을 다음과 같이 말한다. "대상 가능성의 조건은 경험 가능성의 조건이다." 여기에서 우리는 의식(정신)에서는 자기반성적인 공간 개념을, 심리적 영혼에서는 질적으로 나타나는 심리적 성질 개념을 분리해야 할 수 있고, 이 때문에 감관-지각은 질을 분별하는 감각(sensation)과 공간적 차원을 분별하는 지각(perception)으로 분리할 수 있고, 영혼 개념에서도 질적 성격을 지닌 심리적 로고스로서 희 · 노 · 애 · 락 · 애 · 오 · 구(pathos)와 의식 개념에서 연유되는 외연적 사유(logos) 개념으로 분리할 수 있다.

19 베르그송, 『물질과 기억』, 1장, 참조.

20 그럼에도 불구하고 우리는 감관-지각적 경험의 과정을 직관으로 '기술할' 수밖에 없고, 분석-종합하는 사유는 '설명하는' 기능을 지닌 것으로 분류할 수 있다. 전자인 기술(description)은 인간 행위에 유비되거나 관계하는 것으로서 헤라클레이토스나 현상학에서 말하는 기술이요, 후자는 파르메니데스의 존재론에 따라 현상을 분석-종합하여 설명(explanation)하고자 하는 소크라테스-플라톤의 길이다. 이 양자는

인간의 감관-지각적 기능 자체가 5관으로 분리되어 있듯이, 다른 성질과 분리를 전제하는 감관-지각적 직관은 지각 장 속에서 사물의 특정한 성질을 파악하고 이를 신체를 통해 주어진 외적 대상 체험과 연관시키며, 이 대상 체험은 오관의 분화된 직관 내용을 통합하는 정신적 능력(칸트는 통각이라고 한다.)에 종속되는데 반해, 언어로 사유하는 기능은 이러한 신체적 경험이 주는 내용을 귀납을 통해 일반화하거나 경험의 내용을 분석-종합함으로써 경험에 대한 일반 법칙을 발견하는 기능을 가졌다.[21] 아니 언어의 의미 자체가 이러한 분별력의 소산이다. 물론 현대에서는 감관-지각에 나타난 현상과 이를 언어로 묘사(기술)하거나 요소를 통해서는 구조적으로, 혹은 인과 관계를 통해서는 발생학적으로 설명하는 사유작용은 인식론적으로 감관-지각의 '직관적 경험'의 의식과 '이러한 직관적 경험을 인과율이나 논리적으로 설명하는 지성'으로 나뉘며, 이러한 이원론적 기능을 통합하는 정신적 기능을 지닌 인간이라는 존재는 인식론적으로 심리적인 것과 통합되는 사유존재(cogito)가 본질이라고 말한 데카르트와 같이, 소크라테스는 신체 속에서 신체를 작동시키는 신체의 운동 원인으로서 영혼이라는 본질적 존재가 있고, 이러한 사유기능을 가진 존재(영혼)가 다원론자들이나 원자론자들과 달리 신체와 따로(이원론적으로) 있을

감관-지각적 경험에 대한 기술과 설명처럼 동일성과 차이성의 변증법에 의해 서로 겹쳐져 있으면서도 분리할 수 있는 것이다. 이러한 사유기능에 내재하는 분석과 분별기능이 이름 붙이기를 통하여 만들어낸 것들을 주어_+ 동사의 형식으로 결합하여 판단 명제를 만들어낸 것이 인간의 언어이다. 역으로 이러한 술어적 언어(인간의 언어는 모두 주어+술어로 되어 있다.) 없이는 사유는 불가능하다. 인간이 사유한다는 것은 의식의 분별 기능을 통하여 이루어진 언어로 다시 사유하기 때문에, 언어의 의미 분석을 통해 이루어진 판단은 논리학의 법칙을 통해 이루어진 것으로서 다른 동물이 할 수 없는 인간의 지능만이 할 수 있는, 자신의 경험에 대한 반성적인 의미를 지니는, 현대에서는 인공지능(artificial intelligence)이라 불리는 고차적인 것이다. 따라서 현대의 영미 분석철학은 언어의 의미 분석을 통하여 철학하는 한 소크라테스의 산파술과 같은 것으로서 인간의 지능의 비밀을 아는 것이 되기도 한다.

21 칸트는 이 때문에 감관-지각의 작용을 직관 능력이라 부르고 사유작용은 판단하는 작용이라 부르며, 이 양자가 한 뿌리에서 나왔으나, 그것이 외적 사물의 본질이나 운동방식을 어떻게 알아내는지에 대해서는 '직관 없는 사유는 공허하고 사유 없는 직관은 맹목'이라는 말로써 이 양자의 협동에 의해 인간의 사물에 대한 수학적이고 과학적 인식과 판단작용이 이루어진다고 말하면서, 우리의 경험 가능성의 조건은 대상 가능성의 조건이라는 유명한 말을 한다. 말하자면 인간의 자연사물에 대한 인식은 감관-지각적 직관에 주어진 것(현상)을 분석-종합하는 사유가 판단작용의 범주 아래에서 원자론적으로 구성한다고 말한다. 이 때문에 현대에 비약적으로 발전하고 있는 과학기술의 비밀을 아는 것을 인간 지능의 비밀을 아는 것으로서 인식론적으로는 감관-지각적 경험과 사유의 판단 작용 사이에는 넘을 수 없는 벽을 연결하는 고리를 찾아내는 것이다.

수 있다고 전제하고 있다.[22] 따라서 소크라테스의 산파술은 감관-지각적 경험을 원자론적으로 설명하는 것과 이에 대한 사유의 과정을 파르메니데스의 존재론으로 설명하고자 하는 것으로 나타난다.

우리가 『프로타고라스』편에서 인간은 만물의 척도라는 말을 감관-지각적 경험과 관계에서 분석한 것처럼 프로타고라스의 단편적인 언명을 감관-지각의 주체적 관점에서 설명하면, 대상 자체의 성질이 아니라 대상에 대한 주관 쪽의 느낌을 의미하는 것으로 설명한다(152c). 그리고 이를 헤라클레이토스의 만물유전론 철학이나 호메로스나 시인들이 말하는 일반적인 대중의 관점에서 분석하면, 지각된 것은 '있는 것에 대한 앎'이며 이는 틀리지 않는다는 전제가 숨어 있다. 그런데 입교한 자로서의 제자에 대해서 헤라클레이토스는 그 자체 하나인 것을 없고 모든 것을 생성 중에 있는 것으로 말한다. 그리고 생성 중에 '있음(존재)'이 나타나나, 이것마저도 생성(의 과정 중에 있는)인 것으로 말한다. 즉 있다고 여겨지는 것도 생성 중에 있는 것이다(153a).[23] 여기에서 호메로스의 말이 인용되면서 운동은 생성 중에 있지만 정지는 존재가 아니라 소멸을 의미한다. 더 나아가 이러한 생성의 원인은 불과 열인데 이들은 운동과 마찰로 일어나며, 마찰에서 불, 그리도 불의 운동에서 열이 발생하는 것으로서 헤라클레이토스는 이들이 순환하는 것으로 말하며, 동물의 생성도 성적운동을 상징하는 운동에서 이루어진다는 것으로 해석한다(153c).

영혼에 대해서도 마찬가지이다. 운동에서 지식이 생겨나고, 정지에서 태만이, 그리고 이들 지식이 소멸하는 것으로 말해진다. 감관-지각도 마찬가지이

---

22 여기에서 추론하여 서구 전통에서는 이데아의 존재가 현상계에서 독립한 것으로 즉 이원론적인 것으로 생각하는 아리스토텔레스의 전통에 따르고 있다. D. 로스의 『플라톤의 이데아론』과 이상인, 『플라톤과 유럽의 전통』(2006), 참조. 그러나 이에 대한 비판이 바로 『파르메니데스』편 전반부에서 참여이론과 임재이론의 난점을 지적하는 것으로 이루어진다. 비판이 과연 소크라테스의 이원적 사고를 극복하는 것인가 아닌가는 우리가 소크라테스처럼 정확한 진실을 알지 못(무지)하기에 논란할 수 있다. 대체로 이원론은 신비적인 일원론보다 행위와 구분될 수 있는 인간 인식에 대한 인식론적으로 분명한 더 많은 문제를 가져온다.

23 헤라클레이토스의 단편들에는 영혼의 능동성-수동성이 중화된 과정 중에 성립하는 '정지'는 물론 존재하지 않으며 아리스토텔레스가 『생성-소멸론』에서 말하는 운동(phora)과 변화(aoloiosis)을 구분하는 관점이 없다. 따라서 존재론적으로나 인식론적으로 파르메니데스의 '존재'가 개입될 틈이 없다.

다. 흰색은 눈 속에도 대상 속에도 없고 이들이 관계하는 과정 중에서, 따라서 이들을 고정하는 위치를 확정하지 못한다. 이 때문에 이러한 흰색(성질)은 헤라클레이토스가 말하듯이 하나로(일률적으로) 말할 수 없다.[24] 여기에서 이러한 흰색의 발생에 대해 현상론(파동론)적 설명이 가해진다. 즉 눈의 운동에 상응하는(공명하는) 대상의 운동이 충돌하면서 생겨나는 이들은 과정 중에 있는 것으로서 자신에마저도 동일하지 않다(154a). 그런데 우리 자신이나 대상은 불변하는데(물론 이들도 헤라클레이토스는 운동하고 있다고 말한다.) 이들 사이에서 과정 중에 나타나는 이러한 것들 또한 무수히 많다(154b). 주사위 사례에서도 마찬가지로 한 개의 주사위 숫자가 다른 주사위와 만나 이들 사이에서 크고 작은 것이, 또 다른 주사위와 만나면서 이러한 크고 작은 것이 상대적으로 전도되어 달라지는 것과 같다(154e).

그러나 소크라테스는 이처럼 상대적인 생각에서 벗어나 테아이테토스와 서로의 의견이 합치되는 것을 원한다. 그래서 이들은 재검토하고자 한다(155a). 그러면서 '동등'[25]이라는 용어를 사용하여 파르메니데스의 존재론적 관점에서 말해지는 견해가 다음과 같이 이어진다. "자신과 동등한 것은 증감이 없이는 크지도 작지도 않다. 더 나아가 생성은 없다(ex nihilo nihil fit). 그런데 자연스런 증감은 성장과 소멸이다. 이러한 관점에서 『소피스테스』 편에서 말한 유물론, 즉 원자론자들은 자신들이 만지는 것만이 있고 행동이나 생성, 그리고 "보이지 않는 것은 없다."고 판정한다." 반면에 헤라클레이토스는 비의(秘儀)의 입교의식 속에서 "모든 것은 움직임이며 능동자와 수동자 사이에서 지각(의식)과 지각되는 것(성질)이 쌍생하는데, 지각은 시각, 촉각, 청각 등등이 있고, 주체 쪽에서는 즐거움이나 욕망들이, 지각되는 것들(성질들: 색깔이나 소리들 맛들)이

24 하양에 대한 하얗다, 히무끄레하다, 흐멀건하다, ...등의 여러 가지 표현이 있듯이 말이다.

25 '동등'이라는 용어는『파르메니데스』편의 '변증법 연습'에서처럼 '동일'이라는 용어와 반대와 모순을 함축하는 의미로 사용하고 있다. 이는 마치 아리스토텔레스의 판단의 대당 관계의 4차원적인 측면(제곱을 표현할 때 쓰는 'dynamis'를 사용하여 '차원'을 나타낸다)을 구분하여 사용하는 것과 같다.

무수히 많은 것으로 나타난다. 주체 쪽의 시각을 예를 들어 말하면, 그 운동은 느리나, 대상 쪽의 운동들은 빠르다. 이 사이에서 성질들 즉 하양과 같은 것들이 생성되어 나타나고, 이 하양과 같은 것들은 과정 중에 있는 것이다. 결국 그 자체로 있는 것은 아무것도 없다."(156e). 있다고 말해지는 감각적 성질들은 그전에는 없었다. 그런데 감각들이 생겨난 것이고 이들은 과정 중에 있는 것이다. 이러한 여러 성질들이 결합하여 동물이나 사람이라는 종(種)으로 불리게 된다(157e). 결국 여기에서 모든 것이 운동하고 있으면서 이들 사이에서 성질의 발생과 더 나아가 이들이 결합하여 나타난 개별자들이 존재하게 되는 것으로, 마치 근대의 영국 경험론자의 버클리가 말하듯이 "존재는 지각하는 것들의 결합(esse est percpi)"이라는 것이 말해진다. 마찬가지로 좋은 것이나 아름다운 것도 모두 이러한 과정 중에서 탄생한 것이다. 이러한 소크라테스의 앎이 지각이란 것에 대한 설명 속에는 그 이전의 자연철학자들의 견해가 종합되어 나타난 것으로 파악할 수 있기 때문에 우리는 이러한 설명을 해명하는데 근대나 현대에서 나타난 경험론을 가지고 좀 더 분명하게 분석할 수 있다.

감관-지각적 경험의 직관적 성격을 소크라테스가 "지각은 언제나 있는 것에 대한 것이며 앎인 한 틀리지 않는다."(152c)라고 표명한 것은 현상이 곧 실재라고 하는 현실에 대한 현대 현상학자들의 언명을 연상하게 하는 구절이며, 감관-지각에서 감각과 지각을 분리하는 근대 철학자들이나 현대의 감관-지각에 대한 심리학이나 뇌-과학의 관점에서 분석해본다면, 감관-지각에 대한 이러한 판단은 파르메니데스가 일자 존재의 성격(생성-소멸도 없고 나누어지지도 않으며...)에 대해 말한 것처럼 여러 가지의 경우들로 분석하고 해석할 수 있는 것을 뭉뚱거려 말한 것으로 이해할 수 있다. 우선 철학사에서 감관-지각적 경험의 무오류성을 주장하는 철학자로서 소소크라테스의 한 분파인 아리스티포스-에피쿠로스학파의 견해를 들 수 있다. 이들에게서는 모든 감관-지각적 경험은 쾌·고와 실존의 유익함(pragmatic)에 관계할 뿐 오류란 인간 사유나 지성이 만들어낸 것에 불과하다는 것이다. 특히 원자론자였던 에피쿠로스(Epicuros)

나 그의 제자인 루크레티우스(Lucretius)에 따르면, 실수를 하는 것은 감각들이 아니라 바로 사람들이 하는 것으로 "정신에 속하는 잘못을 눈에게 덮어씌우지 말라."[26]는 것이다.

사실 소크라테스의 감관-지각에 관한 저 명제는 헤라클레이토스가 한 언명, 곧 '현상이 존재'라는 말이 된다. 그러나 이 말을 소크라테스가 한 것으로 되어 있는데, 이것은 파르메니데스의 존재론적 관점에서 진리를 탐구하고자 항상 생(生)에 대해 반성적 사유를 하여온 소크라테스로서는 이상하지 않은가? 과연 감관-지각적 경험이 주는 현상이 대상에 대한 진실한 것이고 확실한 지식을 주는 것일까? 소크라테스의 이 발언은 근대 경험론자들, 가령 로크와 같은 경험론자들이 단순 감각에 대한 관념의 무오류성을 주장하는 것과 일맥상통 한다. 그러나 감각의 특정한 성질과 이에 대한 관념은 서로 다르다. 관념이란 성질에 대한 일반성을 지칭하는 것으로서 이미 여러 가지 다양한 질적 차이를 무시하고 다른 관념과의 차이에서 형식적으로(범주적으로) 분화된 것이기 때문이다.[27] 마치 생성과 소멸이 구분되면서도 일반적으로는 만물이 변화한다는 주장과 양립하면서도 이들 사이에 반대와 모순을 통합하는 변증법적인 관계가 존재하며, 이러한 관계를 밝히는 것이 인간에 관한 현실적인 지식인 인문'과학'으로서의 심리학이나 철학이 하는 역할이기 때문이다.

그러나 데카르트에 따르면, 감관-지각이 주는 현상에는 실재와 다른 착각이나 오류가 존재한다. 그래서 데카르트는 감관-지각적 경험을 회의하면서 불확실한 지식을 주는 것으로 판정하고, 모든 경험의 근거가 되는 확실한 진리로서 그의 『성찰(meditationes)』에서 존재론적 반성을 통하여, 즉 "cogito, ergo

26 Lucretius, *De rerum natura*, iv , 1066.

27 가령 빨강이나 색에 대한 관념을 예로 든다면, 빨강에는 정도 차이가 있고 그래서 구체적으로 묘사하려면 빨강이라는 단순 관념이 빨그스름하다. 빨그죽죽하다...등으로 분화된다. 더 나아가 색이라는 관념도 삼원색이 있고, 빛에 대해서 우리는 빨·주·노·초·파·남·보로 분화시키는데 여기에서도 각각의 색에는 빛을 분광하여 7색으로만 분화된 잔재 영상과 같은 시지각의 생리적-의식적 기준이 존재한다. 마치 음에 대해 도·래·미·파·솔·라·시·도로 분화시켰듯이.

sum"이라는 과정을 거쳐 '사유존재'로서의 더 이상 의심할 수 없는 사유를 본질로 하는 심적 주체(영혼)를 확보한다. 그리고 이러한 '사유존재'가 지니는 본유관념(innate idea)인 '자아(나)' 존재의 불완전성으로부터 신이나 연장적 존재인 물질과 같은 다른 존재의 확실성을 연역하지만, 근본적으로는 데카르트가 말하는 이러한 '사유존재'도 칸트가 그의 『순수이성 비판』〈오류추리론〉에서 말하듯이 "나는 생각한다(cogito)"의 명제와 "나는 존재한다(sum)" 두 명제에 전제된 주어들에서, 전자의 '나'는 경험적 주어로서, 후자의 '나'는 존재론적인 반성에서 주어진 주어로서 서로 다르고 차이가 있다.

더 나아가 근대 경험론과 합리론을 종합하는 현대 심리학에서 말하는 감관-지각적 경험 속에는 보는 관점에 따라서 착각이나 오류가 성립하며, 선입견이라고 부르는 아프리오리(a priori)가 없이는 우리는 지각할 수 없다는 것이 밝혀져 있고[28], 현대의 뇌-과학에서는 외부에서 오는 온갖 정보를 두뇌가 구조화한다는 것을 밝히고 있다. 말하자면 베르그송이 그의 『물질과 기억』에서 말하고 있듯이 우리의 분석-종합하는 의식 작용(정신: 통각)은 행위와의 관계에서 외부에서 지각의식에 주어진 순간적으로 고정된(still) 신체적 행위의 반영물인 지각상(현상)들이나 감각들로서 이들에서 많은 정보를 선택하고 이를 구조화한다는 것이다. 이러한 관점에서 보면 소크라테스의 저 발언은 마치 헤라클레이토스가 언명한 사실을 긍정하는 듯이 보인다.[29]

더 나아가 좋은 것, 아름다운 것, 그리고 우리가 있다고 말하거나 명명하는 모든 것도 질적인 성질과 관계하는 것이기 때문에[30] '있는' 것들(형상들)이 아니

28 송영진, 『그리스 자연철학과 현대과학』, Ⅱ, 1.2.5. '근대 자연과학에서의 관찰과 측정'의 장, 참조.

29 전체적으로 『테아이테토스』편에서 오류가 인간의 사유에서만 일어난다는 것을 소크라테스가 밝힌다는 점에서 보면, 헤라클레이토스의 주장을 인정하기보다는 하나의 가설로서 설정하고 헤라클레이토스의 현상론을 파르메니데스의 존재론적 관점에서 비판하기 위한 주지주의적 관점에 서 있음을 알 수 있다.

30 '좋다'라고 말하는 것이나 '아름답다'라고 말하는 것은 한편으로 쾌감과 다른 한편으로는 판단력과 결부되어 있기 때문에 현상학파들은 과정 중에 성립한다고 말한다. 미적 판단의 성격에 대한 것은 칸트가 『판단력 비판』에서 무관심적 관심(disinterested interest)에 의한 판단이라고 말함으로써 감성과 행위 사이에서 행위의 적극성이 결여된 정서적 상태에서 나타나는 판단임을 밝히고 있다.

라 언제나 생성과 과정 중에 있게 된다. 결국 우리 자신이 스스로를 자신과 항구적으로 닮게 견지하지 못하는 관계로 다른 사람에게는 물론 자기 자신에게도 항구적으로 존재하지 못하게 된다(156-157). 따라서 이러한 생성-소멸하는 현상들에 관한 감관-지각적 경험을 곧바로 지혜라고 한다면, 우리가 객관적이고 보편타당하다고 생각하는 지식은 물론, 이러한 경험적 현상에 관한 인식에 있어서도 꿈과 현실에 대한 구분을 할 수가 없고 건강과 병에 관한 구분은 물론 착시나 착각 등에서 기원하는 거짓 관념이 존재하나, 이 모든 것은 소크라테스의 무지를 완전한 무지나 지혜에 대한 회의를 전제하는 것으로 해석하게 하며, 근본적으로는 엄밀 정확성이 없는 흄이 말하는 확률적인 지식이나 유사성(simulacre)에 관한 인식에 불과하게 된다.[31] "그러니까 각자에게 나타나는 것들이 나타나는 그대로 있기는커녕, 전적으로 그와 반대로 나타나는 것들 중에서도 나타나는 그대로 있는 것은 아무것도 없는 것으로 보인다."(158a)는 주장이 타당하게 된다. 그래서 미친 자들이 자신들을 신이라고 믿는 경우나 꿈을 꾸는 자들이 잠이 든 상태에서 자신들이 날개를 달고 날아다닌다고 생각할 경우, 그들이 거짓된 판단을 하는 것이라고 주장할 수 없다는 것이다. 모든 판단은 시간의 길이에 의해 진리가 결정될 뿐 거짓이 없다는 확신(pistis) 아래 이루어진다. 결국 헤라클레이토스의 생성론에 기초한 감관-지각적 경험의 존재에 대한 앎이나 진위에 대해 어떠한 언급도 제논의 운동 역설들에서 운동처럼 있을 수 없게 되는 역설에 처하게 된다.

그러나 진리는 소크라테스에 따르면, 시간의 길이에 의해 결정되지는 않는

31 여기에서 말해지는 소크라테스의 무지는 소크라테스가 지혜를 탐구하기 위한 충동을 야기하기 위해서 말한 것으로 해석해야 한다는 것이다. 따라서 소크라테스가 말하는 엄밀 정확한 인식(episteme)에 대한 무지나 회의는 단순한 의미에서의 일차원적인 것이 아닌 고차원적인 것이며, 이 때문에 이러한 차원에서 말해지는 전체와 부분의 변증법적 논증도 고차원적인 것(아인슈타인에 따르면 4차원적이나 양자역학에 따르면 우리 우주에 관한 설명이 호킹이 말하는 양자-중력 이론이 13차원까지 확대된다.)이다. 그것은 마치 우리 자신의 정체성인 본질인 '영혼'이라고 말해지는 인간 존재나 이를 탄생시킨 우주에 관한 인식이 다 이루어질 수 있느냐는 것에 대한 회의이다.

다.[32] 그렇다면 이러한 꿈과 현실, 미친 자와 건강한 자들의 구분들을 가능하게 하는 것의 기준을 다른 것에서 찾아야 한다. 그래서 "판단된 것들 가운데 어떤 것들이 참인지를 밝혀 줄 어떤 다른 방도가 있는가? ...아니 어느 때든 그때그때 마다 드는 판단들이 그런 판단들을 하는 자에게 참이라고 규정하는 이들이 그런 문제들에 관해 어떤 말을 할지 네게서 들어보게."(158e)라고 말한다. 여기에서 소크라테스가 말하는 판단된 것들의 진위 문제와 참의 문제는 단순한 명제적 진위의 문제가 아니라 그의 산파술이 전제하는 심리적 현실이나 실존적 현실에서의 존재의 문제가 진리의 문제로 나타난다. 그리고 여기에서 그 유명한 동일자-타자의 변증법에 따르는 분별의 현실논리가 나타난다.

> 소크라테스: "테아이테토스, 어떤 것과 전적으로 다른 것이 그 자신과 다른 것과 어떤 측면에서 동일한 어떤 '힘'을 가질 수 있겠는가? 그리고 우리가 문제 삼는 것이 어떤 측면에서는 동일하지만 다른 측면에서는 다른 것이라고 이해하지 말고, 완전히 다른 것이라고 이해하도록 하세."
> 테아이테토스: 그럼요, 힘에서든 다른 무엇에서든 동일한 어떤 것을 지니는 것은 불가능한 일이지요. 전혀 다른 경우에서는 말씀입니다.
> 소크라테스: 그렇다면 그런 것은 안 닮은 것이기도 하다는 데 필연적으로 동의할 수밖에 없지 않은가?
> 테아이테토스: 제게는 그렇게 생각됩니다.
> 소크라테스: 그러므로 어떤 것이 어떤 것과 닮은 것으로 되거나 안 닮는 것으로 되는 일이 일어날 경우에, 자신을 상대로 그리되든 다른 것을 상대로 그리되든, 닮게 되면 동일한 것으로 되나, 안 닮게 되면 다른 것으로 된다고 해야 할까?
> 테아이테토스: 필연적으로 그렇습니다.
> 소크라테스: 그런데 우리는 앞에서, 작용을 가하는 것들이 무수하게 많으며, 작용을 받는 것들의 경우도 마찬가지라고 말하지 않았던가?
> 테아이테토스: 그랬죠.

32 여기에서 '시간의 길이'라는 표현 속에는 척도나 기준이라는 불변치가 있는 것으로 이해된다. 다른 한편, 현대에서 시간은 물리적 시간과 이에 기초한 생리적 시간은 물론 심리적인 시간이 존재하며 이들 사이에 분별의식이 가능하며, 우리의 사유에서는 이러한 시간성에서 벗어난 의미의 세계가 불변하는 것으로 존재한다.

소크라테스: 더 나아가 어떤 것이 다른 어떤 것과 섞이고, 다시 그것이 또 다른 어떤 것과 섞일 경우, 두 경우에 동일한 것들을 낳는 것이 아니라, 다른 것들을 낳는 것들을 낳게 될 것이라는 말도 하지 않았나?

동일자와 타자의 관계는 한편으로는 존재론적으로 배중률이 적용되는 모순관계로 이해하자는 것이다.[33] 그러면서도 힘(dynamis:능력)에서(의해서)든 어떤 것에든 현실적으로는 이들이 서로 관계를 맺고 또 분별될 수 있게 하는 동일성의 존재가 있기 때문에 모순 관계와 구분되는 반대 관계가 성립하며, 여기에서 분별의 원리로서 동일성과는 전적으로 다른 타자성은 존재하나, 이 타자성은 힘에 있어서는 동일한 어떤 것을 지니는 것이 불가능하다는 것이 전제된다.[34] 즉 논리적으로는 모순과 반대가 서로 동일한 측면이 있으면서도 다른 한편 완전히 다르다는 것을 표현하며 건강한 관념에서는 이들이 분별되면서도 변증법적으로 관련을 맺고 있다는 것이다. 이 때문에 건강한 소크라테스는 아픈 소크라테스와 전적으로 다르다. 이들은 안 닮았다. 마찬가지로 깨고 잠자는 경우는 물론 앞에서 자세히 거론한 모든 경우에서도 마찬가지 방식이

33 존재론의 배중률(to be or not to be)은 일반논리학에서의 배중률처럼 존재론의 모순율(ex nihilo nihil fit)이 전제된 파르메니데스의 한계가 있는 일자존재(hen: to pan)처럼, 즉 전체-부분의 논리가 전제된 가운데에서만 이해되는 사태이다. 여기에서의 존재와 비존재 사이에서는 배중률이 작동하듯이 건강함과 건강치 않음, 정상과 비정상 사이에는 닮음이 없다. 마찬가지로 베르그송에 따르면, '공간화된' 우리 인간의 관념 속에서 이루어지는 이러한 모순과 반대의 변증법적 관계는 지각작용에서 나타나는 감각과 지각의 동일성과 차이성의 관계로 논리적으로 모순과 반대가 그러하듯이 한편으로는 같은 측면이 있지만 다른 한편에서는 서로 완전히 다른 측면이 있는 것으로 묘사되며, 이들의 관계가 아리스토텔레스의 논리학에서 판단들의 반대와 모순의 형식적 관계에 따르는 대당관계가 4차원적으로 묘사될 수 있는 변증법적인 것이다.

34 현대 역학에서는 힘(dynamis)은 열역학 법칙에 지배되며, 근대에서 능동과 수동이 중화된 개념으로서의 에너지(아리스토텔레스의 현실태로서의 'energeia'의 근대적 변형)라는 것도 플랑크 상수가 말하듯이 연속적인 것이 아니라 띄엄띄엄한 존재로 나타난다. 이러한 사태는 빛이라는 존재가 입자와 파동의 모순된 성격을 지닌 것으로 나타나 이를 광량자-가설(원자론)과 함께 4차원적인 시공간으로 해석하는 아인슈타인이 있는가 하면 이들의 관계를 현대 양자역학에서는 모순으로 보지 않고 인간의 지적인 한계로 보며, 아인슈타인의 단일한 원자들을 전제하는 원자론과 병행하는, 마치 파동이 운동주체로서의 입자와는 다른 매질이라는 것을 전제하는 것처럼 다수가 전제된 집합이나 행렬식에 따르는 병렬 처리하는 것을 표현하는 파동방정식으로 표현하는 것과 같다. 고대 플라톤은 파르메니데스의 존재론적 사고와 헤라클레이토스의 만물 유전의 현상론의 이러한 모순적 갈등은 헤겔이 말하는 정반합의 변증법으로 설명될 수도 있으나, 플라톤의 변증법은 제논의 딜레마가 나타내고 있듯이 유한-무한의 4차원적인 변증법적인 구조를 이루며, 수학적으로는 하나와 여럿의 변증법으로 표현한다. 현대의 베르그송은 이를 창조적 진화라는 유기체적인 변증법으로 표현하기도 한다.

다. 이어지는 대화에서 이러한 사태를 영혼을 지닌 주체의 실존적 관점에서 일반화하는 대화가 이어진다.

소크라테스: 그럼 본래 어떤 것에 작용을 가하게 되어 있는 각각의 것을 생각해보게. 그것이 건강한 소크라테스와 관계할 때 대하게 되는 나와 아픈 소크라테스와 관계할 때 대하게 되는 나와 다르지 않나?

테아이테토스: 왜 안 그러겠어요?

소크라테스: 그리고 우리는 한 쌍이, 즉 작용 받는 나와 작용을 가하는 저 것(대상)이 그 각각의 경우마다 다른 것을 낳겠지?(다음의 예에서처럼 능동적인 영혼(나)에 물적 대상이 가하는 작용이 일으키는 표상으로서의 포도주의 맛).[35]

테아이테토스: 물론입니다.

소크라테스: 그렇다면 건강한 내가 포도주를 마실 경우, 그것은 내게 즐겁고 달콤한 것으로 나타나는가?

테아이테토스, 그렇습니다.

소크라테스: 앞서 동의된 것들로 볼 때, 그건 바로 다음과 같기 때문이네. 즉 작용을 가하는 것(물로서의 대상)과 작용을 받는 것(영혼)이, 동시에 운동하는 쌍인 달콤함(감각)과 지각을 낳는데, 작용 받는 쪽(영혼)에서 성립하는 지각(의식)은 혀를(에서) 지각하는 것이 되게 하고, 포도주 쪽의 달콤함은 그 주위에서 운동을 하여 포도주가 혀에게, 있음에서도 나타남에서도 달콤한 것(대상인 포도주)으로 되게 하기 때문이네.

테아이테토스: 확실히 우리가 앞에서 그렇게 동의를 보았습니다.

소크라테스: 그런데 포도주가 아픈 나와 관계할 때, 우선 앞서와 동일한 자와 관계하는 건 진실로 아니지 않은가? 앞서와 안 닮은 자에게 접근하는 것이니까?

테아이테토스: 그렇습니다.

소크라테스: 그래서 이런 소크라테스와 포도주를 마심이라는 쌍이 이번에는 다른 것들을, 즉 혀 주위에 씀이라는 지각을, 포도주 주위에는 그 주위에서 생겨나 운동을 하는 씀을 낳는가? 그리고 그 쌍이 포도주를 씀이 아니라 쓴 것으로 되게 하고, 나를 지각이 아니라 지각하는 자로 되게 하는가?

35 근대에 나타난 지각에 관한 표상론은 능동적인 영혼에 (기계적 필연성이라는 뉴턴 역학의 운동법칙에 지배받는) 물적 대상이 가하는 충격으로 내 마음 안에서 일어난 현상을 표상이라 지칭한다. 표상론도 소크라테스나 헤라클레이토스의 현상론을 원자론적으로 설명하는 것이다. 여기에서 물심 이원론에 따르는 심신의 관계의 온갖 문제가 나타난다.

테아이테토스: 바로 그렇습니다.

소크라테스: 그러니까 다른 어떤 것을 대상으로 할 때는 내가 앞에서 말한 그런 식(달콤함)으로 지각하는 자로 결코 될 수는 없을 것이네. 다른 것을 대하는 지각은 다른 것으로 되며, 지각하는 자를 다른 성질의 다른 것으로 만드니까. 내게 작용을 가하는 저 대상도, 다른 것을(타인을) 만날 때는, 이전과 동일한 것을 낳음으로써 이전의 그런 성질의 것으로 되는 법이 결코 없을 테니까. 다른 것들로부터는 다른 것을 낳음으로써 다른 성질의 것으로 될 테니까 말일세.

테아이테토스: 그렇습니다.

소크라테스: 그리고 정말이지 내가 나 자신에게 그런 성질의 것으로부터 되는 것도 아닐 테고, 저 대상이 그 자신에게 그런 성질의 것으로 되는 것도 아닐 것이네.

테아이테토스: 그렇고말고요.(159c-160a).

이러한 대화에서는 병든 주체와 대상들이 구분되고 이들 사이에서 나타난 성질(씀)이 결코 이와 서로 다른 건강한 주체와 대상의 성질(달콤함)이 되지 않는다는 것이 말해진다. 이어지는 대화는 우리의 감관-지각에서 파악되는 현상의 상대성 속에서도 절대적인 존재(실제로는 서로에게 공통적인 객관성이 확보될 수 있는 개별적인 동일성을 지닌 주체적 실존에 기초하고 있는 성질들)가 확보될 수 있다는 것이다.[36] 그리고 이러한 상호 구분되는 필연성 속에서 내 존재나 대상의 존재가 확보되는 것이며, 또한 꿈과 현실의 구분은 물론 건강과 병, 이에서 더 나아가 정신병과 관련된 현실적으로 존재하는 실존적 주체성(동일성)에 대한 인식까지도 가능해진다. 이 때문에 인간이 존재하거나 살아가기 위한 '공통적인 진리'라고 여겨지는 존재론의 황금밧줄로 표현된 "존재의 필연성"[37]에 대한 소크라테스의

36 아인슈타인 상대성 이론에서도 빛의 빠르기의 절대성(동일성: 객관성)이 전제되어 있는 것과 같은 이치이다. A. 아인슈타인, 고종숙 역, 『상대성이론』(김영사, 2011), 말미의 고종숙의 해설논문 참조.

37 소크라테스의 현실에 대한 엄정한 인식의 관점에서는 불확실함 투성이고 엄밀 정확성이 없어 확신할 수 없다는 것이다. 그럼에도 불구하고 소크라테스의 이러한 신념 속에는 인간에게 주어진 현실 속에는 우연성 이외에 확신을 주는 무엇인가가 존재하고 그것이 '필연성'으로 인식된다는 것이다. 그리고 이러한 필연성에 반하는 우연성은 우리를 혼란에 빠트린다는 것이다. 결국 필연성과 우연성을 배척적으로(선언판단을 존재와 허무사이에 성립하는 배중률적으로) 생각하는 것이 초기의 소크라테스이다. 후기 플라톤에서는 우연과 필연이 공존한다는 것을 『티마이오스』 편에서는 실재하는 공간, 즉 장소(chora)가 우연-필

언급이 '우리'라는 말로 표현되어 이어진다.

> 소크라테스: 그러니까 내 생각에 남은 길은, 우리가 있게 되던 생겨나게 되던, 우리 서로에 대해 그렇게 되는 것밖에 없네. 필연은 우리의 있음을 묶어 주는 반면, 다른 것들과(다른 존재인 동물이나 식물)는 묶어 주지 않으며, 그런가 하면, 우리를 자신들끼리도 묶어주지도 않기 때문이네(서로 구별되어 개성을 갖게 하는 것). 그러니 [이는 역설적(종과 종차를 구분하는 변증법적)으로] 우리가 서로 함께 묶여 있는 길만이 남게 되네(종으로서의 인간을 지칭하면 다음에서(163a 이하) 고찰하는 프로타고라스가 말한 인간은 만물의 척도라는 말이 가능하게 된다). 결국 누군가가 어떤 것이 '있다'고 명명하든 '생겨난다.'고 명명하든, '어떤 자에게' 또는 '어떤 것에 대해서' 또는 '어떤 것을 상대로' 있다거나 생겨난다고 진술해야 하네. 그리고 어떤 것 자체가 그 자체로 있다거나 생겨난다고 진술해서는 안 되네. 자기 자신이 그런 말을 해도 안 되고, 다른 사람이 그렇게 말 한다 해도 받아들여서는 안 되네. 우리가 자세히 진술한 학설이 함축한 바에 따르면 말일세... 그러므로 나의 지각은 나에게 참이네. 나의 지각은 언제나 나의 있음에 속하니까. 그리고 프로타고라스님에 따르면, 나는 나에게 있는 것들에 대해 있다고 말하고, 그리고 나에게 있지 않은 것들에 대해 있지 않다고 하는 판정관이네.(160c-d).

연성의 힘으로 가득하다고 말한다. 즉 현실 속에는 우연성도 존재하는 것이 확실하다는 것이 그래서 필연성과 우연성이 공존하고 있다는 것(포괄적 선언처럼)이다. 현대에서 베르그송은 이를 통합하고자 지속이라는 시간적 존재의 플로티누스적 일자 입장에서 자신의 존재론을 발표하나 『도덕과 종교의 두 원천』에서는 신비주의를 말하면서도 심령과학을 말하는 데에서 이원론적 입장에서 발표하는데 이는 베르그송의 지속론이 원자론을 극복하지 못한 결과이다. 여기에서 유명한 타자성(apeiron)에 대한 다음과 같은 언급이 이루어진다. "어떤 것과 전적으로 다른 것이 그 자신과 다른 것과 어떤 측면에서 동일하지만 다른 측면에서는 다른 것이라고 이해하지 말고 완전히 다른 것이다"(158e). 박홍규에 따르면, "동일성은 자신에 동일하고 타자에게도 동일한 측면이 있는(반복되는 성격) 반면, 타자성은 다른 것에 다르고 자신에 마저 다르다."고 말해진다. 따라서 여기에서 진술된 필연성의 논리는(정준영 역, 『테아이테토스』, 280-282쪽들, 주석 282 참조), 실제로는 우리의 관념 속에서 반대와 모순의 관계처럼 이중적으로 이루어지는 형식논리적 필연성에 따른 서로에게 공통적인 객관성을 지닌 것으로서 현실과 꿈은 물론 건강과 정신병의 구분에도 적용된다. 이는 마치 뉴턴역학에서처럼 운동이론과 중력이 작용하는 장의 현실을 구분하는 요인이 되고, 이 때문에 정신적으로 혹은 논리적으로 환원하는데 있어서의 필연성에도 실존적으로는 혹은 현실에서는 화학에서처럼 힘(에너지)이 있어야 한다. 이러한 필연성의 황금밧줄은 영국 경험론에서는 특히 버클리는 현실적 지각과 관념 사이의 차이를 '힘의 강도 차이'로 환원하는데 여기에도 일정한 진실이 존재한다. 그러나 꿈과 현실의 구분을 힘의 강도 차이로 환원하는 것에는 고정될 수 없는 일정한 한계가 있다. 왜냐하면 역설적으로 꿈에서 지각하는 환상이 현실보다 더 강렬한 것으로 나타난다고 지각되기 때문이다. 결국 꿈과 현실의 이러한 차이는 '힘의 강약'보다는 논리적 필연성에 의해서 구분되는 수밖에 없다. 꿈에서는 이미지 사이에 이러한 '필연성'이 없기 때문이다. 정신병에서도 마찬가지이다. 꿈과 현실의 구분은 '힘'과 '논리적 필연성'이 변증법적으로 결합되어 나타나는 복잡하고 이중적인 것이다.

결국 프로타고라스가 한 말, 인간 개개인의 실존은 만물의 척도가 될 뿐만 아니라 앎은 다름 아니라 지각이라는 것이 옳은 말이 된다. 소크라테스는 테아이테토스와의 문답법적 대화에 의한 합의에 의해 밝혀진 이러한 진리를 테아이테토스가 낳은 아이로 간주하고 이러한 합의된 진리를 다시 재검토하자고 한다. 왜냐하면 "프로타고라스가 『진리』라는 책에서 인간 이외의 다른 지각을 지닌 돼지나 비비가 만물의 척도가 될 수 있다고 말하지 않고 인간이 그러하다고 말하였기 때문에, 우리는 그분이 지혜(sophia)와 관련하여서는 신이라고 하는 듯 놀라워하지만, 막상 실천적인 슬기(phronesis) 관련해서는 그분이 세상 사람들 중 다른 누구는 고사하고 개구리 새끼인 올챙이보다 나은 게 전혀 없다는 걸 보여주시려 했다면 그렇게 하셨어야 한다는 말입니다."(160d)[38]라고 인간들의 실존이 보편성을 지닐 수 있는가에 대한 의구심에서 재검토의 이유를 밝힌다. 즉 프로타고라스의 인간은 만물의 척도이고 지각이 지혜이자 진리라는 인식론적 귀결은, 헤라클레이토스의 만물 유전론의 관점에서 지각을 지닌 것이면 무엇이나 만물의 척도가 될 수 있다는 것인데, 돼지나 비비가 아니라 특별히 인간을 지칭하여 만물의 척도라고 말하고 있기 때문이다.

더 나아가 이러한 지각론의 관점을 인간들 사이에서 적용하면 개개인이 진리의 척도가 되어 인용문에 나타난 것처럼 진리 상대주의에 빠질 수밖에 없다. 그럼에도 불구하고 프로타고라스는 개나 돼지가 아닌 인간이 만물의 척도라고 말하는데, 여기에서 언명된 인간은 신도 아니고 동물도 아닌 인간이라는 종-일반(보편성)을 지칭하는 것으로서 해석될 수 있다. "지각을 통해 판단하게 되는 것이 무엇이든 그것이 각자에게 참이라면 그리고 다른 자가 남의

---

38 여기에서 언급된 지혜(sophia)와 실천적인 슬기(phronesis)의 차이에 관해서는 『메논』편에 언급된 지식에 관한 전체와 부분의 변증법적 관계와 관련하여 다음과 같이 말할 수 있다. 즉 지혜(sophia)는 존재(우주) 전체에 대한 지식이며 따라서 철학적(형이상학적) 지식인데 반해 실천적인 슬기는 구체적인 현실(부분)과의 관계에서 수행하는 실천적 지식이므로 구체적이면서도 현실에 상응하는 부분적 지혜라고 할 수 있다. 결국, 서문에서 언급했듯이 이론적 지식과 실천적 지식은 영혼의 능동-수동의 능력(dynamis)에 관계하여 플라톤의 동일자-타자의 존재론의 변증법으로 나타나 지혜와 기술의 측면에서 한편에서는 시작(詩作)에서 도구제작으로, 다른 한편, 인간관계에서는 노예와 주인의 변증법과 같이 각각 이중-4중-8중적으로 계속 분화되어 발전하는 것을 전제하는 것이다.

느낌을 더 잘 판별하는 것도 아니요 남의 판단이 옳은 것인지 거짓인지 검토하는데서 다른 자보다 당사자가 더 권위 있는 것도 아닐 것이라면, 그래서 여러 번 언급된 대로 자신의 것들은 각기 그 자신만이 판단할 수 있고 이런 판단들이 모두 옳고 참될 것이라면 도대체 어떻게 프로타고라스님이 다른 사람의 교사로서 엄청난 보수를 받는 게 정당하다고 자처할 만큼 지혜로운 분일 수 있겠습니까?"(160e).

사실 이러한 소크라테스의 언명에는 상당한 복선이 깔려있음을 다음에서 밝혀진다. 즉 만물 전체에 관한 철학설을 말한 철학자들, 특히 이 대화편에서 언급된 만물 유전론의 헤라클레이토스나 크세노파네스처럼 자신이 신적인 진리를 안 것으로 자처할 수 있으며, 서양 존재론의 기초를 말한 파르메니데스도 여신이 인도하는 길을 말하면서 인간이 어느 누구도 자신이 말한 이러한 진리를 넘을 수 없다고 말하였기 때문이다. 그래서 앞에서 언급한 자연철학자들이나 소피스트들은 신을 끌어들이면서 논증이나 앞에서 언급된 것과 같은 어떠한 '필연성'도 제시하지 않고, 그럴듯한 말로 대중들 앞에서 연설하면서 설득술로서 자신을 신격화 하는 것이다(162e). 이에 반해 소크라테스는 헤라클레이토스가 말한 만물 유전론의 관점에서 테아이테토스가 낳은 '지각은 앎이다'라는 첫 아이를 시험하고 이에 기초하고 있는 프로타고라스의 인간은 만물의 척도라는 것의 의미를 한편으로는 한층 심화시키기 위해, 다른 한편으로는 소크라테스는 신을 끌어들이지 않고 '필연성'에 따르는 [객관적이고 보편타당한] 인간적 인식이 어떻게 이루어지는지를 밝히고자 하는 것이다.[39]

프로타고라스의 감각상대주의로 알려진 인식론에 대한 설명은 대중들 앞에서나 하는 것이고, 인간이 만물의 척도라고 말한 프로타고라스가 단순한 상대주의자가 아닌 진정한 실존적 지혜를 지닌 지혜자임을 밝히기 위해 프로

39 우리는 『파르메니데스』편을 분석하면서 이데아적 인식이 즉 신적인 인식이 인간적 인식보다 못하다는 역설에 처한다는 것을 밝혔다.

타고라스의 진정한 의도를 웅변하여 프로타고라스의 제자로 자임하는 테오도로스를 감동시킬 정도로 변명하는 소크라테스에 의해 인간의 인식(episteme)은 다른 동물도 갖추고 있을 감관-지각적 경험과는 다른 인간만이 이러한 경험적 지식을 분석하고 종합하는 과정에서 발생하는, 즉 판단하는 사유에 의해 이루어지는 것임을 살피고자 하는 것이다. 위 인용문에서 나타나듯이 지각과 판단은 서로 다르다. 이 때문에 대화는, 감관-지각에 대한 보다 심화된 설명은 물론 인간의 사유에 의해서 이루어지는 판단과정에 대해서도, 즉 인간의 판단력이 이루어지는 인식능력에 대해서도 파르메니데스의 존재론적 사고와 이를 통해 이루어진 원자론적으로 환원하는 분석적 설명 방식을 통하여 이루어진다. 그리고 이러한 인식작용이 앞에서도 언급되었듯이 인간에서 이루어지는 것이지 신에서 이루어지는 것이 아님을 분명히 한다(162e). 더 나아가 인간의 사유는 언어로 이루어지기 때문에 그래서 대화는 모든 것들을 지각하는 동시에 안다는 주장에 우리가 정말 동의해야 하는지의 문제를 접근하면서 언어를 예를 들고 있다. 즉 이민족 사람들의 말을 듣는 동시에 그 언어의 의미를 아는 문제의 예에서 볼 수 있듯이 소리를 지각하거나 문자를 지각하는 것에서 곧바로 그 언어의 의미를 아는 것이 아니다. 언어의 의미를 이해하기 위해서는 글 선생들의 교육이나 통역관을 필요로 하고 있다.

인류는 사유를 하면서 만물의 영장이 되었다. 그런데 사유는 언어를 통해서 이루어진다. 이 때문에 우리가 어떻게 사유할 수 있게 되었는가를 이해하기 위해서는 사유하는 데 필요한 정신의 인식능력들을 분석해 보아야 한다. 이러한 문제를 해결하기 위한 단초로서 소크라테스는 다음과 같이 묻고 있다. 이방언어에 대해 배운 사람이 그것을 기억하면서도 알지 못하는가에 대한 물음을 "어떤 사람이 일단 (언어의 의미에 대한) 앎을 갖게 된 경우, 바로 그것에 대한 기억을 계속해서 가지고 있고 보존하고 있다면, 그가 기억하고 있는 그 순간에 기억하는 바로 그것을 알지 못하는가?"(163d). 이러한 의문은 헤라클레이토스의 만물 유동설에 따른 지각을 분석하는 것과 똑같은 원자론적인 분석

방식에 의한 것이기에 나타날 수 있는 문제이다. 이 문제는 "동일한 사람이 어떤 것을 알면서도 자기가 알고 있는 바로 그것을 알지 못할 수 있을까?" 즉 동일한 사람이 시간이 변했을 경우, 동일한 것을 인식할 수 있는가 하는 문제로 나타난다. 이러한 문제는 다른 한편, "각자에게 여겨지는 것, 그것이 여겨지는 자에게 여겨지는 그대로 있느냐?"는 문제로도 나타난다. 이 문제는 감과-지각에서 현상이 곧 실재라는 견해와 똑같이 사유에서도 성립할 수 있는 물음이다. 그러나 소크라테스는 "인간이 누구이든 모든 인간의 판단은 어떤 면에서 자신이 다른 사람보다 더 지혜롭지만 다른 면에서는 다른 사람들이 자신보다 더 지혜롭다고 믿지 않을 사람이 아무도 없다."고 주장하는 것이다 (170a). 그래서 남을 가르치고 남을 통솔하는 사람을 신처럼 대하는데, 이 문제는 만물이 변화한다는 관점에서는 지각하는 것이나 판단하는 것이 무한히 다른 것으로 나타나기 때문에, 판단에마저도 항상 다르게 되며, 유사성은 유사하지 않게 되는 것을 전제함으로 앞의 지각의 분석에서처럼 어떠한 '필연성'에 따르지 않으면 모든 것이 불확실하게 된다. 그러므로 여기에서 소크라테스는 직관이 아니라 간접적으로 추론하며 논리적으로 사유하는 인간에게 파르메니데스의 '존재' 개념이 필연적으로 들어올 수밖에 없다는 것을 말하고 신과 인간의 길을 구분하면서 인간의 길을 걷고자 하는 것이다.

소크라테스가 감관-지각의 직관적 경험을 논하면서 인간의 사유를 끌어들이지 않으면 안 된다는 것을 인식하고, 또 인간의 사유가 언어를 통하여 이루어진다는 것을 전제하기 위해 인간이 언어를 통해 사유하고 대화하면서 언어가 어떻게 의사소통의 도구가 될 수 있을 정도로 '알게' 되었는가를 알기 위해 통역관을 전제하는 이방말을 예를 들고 있다. 사실 인간의 사유는 언어를 통하여 이루어지고, 이 때 인간이 사유하는 도구로 사용하는 한 언어는 모국어든 이방 말이든, 모두 알고 있다는 것을 전제로 하여 이루어진다. 사실 인간이 동물처럼 감관-지각과 신체적 본능이 통합되어 행동하지 않고, 언어를 통하여 사유하면서 사유에 따른 '(주체)의식'을 지니게 되어 신체적인 본능적 자아와 사유하는 자아가 이원적으로 분화되어 있다. 그러나 이 양자는 생의 필연성에 따라 서로 관련을 맺지 않으면 안 된다. 특히 인간의 언어에 의한 사유의식은 어린아이에게서 나타나는 것처럼 한편으로는 신체적 본능을 망각하게 하고 이 때문에 환경에 대해 무능할 정도로 감관-지각의 직관력을 은폐하고 있으나, 그러면서도 사유 기능은 언어에 대한 이해 기능을 통해 감관-지각과 결부되어 있는 오관작용의 경험과 밀접한 관계에 있다.

예를 들면, 헬렌 켈러 여사가 3세쯤에 열병으로 청각과 시각 기능을 잃었기 때문에 손바닥에 설리번 여사가 쓴 단어 '물(water)' 대한 동물적인 접촉 감각만으로 어떻게 언어를 이해할 수 있었겠는가는 의문이 된다. 왜냐하면 인간의 언어 이해는 시청각과 더불어 음성언어에서 이용되는 음성이나 문자나 그림을 이용한 글자를 넘어서 기억에 의존하는 인간적인 사유체험을 이해하지 않으면 언어의 의미에 대한 이해는 불가능하기 때문이다. 더 나아가 인간의 언어이해는 시청각적 경험은 물론 이를 넘어서 언어를 이해하고 이를 통해 사유하는 정신을 소유할 수 있었기 때문에 가능하다. 이러한 사태 때문에 소크라테스-플라톤은 '사유하는 신적 정신'만이 이를 가능하다고 하고 '상기설'을 말하는데, 이는 경험론적 관점에서 보면 순환론이 된다. 경험론적 관점에 따르면, 인간의 사유하는 정신은 시청각적 경험을 물론 신체적 경험이나 이를 반영하는 언어를 발명하고 이를 시청각의 도구로 사용하면서부터 나타난다. 따라서 헬렌 켈러 여사가 인간의 언어를 이해하고 사용할 수 있게 되었다는 것은 발병 이전에 모태에 있을 때부터 인간의 언어를 학습하여 이해할 수 있는 언어적 경험이 선재해 있지 않다고 하면, 시청각이 사라진 이후에 인간의 언어를 이해한다는 것은 있을 수 없고, 알 수 없는 신비의 사태로 전락한다. 따라서 헬렌 켈러(Helen Keller) 여사처럼 감관-지각 중 중요한 청각과 시각이 없는 존재에게서도 언어를 통하여 사유하는 인간으로서 재탄생하여 평생 학습하는 데에는 일차적으로 신체적인 접촉 지각(본능적이다)과 온전한 감관-지각작용은 물론 언어의 의미 이해를 전제하는 기억[40]을 필요로 한다.

그런데 지각과 기억은 다르다. 그리고 지각은 때때로 기억될 뿐이다. 아니 지각 자체도 단절되어 있고 기억 자체도 순간순간에 이루어지며 이들이 연속되어 있다고 말할 근거가 없다. 또한 지각과 기억 사이에는 항상 연결되는 것이 아니라 단절이 존재한다. 지각작용은 현재에서만 작동하고 그것을 지각하는 순간 안다면, 눈을 감아 지각하지 못하면 알지 못하는 것이 된다. 마찬가지로 기억도 기억한 순간 그것을 아는 것이 된다면 기억하지 않는 순간은 아는 것이 아니다. 그럼에도 불구하고 기억에서는 지각과 기억된 것뿐만 아니라 기억과 기억된 것들이 '의식되어' 연결되어 있어야 한다. 여기에서 칸트가 말한 과거와 현재를 구분하는 의식과 과거의 것을 현재에 재현하는 구상력(상상력)은 물론, 이들 각각의 차이나 동일성을 의식하는 재인(recognition)이 필요하고, 더 나아가 판단은 언어에 의한 사유에서 이루어지는 것으로서 지각된 경험들에 대한 것은 물론 자신의 판단에 대해서까지도 판단하기 때문에 우리의 사유에 의한 판단 작용은 이 모든 것을 필수적으로 요구하는 정신적인 것이다. 이 때문에 본다는 것이 곧바로 그 사태(의 의미)를 아는 것이 아니며, 기억하는 것 또한 기억한다고 곧바로 아는 것이 아니며, 더 나아가 앎이 언어에 의한 판단으로 나타난다면 이러한 앎은 소크라테스-플라톤에게서는 오르페우스교가 말하듯이 '선험적인 신적 정신으로서의 사고'를 전제하는 것으로서 진위나 선악에 대한 가치론적 판단 이전에 우리에게 주어진 데이터(data)로서 직관적인 것에 기초하고 있다는 것을 선험적인 것(apriori)으로서 전제하는 순환론적인 것이다.[41]

---

40 헬렌 켈러 여사의 언어(영어) 학습은 예전에 배운 적이 있었다는 것이다. 그 때가 언제인가는 플라톤의 상기설에 따르면 우리 영혼이 신들과 함께 있었을 때라고 말할 수 있으나, 현대 두뇌 과학이 밝힌 바에 따르면, 3세 이전에 어머니의 '태중'에 배웠다고 말할 수밖에 없다는 것이다.

41 감관-지각은 현재에서만 작동하고 판단은 기억을 필요로 한다는 이러한 감관-지각과 판단의 분(리)석은 정신적 작용은 모두 지속하는 가운데 이루어지는 것이라 말하는 베르그송의 관점에서는 문제가 있다. 일종의 정신적 작용인 감관-지각도 현재-과거 그리고 미래적 계기를 함께 가지고 있는 지속하는 시간성 가운데 이루어지기 때문이다. 따라서 베르그송의 지속에 의한 시간이론도 사실은 역설적으로 언어적 판단

다시 간략하게 말하자면, 원초적으로 지각은 대상에 대한 자료를 직접 가져오는데 이러한 지각의 자료들은 우리의 감관-지각이 오관으로 분리되어 있기 때문에 이들이 지각한 감각이나 성질들은 서로 엉키어 있기에, 수많은 관념으로 분화되기 이전에 보면, 이들은 혼란된 채 질서를 지니지 못한 것으로 나타난다. 그럼에도 불구하고 감각적 성질에는 예를 들면 삼원색이나 오색과 같은 인류에 공통된 것이 있고, 소리에도 고저, 장단, 강약 등의 공통된 성질이 있기 때문에 형식적으로든 실질적으로든 이를 통하여 특정한 질서를 이룰 수 있다.[42] 그리고 이러한 질서의 내용이 언어 속에 저장된다. 이 때문에 이러한 경험의 내용을 지각에 관한 표상론의 관점에서 분석해야 하는데, 앞에서 소크라테스가 감관-지각의 발생을 설명한 원자론에 기초한 표상론은 주체와 대상 쪽으로 구분하고 대상에서 온 성질과 주체 쪽에서 나간 성질들은 물론 이들이 사유의 질서와 어떻게 부합할 것인지를 결정해야 한다. 역으로 이들 감관-지각적 경험에 대한 사유의 판단작용은 과거 지각한 것을 기억해야 하고 이를 재인하여 현재 지각과 동일성-차이성에서 비교하고 분석하는 과정을 필요로 한다. 즉 지각은 물론 기억은 현재의 삶에 유용하기 위해서는 재인을 필요로 하고, 여기에서 지각과 기억을 구분하면서도 이들 사이에 동일성과 차이성을 의식해야 하는 반성 작용이 개입한다. 더욱이 사유는 이러한 절차를 수행하여 형성한 언어를 통하여 수행한다. 결국 지각하는 것이 곧바로 앎이 아니듯이, 이미 알고 있다고 생각되는 언어를 통하여 사유하는 것도 곧바로 앎, 즉 진리가 아니다. 사유는 판단 작용으로 나타나고, 판단에도 직관적 경험에 관계하여 옳은 판단과 그른 판단이 있을 수 있기 때문이다.

에 기초하고 있다. 달리 말하자면, 베르그송은 그의 지속에 관한 이론을 기초로 하여 인간에서 성립하는 순수기억과 신체적 기억을 구분하고 전자의 기억은 지속체험 모두를 기억하고 후자의 기억은 언어적 기억으로 말하는데, 이러한 두 기억의 설명은 각각 반만의 진실을 지니고 있는 것으로서 사실 우리의 기억은 이 모두를 언어와 함께 종합하여 가지고 있는 정신적인 것이다. 송영진, 『직관과 사유』(서광사, 2005), '5. 감관-지각과 기억의 정신현상'의 장 참조.

42 R. 플루칙(R, Plutchik), 『정서 심리학』(학지사, 2004), 2장과 송영진, 『 미와 비평』, 충남대 출판문화원, 2013), 2장 참조.

소크라테스는 앞의 인용문(170a)에서 지혜 있는 자와 지혜 없는 자를 구분하는 것처럼 인간의 사유가 함께하는 정신적인 의식작용을 인식론적으로 탐구하기 위해서 테아이테토스와 산파술에 따르는 대화법에 의해 인식능력을 감관-지각과 사유로 나누어 원자론적으로 분석해 들어가는 방법을 취하기 때문에, 앞에서 제기한 의문, 즉 소크라테스가 '가장 무시무시한' 질문꺼리(164b)라고 언급한 "동일한 사람이 어떤 것을 알면서도 자기가 알고 있는 바로 그것을 알지 못할 수 있을까?" 즉 동일한 사람이 시간이 변했을 경우, 동일한 것을 인식할 수 있는가 하는 문제로 나타난다. 이러한 문제는 더 나아가 다른 한편, "각자에게 여겨지는 것, 그것이 여겨지는 자에게 여겨지는 그대로 있느냐?"는 문제로도 나타난다. 이 문제는 스스로의 인식능력을 반성하지 않는 보통 사람들(상식인들)에게는 우스꽝스럽게 여겨진다. 이 때문에 소크라테스는 자신의 기하학과 얽혀 있는 산파술마저도 대중들에게는 비난받을 수 있고, 만물유전론의 관점에서 프로타고라스의 진의를 모르는 것으로 간주될 수 있기에, 소크라테스는 프로타고라스의 인간은 만물의 척도라는 언명을 변명하는 발언을 프로타고라스에게 사사 받은 테오도로스를 설득하여 대화로 끌어들이기 위해 다음과 같은 웅변을 하고 있다.

> 소크라테스 : 그분은 우리가 그분을 도와 말하고 있는 이 모든 것들도 말씀하시겠지만, 내 생각으로는 우리 코앞까지 다가와 경멸조로도 다음과 같은 말씀도 하실 것 같습니다. "바로 여기 순진한 사람 소크라테스가 있소. 이 사람은 어떤 어린애에게, 동일한 사람이 동일한 것을 기억하는 동시에 알지 못할 수가 있느냐는 질문을 던져 겁을 주었고, 겁먹은 그 애가 뒤따르는 결과를 내다볼 능력이 없는 탓에 그럴 수 없다고 하자, 이 사람은 나란 사람을 논의 속에서 웃음거리로 드러나게 했소. 그렇지만 사실, 당신은 몹시 안이하기 짝이 없구려, 소크라테스. 실제 사정은 이렇다오. 당신이 물음을 통해 내 것들을 살펴볼 때, 질문 받은 사람이 바로 내가 할 만한 그런 대답을 하면서 실족하면 내가 논박당하는 것이지만, 그 사람이 내가 할 만한 대답과는 다른 종류의 대답을 한다면, 바로 질문 받은 사람 자신이 논박당하는 것이오. 일단 그건 이렇기 때문이오. 어떤 이가 전에 경험한 일들을 더 이상 경험하고

있지 않다고 해 보시오. 그런데도 그에게 그 일들에 대한 기억이, 그것을 경험할 때와 닮은 그런 경험으로 나타나 있다고 그가 당신에게 동의할 것으로 생각하시오? 결코 그럴 리는 없소. 또는 다시금, 동일한 사람이 동일한 것을 알면서 알지 못할 수가 있다는 데 동의하는 걸 누군가 주저할 것으로 생각하시오? 아니면 그렇게 동의하는 건 두려워한다 해도, 이전과 달라지는 사람이 그렇게 되기 전의 그 자신과 동일한 사람이라는 걸 도대체 누군가가 인정할 것으로 생각하시오? 더 정확히 말해 낱말들의 표현 때문에 서로에게 꼬투리를 잡히지 않도록 조심할 필요가 정말 있다면, 달라짐이 일어나는 한 이들이 무한한 것들로 될 터인데도, 여럿이 아니라 하나임을 누군가가 인정할 것으로 생각하시오?" 그분은 또 이렇게 말할 걸세. "그럼, 이 양반아, 바로 내가 말하는 것으로 달려들어 더 고상하게 해 보시오. 그리고 할 수 있다면 날 논박하여, 지각들이 우리 각자에게 고유한 것들로 생기지 않는다는 것을, 아니면 각자에게 고유한 것들로 생겨도 그중의 어떤 것도 더 이상 당사자에게만 나타나는 것으로 생기는 건 아니라는 것을 보여 주시오. 또는 만일 '있다'라는 말을 써야 한다면, 그렇게 나타나는 그 사람에게만 있는 것은 결코 아닐 것이라는 걸 보여 주시오. 그런데 당신이 돼지와 비비를 거론할 때, 당신은 스스로가 돼지처럼 어리석게 구는 것일 뿐만 아니라 당신의 청중들에게도 내 저술에 대해 그런 짓을 하도록 설득하고 있는 것이기도 하오. 그렇게 하는 건 몹쓸 짓인데도 말이오. 난, 진리는 내가 쓴 대로 주장하는 바이오. 우리 각자가 있는 것들과 있지 않은 것들에 대한 척도이긴 하나, 사람들마나 각자에게 다른 것들이 있고 다른 것들이 나타난다는 바로 그 점에서 각자 서로 헤아릴 수 없을 만큼 다르단 말씀이오.[43] 그리고 난 지혜도 지혜로운 자도 없다고 하기는커녕, 바로 다음과 같은 자야말로 지혜로운 자라고 주장하오. 우리 중 어떤 자에게, 나타남에서나 있음에서나 나쁜 것들인 것을 변환시켜서 그자에게 나타남에서나 있음에서나 좋은 것들로 만들어 줄 사람 말이오. 이번에는 내가 하는 말을 자구만 가지고 쫓아오지 말고, 내가 무슨 뜻으로 말하는 것인지를 다음과 같은 방식으로 한층 더 분명하게 이해해 보도록 하시오. 이전에 했던 논의에서 말한 것과 같은 것을 상기해 보란 말이오. 아픈 사람에게는 그가 먹는 것들이 나타남에서나 있음에서나 쓴 것들이지만, 건강한 사람에게는 나타남에서나 있음에서나 그와 반대되는 것들이라는 점 말이오. 그런데 이들 중 어느 한쪽을 더 지혜로운 사람으로 만들어서는 안 되오. 그건 가능하지도 않은 일이니까 말이오. 병든 사람이 이러저러한 것들을 판

43 이러한 언명 속에는 진리에 대한 객관주의적 측면을 넘어서 고르기아스의 진리 허무주의와 동일시 될 수 있는 측면이 있다.

단한다는 이유로 어리석다고 비난하는 한편, 건강한 사람은 그와 다른 것들을 판단한다는 이유로 지혜롭다고 해서도 아니 되고, 오히려 다른 쪽으로 변환시켜야 하오. 다른 쪽 상태가 더 낫기 때문이오. 그리고 교육에서도 그런 식으로 한쪽 상태에서 더 나은 상태로 변환시켜야 하오. 그런데 의사는 약을 통해서 변환시키고, 소피스트는 말을 통해서 변환시킨다오. 그렇긴 해도 누구도, 거짓된 판단을 하는 자를 나중에 참된 판단을 하도록 만들 수는 없는 일이라오. 있지 않은 것들을 판단하는 것도, 겪고 있는 것들과 다른 것들을 판단하는 것도 불가능하며, 자기가 겪고 있는 바로 그것들이 언제나 참이니까 말이오. 그러나 내 생각에 어떤 자가 영혼의 해로운 상태로 인해 그 영혼과 동족관계에 있는 것들을 판단하게 될 경우, 영혼의 이로운 상태를 통해서 앞서와 다른 그런 것들을 판단하게끔 만들어 줄 수는 있다오. 어떤 사람들은 미숙한 탓에 바로 이런 것들을 참된 나타남들이라고 부르는데, 나로서는 한쪽의 것들이 다른 쪽 것들보다 더 나은 것들이라고 할지언정, 더 참된 것들이라고 부르진 않는다오. 그리고 친애하는 소크라테스, 나는 지혜로운 자들을 결코 개구리라고는 하지 않소. 난, 몸과 관련해서 지혜로운 자는 의사라고 하고, 식물과 관련해서 지혜로운 자는 농부라고 한다오. 농부의 경우도 어떤 식물이 병들어 있을 때면, 그 식물에 해로운 지각들 대신에 이롭고 건전할 뿐만 아니라 참이기도 한 지각들을 심어 준다고 나는 주장하기 때문이오. 그리고 또 지혜롭고도 훌륭한 연설가는 나라로 하여금 해로운 것들 대신에 이로운 것들이 정의로운 것들이라고 여기게 만들어 준다고 난 주장하는 바이오. 각각의 나라에게 정의롭고 아름다운 것들로 여겨지는 그런 것들이 어떠한 것들이든 간에, 그 나라가 그런 관행을 견지하는 한에서 그런 것들이 그 나라에게 여겨지는 그대로 정의롭고 아름다운 것들이지만, 지혜로운 자는 개개의 나라들에게 있는 개개의 해로운 것들 대신에 이로운 것들이 있게 만들고 또 그렇게 여겨지게끔 만들어 줄 수가 있소.[44] 그리고 같은 논리에 따라 소피스트 또한, 교육받는 자들을 이런 식으로 능히 인도할 능력이 있기 때문에 지혜로운 자일뿐만 아니라, 자신한테 교육을 받고 난 자들에게서 많은 돈을 받을 자격도 있는 것이오. 그리고 이렇게 해서 누군가는 다른 이들보다 더 지혜로우면서도 어느 누구도 결코 거짓된 판단을 하지 않는 것이고, 그래서 당신으로서는, 원하든 원하지 않든, 당신이 척도라는 걸 감수해야 하

44 실천철학적으로 선악 판단에 관한 지혜에 있어서 유용성과 직접 결부시키면서 '정의'에 관한 측면을 배제하려는 것으로서 여기에서 국가나 사회에서의 '정의' 개념을 배제하려는 공리주의적 사상이 나타난다. 이러한 공리주의적 사상은 마찬가지로 인식론적 측면에서 진위의 인식을 배제하려는 것이다. 그러나 소크라테스-플라톤은 이러한 지식의 도구주의적 사상에, 실존적 인간에게는 객관적이고 보편타당한 진리 인식이 있다는 것을 파르메니데스의 존재론을 끌어들여 주장하는 것이다.

오. 이런 것들을 통해 이 학설이 유지되기 때문이오. 만일 이 학설에 대해 당신이 근본적으로 이의를 제기할 수 있다면, 대체할 수 있는 설명을 쭉 제시하면서 이의를 제기해 보도록 하시오. 그게 아니라 질문을 통해 하고 싶으면, 그렇게 하도록 하시오. 이런 논의 방식 역시 꺼릴 것이 아니라, 분별이 있는 자라면 그 무엇보다도 추구해야 할 것이니까 말이오. 다만 이런 건 지켜 주시오. 질문할 때 부당한 방식으로 하지는 말아 주시오. 덕을 돌본다고 공언하는 이가 논의를 하면서 부당한 방식으로 일관할 뿐이라면 정말이지 그거야말로 아주 불합리한 일이니까 말이오. 그런데 그런 일에서 부당한 방식으로 하는 건 다음과 같은 경우에 있게 되오. 어떤 사람이 경합을 벌이면서 논쟁하는 것과 문답식의 대화를 나누면서 논의하는 것을 구별하지 못할 경우 말이오. 그리고 경합을 벌이는 경우에는 농을 걸 뿐만 아니라 할 수 있는 한 딴죽도 걸게 되겠지만, 문답식의 대화를 나누는 경우에는 진지하게 하면서 대화 상대자를 바로잡아 줄 것이오. 대화 상대자 자신이 자기 자신에 의해서나 이전의 교제에 의해서 잘못 빠져든 그런 과오들만을 그에게 지적하면서 말이오. 실로 당신이 그런 식으로 한다면, 당신과 더불어 시간을 보내는 사람들은 자신들이 빠지게 된 혼란과 곤경 탓을 자신들에게서 찾지, 당신에게서 찾지는 않은 것이오. 그리고 그들은 당신을 좋아하며 쫓아다니는 반면, 자기 자신은 혐오하여 자기 자신을 피해 철학으로 피신해 갈 것이오. 그들은 예전의 자신에서 벗어나 다른 사람이 되려고 그러는 거지요. 그런데 만일 당신이 다중들처럼 이와 반대되는 일들을 행한다면, 반대되는 결과가 당신에게 생길 것이고, 당신은 당신과 교제하던 사람들을 철학자들이 되게 하기는커녕, 그들이 나이를 먹고 나면 철학이라는 이 일을 혐오하는 자들이 되게 하고 말 것이오. 그러니까 전에도 언급한 대로 당신이 내 말을 따른다면, 적대적 태도나 전투적인 태도가 아니라 친절한 마음으로 같이 앉아서 우리가 도대체 무슨 말을 하는 것인지를 제대로 검토할 수 있게 될 것이오. 모든 것들이 움직이며, 개인이든 나라든 각자에게 여겨지는 것이 여겨지는 그대로 각자에게 있다고 우리가 선언하며 한 말 말이오. 그리고 다중의 경우는 습관적으로 사용하게 되는 표현 및 이름들을 닥치는 대로 끌어들여 서로에게 갖가지 곤경을 안겨 주곤 하지만, 당신이 방금처럼 그렇게 하지 않고, 이것들을 통해 고찰한다면 앎과 지각이 동일한 것인지 다른 것인지도 고찰하게 될 것이오." 테오도로스 님, 이것들이 선생의 동료를 도울 셈으로 미력하나마 내가 힘닿는 대로 제시한 것들입니다. 만일 그분 자신이 살아 계셨다면, 자신의 것들에 더 대단한 도움을 주셨겠지만 말입니다(166a-168d).

프로타고라스를 옹호하는 이러한 웅변 속에는 만물 유전론의 관점에서 지각을 설명하는 내용이 있으면서도 이를 실천적인 영역에서 그대로 적용하는 것이다. 왜냐하면 지각은 행위와 밀접한 관계가 있기 때문이다. 즉 프로타고라스는 실천적인 영역에서 지각과 사유를 구분하면서 지각은 사실적인 것에, 사유는 선악의 가치판단과 결부시키는 것이다. 이 때문에 이러한 웅변적인 연설에서 우리가 주목할 것은 소멸이 없는 생성 일변도를 주장하는 헤라클레이토스의 만물 유전론의 관점에서는 고정된 '존재'나 지표가 설정될 수 없기 때문에, 이러한 존재를 토대로 말할 수 있는 진리나 실천철학적인 정의 개념[45]은 나타날 수 없기에 생물학적 혹은 동물적 실존의 관점에서 '필연성(필요성)'에 따르는 실용주의자나 공리주의자들처럼 실용성이나 효용성에 따른 선악만을 판정할 수 있게 된다는 것이다.

그럼에도 불구하고 이 연설 가운데 나타나는 진리와 선악에 따르는 가치판단에 대해서도 동일-차이의 변증법이 숨어있다는 것이다. 즉 가치론적으로는 진리와 선악이 동일하면서도 서로 구별되는 차이성을 지녔다. 특히 진리라는 개념은 근대과학의 발달로 인해 가치중립적인 객관적이고 보편타당한 사실판단의 것으로 해석되고, 근대과학에 기초한 기술은 유용성 개념과 더불어 선악 판단의 가치판단에 있어서 중립적인 것에 속하는 것으로 인식된다. 그래서 지속에 의한 동적 형이상학을 말하는 베르그송의 직관론에 따르면, 사물의 실재성은 더 이상 지성에 의해 구성되거나 행위적 관심 때문에 도구와 같이 제작되거나 조작되어서는 안 되고, 생겨나고 일어나 있는 그대로, 즉 경험된 것이 그대로 진리가 되고 느껴지는 것이 그대로 우리 심성에 직접 주어진 것(data)이 되어야 한다.[46] 사실 실재에 관한 앎의 능력으로서 베르그송의 직

45 그러나 파르메니데스 이후 그리스어에서 진리를 나타내는 말은 '존재'가 되고 있고, 이러한 진리 개념에서 '옳다.'는 정의(dike) 개념이 나타나 실천철학적 용어로 발전한다. 이러한 사태는 남에게 해를 끼치는 나쁜 일을 했을 때는 '부정을 저지르다.'는 개념으로 'adikein' 개념이 쓰이는 것을 보면 알 수 있다.

46 H. 베르그송의 『의식에 직접 주어진 것에 관한 시론(*essai sur les données immédiates de la conscience*)』에 나타나 있고 박홍규의 자유론에서 그려져 있듯이 건강한 정신에서는 실재는 의식의 다

관은 감성적인 것이며, 지속은 지성에 의한 개념적 표상의 대상이 아니라 감성적 체험의 대상이기 때문에 우리들 속에 있는 예시적 공감(sympathie divinatrice)에 의해 파악되는 것이다.[47] 따라서 진위에 대한 인식이란 말은 베르그송의 직관론의 입장에서는 생명이나 생존의 필연성에 따른 실제적인 효용성의 의미를 지니는 것이며, 엄밀한 객관성이 있는 것이 아닌 실존적 주체성의 가치판단이 작용한 것으로서 옳음이란 유용성과 좋음 사이의 주관성이 개입한 정도 차이를 지성이 표상한 것에 지나지 않는 것이다.

그러나 소크라테스는 앞으로 볼 것이지만 감관-지각적 경험의 영역을 공간화 하는 사유는 '진위' 판단을 매개로 하여, 실천적 영역에서의 선악 판단하는 사유와 동일자-타자에서 기원하는 동일-차이의 변증법으로 매개하려 하는 것이다. 즉 지각과 감정, 그리고 감정과 사유가 동일-차이의 변증법적 관계에 있듯이 감관-지각적 경험의 영역과 실천적인 선악판단을 하는 사유의 영역은 이들과 동일자-타자의 존재론에서 기원하는 동일-차이의 변증법적 관계에 있는 제3의 것인 '진위의 인식'과 '정의' 개념을 매개로 하여 연결하려고 하는 것이다.[48] 그리고 이러한 동일-차이의 변증법의 이면에는 파르메니데스의 모든 것을 하나로 보는 신적 정신의 존재론적 사유가 전제되어 있다. 사실 파르메니데스의 존재론 이후, 그리스어에서 진리를 나타내는 말은 '존재'가 되고 있고, 이러한 진리 개념은 '옳다(dikaios)'는 정의(dike) 개념으로 변용되어 나타나 실천철학적 용어로 발전한다. 이러한 사태는 남에게 해를 끼치는 나쁜 일을 했

양한 기능에 따라 다양한 측면을 나타내므로, 물질과 같이 지성에 의해 구성되기도 하고, 정신과 같이 공감되어야 하는 측면이 있다. 여기에서 예시적 공감으로 표현된 정신 능력은 그의 지속론의 관점에서 포착된 미래에로 기울어진 정신적 직관의 관심 때문이다.

47 베르그송,『웃음(le rire)』서문, 참조.

48 파르메니데스가 정리한 존재론적 모순율에 따르는 사유하는 정신(nous)는 그리스 인들이 창안한 정신으로서 그리스 철학 이후 이성(reason)이라는 정신으로 정의 되며, 이 때문에 이성의 필연성에 따르는 정신이란 이성의 충족 이유율에 따른 합리성에 따르는 신념을 지니는 건강한 정신이다. 이성은 인식론적으로 '옳다' '그르다'는 진위의 인식과 실천철학적인 측면에서 국가-정치철학의 정의(justice)의 개념이 동일율과 모순율에 기초한 논리나 수학적-기하학을 통하여 서로 만날 수 있는 것이다. 근대 과학적 사고에서 이성은 가치와 당위 개념이 중화된 '사실(fact)'개념을 만들어 낸다. 따라서 사실 개념은 선악과 유용성 개념을 매개하는 가치중립적인 개념이 된다.

을 때는 부정을 저지른다는 개념으로 'adikein' 개념이 쓰이는 것을 보면 알 수 있다.

또한 이 웅변에서 문답법과 논박술의 차이를 지적하는데 문답법적 대화에서는 진리의 기준이 모순율이라는 것이 드러나 있다. 즉 진위란 배중률에 따라 엄밀하게 구분되거나 나누어질 수 없으며, 소위 객관적인 과학의 진위판단은 모든 사람의 주관적인 가치 판단의 한계에서 성립하는 '공통적인 것'으로 생각되는 것이고, 인간이 언어를 사용하는 가운데 나타나는 이 공통적 형식이 소크라테스가 '형상' 이나 '이데아'로 묘사한 것이며, 언어적 인간의 주체성이 가지는 형식적 보편성을 나타낸다. 따라서 인간의 모든 인식과 행위가 실천적 가치판단이나 기예와 관계해서 말해진다면, 과학적 판단이란 아인슈타인의 상대성 이론이 말하고 있듯이 인간 지각 작용의 공통적인 한계로서 생각되는 '필연성'과 '사실(fact)'의 객관적인 것에 기초한다는 것이다.[49]

프로타고라스의 인간은 만물의 척도라는 학설은 단순한 상대주의가 아닌 실존적 지혜로 진지하게 말하는 소크라테스의 웅변(객관적이고 보편타당한 발언)에 감동을 받은 기하학에서 탁월한 선생인 테오도로스는 소크라테스가 "우리는 누구든 간에 어떤 면에서는 자신이 다른 사람보다 더 지혜롭지만 다른 면에서는 다른 사람들이 자신보다 더 지혜롭다고 믿지 않을 사람이란 아무도 없다"는 말에 결국 자신의 제자인 젊은 수학자 테아이테토스를 대신하여 소크라테스의 문답법적 대화에 참여하게 된다. 그리고 "인간들의 지혜는 참된 생각이고 무지는 거짓된 판단이라고 믿는다."는 말에 동의하게 된다(170c). 인간은 만물의 척도이고, 이 때 인간의 의미가 '지각이 앎(지혜)'이라는 언명을 분석할 때처럼 개개인을 지칭한다면, "인간들이 언제나 참된 판단을 한다고 해야 할까요? 아니면 때로는 참된 판단을 하지만 때로는 거짓된 판단을 한다고 해

49 인간의 관찰지각을 기초로 하여 만물의 생성-소멸과 변화의 현상을 인과율적으로 설명하려는 현대물리학의 20세기 최대의 성과는 아인슈타인의 상대성이론이다. 이 상대성이론에는 현상에 대한 관찰지각의 상대적인 효과에도 불구하고 "빛의 빠르기는 일정하다.(30만km)"는 지각 작용의 객관성(절대성)이 전제되어 있다. 주석 36, 참조.

야 할까요? 아마도 이 두 가지 선택지들로부터 뒤따르는 것은 인간이 언제나 참된 판단을 하는 것이 아니라 양쪽으로 판단하는 것이 사실"이냐고 묻는 소크라테스의 질문에 테오도로스가 긍정하자(170c), 프로타고라스가 주장하는 인간은 만물의 척도라는 말은 다른 사람이 무지하다거나 거짓된 판단을 한다고 믿는 자가 아무도 없다고 단언하지 못함에도 불구하고, 만일 앞에서 언급된 프로타고라스의 지각론에서와 같이 각각의 개인이 진리 판정의 재판관이 된다면, 여기에서 필연적으로 보편적으로 타당한 객관적인 진리는 성립할 수 없게 되고, 진리 상대주의에 빠지게 된다는 점을 소크라테스는 다음과 같이 테오도로스에게 말한다.

> 소크라테스: 둘째로 더없이 미묘한 다음과 같은 것이 있습니다. 그 분 자신의 생각과 관련하여 그와 반대되는 판단을 하는 자들은 그분이 거짓된 생각을 한다고 믿는다는 점에서 그들의 생각이 참이라는 것을 그분은 확실히 동조하실 것입니다. 모든 사람이 있는 것(진리)을 판단하는 데 동의하고 있으니까 말입니다.
> 테오도로스: 필연적으로 그렇습니다.
> 소크라테스: 하지만 다른 사람들이 자신들이 거짓된 생각을 한다는 데에 동조하지 않겠죠?
> 테오도로스: 그렇고말고요.
> 소크라테스: 그런데 그분은 다시 자신이 쓴 것들에 따라 다른 사람들의 이런 판단에 동의합니다.
> 테오도로스: 그런 것 같습니다.
> 소크라테스: 결국 프로타고라스님으로부터 시작하여 모든 사람들에 의해 이에 대해 이의가 제기될 것입니다. 아니 더 정확히 말해서 그런 이의 제기가 그분에 의해 동의될 것입니다. 자신과 반대되는 말을 하는 자가 참된 판단을 한다는데 그분이 동조할 때면 말입니다. 그리고 그 때에는 개든 아무 사람이든 간에, 자신이 이해하지 못한 것이라면 그 어떤 것에 대해서도 척도가 아니라는 것을 프로타고라스님도 자신까지도 동조하게 될 것입니다.

결국 위 인용문에서 소크라테스는 프로타고라스의 인간은 만물의 척도라는 말이 지각론에서처럼 판단론에서도 동일하게 해석된다면, 에피메니데스의 거짓말쟁이 역설처럼 논리적 필연성이나 사실(fact)에 기초하지 못하고 자기모순에 빠진다는 것을 여실하게 보여준다. 이 때문에 프로타고라스의 학설이 보다 잘 정립될 경우의 밑그림은 앞에서 말한 건강이나 질병과 관련하여 의사의 판단이 병자의 판단보다 유익하고 좋은 것이라는 가치 판단을 할 수 있고, 이것이 옳은 말(진리)이라는 것이다.

> "특히 정치적인 것에 관련해서도 프로타고라스의 인간이 만물의 척도라는 말은, 아름다운 것이나 추한 것은 물론 정의로운 것이나 불의한 것, 경건한 것이나 불경한 것들과 관련하여 각각의 나라가 어떤 것들을 자신에 합법적인 것들로 여겨 정하든 간에, 그런 것들이 참으로 각각의 나라에게 정하는 그대로 있으며, 이런 경우에는 개인 차원에서는 아무도 다른 누구보다도 더 지혜로운 경우가 전혀 없다는 말입니다. 그렇지만 나라에게 이로운 것들과 해로운 것들을 정할 경우에 어떤 조언자가 다른 조언자보다 뛰어나며, 어떤 나라의 판단이 진리의 관점에서 다른 나라의 판단보다 뛰어나다는 것을 그 분은 다시 동의하게 될 것입니다. 그분이 그렇게 동의할 경우가 만약 있다면 바로 이런 경우가 될 것입니다. 그리고 나라가 어떤 것들을 자신에게 이로운 것으로 여기고 정하든 간에 그것들이 그 나라가 정하는 그대로 무엇보다도 이롭게 될 것이라고 말할 만큼 그렇게 그 분은 무모하지 않을 것입니다. 그렇지만 내가 언급했던 저 경우, 즉 정의로운 것들이나 불의한 것들과 경건한 것들이나 불경한 것들의 경우에, 사람들은 다음과 같이 단언하려 듭니다. 그것들 가운데 본디 그 자신의 본질을 가지고 있는 것들은 아무 것도 없으며, 공적으로 가결된 것 그것이 그렇게 여겨질 때 그리고 그렇게 여겨지는 동안 참이라고 말입니다."(172a-b).

결국 프로타고라스의 '인간은 만물의 척도'라는 말이 여론에의 논증이나 인위적인 판단(nomos)보다는 진리가 되기 위해서는 지각적 경험에서와는 달리 사유의 판단에서는 분명히 옳은 판단과 그른 판단이 갈라져야 한다는 것이다.

이후의 대화에서는 철학자와 현실에 얽매어 사는 사람들의 두 태도가 그의

『국가-정체』편의 동굴의 비유에 나타난 바대로 묘사된다. 철학자들은 여유를 가지고 사물들 전체를 살피고 천상의 일을 살피는데 반해 지상의 현실적이고도 구체적인 일에는 무지하다. 반면에 구체적인 현실에 얽매어 사는 사람들은 사물들 전체에 주목할 줄 모르고 지상의 일에는 자신들이 유식한 듯이 서로 논쟁하며 살아가고 있다. 정치의 문제에 대해서도 마찬가지이다. 세속인들은 철학자들이 탐구하는 왕도적 통치가 도대체 무엇인지에 대한 고찰이나 인간적인 행복이나 불행 전반에 관한 고찰에 무관심하고 세속적인 명예나 부을 탐하고 있다는 점에 있어서도 마찬가지이다. 그런데 신들 세계에서는 악한 것이 자리 잡을 수 없다. 또한 신은 어떤 방식으로도 결코 불의하지 않고 가능한 한 정의롭다. 그리고 이러한 것에 대한 인식이 지혜요 참된 덕인 반면, 이것에 대한 무지는 어리석음이요 명백한 악덕이며, 그밖에 겉보기에 능수능란함 내지 지혜로 아는 것들은 정치적 영역에선 속된 것들로, 기술 영역에서는 천한 것들로 드러난다(176a-d). 그리고 실재의 세계에는 두 가지 본이 세워져 있는데 하나는 신적이며 지극히 행복한 본이고, 다른 하나는 신적이지 않은 지극히 비천한 본이다(176e). 그런데 이러한 본이 있다는 것을 모르는 세속인들은 그들의 불의한 행위 덕분에 행복한 본을 닮지 못하고 비참한 본을 닮게 된다는 것을 알아채지 못하며 윤회의 삶을 사는 것이다. 그러나 진정한 철학자는 이러한 세속적인 것을 떠나 신적인 세계를 지향한다는 것을 오르페우스 종교적 관점에서 피력한다. 소크라테스에 따르면, 인간은 만물의 척도라고 주장한 프로타고라스가 "장차 있게 될 것에 대해서나 장차 여겨지게 될 것에 대해서도 예언자든, 다른 어느 누구든 그 자신보다 더 잘 판정하지 못할 것이라고 설득하지는 못하셨다."(179a)고 프로타고라스의 학설의 결함에 대한 결정타를 날린다.[50]

50 인간의 진위나 선악 판단은 사실은 미래에 대한 예기적(divinatrice) 판단으로서 이 판단의 진위는 공리주의자들이나 과학자들 사이에서 전제된 그 탐구의 끝에 나타나는 진리를 발견한 자(유레카!를 외친 아르키메데스나 아인슈타인과 같은 자)에게서만 고유한 것이다. 이원론을 주장하는 오르페우스 종교에서는 전 우주를 윤회하고 신적 관점에 도달한 자이다.

사실 자연철학자들 사이에서도 두 가지 주장이 양립하고 있다. 하나는 "그것은 유일하고 움직일 수 없는 것이다. 있음(존재)은 모든 것에 대한 이름이다."라고 말하고, 모든 것들은 하나이며, 움직일 터전(장소나 공간을 지칭함)을 갖고 있지 않기에 자신 속에 정지해 있다고 말하는 멜리소스나 파르메니데스의 학설이요, 다른 하나는 헤라클레이토스처럼 만물은 변화하고 유동한다는 만물 유전론(panta rhei)이다. 이러한 학설들을 주장하는 사람들은 자기의 주장만을 앞세우면서 고집을 피운다. 그러나 우리 인간들은 이 양 세계에 걸쳐 존재한다. 이 때문에 이 양편이 각각 무슨 말을 하고 있는지 그 진의를 철저하게 고찰하지 아니하고는 배길 수가 없다(170b). 마치 프로타고라스의 만물 유전론의 진의를 소크라테스가 테아이테토스와 문답법적으로 살펴서 대중들의 해석과는 다른 그 진의를 살폈기에 우선 이 대화편에서는 헤라클레이토스의 만물유전론을 살펴보면서 대중들이 주장하고 해석하는 것에 반해 그 진의(진리)를 인간을 탐구하는 진정한 철학적 관점에서 규명해내고자 했다. 그리고 신을 인정하지 않는 인간적 상황에서는 제논의 운동역설처럼 전체적으로는 딜레마의 상황 속에 있지만 신을 전제하는 상황에서만 인간적 진리가 발견될 수 있기 때문이다. 사실 "너 자신을 알라."라는 델포이신전 기둥에 쓰린 말을 좌우명으로 삼고 철학하는 소크라테스와 같이 신을 전제하면서도 인간을 탐구하는 입장에서 논증을 하고자 한다. "철학이란 바로 인간적 입장에서 인간을 탐구하기 때문이라는 것이다."(174b).

소크라테스는 테오도로스에게 "움직임에는 [공간]운동과 [질적]변화, 이 두 쌍이 있는데, 모든 것은 양쪽 방식으로 움직이는가, 즉 운동도 하고 변화도 하는가, 아니면 어떤 것은 양쪽 방식으로 움직이지만 어떤 것은 한쪽 방식으로만 움직이는가?"라고 질문하자, 소크라테스와 테아이테토스가 '앎은 지각'이라는 주장을 한 것으로 간주하고 프로타고라스의 인간은 만물의 척도라는 언명이 비판받게 되자, 테오도로스는 "잘은 모르지만 양쪽 방식으로 움직인다고 말한다."(181e).[51] 테오도로스의 양쪽 방향으로 운동한다는 답변은 다음의 대화에 나타나듯이 헤라클레이토스의 만물 유전론이 생성-소멸이 있는 그러면서도 일원론적인 것을 표명하는 것으로 소환된다. 즉 "움직이지 않음이 어떤 것에도 들어있지 않으면 안 되니까, 결국 모든 것들은 언제나 온갖 움직임을 하게 마련이다." 더구나 이러한 우주적 운동이 파르메니데스의 존재론을 지배하고 있는 원리(ex nihilo nihil fit)에 지배됨으로 해서 전체적으로는 우주에 '정지'를 의미하는 '존재하는 것'(우주 전체)도 있음으로 해서 만물 유전론은 존재자들의 생성과 소멸이 함께 있는 윤회하는 우주관에 도달하게 된다.

아리스토텔레스의 『생성-소멸론』에 나타나듯이, 운동은 외적 지각이 판별하는 한 대상의 공간 운동(phora)과 한 대상의 질적 변화를 나타내는 변화(aloiosis)로 나누어 볼 수 있고, 전자는 한 대상의 다른 대상과의 관계로, 후자는 그 대상 자체의 내부에서 일어나는 변화이다. 한 대상이 운동한다고 할 때 이 대상은 이처럼 대내외적으로 변화하고 있다. 그래서 만물이 유동한다고 할 때, 모든 것이 변화함으로 그 대상 자체의 공간 운동이나 변화도 하나로 통합되어 우주적인 단일한 운동 속에서 대상들은 서로 연관된 하나의 변하지 않는 형식으로서의 고정된 지표나 항(項)으로 전락하고 이 항마저도 변화하는 '과정' 중에 있는 것은 운동 원인으로서 영혼의 능동성-수동성이 중화된 것으로서의 '필연성'에 따르는 것이며, 이 필연성은 '고정되거나 정지된', 박홍규의 표현에 따르면 유클리드 기하학의 필연성의 논리에 따르는 '연속된' 상태의 것을 상징하는 것으로서 우리의 정신적 사유(nous)의 차원에서 파르메니데스의 일

---

51 소크라테스의 이 물음은 생성 일변도만을 주장하는 헤라클레이토스의 것과 소멸까지도 말하는 상식적 입장을 표현한 것이다. 이 때문에 소크라테스와 테오도로스의 이러한 대화는 해석하기에 따라 현대 물리학의 관점에서는 심오한 내용을 함축하고 있다. 즉 존재자의 생성과 소멸은 서로 반대 방향으로 즉 양쪽 방향으로 움직이고 그럼에도 불구하고 우주 전체는 '빅뱅(Big-Bang)'에 의해 탄생하여 확산하는 방향, 즉 한쪽 방향으로 팽창하고 있다. 따라서 존재자들의 생성-소멸이 우주 안에서 일어나는 사건이므로 양쪽 방향의 생성-소멸의 운동이 열역학 제2법칙으로 나타나는 우주의 팽창방향의 편향된 한 방향으로 소환된다.

자-존재와 관계맺을 수 있는 것으로 나타난다.[52] 그리고 이러한 과정 중에 그러면서도 '있는' 것으로서의 항이나 지표가 파르메니데스의 일자존재로서 이데아나 형상으로 말해질 수 있는 것이다. 여기에서 파르메니데스의 존재론이 개입할 수 있는 사유의 차원, 즉 박홍규가 말하는 순간과 영원성이 함께하는 '정지된 공간'을 상징하는 영원 좌표의 차원이 성립한다. 그리고 이러한 항의 기저에는 항상 부동(浮動)하는 (aei mallon e hetton) 사생아적 사유에 포착되는 존재로서의 무규정자(apeiron), 즉 아리스토텔레스가 질료, 혹은 물질이라고 표명한 것이 존재한다.[53] 이러한 질료를 이오니아학파의 철학자들은 물, 불, 공기, 혹은 아낙시만드로스가 무한정자(무규정자)라 부른 것이다. 그러나 이러한 원질마저도 소크라테스-플라톤은 운동의 한 요인이 되지만 생겨남도 사라짐도 없다(ex nihilo nihil fit)(『티마이오스』 52b). 그럼에도 불구하고 자연철학자들은 이에서 온갖 만물이 생성되고 소멸하는데, 그것을 응축-희박화로 설명한 것이 아낙시메네스이고, 헤라클레이토스는 이러한 원질에서 생성되는 사물들조차도 변화한다고 말한 것이다. 그런데 헤라클레이토스의 만물 유전론의 관점에서는 한 대상의 탄생은 우리의 감관-지각에서는 축소지향의 유비적(analogia) 설명으로서 한 사물의 성질의 생성과도 관계한다. 왜냐하면 피타고라스학파나 엠페도클레스 혹은 아낙사고라스는 이오니아의 이러한 자연철학자들과 달리 자연사물의 생성-소멸의 원인을 (우주)영혼이나 정신으로 보기 때문이다.[54] 마찬가지로 (우주)영혼의 존재를 인정하는 소크라테스-플라톤도 자연 사물들의 생성처럼 우리의 감관-지각에서 특히 (색이니 온도니 촉감이니 하는) 감각에서 발생하는, 즉

52 아리스토텔레스에 따르면, 운동은 근본적으로 영혼에는 능동적인 것과 수동적인 것으로 분화되어 나타나고, 이 양자 사이에 이들이 중화된(neutralisée) 일반적 운동으로서 인과 필연성에 따르는 [뉴턴 역학이 다루는] 과정(kinesis)이 존재한다. 즉 '과정' 개념 안에는 H. 베르그송(『창조적 진화』, '생성과 형태'와 '플라톤과 아리스토텔레스', 298-323 쪽들)이나 박홍규의 (『형이상학강의 1』 '필연(ananke)) 말대로 고정성이나 정지를 함축하는 연속적인 공간(연장) 속에서의 유클리드 기하학이 적용될 수 있는 '필연성'이 존재한다.

53 H.베르그송, 『창조적 진화』, 326-327쪽들.

54 송영진, 『그리스 자연철학과 현대과학』 1권, 참조.

변화하는 성질(aloiosis)의 생성의 설명에 대해서는 이 대화편에서 다음과 같이 능동적인 주체와 수동적인 대상의 관계맺음으로 설명하고 있다.

> 소크라테스: 그럼 부디 다음과 같은 논점도 고찰해주시죠. 뜨거움이나 흼, 또는 그 어떤 것이든 그것의 생성에 대해 그들이 이런 방식으로 주장한다고 말하지 않았던가요? 이것들(각각의 성질들) 각각은 작용을 가하는 것과 작용을 받는 것 사이에서 지각과 함께 운동하며, 작용 받는 것은 지각(결과)이 아니라 지각하는 것(주체, 즉 영혼)으로 되고, 작용을 가하는 것은 성질이 아니라 어떤 성질의 것(대상)으로 된다고 말입니다. 그런데 아마도 성질이란 낱말은 낯설게 보일 것이며, 그와 동시에 선생은 그 낱말이 총괄적으로 사용될 경우는 이해하기 어려운 것입니다. 그러나 개별적으로 사용되는 걸 얘기해 보겠습니다. 작용을 가는 것은 뜨거움도 흼도 아니라 뜨거운 것(대상)이나 흰 것이 되며, 다른 모든 것들의 경우도 그런 식으로 됩니다. 앞서의 논의에서 우리가 다음과 같이 말했던 것을 아마 선생께서 기억하고 계실 터이니 드리는 말씀입니다. 그 자체가 그것 자체로 하나인 것은 아무 것도 없으며, 이는 작용을 가하는 것이나 받는 것의 경우에도 그러한데, 이 양자가 서로 어울림으로써 지각들과 지각되는 성질들을 산출해내며, 그렇게 태어난 지각되는 것들은 어떤 성질의 것들로 되고 지각들은 지각을 하는 것(자)들로 된다고 말입니다(182a-b).

그런데 이러한 지각된 것이나 감각된 것이 헤라클레이토스에 따르면 움직이고 또한 변화하며, 완전히 움직이게 되려면 전체적으로 흐른다고 말해진다. 예를 들면, 한 대상이 운동하고 동시에 그것의 성질이 변하는 것을 떼어 말하자면, 즉 그것들이 운동만 하고 변화하지 않는다면, 운동을 하고 있는 것들이 어떤 성질을 가진 것들로서 그러면서도 변화하(흐르)고 있는지를 우리가 말할 수 있게 된다. 그런데 변화하는(흐르는) 것이 흰 것(대상)으로서 이것조차도 머물러 있지 않고 변전하며, 이 때문에 바로 그것의 흐름도 있게 되고 동시에 다른 색으로까지의 변전까지도 있을 정도이니까(182d). 그렇다면 우리는 대체 그것을 어떤 색(명칭)으로 부를 수 있는가요? 변화가 이처럼 근본적이라면 우리는 그것들이 '대체로' 봄(시각)이나 들음(청각) 자체 속에 머물러 있다고 말 할 수도 없게 된다. 그래서 "극단적으로는 어떤 것을 보지 않음이라고 하기 보다는 봄이라고 불러서도 안 된다."는 것이다(182e).[55]

그런데도 앞에서 앎이란 무엇인가라는 질문에 테아이테토스는 지각은 앎이라고 '말했다'. 이 때문에 우리가 앎이 아님보다는 앎에 대해 답변했다고는 결코 말할 수 없다. 우리는 저 답변이 옳은 것으로 드러나게 하려고 우리는 모든 것이 움직인다는 것을 입증하려고 애를 썼다. 그런데 정작 드러난 것은 "만일 모든 것들이 움직인다면, 무슨 물음을 대상으로 해서든 '그렇다'고 하는 답변이나 '그렇지 않다고 하는 답변이나, 또는 (그것을 말로 고정시키지 않으려고 '된다.'는 표현을 쓰기를 원하면) '그렇게 된다.'는 답변이나 '그렇지 않게 된다.'는 답변이나 모든 답변과 마찬가지로 옳은 것으로 드러나고 말았다.[56] 결국 운동이나 변화에 대해서는 '어떻게도 아닌' 이라는 '한정이 없는 것(apeiron)'으로 표현하는 것을 제외하고 [한정되는 것으로] 언급되어야 한다(183b). 왜냐하면 운동에 관한 언명은 '무한한 것(apeiron)'으로 드러나기 때문이다. 이 때문에 테오도로스는 모든 사람이 만물의 척도라는 그분의 입장에 동조하지 않게 되며, 앎이 지각이라는 데에도 동조하지 않게 된다. 결국 역설적으로 프로타고라스의 말에 '어느 정도' 동조하기 위해서는 모든 것이 정지해 있다고 하는 다른 쪽(파르메니데스의 존재론) 주장도 살펴보게 된다(182d). 그러면서 소크라테스는 파르메니데스의 존재론에 대해서 다음과 같이 언급한다.

"전적으로 운동하지 않는 전체(Pan)에 '존재'라는 이름이 있듯이((h)oion akineton telethei to(i) panti onom' einai)."[57]

---

55 변화에 대한 이러한 표현은, 운동은 존재에 반해 부정적으로 표현 할 수밖에 없다는 말이 된다. 여기에서 파르메니데스의 "허무에 대해서는 말할 수도 생각할 수도 없다."는 언명이나 제논의 운동에서 '운동의 존재성'을 드러내는 역설처럼 이 말은 '말의 존재성'을 드러내 보이는 에피메니데스의 역설과 같은 기능을 한다.

56 사실 변화하는 것이나 운동하는 것에는 무한하기에 무엇이라 긍정적(단정적)으로 말 할 수 없으나 그것이 '존재'한다고 하는 한 '옳다'는 말이 가능하기 때문이다. 여기에 운동에 대한 규정 아닌 규정이 들어오게 된다.

57 옥스퍼드 판본의 플라톤 대화록(OCT)에는 본문처럼 되어 있으나, 딜스와 크란츠 판본(DK29 B8.38행)은 'oulon akineton t' emenai' to(i) pant' onomastai.(전체(pan)에 대해서 '전적으로 운동하지 않는 것'으로 명명되어진다.)로 되어 있다. 이는 전체적으로 존재론의 원리(ex nihilo nihil fit)를 지칭하는 말이다. 앞에

5.2. 헤라클레이토스의 생성-소멸론과 파르메니데스의 존재론적 사유의 관계

파르메니데스의 존재론을 살피기 전에 소크라테스는 자신이 젊었을 때 『파르메니데스』편에 언급되고 있듯이 파르메니데스와 함께 한 적이 있다고 말하면서, 파르메니데스가 두렵고 전적으로 고상한 어떤 심오함을 지닌 분이었다고 말한다. 이러한 심오한 무엇을 한편으로 이해하지 못할까 두려워하면서 이 문제를 다루는데 술꾼들처럼 수선스러운 말을 허용할 경우, 정작 우리의 논의인 '앎이 무엇인가'에 대한 논의는 검토돼지 못할 것이라고 말한다. 그러면서 그의 존재론에 대한 이야기는 양적으로 어마어마한 것으로 그것을 부차적인 일로 검토해도 문제요, 충분히 검토해도 문제가 된다고 말한다. 앞의 경우라면 그것에 걸맞지 않은 대우를 받게 될 것이고, 뒤의 경우라면, 논의가 너무 확장되어 앎의 문제가 실종되어 버리고 말 것이라고 논평한다. 어느 쪽도 안 되므로 그보다도 앎과 관련하여 테아이테토스가 임신하고 있는 것을 산파의 기술로 분만시키려는 시도를 우리가 해야 한다고 말한다(184a-b). 그런데 소크라테스의 이러한 발언은 파르메니데스가 말한 여신이 이끄는 진리의 길과 인간들의 논란이 상대적으로 되어 있는 속견(doxa)의 길을 지칭하는 것이 분명하다. 그리고 소크라테스와 테아이테토스가 다루고자 하는 생성-소멸이 있고 운동과 변화가 있는 세계의 인간의 현실 가운데에서의 앎이 문제되고 있기에, 분명히 여신이 이끄는 진리의 길을 따르면서도 문제가 되고 있는 것

서 살펴보았고 앞으로도 살펴보겠지만 소크라테스의 파르메니데스의 '존재'를 '이름'과 관련시키는 이러한 언급은, 한편으로 『크라틸로스』편에서 말한 이름(명칭이나 언어)과 관계하여 인간의 사유가 언어로 이루진다는 것과 인간의 생성-소멸이 있는 운동하는 현실에 대한 진리 탐구의 인식론적 관점에서 칸트가 말한 것처럼 사유가 하는 역할을 반영하기에 다른 한편에서는 전체와 부분의 관점에서 파르메니데스의 '존재'를 언급하고 있기에, 번역에 있어서 정준영(『테아이테토스』 번역본: 2013)이나 김인곤(강철웅) 『소크라테스이전 철학자들』: 2005)과 다르게 번역하였다.

은 '인간에 있어서의 인식의 문제'라는 것이다. 결국 소크라테스는 신을 전제하면서도 인간의 길을 따라가는 것이다.

소크라테스에 따르면, 우리의 감관-지각이 5관들로 분화되어 있고, 시각과 청각들 그리고 미각이나 후각이나 촉각들 각각에 해당하는 감각들은 몸을 통하여 영혼에 이르는 경험들로서 인간이나 동물이나 자연적으로 지각하게 되어 있는 것이다(639d). 시각이나 청각에 나타나는 이러한 경험들은 서로 다르지만 그 자신과는 동일한 것이다. 양자가 '있으며', 두 가지이며 각각은 하나라는 것은 물론, 이들이 유사한지 안 유사한지를 '생각으로' 떠올릴 수 있다. 반면에 촉각은 시각과 청각 이들에 공통적인 것이 있다는 것을 알린다.[58] 그리고 시각이나 청각 등을 통해서는 이 공통적인 것(양자의 것)을 지각하지 못한다는 것이다. 즉 이 공통적인 것은 양 감각 기관에 의해 알지 못하나 이러한 모든 것에 관해 우리 사유가 이러한 공통적인 것의 '존재'를 생각에서 떠올릴 수 있다는 것이다(추론해서 인지한다는 것이다)(185a-b). 소크라테스는 여기에서 한편으로 촉각이 시각이나 청각에 공통적인 것을 감각-지각하는 것으로 보면서도, 다른 한편으로는 "제가 보기에는 모든 것과 관련된 공통적인 것들은 영혼 자체가 자신을 통하여 고찰하는 것 같다."(185e)고도 말하면서 우리의 판단이 이를 포착한다는 것이다. 즉 이러한 감각들에 공통적인 것을 한편으로 촉각에 의해서, 다른 한편으로 우리의 판단하는 사유에 의해서라는 것을 말하는 것을 보면, 실재에 대해 이원론적으로 말하는 것이다. 즉 촉각의 예를 통하여 말

58 여기에서 소크라테스가 말하는 존재는 감관-지각이 포착한 여러 가지 성질들이 엉키어 있는 현실적인 실재를 의미한다. 이러한 실재는 한편으로는 관념적으로 여러 양상 개념(가능성, 우연성, 필연성, 그리고 현실성)으로 분화되어 나타나는 것이고, 다른 한편으로는 감각의 성질들이 나타내는 온갖 현상들이 엉키어 있는 것으로서, 이 현상들 속에는 실재와 환상을 구분할 수 있는 어떤 '필연성'이 존재하고 있다. 이러한 꿈이나 현실을 분간하게 하는 어떤 필연성이 존재하는 실재하는 영혼과 다른 현실적 존재를 플라톤은 『티마이오스』편에서 우연-필연성의 운동을 하는 힘을 지닌 '터(장소: 공간)'와 같은 것으로서 묘사하며, 이러한 존재는 이데아를 보고 우주를 제작하는 우주영혼을 상징하는 데미우르고스와는 다른 것(타자성의 운동을 하는 것)으로서 이원론적으로 묘사한다. 아리스토텔레스는 이를 질료라 부르고 현대과학은 물질이라 부르는 것이다. 다른 한편, 소크라테스가 말하는 여러 성질들 속에 공통적 속성이 있다는 말 속에 함축된 여러 감각적 성질들이 함께 지니고 있다고 말할 수도 있는 것으로서 예를 들고 있는 촉각은, 현대 과학이 시각과 청각이 촉각에서 분화된 것으로 말하는 것의 한 측면을 반영한다.

하듯이 존재(실재)에 대한 감관-지각에 의한 직접적 경험과 추론적 사유에 의한 존재(관념)에 대한 간접적 인지를 구분하며, 지각에 의한 직접적 경험이나 사유에 의한 판단하는 '존재'에 대한 간접적 인지는 모두 (통상 로고스와 파토스로 구분되는) 능동-수동성의 기능을 지닌 영혼에 의해서 한다는 것을 분명히 한다.[59] 그리고 여기에서 실질적인 감각-지각적 경험과 사유의 판단에 의한 관념(concept)이 분화된다. 그리고 파토스적인 감각과 달리 사유세계는 앞서 파르메니데스의 언명에 나타나 있듯이 전적으로 운동하지 않는(ex nihilo nihil fit) 전체(Pan: 우주)에 '존재'라는 '이름'이 있듯이, 이 사유의 세계는 앞의 인용문에 나타나 있듯이 구체적으로는 경험한 것들의 공통적 속성이나 존재하는 것들 일반성의 '존재'에 대한 '이름'과 관계하는 정신적 사유(nous) 차원의 영원성과 관계하는 관념(concept)의 세계이다.

소크라테스에 따르면, 영혼이란 트로이 목마 속에 들어 있는 하나의 형상으로서 이 하나의 '형상(eidos)'(184d)이 이러한 모든 일을 하는 것으로 말하는 한편, 다른 한편으로는 인간의 영혼이란 이러한 것들은 밝혀주는 어떤 '힘(185c)'이라고 말하는 데에서 영혼을 '형상'과 '힘'을 통합하고 있으면서도 이를 분화할 수 있는 것과 동일시한다.[60] 그리고 영혼이 무엇을 고찰하든 그것과 관련하여 영혼 자신이 자신을 상대로 이루는 '대화(말)가 사유'라는 것이다. 결국 소크라테스는 감관-지각(감각)과 사유하는 정신을 두 가지로 간명하게, 즉 "영혼 자체가 자신을 통해 고찰하는 것과 영혼이 몸을 통해서 고찰하는 것으로 나타난다."(185e)고 말한다. 그리고 후자(현실적이고 실재론적인 것)는 인간이나 동물들이 태어나자마자 하는 것(감각적 본능)이나, 전자(관념론적인 것)는 있음(존재)과 아름다움과 추함, 좋음과 나쁨의 측면에서 되새기고 비교하는 가운데 판정(판단)하여 헤

59 영혼의 능동성과 수동성에 대응하는 사유와 감관-지각적 경험을 칸트는 사유의 능동성과 감성의 수용성(reception)으로 표현한다. 칸트, 『순수이성비판』 <분석론>, 참조.

60 영혼을 형상과 동일시하는 것은 『파에돈』편의 영혼 불멸 논증에서 나타나 보였고, 영혼은 미소한 능력(dynamis)으로서의 힘과 동일시하는 것은 『소피스테스』 편에서 나타났다. 그리고 이 양자를 결합한 영혼의 인식능력이라는 것은 『파르메니데스』편에서 나타난 '인식이라는 형상'으로 표명된 바 있다.

아린 사유의 결과로서 인간에 의해서 오랜 학습의 결과로서 이루어지는 것이다.[61] 이러한 사태를 테아이테토스는 "제가 보기엔 영혼이 그것들의 '있음'을 특히 그것들 서로의 관계 속에서 고찰하는 것 같습니다. 영혼이 자신 속에서 과거와 현재를 미래와의 관계에서 헤아리며 말입니다."(186b)라고 말한다. 결국 "(인간의) 앎은 감관-지각적 경험들 속에 있지 않고, 그런 경험들과 관련된 추론(dianoia) 속에 있는 것이며, 추론 속에서 존재와 진리를 파악하는 것이 가능하다는 것"(186d)이 된다.

따라서 정신적으로 사유하는 인간에서는 앎은 감관-지각적 경험과 동일할 수 없고, 감관-지각적 경험들을 사유가 분석-종합하는 가운데 나타나는 사유의 판단이 옳으냐 그르냐에, 즉 '진정한 앎은 판단'이라는 정의에 도달한다. 더 나아가 이러한 판단에서 이루어지는 존재에 대한 존재론적 탐구는 "영혼 자체가 존재하는 것들(있는 것들)에 그것 자체에로 몰두할 때, 수행하는 것이 무엇이든, 그것의 '이름' 속에서 찾는 정도가 된다. 그리고 이러한 이름(명칭)은 곧 판단함이라는 것이다."(187a). 여기에서 이름은 『크라틸로스』 편에서 언급된 자연 사물이나 이들의 현상들에 대한 명칭이며, 이러한 명칭이 곧 감관-지각적 경험에 대해 동일성과 차이성에 따라 분석-종합하는 판단하는 사유의 최종 결과물이라는 것이다. 역으로 인간의 사유는 언어 없이는 불가능하며, 이러한 인간의 언어는 명칭들인 명사들을 존재사인 계사로 연결하여 이루어진, 즉 주어+술어를 존재사나 계사(be 동사)로 연결하여 동일성과 차이성을 '이다', '아니다'의 긍정과 부정으로 연결하는 판단 명제가 된다. 역으로 경험에 대한 판단명제들의 현실적인 존재론적 판단은 영혼의 다른 한 방향의 기능인 오관의 감관-지각 기관들로 분화되지만 역으로 이들 각각에도 공통적인 속성이 있다는 [변증법에서 유기체적] 생각이 나타나고, 이러한 공통적 속성을 우

61 관념론적인 것과 실재론적인 것은 하나의 공통된 실재(사물이나 인간의 현실적 존재로서의 실존)를 전자는 원자론적인 분석적 방향으로, 후자는 이러한 분석된 요소들을 종합하는 것으로 서로의 반대 방향으로 관통하고 있다.

리는 바로 사유를 통해서 '존재하는 것'으로 인지하고 '이름'으로 명명하는데, 이러한 것들의 동일성이나 차이성은 물론 이들에 공통적인 것에 관한 '생각'에서 '있다거나 없다', 혹은 생성-소멸계에 대해서는 '유사성과 비유사성'으로, 전체적으로는 '동일성과 타자성' 등의 말로 지시한다는 것이다(185d).

여기에서 우리는 제논의 운동 역설을 분석하는 가운데 나타난 인간의 최종적 딜레마적 상황을 반복해서 말하지 않을 수 없다. "이성은 파르메니데스의 존재(to on)를 우대할 수도 있고 운동을 우대할 수도 있다. 이성이 존재에 따르면 이성은 절대적인 것으로 간주된 고정된 존재나 지표와의 관계에서 개념과 판단, 추론 속에 표현된다. 이 경우 운동에서 나온 모든 가치들, 시간, 생명, 여러 형태의 과정(processs)들은 '존재'와의 관계에서 무시된다. ...파르메니데스와 엘레아학파에서 출발한 그리스인에 있어서 이성은 결정적으로 운동에 반대해서 존재의 편을 든다. ...다른 한편을 선택할 수 있다. 인간의 이성이 존재와의 관계에서 또한 운동을 우대할 수도 있다. 이 경우에는 이 이성은 위치들보다 과정에 복종하고 그 결과로 동일성보다는 유사성(l'analogie)에, 이데아(eidos: 형상)보다는 창조적 행위(l'acte)에, 순간들보다는 시간에 복종한다. 단적으로 정태적인 구조에서 동태적인 구조에로의 이행이 있었다."[62] 그런데 소크라테스의 인간적인 진리 탐구의 길은 이러한 딜레마적 상황에서 그 중간 길, 즉 모든 판단이 변증법적으로 나타나는 말을 사용하는 길을 걷고자 하는 것이며,[63] 존재론적으로나 인식론적으로 헤라클레이토스의 동적 존재론의 관점에서 파르메니데스의 존재론을 언어적 형식으로 표명하는 것이 된다. 이 때문에 이러한 헤라클레이토스의 현상론과 파르메니데스의 존재론 사이의 관계를 보는 관점에 따라 다양한 해석을 가능하게 한다. 예를 들면, 소크라테스-플라톤의 정신과 신체를 구분하고 영혼이나 정신의 기능을 물질이나 질료의 기능보다 우

62 Jean Milet, *Bergson et le calcul infisitésimal*(Paris: 1974), 89-96.

63 여기에서 인류에게 객관적이고 보편타당한 말은 수학-기하학적인 형식적 언어라는 것이 다음의 대화에서 곧 드러난다. 즉 수학-기하학은 지성을 지닌 만인에 공통된 언어이며, 이 때문에 우주선 아폴로에 인간의 형상과 태양계 그리고 기하학적으로 피타고라스 정리를 그려놓은 것이다.

월하다고 보는 파르메니데스의 존재론적 관점에서는 헤라클레이토스의 현상론을 구제한다(sojein)고 말하고, 헤라클레이토스의 관점을 우위에 두는 베르그송의 직관론이나 경험론의 관점에서는 파르메니데스의 존재론을 인위(nomos)적이고, 이를 종합했다고 보는 칸트는 진리의 인식을 구성적(constructive)이라고 말하게 된다.

이러한 앎(인식)에 대한 소크라테스의 정의는 앞으로 탐구하게 될 경험적 지식을 전체적으로 말하는 서론 격에 해당한다. 대화는 이제 "모든 판단함이 앎이라는 것은 불가능하다. 거짓된 판단도 있기 때문이다. 즉 참된 판단만이 앎일 수 있다."(187b)고 말하는 데에서, 참된 판단만이 진리라는 인간적 앎, 즉 인간의 진리에 대한 탐구나 그 결과가 표현된다. 그런데 문제는 거짓된 판단과의 관계에서 지각론에서 논의되었던 것과 마찬가지로 경험의 있음과 없음과의 관계에서 모든 판단이 옳은 판단이라는 주장이 나올 수 있다. 왜냐하면 없는 것에 대한 지각과 마찬가지로 '없는 것'에 대한 판단은 있을 수 없기 때문이다. 더욱이 존재론적으로 거짓은 파르메니데스가 말하였듯이 있지 않은 것을 있다고 하는 데에서 나오는데, 있지 않은 것은 알 수도 없고 말할 수도 없기 때문이다.[64] 즉 인간에서 진리는 앎과 무지의 문제로 나타나는데, 사실 인간 인식 능력에서 배움이나 망각의 과정적인 것을 배제하면, 앎은 존재론적으로는 존재(있는 것)에 대한 것이요, 무지는 있지 않은 것을 있다고 말하는 데에서 성립하기 때문이다. 이러한 앎과 무지를 존재 문제와 관련시키는 존재론적인 판단의 문제는 앎이 배움과 잊음(망각) 사이에 있다는 경험적 진리의 문제보다 더 근본적인 문제이다.

소크라테스에 따르면, 앎은 일종에 판단(명제)으로 나타나는데 판단에는 두

---

64 "없는 것에 대해서는 말할 수도 없고 생각할 수도 없다."는 파르메니데스의 발언에 따르면 그렇다. 그러나 우리는 이러한 말을 통하여 '관념적으로' 없는 것을 생각하고 있기 때문에 없는 것에 대한 판단은 사실 있다. 이 때문에 플라톤은 『소피스테스』편에서 파르메니데스의 실재론적인 노선을 따르면서도 없는 것에 대한 것을 '타자성'으로 정의하고, 『테아이테토스』편에서는 관념과 실재를 구분하는 관점에서 인간적 경험이 지니는 이 양자의 복합적 성격에서 기원하는 현대에서는 '과학적(합리적)이라고 말하는 진리'를 '설명이 있는 올바른 판단(orthe doxa meta logou)'으로 규정하고자 하는 것이다.

종류가 있다. 하나는 올바른 판단(진리)이고 다른 하나는 거짓된 판단이다. 우리는(배움과 망각이 있는 인간적 관점에서) 진실한 판단도 있고 거짓된 판단도 있다고 생각하나, (여)신에 인도되어 말하는 파르메니데스의 존재론의 관점에서 보면, 거짓된 판단이란 있을 수 없다. 앞에서도 언급하였듯이 파르메니데스에 따르면, 거짓된 판단이란 존재하지 않는 것에 대한 판단인데 허무는 물론 원자론자들이 인정하는 공허(텅 빈 공간)도 존재하지 않고 그 흔적도 없기 때문에 전체적으로 허무에 대해서는 말할 수도 없고 생각할 수도 없기 때문이다.[65] 이 사태를 인식론적으로 말하면 인간의 인식에 있어서도 어떤 사람이 어떤 것을 보지만 '하나도 아닌 것'을 보는 경우가 있을 수 있는데 파르메니데스에 따르면, '하나'라는 것이 있지 않은 것들 가운데 있을 수 없기 때문에 그것은 불가능하다고 말해진다.[66] 그래서 우리는 진실로 각각의 것에 대해 아는 것 아니면 알지 못하는 것 말고는 다른 선택의 여지가 없다(존재와 허무 사이에는 배중률이 작용하기 때문이다)(188a-e). 이 때문에 우리는 알면서도 알지 못한다거나 알지 못하면서도 안다는 것은 불가능하다. 그 결과 거짓된 것들을 판단하는 자가 알고 있는 경우라면, 그는 '자기가 아는 어떤 것들을 그것들로 생각하지 않고 어떤 다른 것들이라고 생각하는가, 그래서 그는 양쪽 다를 알면서도 다시금 양쪽 다를 모르는 것인가'라는 질문이 형성되는데, 후자의 질문은 이미 존재론의 배중률에 의해 불가능한 것으로 나타난다(188b-189d). 결국 우리는 어떤 것들을 다른 것(타자)으로 판단하는 착오판단이 있을 때 거짓판단이 있다고 할 수 밖에 없게 된다. 즉 누군가가 생각할 때 그 어떤 것을 바로 그것으로 놓지 않고 다른 것으로 놓는 경우가 있다. 생각이 이렇게 이루어질 경우, 그 생각은 그것을 양쪽

65 허무 개념 중에 존재론적으로 공허 개념이 있는데, 공허 개념은 존재와 무가 관련성을 맺으면서 나타난 무한정자(apeiron) 개념으로 해석할 수도 있다. 이 무한정자의 존재에 대한 견해에서 파르메니데스는 무한정자마저도 부정하나 파르메니데스의 존재론을 따르는 사람들 가운데에서도 무규정성(apeiron의 질적 규정)을 인정하되 우주를 충만자로 인정하는 사람들은 무한정자가 우주 내부에 있다고 생각하는 플라톤이나 베르그송과, 우주의 외부에 무한자가 있다고 생각하는 즉 우주를 무한한 것으로 생각하는 원자론자들의 견해가 서로 갈라진다.

66 파르메니데스에서 존재(있음)에는 인식론적으로 한계가 즉 규정성이 있다. 존재 개념에서 기원하는 인식을 수학적으로 환원하는 것이다.

다를 생각하든가, 아니면 어느 한쪽을 생각하든가 할 것이 필연적이다(189e). 그런데 생각한다는 것은 영혼이 자기 자신을 상대로 이루어지는 말(언어)이다. 그리고 그는 자기 자신에 대해 긍정하든가 아니면 부정하든가 하는데, 이 때 어느 한 쪽을 결정하고 내리고 하는 것이 판단이다. 그리고 긍정하는 것은 그것을 '동일한 것'으로, 부정하는 것은 '어떤 것을 다른 것'이라고 말하는 것이다. 그래서 인식이 엄밀 정확하게 이루어질 경우, 수학에서처럼 우리는 짝수를 짝수라고 하지 홀수라고 말하지 않으며, 꿈에서도 미치지 않는 한 그렇게 말하지는 않는다. 결국 엄밀 정확성을 기준으로 앎과 무지 사이에 배중률이 작용하는 경우로 말할 경우에는 착오판단이란 있을 수 없다(191a). 결국 앎과 무지를 파르메니데스의 존재론적 관점에서 말하면 우리는 거짓된 판단을 할 수 없게 된다. 이 때문에 이 사태를 다른 방식으로 접근해야 한다.

'앎은 지각이 아니라 올바른 판단'이라는 두 번째 정의에 대한 검토에서 판단에는 옳은 판단도 있고 잘못된 판단도 있기 때문에, 옳은 판단이 어떻게 성립하는지를 알아보기 위해 다시 테아이테토스와 대화하는 방식은 소크라테스의 산파술의 방법론을 진솔하게 그대로 보여준다. 즉 인간의 정신의 활동에 대한 헤라클레이토스의 상대론적인 현상학적 기술에 대한 소크라테스의 탐구는 파르메니데스의 존재론적 사고(존재는 이미 알려진다는 것을 전제하고 이루어지는 논리적 원자론)방식으로 진행된다. 그리고 그 결과는 우리가 찾아 헤매는 것을 찾게 되든가, 아니면 우리가 어떤 방식으로도 알지 못하는 것에 대해 안다는 생각을 덜하게 되든가 한다(187c). 여기에서 우리는 플라톤 이래 전통적으로 있어온 경험과 판단과의 관계에서 나타나는 진리관들을 파르메니데스의 존재론과 관련하여 살펴보아야 한다.

우선 가장 고전적이고 상식적인 진리관은 판단을 나타내는 관념과 경험 사이에 일치를 말하는 대응설(correspondence theory)이다. 여기에서 진리는 경험적 사태를 6하 원칙 (when, where, who, what, how, why)의 측면에서 우리의 관념이 정확하게 표현하는가(일치하는가)의 문제이다. 이에 반해 정합설(coherence theory)은, 소크라테스가 진리의 기준으로 설정한 모순율에 따르는 것으로서 한 존재에 대해 판단하는 관념과 관념 사이의 관계에서 모순이 없어야 한다는 것으로서, 관념의 체계가 논리학이나 수학에서 말하는 공리체계에서처럼, 분석된 구분지들의 전체성과 이러한 구분지 사이에 모순이 없어야 한다는 모순율(모순 배제율)에 따르는 것은 물론, 이들이 서로 명증적인 것으로서 상호적으로 동일률에 따라 증명 가능해야 한다는 완전성을 갖추어야 한다는 것이다. 그리고 이러한 정합설은 관념들 사이에서 존재론적으로는 모순이 없어야 한다는 것인데, 이 문제는 『소피스테스』 편에서 '거짓을 말하는 것이 어떻게 가능한가?'(『소피스테스』, 259d-264b)의 문제로 나타났으며, 존재론적으로는 허무가 어떻게 가능한지와 관계하여 충분하게 논의되었다. 즉 존재론적으로 허무라는 관념은 존재의 동일성에 반하는 타자성과 함께 운동을 가능하게 하는 존재론적으로 영혼의 기능과 무한정자(apeiron)를 전제하지 않으면 성립할 수 없다는 것이다.

그런데 정합설에서 진리의 기준인 모순율이 모순의 존재를 인정하지 않으면 성립할 수 없다는 이율배반에 처해 있듯이, 존재론적으로는 모순된 언명을 하게 하는 허무(apeiron)도 인정하지 않으면 안 된다는 사태에 도달하였다. 이 때문에 이방인은 허무 대신 피타고라스학파가 금기시한 '무한정성(apeiron)'을 끌어들인 것이다. 즉 『소피스테스』 편에서 이방인은 파르메니데스를 어느 정도 죽이는 살부의식(殺父儀式)을 치르면서 오이디푸스 콤플렉스를 갖게 되는 것이다.[67] 그것이 플라톤이 말한 동일성-타자성의 변증법임을 『파르메니데스』 편의 변증법의 연습에서 밝혔고, 그것이 어떻게 존재론적 판단 명제로 나타나는가는 방금 앞에서 언급했다. 마찬가지로 올바른 판단 명제가 이번에는 실질적으로 경험과의 관계를 맺어야 하는데, 『테아이테토스』 편에서 감관-지각과 관련하여 인간적 관점에서 거짓된 앎이 즉 '거짓된 판단이 어떻게 가능

67 오이디푸스 콤플렉스는 프로이드가 말했듯이 심리학적으로는 어린애가 부모와 같은 성인이 되기 위해 필연적으로 겪지 않으면 안 되는 과정이다. 인간을 동물도 아니고 신도 아니기 때문이다.

한가?'의 문제로 나타난 것이다. 그런데 이 문제는 파르메니데스의 존재론적 관점에서 보면, 인간의 경험에 관한 진리판단은 대응설과 정합설이 일치하는 곳에서 해결되어야 한다는 것이다.

이 문제를 해결하는 것은 『테아이테토스』 편에서의 인간에 있어서 올바른 판단(orthe doxa) 명제가 어떻게 성립하는가를 탐구하는 것인데, 역으로 인간에 있어서 올바른 판단 명제가 인식(epsteme)으로 나타나야 하는 것이고, 이러한 인식의 문제는 감관-지각적 경험과의 관계는 물론 존재론적으로도 문제된다는 것이 그의 프로타고라스의 만물 유전설에 기초해 우리 인간의 감관-지각적 경험을 설명하고 비판하는 과정에서 밝혀졌다. 즉 『소피스테스』 편에서 거짓말과 관련하여 거짓말의 존재론적 근거를 밝혔듯이 인간의 지식이나 인식에 있어서 기초가 되는 감관-지각론에서도 지각이 판단과는 다르다는 것을 존재론적으로 밝혔다.

그런데 존재에 대한 판단은 지각에서 이루어지는 것이 아니라 사고하는 판단에서 이루어진다는 사실이다. 결국 『소피스테스』 편에서 거짓 명제에 대한 논의와 인간의 거짓 인식을 논하는 『테아이테토스』 편이 파르메니데스의 존재론적 사고를 토대로 서로 연결되고 있는 것이다. 왜냐하면 파르메니데스의 존재론은 판단에서 진위와 관계하기 때문이다. 이것이 의미하는 바는 앞에서 언급한 바대로 인간에게 있어서 대응설과 정합설로 갈리어 나타나는 두 진리관이 인간의 경험적 인식에서는 파르메니데스의 존재론적 판단과 관계하여 어떤 방식으로든 서로 연결되어야 한다는 것이다. 『테아이테토스』 편은 인간의 감관-지각적 경험(data)의 존재 유무와 관련되어 사유에서 이와 연결되어 종합적으로 논의되어야 하는데, 이러한 연결 이전에 이 대화편에서는 우선 사유에서 이루어지는 판단이 어떻게 오류를 일으킬 수 있는가를 파르메니데스의 존재론을 토대로 논의하고 있다.[68]

68 서양 철학사에서 인간이 지니는 진리 인식에서 이러한 진리관을 이중적으로 분화시킨 것은 소크라테스

5.3. 경험과 관계하는 인간의 사유(관념)에서의 오류 가능성

소크라테스는 관념상에 일어나는 오류의 문제를 취급하기 위해서, 즉 인식의 문제를 우선 존재론적으로 따지기 위해 사유와 관계하는 관찰-지각적 경험의 차원에서 테아이테토스인가 아닌가의 문제를 고찰하는 것을 멀리하고자 한다. 왜냐하면 존재와 인식의 문제는 존재의 있음-없음과 관련하여 엄밀정확하기 때문에 관찰-지각의 경우에서처럼 멀리서 있는 사람을 보는 것은 희미하고 애매하기 때문에 가까이 볼 때의 정확하고 엄밀한 것과는 다르다. 또 한 예는 현재의 지각을 과거의 기억과 비교하고 일치시키려할 경우이다.[69] 이러한 예들은 우리로 하여금 아는 것을 알면서 알지 못하게 만들기 때문이다. 앞서 언급했듯이 판단하는 것이 영혼이 자기 자신과의 대화이고, 그래서 감관-지각적 경험과 관계하지 않고 사유의 차원에서만 착오 판단이 이루어진다고 한다면, 아름다운 것을 추하다고 하거나 불의한 것을 정의로운 것이라고 할 수 없으며, 혹은 짝수가 홀수라고 반대되거나 차이가 나는 것은 동일하다고 말 할 수 없는 것은 물론 모순된 것을 말할 수 없다.

더 나아가 소크라테스는 우리의 정신 안에서의 표상적 관념만을 말하기 위해서 기억을 가져오되 처음에는 밀랍으로 비유되는 기억만을 문제 삼는다. 그리고 이러한 논의는 사유의 판단작용에서 동일성이나 차이성의 논증으로

가 진리의 기준을 모순율로 설정하면서부터이다. 그리고 이러한 이중적으로 분화된 진리관을 인간적 관점에서 통합하려는 것이 최초로 소크라테스-플라톤의『테아이테토스』편에서 이루어지고, 이를 근대철학자들은 자연과학이라는 학문에서의 진리의 기준으로 '확실성(certainty)'을 설정하고 이를 설명하려는 것에서 영국 경험론과 대륙 합리론으로 분화되어 나타난다.

그런데 진리의 기준으로서 확실성은 경험적 명제에서는 정도 차이를 전제하는 것이다. 그리고 영국 경험론과 대륙 합리론을 통합했다고 하는 칸트의 철학에서는 진리구성설로 나타나며, 이 진리 구성설의 이면에는 물 자체는 알 수 없다는 소크라테스의 무지를 상징하는 것이 전제된다. 이 모든 것을 통합하는 것으로서의 과학적 진리관에서 칸트는 '물자체는 모른다.'는 것이 '가설'로 표명되어 나타나며, 실제적으로는 진리 도구설로서 진리의 기준이 실효적 유용성 개념으로 나타나는 것이다.

69 감관-지각적 경험과 관계하여 시간이나 거리, 즉 공간 개념에서 기원하는 불확실한 판단의 원인이다.

나타난다.[70] 사실 인식론적으로 동일한 것들을 알면서 알지 못한다거나 알지 못하면서 안다는 것은 불가능하다. 더 나아가 거짓된 것을 판단하는 자가 알고 있는 경우라면(현실적으로는 자기기만이나 사기 치는 자가 아니라면) 그는 자기가 아는 어떤 것을 그것들로 생각하지 않고 자기가 아는 다른 것들로 생각하지도 못하며, 그래서 양쪽 다를 알면서도 다시금 양쪽 다를 모르는 것도 불가능하다.[71] 또한 이런 경우가 아니고 그가 알지 못하는 어떤 것들을 자기가 알지 못하는 다른 어떤 것이라고 여기는 것도 불가능하다. 즉 자기가 아는 것들을 알지 못하는 것들이라고 여기는 경우는 없으며, 다시 또 알지 못하는 것들을 아는 것들이라고 여겨질 수도 없다. 그러면 어떻게 거짓된 판단을 할 수 있겠는가? 그런데 앞에서 언급된 것처럼 인간의 앎의 문제는 진위판단과 관계가 있고, 이러한 진위 판단은 존재에 대한 판단, 즉 있음과 없음에서 일차적으로 이루어진다(188d). 그러면 도대체 어떤 사람이 있지 않은 것을 판단할 수 있겠는가? 더 나아가 그 존재를 알지 못한다는 것을 어떻게 존재론적인 입장에서 말할 수 있는 것일까? 이 문제는 앞에서 언급했듯이 바로 파르메니데스의 존재론과 관련하여 『소피스테스』 편에서 다루어진 것과 동일한 문제이다.

있거나 있지 않은 것에 대한 존재론적 판단에서 기원하는 오류판단의 불가능성에 관한 논증에서 인간의 사유에서 진위 판단이 가능하기 위해 요구되는 무한정자(apeiron)의 존재는 사유와 언명의 존재론적 진리 조건 중에 하나이며,

---

70 경험적 진리의 판정이 관념과 관념 사이에서는 이루어질 수 없고(관념과 관념 사이에는 그 의미의 외연관계에 의한 함축과 논리적으로는 정합성이 문제되는 모순율에 따르는 연역적 차원이 문제되지만), 사유와 경험과의 관계에서 이루어지는 것이며 이를 진리 대응설이라 불리며, 관념은 일반화된 경험을 반영하는 것으로만 판단을 이루기에 귀납적 역할만 하는 것이 사유의 기능이다. 그런데 현실은 운동과 변화가 함축된 것으로서 생성-소멸하는 과정 중에 있다. 이러한 사태를 우리는 감관-지각을 통하여 파악한다. 그리고 칸트가 말하였듯이 감관지각의 내용인 경험의 형식은 시간과 공간이다. 따라서 엄밀 정확한 동일률이나 모순율에 따르는 존재론적 사유를 여기에 적용할 경우에는 동적 현실을 있는 그대로 파악하려고 하는 점에서 문제가 발생한다. 이 때문에 칸트는 우리의 과학적 인식이 현실을 원자론적으로 분석하고 이를 구성한다고 한다. 역으로 경험의 현실에 충실하면 우리는 현상학적인 사유를 할 수 밖에 없는데 이때에는 엄밀 정확한 사유는 적용될 수 없고 귀납에 따르는 확률적인 사고방식이 적용될 뿐이며, 메를로-퐁티(M. Merleau-Ponty)가 말했듯이, 감관-지각적 경험이 파악하는 현실적인 세계는 유사성(애매성)만이 난무하는 것으로서의 세계이다.

71 여기에서 불가능은 논리적으로나 심리적으로 착오나 착각은 물론 육하원칙에 따르는 사실 관계를 배제하는 것이다.

이에서 더 나아가 사유와 감관-지각적 경험과의 관계에서 일어나는 오류판단의 가능성에 관한 총체적 논의는 『테아이테토스』 편에서는 인간의 구체적 인식을 존재와 사유에서의 앎, 그리고 감관-지각의 경험적 요소들로 분석하여 이들을 결합한 명제형식으로 만든 모든 경우를 전제하는 가정들로 구성되어 있다. 즉 "내가 테오도로스님을 알고 있고 그분이 어떤 분인지 나 자신 속에서 기억하고 있네, 그리고 난 테아이테토스에 대해서도 마찬가지라네. 그런나도 어떤 때는 그를 보고 어떤 때는 보지 못하며 어느 땐가는 그들을 만지고 어떤 때는 만지지 못하며, 어떤 때는 당신들에 관해 듣거나 다른 어떤 지각을 하는 반면, 어떤 때는 당신들에 관해 아무 지각도 지니지 못하면서도, 나 자신이 당신들을 기억하고 나 자신 속에서 알고 있는 게 사실이 아닌가? ...그러니까 내가 명확히 하려는 것들 중 이러한 것이 일차적인 것으로 [표상적으로] 알고 있는 것들을 지각 못하는 경우가 있는가 하면 지각하는 경우도 있다는 것이다. ...그리고 알지 못하는 것들에 대해서도 지각하지 못하는 경우가 있는가 하면, 지각하는 경우도 있다는 것이다."(192c-e).

이어서 이러한 사유와 존재, 그리고 사유와 감관-지각적 경험의 관계에 대한 조합의 경우들을 다음과 같이 분류한다. "소크라테스가 테오도로스과 테아이테토스를 알지만, 두 사람 어느 쪽도 보지 못하며, 그들에 관한 다른 지각 또한 그에게 없다면, 그가 자신 속에서 테아이테토스가 테오도로스님이라고 판단할 리야 없겠다."고 말하면서 이것이 첫 번째 가정이며, 두 번째 가정은 "내가 당신들 중 한쪽은 알고 다른 쪽은 알지 못하면서 두 사람 어느 쪽도 지각하지 못한다면, 다시 이 경우에 내가 아는 자를 알지 못한 자로 생각할 리가 없다."는 것이다. 그리고 세 번째 가정은 "내가 두 사람 어느 쪽도 알지 못하고 지각하지 못한다면, 내가 알지 못하는 자를 알지 못하는 자들 중 다른 어떤 자라고 생각하지 않을 것이다."라는 것이다. 여기에서 소크라테스는 파르메니데스의 존재론적 관점에서 일차적으로 우리의 관념과 실재의 동일성과 차이성, 그리고 우리의 관념에 따른 사유와 감관-지각적 경험의 동일성과 차이,

그리고 감관-지각적 경험도 우리의 오관작용에 의해 파악된 경험의 질적-양적 동일성은 물론 차이의 다양성에 대한 인식을 전제하고 있다는 것이다.

그래서 우선 파르메니데스의 존재론적 관점에서 오류판단이 불가능하다는 논증은 1) 어떤 사람이 영혼 속에 그것에 대한 기억 상을 지니고 있기에 알고는 있지만, 지각은 안 하고 있는 그런 것을, 자신이 알고 있는 것들 중 그것에 대한 인상까지 가지고 있되 지각은 안 하고 있는 것을 다른 어떤 것이라고 생각하는 것은 불가능하다. 2) 그리고 다시 자신은 알고 있는 것을, 자신이 알지 못하며 그것에 대한 인장(밀납적 기억)을 가지고 있지도 않은 다른 어떤 것이라고 생각하는 것은 불가능하다. 3) 자신이 알지 못하는 것을, 알지 못하는 다른 어떤 것이라고 생각하는 것도 불가능하다. 4) 그리고 자신이 알지 못하는 것을 알고 있는 다른 어떤 것이라고 생각하는 것도 불가능하다. 5) 더 나아가, 지각하고 있는 것을, 지각하고 있는 것들 중 다른 어떤 것이라고 생각하는 것은 불가능하다. 6) 그리고 자신이 지각하고 있는 것을, 지각하고 있지 않는 어떤 것이라고 생각하는 것은 불가능하다. 7) 마찬가지로, 자신이 지각하고 있지 않은 것을, 자신이 지각하고 있지 않은 것들 중에 다른 어떤 것이라고 생각하는 것도 불가능하다. 8) 또한 자신이 지각하고 있지 않은 것을, 지각하고 있는 것들 중에 어떤 것이라고 생각하는 것은 불가능하다. 9) 더 나아가 또 다시 자신이 알고 있고 지각하고 있으며 지각과 일치되는 표시를 가지고 있는 것을, 다시 자신이 알고 있고 지각하고 있으며 지각과 일치되는 그것의 표시를 가지고 있는 것들 중에 어떤 것이라고 생각하는 것은, 그럴 수 있다 해도, 앞서의 경우들 보다 한층 더 불가능하다.[72] 10) 그리고 자신이 알고 있고 제대로 기억 상을 지닌 채 지각하고 있는 것을, 자신이 알고 있는 다른 어떤 것이라고 생각하는 것도 불가능하다. 11) 그리고 자신이 알고 있고, 알고 있을 때와 마찬가지 상태로 그것을 지닌 채 지각하고 있는 것을, 자신이 지각하는 다른 어떤 것

72 예를 들면, 치매환자가 아니라면, 그렇다는 말이다.

이라고 생각하는 것은 불가능하다. 12) 그리고 다시 자신이 알지도 못하고 지각하고 있지도 않은 것을, 자신이 알지도 못하고 지각하지도 않은 다른 어떤 것이라고 생각하는 것은 불가능하다. 13) 그리고 자신이 알지도 못하고 지각하고 있지도 않은 것을, 자신이 알지 못하는 어떤 것이라고 생각하는 것은 불가능하다. 14) 그리고 자신이 알지도 못하고 지각하고 있지도 않은 것을, 지각하고 있지 않은 어떤 것이라고 생각하는 것은 불가능하다. 이 모든 경우에 어떤 사람이 거짓된 판단을 한다는 것은 불가능하기 짝이 없는 노릇이다. 그러나 오류판단이 일어날 수 있다면, 다음과 같은 경우들에 일어날 뿐이다. 즉 15) 자신이 알고 있는 것들의 경우, 그것들을 자신이 알고 있고 지각하고 있는 것들 중 다른 어떤 것이라고 생각할(착각할) 때나, 16) 그것들을 자신이 알고 있지 못하지만 지각하고 있는 것들 중 다른 어떤 것이라고 생각할 때(추측) 그럴 여지가 있다. 17) 또는 자신이 알고 있고 지각까지도 하고 있는 것들 중 어떤 것을, 다시 자신이 알고 있고 지각하고 있는 것들 중 다른 어떤 것이라고 생각할(혼동할) 때 그럴 여지가 있다(192a-d).

이상에서 소크라테스가 말한 바를 테아이테토스가 분명하게 인지하지 못하자 소크라테스는 이를 분명하게 인지시키기 위해서 『파르메니데스』 편의 변증법의 연습에서처럼 다음과 같이 위에서 말한 변증법적 사태의 구조를 분명하게 말하고 있다(193e 194e). 이를 요약하면, 우선 앎과 실재의 관계에서 문제되는 존재론적 문제를 차치하고, 앎을 관념이고 지각을 경험이라 놓을 경우, 그리고 관념과 지각의 관계에서 한 사람일 경우, 관념(앎)이 있음과 없음에 대하여 지각이 있음과 없음이 조합되어 이루는 4 경우가 형성 되나, 두 사람인 경우에는 8가지 경우가 생긴다. 그래서 관념상 알고 있는 것과 모르는 것 각각에 대해 지각하거나 하지 못하는 경우가 각각 성립할 수 있다. 첫 번째 가정은 우리가 두 사람을 관념상 안다고 할 경우(193a)는 두 사람에 대한 지각이 있든 없든 상관없이 오류는 일어날 수 없다. 두 번째 가정은 한쪽은 알고 한쪽은 모른다고 해도, 둘 다 지각이 없는 점에서만 공통일 뿐 혼동은 없다. 세 번째 가정은 어느 쪽도 알지 못하고 지각도 없다고 한다 해도 혼동은 있을 수 없다(이상의 경우는 1-14의 경우). 그러나 거짓 판단은, 첫째로 관념상 안다고 할 경우, 근본적으로(전체적으로는) 관념과 지각이 불일치하는 것이다(15의 경우). 왜냐하면 관념이 지각과 일치하는 경우, 이 일치의 관념은 기억과 재인으로 구성되는 것이고, 지각적 경험은 공간(거리상)상의 차이나 시간상의 차이를 함축하여 그래서 (현상이라 불리는 것으로서) 불분명하며, 신발의 예(접촉 지각은 시간상 공간상 구분이 안 된다.)나 거울상의 예(시간상의 착오는 없으나 좌우나 크기가 실재와 변경되어 있다.)처럼 그래서 혼동이나 화살을 빗 맞추는 것과 같은 착오가 일어난다(16). 더 나아가 우리의 관념이 오관 작용 각각의 지각에 대해 일치되지 못하는, 그래서 두 가지 표지(촉각이나 시각)가 있어도 기억과의 재인 과정에서 우리는 착오를 일으키는 것이다(17). 마지막으로 세 번째는 우리의 인지에 있어서 그 경험이 최초로 형성되는 하위인 지각의 현존 여부에서 가장 복잡한 인지의 착오가 나타나는 것이다. 이러한 사태를 소크라테스는 다음과 같이 말하고 있다. 즉 오류가 나타나는 것은 일차적으로 사유(관념)와 지각의 차이, 즉 그리고 관념과 감각적 지각, 더 나아가 그것이 재인적 지각이나 현재의 경험적 감관-지각이든 이들 사이에 일어나는 것으로서 지각 자체에서는 불가능하고, 이와 관계하는 기억에 의한 표상적 사유[73]와의 사이에서 일어난다는 것이다. 관념과 감관-지각적 경험 사이에서 이들이 그것들을 자신이 알고 있고 지각하고 있는 것들 중 다른 어떤 것들이라고 생각(해야)하는 때나, 자신이 알고 있고 지각하고 있는 것들 중 어떤 것을, 다시 자신이 알고 있고 지각하고 있는 것들 중 다른 어떤 것이라고 생각할 때 그럴 여지가 있다는 것이다. 이를 일상적으로 풀어 말하면 소크라테스가 테오도로스를 알고 있고 그 분이 어떤 분인지 나 자신의 기억 속에서 기억하고 있고 테아이테토스에 대해서도 마찬가지일 경우, 소크라테스는 어떤 때

73 여기에서 기억에 의한 표상적 사유라고 한 것은 사실 기억현상이 정신 현상이기 때문이다. 이러한 정신 현상을 경험론에서는 지각으로 불리고 실재와 동일시하지만, 관념론에서는 이미 '알고 있다'고 가정된다. 그러나 문제는 지각된 것이 실제이고 지각현상이 정신적인 것으로서 이미 알려진 것이냐 하는 것은 문제로서 다음에 논의된다.

는 그들을 보고 어떤 때는 보지 못하며, 어떤 때는 그들을 만지며 어떤 때는 만지지도 못하며, 어떤 때는 이들 모두에 대해 듣거나 다른 어떤 지각을 하는 반면, 어떤 때는 이 양자에 대해 아무 지각도 지니지 못하면서도, 나 자신은 당신들을 기억하고 나 자신 속에서 알고 있는 사실이다. 즉 알고 있는 것을 지각하는 경우도 있고 지각하지 못하는 경우도 있다는 말이다. 마찬가지로 알지 못하는 경우도 그렇다. 즉 알고 있지 못한 것들을 지각하지 못하는 경우가 있는가 하면 지각하는 경우도 있다(192 d-e).

> "그런데 아마도 방금 말한 다음과 같은 경우가, 거짓된 판단이 생긴다고 우리가 말하는 경우일 여지가 있네. 양쪽 다를 알면서 그 양쪽 다를 보거나 양쪽 다에 대한 다른 어떤 지각을 지닌 자가 그 대상에 대한 각각의 지각에 일치되지 못하게 두 가지 표시들은 지니고 있고, 형편없는 궁수가 활을 쏠 때처럼 과녁을 빗나가 빗맞히는 경우 말일세. 그리고 빗맞힌다는 것이야 말로 거짓이라 불리네. ... 그리고 또 표시들 중에는 지각이 현존하는 것도 있고 그렇지 않은 것(상상의 것)도 있는데, 현존하지 않는 지각에 대한 표시를 현존하는 지각에 맞추는 경우, 이런 모든 경우에 생각은 거짓되네."(194a-b).

이상의 경우들에서는 착오 판단은 "지각들끼리나 생각들끼리의 관계에서가 아니라, 지각과 생각의 접촉에 의해서만 성립한다는 것"이다(195d).[74] 즉 감관-지각과 생각(사유)의 접촉(일치)에 의해서만 성립된다는 것이다. 그런데 생각과 지각은 이 양자가 질적으로 다르기 때문에 이들의 접촉은 우연성을 함축하고 있고,[75] 이 때문에 관념이 형성되는데 필수적인, 소크라테스가 비유한 밀납으로 된 기억(경험과 일치하는 재인적인 지각) 자체가 문제 될 수 있다. 왜냐하면 밀납이 두껍고 널찍하며 보드랍고 적절하게 무른 것일 경우 이 밀납에 생기는 표

74 여기에서 진리관으로서는 대응설이 성립한다.

75 물질의 운동 질서가 기계적 필연성을 지니고 정신은 자발성의 질서를 따르기에 이 접촉에 의해서 생기는 현상은 이 양자 사이에 동일성보다는 우연성이 이중적으로 개재되어 질적 차이와 다양성으로 나타난다.

시들은 깨끗하고 충분한 두께를 가지고 있어서 오랜 시간 변화하지 않고 지속되기도 하나, 털북숭이이고 오물투성일 때나 축축하거나 너무 단단할 경우에는 불명확하고 오래 지속되지 못할 것이기 때문이다(194a-e).

그런데 지금까지는 관념을 곧바로 앎이요, 인식이라고 전제하고(이데아에 대한 인식이 있다고 전제하고) 이루어진 생각하는 것에서 비롯된 것이다. 그러나 우리 인간은 신이 아니기에 이러한 절대적으로 존재하는 관념(이데아)을 알 수 없다. 아니 관념 자체가 실재에 대한 인식일 수 없다. 설령 관념 자체를 가지고 있는 것으로 가정한다 하더라고 관념 자체와 관념과 관념들 사이에서의 착종이 일어날 수 있음을, 특히 추론하는 과정에서의 오류가 새장으로 비유되는 기억을 통하여 보여준다.[76] 앞에서의 논의는 관념들 자체에서 거짓된 생각을 할 수 없다고 논의되었으나 어떤 사람이 알고 있는 것을 알지 못할 수학의 추론적(dianoia) 차원에서 논의가 된다. 즉 지각과 관계없이 우리는 관념(생각)만으로 우리는 수 12를 13으로 여길 리가 없다. 밀납 기억(새김판 : 지각과 기억속의 지각인 재인을 당연한 것으로 여기는 것)의 경우에서는 이를 혼동할 리가 없다. 그러나 5+7은 12라고 계산할 때, 우리는 어떤 사람은 12이라고 하고 다른 어떤 사람은 13이라고 여길 수가 있다. 그러나 우리는 12를 13이라고 여길 리가 없다. 왜냐하면 이런 일을 겪는 자는, 자기가 알고 있는 그것을, 역시 자신이 알고 있는 것들 중의 다른 어떤 경우의 것이라고 여기는 것인데, 이는 동일한 사람이 아는 것을 알지 못한다고 여기는 것과 같게 되기에 모순율을 범하는 것이 되기 때문이다. 그러면 거짓된 것들을 판단하는 것을 생각과 지각의 엇 맞춤(대응설)이 아닌 다른 것으로 제시해야 한다. 만일 거짓된 판단이 밀납 비유에서와 같은 그런 것이었다면 우리가 생각한 것 자체에서는 거짓된 생각을 할 수 없었을 테니까(196b-c). 그래서 이러한 가정의 결과로 거짓 판단이 나타나는 경우는 거짓이

76 H. 베르그송은 『물질과 기억』에서 밀납에 비유한 기억을 신체적 기억으로, 새장에 비유한 기억을 정신적 기억으로 정형화한다.

없거나, 어떤 사람이 알고 있는 것을 알지 못할 수가 있다는 경우뿐이다. 이러한 두 가지 길 모두를 선택하는 것은 우리 인간에게서는 불가능하다. 즉 이 가운데 하나를 선택해야 하는데, 전자는 파르메니데스가 그의 존재론에서 말한 여신이 이끄는 진리의 길과 같은 것으로서 신만이 할 수 있다.[77] 후자는 모순을 범하는 것으로 여겨진 것으로서 『소피스테스』편에서는 오이디푸스 콤플렉스를 가지는 '살부의식(殺父儀式)'을 수행하는 것이었다. 이러한 일을 하는 것을 파렴치한 일을 행하는 것으로 표현되는 길이다(196d). 그럼에도 불구하고 이러한 일을 할 수밖에 없는 것은 "우리는 별 것이 아닌 사람들"이니까(197a), 이 길을 따르는 수밖에 없다고 말한다.[78]

『테아이테토스』 편에서의 문제는 원초적으로 '앎(자체)을 알지도 못하면서 안다는 것이 어떠어떠한 것'이라고 제시하는 것이라는 것이 된다. 이는 다른 말로 바꾸어 말하면, 앞의 논의들은 우리가 인식하지(episteme: 직관) 못하면서 안다고 하는 것이나 이해하지 못하면서 안다고 하는 것을 가정한 것이다(196, c). 그래서 다음의 대화는 인간이 지닌 앎이란 사태에 대한 이러한 인식(직관)을 지니지 못한 채, 이를 알고 있다는 것을 전제하고 추론하는 (탐구)과정 중에 있음을 보여주는 것이다. 마치 우리가 『메논』편의 분석에서 모양이라는 것을 양적 관계에로 환원하여 설명하는 소크라테스 자신의 산파술이 그러하듯이, 여기에서 이 대화편에서 말해진 산파술의 방법론이 바로 『파르메니데스』편의 일자 존재를 가정한 가설들에 따르는 변증법을 전제하는 것으로서 비판적 방

77 이 길도 역설에 처한다는 것이 『파르메니데스』편 제 3자 논쟁 후의 신의 인식의 역설에서 나타난 바 있다.

78 생각 자체가 알지 못하는 것을 알고 있다고 하는 착각이나 알고 있는 것들 중에 혼동하는 경우이다. 즉 오류는 직관과 사유의 일치 여부에서에서는 물론 무지와 지혜 사이의 혼동이나 착각에서 오류가 일어날 수 있다. 왜냐하면 소크라테스에 따르면 관념이란 육하원칙에 따라 형성된 질서(언어의 의미적 질서로서 논리가 선험적인 것으로 미리(a priori) 선재한다고 여기는 것이 칸트가 말한 것을 이어받은 것이 독일 관념론이다.)가 있는데 반해, 감관-지각은 분석이 안 된 혼란된(감각 질들이 엉켜있는 반대와 모순은 물론 논리적으로 분석이 잘되지 않는) 상태에 있기 때문에 오류는 이들 각각에서 일어날 수 있을 뿐만 아니라 이들이 관계 맺는 데에서 더 많은 혼란이 일어나기 때문이다. 즉 알고 있다고 생각된 관념들은 물론 이들 사이와의 형식적 관계에서 일어나는 것이 있을 수 있고 이것을 우리는 논리적으로 모순된 것으로 드러나는 것에서 오류를 판정할 수 있다. 다른 한편, 오류는 관념상에 논리적인 오류판단이 일어나는 것을 다루는 것이 아니고 지각과의 관계에서 일어날 수 있는데 이는 앞에서 다루었다.

법이면서도 인간의 경험과의 관계에서 진리를 탐구하는 방법임을 확인할 수 있다.

여하튼 경험과의 관계하는 인간의 사유에서의 앎(doxa)을 (모든 것을 알고 있다고 하는) 신적 직관에 대한 가정과 이에서 연역적으로 경험에 이르는 추론적 지식(dianoia)의 이중적인 결합으로 이루어진 연역적인 것(대륙의 합리론)에 유비되는 것으로서, 구체적인 예로서 (영국 경험론이 말하는 바와 같이) 감관-지각적 경험과의 관계에서 관념적인 앎의 발생을 앎 자체(인식의 대상)를 지각(직관)하는 것과 앎(인식의 대상)에 대한 기억에서의 재인(한번 지각한 것을 기억에서 재현하고 지각하는 일)의 문제로 환원되는데(이는 직관과 사유의 변증법[79]으로 나타난다), 소크라테스는 이를(대상을) 한 번 잡아서(지각 직관) 새장 속(기억)에 넣어둔 새를 다시 잡는 일(재인)에 비유하고 있다. 즉 새장 속의 새에 대한 비유는 우리가 알았다는 것을 새를 잡는 것에 비유하는 일인데, 새를 한번 잡아 새장(기억)에 넣어 '소지하는 경우(밀납의 비유)'와, 그리고 새장 속의 새를 다시 잡고자 할 때 새 장 안의 새를 다시 잡아야 한다는 '소유의 경우'로 분화시켜[80] 우리의 앎이 이러한 여러 과정을 거쳐 나타나는 것으로 표현하려는 것이다. 이 때문에 우리의 경험적 인식에 대한 설명을 인간의 (대상을 잡는) 행위언어로 표현함으로써 우리의 인지과정을 경험론적으로 말하는 일이 매우 복잡하게 되었다. 소크라테스의 표현에 따르면, 우리가 이러한 과정에서 '한 관념을 알(았으)면서도 모르는 상황 속에 있게 된다.'(182e).

---

79 직관과 사유의 변증법적 관계는 모든 것을 정신 안에서 설명하려는 것으로서 베르그송이 이러한 일을 한다. 그러나 이 양자는 실재에 관하여 동일한 권리를 지니고 있는 것으로 말할 수 없다. 직관은 인간이 실재에 방법적으로 어떻게 접근하는지 알려주지 않으며 사유는 실재에 방법적으로 어떻게 접근하는지 알려주기는 하나 모두가 가설적인 것으로 나타나기 때문이다. 진리에 대한 대응설과 정합설의 이상을 알려주는 것이나 이들이 합치하지 못하는 것과 관계가 있다. 인간은 진리탐구는 이러한 합치의 필연성을 두 진리관의 사잇길로서 인간 존재의 '현실적 필연성'에 따라 찾아가는 것일 뿐이다.

80 기억에 대한 두 가지 설명으로서 밀납 기억은 유물론적으로, 새장 비유는 자발성의 전제하는 영혼의 자유로움을 전제하는 관념론적인 것으로서, 기억이라는 것이 이중적 과정을 거치는 것이면서도 과정 자체에 많은 변화와 차이가 있음을 전제하는 것이지만, 기억은 사실상 인간 자신의 정체성은 물론 만물의 동일성을 확보하는 기초가 되는 정신적인 것이다. 이러한 기억현상이 원자론자들은 물질 쪽에 있다는 것이고 관념론자들은 정신 쪽에 있다는 것이다. 그러나 우리가 철학적으로 살펴보면 물질도 변화하고 정신도 끊임없는 자발성(자의성) 속에서 운동하고 있으므로, 모든 것은 변화하고 있기에 고정된 것이란 기억에 기초한 정신적 세계에서나 존재하는 것이다. 우리의 관념은 이를 기초로 하여 언어로 이 세계를 표현하는데, 따라서 고정된 세계는 우리의 관념에서나 존재하는 세계이다.

그런데 인간의 관념이란 원초적으로는 몰랐으나 이를 배워 아는 과정이 학습이자 교육이라는 것이다. 즉 인간은 온전한 인식을 애초부터 소유할 수 없고 처음에는 완전한 무지에서 완전한 유식(인식)에로 나아가고 앎의 정도를 점차 더해가는 과정 중에 있을 뿐인 것이 바로 교육과정이나 철저히 배우는 과정으로 말해진다.[81] 인간이 경험하는 이 모든 것에 대해 소크라테스처럼 무지를 전제하고 인간이 안다고 하는 것을 배우는 과정 속에 있는 것으로 말한다면, 무지에서 앎에로 오는 최초의 지각 과정이 있고, 이 지각된 것을 알고 있는 것으로 가정하면, 기억은 이미 알고 있는 것(소지)과 알고 있는 것을 다시 재인식하는 것의 과정(소유)에서 성립하며, 이러한 수많은 각 단계에서는 물론 이들 사이에서도 문제가 발생하며, 오류는 이러한 과정 자체에서 수없이 이루어진다. 그리고 이러한 문제들이 관념과 관념 사이에서도 발생할 수 있는 단적인 예가 수학적 추론에서 이루어짐을 보여준다. 추론(dianoia)은 수학적으로 이루어질 경우에는 재인 과정이 추론적 증명과정으로 성립하는데, 이 경우에 오류가 나타날 수 있는 것은 5+7=11의 경우처럼 '아는 것을 알지 못하는 법은 결코 없는 것이지만, 그럼에도 알고 있는 그것과 관련하여 거짓된 판단을 붙잡을 수 있다. 그것에 대한 앎(episteme)은 지니고 있지 못하지만 그것 대신 다른 앎을 지닐 수 있는 일이'(199b) 있다는 것이다.[82] 즉 형식적인 것을 추론하는 경

---

81 『테아이테토스』편에 나타나는 기억에 밀납 기억과 새장 기억의 비유는 전자는 원자론자들의 환원적 관점을 반영하고 후자는 관념(언어적 사유)의 자발성(모르는 상태에서 모순까지도 범하는 자의성)을 고정하기 위해 기억으로 명명한 것이다. 이러한 기억의 두 양상을 베르그송은『물질과 기억에서 신체적 기억과 지속에 따르는 자발적 기억(정신적)으로 말하는 데에서 다시 나타나는데, 베르그송이 말하는 생의 '모든' 사건을 기억하는 정신적인 기억이 존재하는지는 의문이다. 즉 플라톤의 기억이론이 더 현대적이라는 것이다. 송영진,『직관과 사유』(서광사, 2005), 특히 주석 31, 33, 34 참조. 다른 한편, 밀납에 의한 유물론적 기억이론이 기억현상을 설명하지 못한다는 것을 박홍규는『베르그송의 <창조적 진화>강의』, 161쪽에서 공간관념에 기초하여 잘 설명하고 있다.

82 변화하는 현실에 대한 존재론적 사유에서 성립하는 진리 판정은, 지각과 사유의 각각의 단계에서는 물론 이들이 결합되는 지각(aisthesis)과 사유(doxa) 사이에서 성립하는 것이다. 경험에 대한 옳은 판단을 그 중심에 인간의 체험이 있지만 이를 인간이 건강하고 행복하게 되기 위해서(존재하기 위해서) 도움이 되는 판단이 경험에 대한 올바른 판단(orthe doxa)이다. 물론, 이러한 경험에 대한 올바른 판단은 사유-직관(episteme)을 전제하기에 인간의 사유는 이러한 진리를 사유(dianoia)을 매개로 하여 추론하기에 인간의 진리 개념 속에는 이 모든 것이 복합된 것이다. 역설적으로 파르메니데스가 신적 인식에 비유한 사유-직관과 인간이 추론하여 아는 사유(dianoia) 이들 사이에서도 경험에 대한 인간의 사유에서처럼 질과 양 사이의 환원관계가 문제되겠지만 질이 양으로 환원된 양적 관계적 판단에서도 오류가 나타날 수 있음을

우에도 이러한 오류가 나타날 수 있다는 것이다. 소크라테스가 이러한 오류를 설명하기 위해 대륙의 합리론자들처럼 다음과 같이 파르메니데스의 여신이 이끄는 존재론적 관점에서 설명하고 있다.

> …실제로 수에 완벽하게 능한 자라면 그는 모든 수를 알고 있는 것이 아니겠나? 그에게는 모든 수들에 대한 앎들이 영혼 속에 들어 있으니까?
>
> 테아이테토스: 그야 물론입니다.
>
> 소크라테스: 그럼 그런 자는 뭔가를 계산한 적이 있을까? 스스로 혼자서 수들 자체를 계산하든, 아니면 수로 계산할 수 있는 어떤 외부 대상들을 계산하든 말일세.
>
> 테아이테토스: 어찌 없겠습니까?
>
> 소크라테스: 그런데 계산한다는 것은 우리는 어떤 수가 얼마 만큼인가를 고찰하는 것이네.
>
> 테아이테토스: 그렇습니다.
>
> 소크라테스: 그러므로 모든 수를 안다고 할 때 우리가 합의한 그런 자는, 자신이 아는 것을 고찰할 때도 마치 알지 못하는 자인 양 고찰하는 게 분명하네. 아마 자네는 이런 논란거리를 들어보았을 것이야.
>
> 테아이테토스: 예 들어보았습니다.
>
> 소크라테스: 우리는 비들기들의 소유 내지 사냥에 비유해서 두 가지가 있다고 말할 수 있을 걸세. 하나는 소유하기 이전 상태에서 소지하기 위해 하는 사냥이고, 다른 하나는 이미 소유한 자가 전부터 소유하던 것들을 붙잡아 수중에 지니기 위해서 하는 사냥(소지)이네. 그리고 이런 식으로 해서, 이미 배운 그런 것들에 대한 앎들이 전부터 그자에게 있었고 또 그가 그런 것들을 알고 있었다고 해도, 바로 그것들 각각에 대한 앎을 그자가 다시 붙잡아 지님으로써 다시 철저히 배우는 것이 가능하겠지? 이 때 앎을 그는 전부터 소유하고 있었지만, 생각을 할 때 언제든 다시 손에 넣을 수 있는 것(소지)으로 지니고 있었던 것은 아니겠지?
>
> 테아이테토스: 맞습니다.

결국 앎과 무지 사이의 문제에 개입하는 실재와 실제(현실), 지각과 사유, 사

보여주는 예이다. 플라톤의 인간을 중심으로 한 인식론적 구도는 신적 인식과 추론적 지식의 관계는 인간사유의 추론적 기술과 인간의 경험과의 관계에 있는 것이다. 추론적 지식의 방법만을 알고 있다는 것이 소크라테스가 말한 산파술의 방법론이다.

유와 인식 사이에는 한결 더 무서운 사태가 나타나는데,[83] 그것이 바로 "우선 어떤 것에 대해 앎을 지니고 있는 자가 무지함에 의해서가 아니라 자신의 앎에 의해 바로 그 대상에 대해 무지한 그런 사태이다. 이는 앎이 나타나 있게 되어도 영혼은 아무것도 알지 못하고 모든 것들에 무지하다는 것이다. 거꾸로 말하면, 무지가 나타나서 어떤 것을 알게 만들고 눈멂이 보게 만드는 것을 막을 길 없게 된다는 것이다."(199d). 이러한 논의에서 앎과 무지가 이원론적으로 분리되어 있으면서도 (새롭게 아는 앎과 과거의 앎이) 동일시(모순)되거나 현상계에서처럼 상호 침투되어 혼동되는 것이다. 이러한 사태를 경우의 수들로 분석해보면 앎에도 앎과 무지가 있게 되고 무지에도 앎과 무지에 대한 신념(pistis)이 있어서, 이들의 조합에 따르면, 그 한 결과는 모름을 붙잡는 자는 거짓된 판단을 하는 사람인데, 거짓된 판단을 하고 난 사람은, 자신이 거짓된 판단을 하지 못할 것이고 참된 판단을 한다고 생각하게 되고, 거꾸로 옳은 판단을 한 사람은 자신은 안다고 하기도 하고 이를 모르기도 한다는 것이다(200a). 그래서 논박이 능한 사람은 다음과 같이 말하면서 우리를 비웃는다는 것이다.

> "정말 훌륭하기도 하셔라! 어떤 자가 앎과 모름 둘 다를 알고서, 자기가 아는 그것을 아는 것들 중 다른 어떤 것이라고 여기는 것이오? 아니면 그 어느 쪽도 알지 못하고, 알지 못하는 것을 알지 못하는 것들 중 다른 어떤 것이라고 판단하는 것이오? 아니면 한쪽은 알되 다른 쪽은 알지 못하고서, 자기가 아는 것을 알지 못하는 것이라고 판단하는 것이오? 아니면 알지 못하는 것을 아는 것으로 믿는 것이오? 그도 아니면 다시 이번에는 당신들은, 앎들과 모름들에 대한 앎들 또한 있다고 내게 말하겠소? 그래서 이런 앎들을 소유하는 자는 그것들은 다른 어떤 우스꽝스런 새장이나 밀납으로 된 틀들 속에 가두어 놓고 있는데, 그가 그것들을 소유하고 있는 한에서는 알고 있다고 하겠소? 그가 그것들을 영혼 속에서 손에 넣고 지니고 있지(소지) 못할 경우라도 말이오. 그리고 그런 식으로 해서 당신들은 더는 한 발짝도 나아가지 못한 채 어쩔 수 없이 같은 곳을 수없이 맴돌 수밖에 없게 되겠소?"(200b-c).

83 『파르메니데스』편에서 표현된 말로서 '신' 개념이 지니는 모순적 상황과 같은 무시무시한 상황이다.

위 인용문에서 최초의 전제는 앎과 모름이 이원론적으로 되어 있으면서 둘 다를 알고서라고 되어 있는 것 자체가 이미 앎과 무지를 동일시하는 것으로 되어 파르메니데스의 일자 존재나 특히 허무에 대한 언급(허무 자체는 알 수도 없고 말할 수도 없다는 언명)처럼 궤변적이다. 결국 전체적으로 보면(panopsios), 제논의 운동 역설들처럼 실재에 대한 인식의 문제는 각 과정들에서는 물론 이들이 서로 순환하는 가운데 여러 역설들에 처하게 되는데, 이는 앎(올바른 판단)이 도대체 무엇인지 충분하게 파악하기 전에 '거짓된 판단'을 파악하려 한 것 때문이라는 것이다. 특히 관념들 사이의 관계는 모순율에 따른 판단이 중요한데 이러한 일이 일어난 것이다.[84]

5.4. 인간이 파악하는 진리의 인식 형식: 설명이 있는 옳은 판단(orthe doxa meta logou)

그럼에도 불구하고, 소크라테스는 우리는 앎이 무엇이라 정의해야 할까 막막하지만, 모순을 최소로 범하면서도 이 앎이 정확히 무엇이라 정의하는 일을 포기해서는 안 된다는 각오를 새롭게 하면서(200d), 참된 판단이 앎이라는 정의에서 참된 판단(을 하는 것)은 어쨌거나 (현실적으로 이용하거나 응용하는데) 틀리지 않

84 인류 역사상 모순율을 진리의 기준으로 설정하는 발언인데, 이러한 모순율을 이용하는 것이 소크라테스의 산파술의 특징이다. 인간이 찾아가는 진리란 혹은 찾았다고 하는 신적 인식이란 진리정합설과 진리대응설이 모두 합치되는 것이리라. 그래서 인간의 지식 체계가 완성된 하나의 진리체계로서 수학에서의 공리체계로 나타나는 것이리라. 그러나 인간이 구성한 유클리드 공리체계나 수학체계마저도 불완전하다고 괴델에 의해 증명되었다. 역설적으로 인간이 찾았다고 하는 신적 인식은 『파르메니데스』편에 나타나 있듯이 인간의 인식보다 허위 사실을 알 수 없고, 허위를 인정할 수 없는 역설에 처한다. 그래서 역설적으로 프로타고라스가 말한 인간의 만물의 척도라는 것이 진리가 된다. 그러나 이러한 프로타고라스의 언명은 상대주의에 떨어지고, 더 나아가 허무주의에로 떨어질 수도 있다. 그래서 모든 것이 허위라는 사실에 도달하지 않기 위해서는 인간이 말한 모든 것이 진리일 수밖에 없다는 귀결에 이른다. 그러나 이러한 견해는 신적 인식에 관한 언급과 같아진다.

은 것이며, 그래서 그것에 의해 생겨나는 모든 것은 아름답고 훌륭한 것이 된다고 말한다. 그러면서도 역설적으로 어떤 기술이 존재하는데, 그 기술 전체가 참된 판단이 앎이 아니라는 것을 보여주는 기술이 있다고 말하고 그것이 연설가들이나 변론가들이 말하는 설득술이라고 말한다. 즉 법정 변론술이나 웅변가의 특징은 오로지 목격한 사람만이 알 수 있고 달리는 설명할 수 없는 그런 일에 관하여 재판관들이 정당한 방식[85]으로 설득될 경우, 그때에는 이 일들을 청문을 통해 판정하여 참된 판단(orthe doxa)을 얻는다면 그들을 앎(episteme)을 지니지 못한 채 판정을 내리는 일이 된다.[86]

소크라테스가 드는 이러한 재판정의 예는 지각과 사유의 관계에 따르는 인식론상 주요한 함축을 지닌다. 즉 살인 사건을 직접 목격한 증인이 재판정에서 할 수 있는 일이란 목격한 사실을 말로 설명할 수밖에 없다. 그런데 판사는 이 말들이 설명이 있고 자신이 판단하기에도 진실하다고 생각되면, 증인의 말을 기초로 하여 판결을 하는 것이다. 결국 직접 지각(목격: 여기에서는 감관-지각적 직관이 인식(episteme)이라는 말로 표명된다.)이 없이 증인의 '설명이 있는 옳은 판단' 만을 가지고 판결하는 것이다. 그러나 이러한 일에는 오류가 있을 수가 있다. 왜냐하면 직관적인 경험 자체가 착각을 함축할 수가 있고, 심각한 것은 증언자가 거짓 증언을 할 수도 있기 때문이다. 그래서 전체적으로는 직접 지각의 증인이 아닌 사람이 하는 변론처럼 인식이 없는 이러한 변론술은 자신들의 기술을 가지고 설득하지만 (설명을 통하여) 가르쳐서 설득하는 것이 아니라, 자신들이 원하는 대로 판단하게끔 만듦으로써 설득하는 것이다(201 a-d). 결국 신적인 앎(episteme)과 인간의 옳은 판단(orthe doxa)을 구분하지 않으면 이러한 일이 일어나는 것이다.

더 나아가 이러한 옳은 판단이 가질 수 있는 오류의 과정은 앞에 논의된 경

85 현대에서는 실증적 과학적 방법을 의미한다.

86 재판관은 직접 보지 않고 청문에 의한 자료와 이러한 자료를 바탕으로 한 판결은 항상 오류가능성에 처해있다는 사실이다.

우들과 종합하여 말한다면, 한 관념(idea: concept)이란 한편으로는 지각과 관계하고, 다른 한편으로는 관념과 관념들 간에 관계하기 때문에 일어나는 것이다. 사실 한 관념의 의미는 지시(내포)와 외연으로 나뉘게 되고, 외연 사이의 관계가 모순율에 의해 지배되는 논리적 판단(dianoia)으로 나타나기 때문이다. 이러한 사태를 거꾸로 달리 말하자면, 한 관념이란 판단의 결과이고, 한 판단은 (직관을 전제한) 관념과 관념들 사이에서 이루어지기 때문이다. 그래서 옳은 판단이나 거짓판단은 관념과 지각 사이에서 이루어질 수 있지만, 관념과 관념 사이에서도 이루어질 수 있다.[87] 이를 수학에 견주어서 말하면 5+7은 12라고 옳게 판단할 수도 있으나 11이라고 잘못 판단할 수 있는 사태이다(196a). 이 때문에 앞에서는 거짓 판단에 대해서 논했지만 이는 앎이 그 자체 무엇이라는 것을 알지 못한 채 '어떠어떠하다'는 것을 논한 것이 되었기에, 이번에는 옳은 판단(orthe dianoia)에 대해 그것이 인식이고, 이러한 옳은 판단이 어떻게 설명되어야(재인되는) 인식이 되는가를 설명하려고 하는 것이다. 즉 앎이란 설명을 지닌 옳은 판단이라는 것이고 설명이 없는 것은 앎(episteme: 직관)에서 배제된다는 것이다.[88] 이러한 사태를 테아이테토스는 자신이 어느 사람에게 들은 것으로 말하는데, 역으로 소크라테스는 참된 판단(orthe doxa)과 앎(episteme)이 동일한 것이 아니라고 말하기 위해 이 모든 것을 자신의 꿈 이야기로 환원하여 이야기한다.[89]

인식(episteme)과 옳은 판단 사이에는 (발견에 의해서든 교육에 의해서든) 알려질 수 있는 것과 그렇지 않은 것들이 존재하는데, 소크라테스의 꿈에서 어떤 사람이 말한 바에 따르면, "일차적인 것들, 말하자면 그것들로부터 우리나 다른 것들이 합성되어 나오는 요소들과 같은 것들은 설명을 지니고 있지 않을 것이다.

87 관념과 지각 사이에는 진리 대응설이 관념과 관념 사이에는 모순율에 따른 진리 정합설이 성립한다. 그리고 관념과 관념 사이에는 모순율이 진리(타당성)의 기준으로 나타난다.

88 직관인 인식과 추론에 의해 재인된 것은 서로 다르며, 추론에 의해 재인된 것은 추론이 없는 판단(doxa)과도 다르다.

89 파르메니데스의 존재론적 관점에서 현상계는 꿈에 해당된다. 마치 『국가-정체』의 동굴의 비유에서 동굴 속의 인간처럼 현상계는 phantasia의 세계이다. 다른 한편, 앞으로 보겠지만 플라톤의 종교에 관한 이야기나 꿈 이야기는 예언적 의미가 있으면서, 이상과 실제(현실), 그리고 실제가 아닌 것의 세 종류로 나뉜다.

그 각각 자체는 그 자체로서는 오직 이름만 붙일 수 있을 뿐, 있다고 하는 것도 있지 않다고 하는 것도 가능하지 않을 것이다.[90] 왜냐하면 그것이 있다거나 있지 않음을 덧붙이는 것이기 때문이며... 그럼에도 불구하고 이것들로부터 합성된 것들은 그것들이 엮이어 있기에 설명이 가능하게 되는 것이다. 왜냐하면 '이름들의 엮임이 설명의 본질'이기 때문이다. 즉 요소들은 설명될 수 없는 것들이자 인식될 수 없는 것들이지만 지각될 수 있는 것들이긴 하다. 하지만 복합된 것은 인식될 수 있는 것들일 뿐만 아니라 서술될 수 있는 것들이면서 참된 판단에 의해 판단될 수 있는 것들이다. 그러니까 어느 누군가가 어떤 것에 대해 설명 없이 참된 판단을 취할 때면, 그의 영혼은 그것에 대해 참된 생각은 하고 있으나 인식하고 있는 것은 아니다. ...설명을 주고받을 수 없는 자는 그것과 관련하여 앎이 없는 자이니까. 반면에 설명을 추가로 얻은 자는 이 모든 것을 할 수 있게 되고 앎에서 완벽하게 된다."(202 b-c)고 한다. 이 때문에 '설명을 동반한 참된 앎이 인식(episteme)'이라고 앎에 대한 세 번째 정의를 말하게 된 것이다.[91] 그러면서 소크라테스는 이를 음소로 이루어진 음성과 음성으로 이루어진 음성언어를 예를 들어 설명한다. 그러나 소크라테스는 이러한 꿈 이야기 속에 설명을 동반한 판단이 직관이나 인식과는 차이가 있기에

90 파르메니데스는 <단편 5>에서 "사유(noein)와 존재는 동일하다(tauton noein te kai einai)."고 말한다. 그러나 여기서는 실재와 인식의 동일성이 아닌 차이성을 말하는 것이다.

91 『테아이테토스』편에서 첫 번째 정의는 "앎이 지각이다."이고, 두 번째 정의는 "앎이 올바른 판단이다."이며, 세 번째 정의는 여기에서의 "설명이 있는 올바른 판단이다." 그리고 이 세 번째 정의는 현대에서는 '인간적인' 앎에 대한 표준적 견해로 받아들여지고 있다.
다른 한편, 비트겐슈타인(Wittgenstein, L.)은 논리-철학 논고(*Tractatus Logico-Philosophicus*) (2.021-2.0212)에서 대상(gegenstand)은 러셀(Russell, B.)의 개별자(individual)나 플라톤의 요소(stoikeia)들과 동일시하면서 소크라테스가 "요소들은 설명될 수 없는 것들이자 인식될 수 없는 것들이지만 지각될 수 있는 것들이긴 하다. 하지만 복합된 것은 인식될 수 있는 것들일 뿐만 아니라 서술될 수 있는 것들이면서 참된 판단에 의해 판단될 수 있는 것들이다."라는 소크라테스의 말에 견주면서 "단순한 대상은 경험할 수 없고 다만 논리적 필연성으로서 선험적인 것으로서 대상은 단순하고 그리고 그것들은 단지 명명될 수 있을 뿐이다."(Tr.2.02, 3.221)라고 말하면서 플라톤-소크라테스는 인식상 반대칭성 문제가 일어나 무엇(what)에 대한 인식이 회의론으로 나타나지만, 자신에게서는 인식 상 반대칭성 문제가 일어나지 않는 것으로 파악하고 있다. 그러나 분명한 것은 소크라테스-플라톤의 요소가 여기에서는 지각 상으로서 나타나고 있고, 비트겐슈타인의 단순자는 <노우트>(*Notebooks*(Oxford: 1961), 60쪽)에서 분명히 밝히듯이 논리적 분석의 최종적 단계에서 포착되는 대상으로 보고 있다는 점에서 서로 다르며, 소크라테스-플라톤에서는 인식 상 반대칭성의 문제가 있는 것으로 말하는 것은 플라톤이 한 신적 인식과 인간적 인식을 구분하지 않고 또 플라톤의 변증법을 이해하지 못한 비트겐슈타인의 현대적 관점이다.

나타나는 역설이 함축되어 있다는 것을 다음과 같이 말한다(202d-203e).

소크라테스: 맞아. 그것 자체는 그럴법한 이야기이지. 설명과 옳은 판단 없이는 더 이상 무엇이 앎일 수 있는가? 그렇지만 서술된 것 가운데 뭔가 한 가지는 내게 불만스럽네.

테아이테토스: 어떤 것 말씀이십니까?

소크라테스: 가장 미묘하게 설명된 것으로 보이는 바로 그 점에서 말하는 것일세. 요소들은 인식될 수 없는 것들이지만 복합체의 부류는 인식될 수 있는 것이라는 점 말일세.

테아이테토스: 그게 옳지 않겠습니까?

소크라테스: 바로 그것을 알아야 하네. [변증법적] 지혜를 지닌 자가 이러한 이야기를 할 때 사용하는 예들을, 설명의 담보와 같은 것으로 삼았기에 하는 말일세.

테아이테토스: 어떠한 예들 말씀인가요?

소크라테스: 자모와 음소와 음절들 말일세. 아니면 자네는 우리가 설명하고 있는 것들을 원래 이야기한 사람이 어데 다른 데를 주목하고서 이야기 한 것으로 여기는가?

테아이테토스: 아닙니다. 그것들에 주목한 것이지요.

소크라테스: 그러면 그것들을 다시 붙잡고 시험해보세. 아니 정확히 말해서 우리 자신을 시험해보세. 우리 모두가 자모들을 배울 때 그런 식으로 배웠는지 아닌지. 자 우선 음절들은 설명을 지니고 있으나 음소들은 그에 대한 설명이 없다는 것들인가?

테아이테토스: 아마도 그렇습니다.

소크라테스: 확실히 네게도 그렇게 보이네. 그런 점에서 어떤 사람이 소크라테스(Σώχρατης)의 첫 음절에 대해 이런 식으로 물었다고 해보세. 즉 테아이테토스, 'Σώ'가 무엇인지 말해주게. 그러면 자네는 어떻게 대답하겠는가?

테아이테토스: 시그마(Σ)와 오메가(ω)라고 하겠습니다.

소크라테스: 그럼 자네는 이것을 그 음절에 대한 설명으로 삼고 있는 게 아닌가?

테아이테토스: 저로서는 그렇습니다.

소크라테스: 자 그럼 시그마에 대한 설명도 그런 식으로 말해보게.

테아이테토스: 아니 누가 음소의 음소들을 서술할 수 있겠습니까? 소크라테스 선생님, 사실 시그마는 자음에 속하는 것으로, 혀가 위 소리를 낼 때의 소리에 지나지 않습니다. 그런가 하면, 베타(β)에는 모음도 소리도 없으며, 대

부분의 음소들 또한 그러합니다. 그래서 그것들에 대한 설명이 없는 것들이라고 말하는 건 아주 타당하며, 그것들 중 가장 명확한 것들은 바로 일곱 가지로 모음만 지닐 뿐, 그 어떤 설명도 지니고 있지 않습니다.

소크라테스: 여보게, 그러므로 앎과 관련해서 우리가 이 점 만큼은 제대로 해낸 것이군.

테아이테토스: 그런 것 같습니다.

소크라테스: 다음은 어떤가? 음소는 인식될 수 없는 것이지만, 음절은 인식될 수 있는 것이라는 걸 우리가 옳게 보여준 것인가?

테아이테토스: 당연히 그렇습니다.

소크라테스: 자 그럼 우리는 음절이 음소들로 된 쌍이라고 말하며, 둘 이상의 경우에는 그것을 전부(panta)라고 말하는가? 아니면 그것들이 결합될 때 생긴 단일한 형상이라고 말하는가?

테아이테토스: 전 우리가 그것들을 전부들이라고 말한다고 생각합니다.

소크라테스: 그럼 시그마와 오메가, 이 쌍의 경우를 고려해보게. 내 이름의 첫 번째 음절이 이 쌍이네. 그 음절을 인식하는 자는 이 쌍을 인식하는 게 아니고 무엇이겠는가?

테아이테토스: 물론입니다.

소크라테스: 그러므로 시그마와 오메가를 인식하는 것이네.

테아이테토스: 그렇습니다.

소크라테스: 다음은 어떤가? 그는 그 둘 각각의 것에 대해 모르고 있고 그래서 그 어느 쪽도 알지 못하면서 그 쌍을 인식하는가?

테아이테토스: 소크라테스 선생님, 그건 무섭고도 불합리한 일입니다.

소크라테스: 그렇지만 어떤 사람이 쌍을 인식하려면 필연적으로 그 둘 각각을 인식해야 한다면, 정령 음절을 인식하려고 하는 자는 필연적으로 음소들을 먼저 인식해야 할 것이 전적으로 필연적이네. 그리고 그렇게 해서 우리의 훌륭한 논의는 달음질쳐 사라져버리고 말 것이네.

음성언어에서 요소와 복합체는 전체와 부분의 관계에 있게 된다. 그런데 전체와 부분의 관계는 부분으로 이루어지 전부(panta)가 있는가 하면, 부분들로 이루어질 수 없는 전체(holon)가 있다. 즉 복합체가 단일한 형상(eidos)이 될 경우가 있다. 따라서 요소와 복합체에 각각 앎과 무지 양자를 배분할 경우에 앎과 관련된 요소와 복합체의 관계는 전체적으로는 8개의 경우이나 다음과 같은 경우가 있게 된다. 즉 부분을 알 수 없는데 전체가 알려질 수도 있고, 전체를 알 수 없는 경우도 있다. 역설적으로 전체가 알려진다면 부분도 알려질 수 있는 경우가 있고 알려질 수 없는 경우가 있다. 설명이라는 것을 전체를 부분으로 분석한 요소로 할 경우 이처럼 단순자-복합자의 변증법적 관계는 인식론적으로는 옳다 그르다의 판단이 알 수 있고 알 수 없는 경우의 복합으로 8경우가 나타날 수 있기 때문에 단순자와 복합자들의 관계에 대한 설명이 한 가지로 나타날 수 있는 것은 아니다.[92] 이러한 설명에 대한 좋은 예가 바로 수학에서 계산할 경우이다. 예를 들면, 하나(1)는 다수와 관련된 하나이거나 원리적인 하나로 분류될 수 있는 이중적 의미를 띤다.[93] 그리고 수학적 사고에서 현실의 한 존재자를 정의내리는 일(설명하는 일)에는 『소피스테스』 편에서 보인 바대로 하나와 여럿이 동일-차이의 변증법적 관계에 있게 되는 것이다. 그러므로 우리 자신이 그런 것들의 요소들 및 복합체들에 대한 경험이 있을 경우 이것들을 통해 다른 것들에 대한 증거를 제시해야 한다면, 우리는 다음과 같이 말할 수도 있다. 즉 요소들의 부류가 더 명확한 인식을 지니고 있고 각각의 배움을 완벽하게 얻는 것들과 관련하여 이 인식이 복합체에 대한 것보다 더 권위 있다고 말할 수 있다(206b). 그래서 설명이 의미하는 것은 "자신의 생각을 표현이나 이름과 함께 소리를 통해 드러나도록 하는 것이고(원자론적으로 설명하는 것), 짐수레와 관련하여서는 짐수레가 무엇인가를 설명하는 것은 바퀴, 차축, 차대, 가로대, 멍에를 말하면서 백 개의 널판으로 구성된 것이라고 말하는 것과도 같다. 그래서 전문가는 짐수레에 관한 설명에서 짐수레의 '본질(physis : eidos)'을 덧붙여 말한다. 그런데 이에서 더 나아가 각각의 것에 관해 요소의 열

92 '설명이 있는 옳은 판단(orthe doxa meta logou)'과 '인식(episteme)'의 동일성과 차이성을 인식론적인 단순자와 복합자의 이율배반으로 말하고 있다. 칸트는 『순수이성 비판』 변증론의 안티노미에서 이러한 단순자-복합자의 안티노미를 존재론적으로 언급하고 있다. 즉 단순자가 없다면 복합자도 없게 된다. 단순자가 있다고 하면 복합자도 있게 된다. 그러나 존재론적으로 정도를 인정하는 그래서 무지를 유발하는 무규정자(apeiron)가 이들 전체를 지배하거나 전제되어 있을 경우에는 (신적 세계처럼) 단순자가 있으면서 복합자가 없을 수도 있고, (인간 세계처럼) 복합자가 있으면서 단순자가 없을 수도 있다.

93 공리체계에서 드러나듯이 공리적 사실은 우리가 알 수 있다고 하여도 공리가 기초하는 있는 구성 요소에 대해서는 알 수 없다. 마찬가지로 공리들을 안다 해도 이 공리들이 이루는 전 체계를 우리가 알 수 있는가?

거를 통해 하는 것은 설명인 반면, 복합체들에 따른 설명이나 그 이상의 더 큰 것들에 따른 열거는 설명이 안 된 것으로 받아들일 수 있다(207c).[94] 그러므로 설명을 동반한 옳은 판단이 존재하지만, 그것을 아직은 앎(episteme)이라고 불러서는 안 된다.[95]

더 나아가 음성언어에 의한 설명에서 하나는 감관-지각적 수준에서 설명이란 '소리 속에 반영된 생각의 모방물'이라는 원자론적 설명이고, 다른 하나는 사유 수준에서 '요소들을 통해 전체 도달하는 방법'이라면 세 번째의 의미의 또 다른 설명은 양자를 결합하는 대다수의 대중들이 설명이 그러한 것으로서, "질문의 대상이 다른 모든 것들과 어떤 점에서 차이 나는지를 말할 수 있는 어떤 징표를 가지는 것"이다. 그래서 태양을 정의하기를 "하늘에서 지구를 도는 것들 가운데에서 가장 밝은 빛을 내는 것"이라고 말한다면, 이렇게 정의항에서 설명된 것들 각각의 것을 다른 것들과 차이가 나는 것들로 만드는 그러한 차이를 파악하지만, 자네가 [판단에서 이데아나 에이도스와 같은] 공통적인 것을 포착하는 한에서는 자네의 설명은 공통성에 속하는 그러한 것이 되고 만다. 있는 것들 가운데 어떤 것들과 관련하여서 옳은 판단에 덧붙여 그것이 다른 것들과 구별되는 차이까지 포착한 사람은 전에는 판단하는 자로 머물렀던 바로 그 대상에 대해 아는 자가 될 것이다."(208e). 그래서 테아이테토스에 대해 옳은 판단을 지니면서 이에 덧붙여 테아이테토스에 대한 설명까지 포착하면, 그리고 이 설명이 테아이테토스의 차이점에 대한 해명이라면, 테아이테토스에 대한 인식이 성립하는 것이 되는데, 이 차이점 나는 것, 그 어떤 것이 공통적인 것(단순한 관념으로서 이데아)에 기초를 두고 있는 것이라면 테아이테토스에 대한 해명은 불가능한 것이 되고, 그 차이가 나는 점을 계속 덧붙

94 복합체의 경우에는 우주 전체(pan)와 관련하여 엄밀 정확하게는 설명된 것이 아니다.

95 여기에서 '인식(episteme)'은 재판정의 예에서 '직접 목격(지각)한 증인'에 해당한다. 이처럼 인식형이상학에서 존재론적으로는 지각과 인식이 동일시되나, 인식론적으로는 감관-지각적 경험과 판단하는 사유의 인식이 동일시되지 않는다.

이라한다면, 이러한 추가적인 것을 덧붙이는 것은 무한으로 연속되기 때문에 우스꽝스러운 것이 되고 만다는 것이다(209d).

그러나 이 사태를 역설적으로 말하자면, 후자는 우스꽝스러운 설명이 아니다. 왜냐하면 공통성과 차이성은 『메논』 편에서의 전체-부분의 인식론적 관계가 플라톤의 인식 형이상학에서 동일성과 타자성의 변증법적 관계로 나타나는 것인데, 소크라테스-플라톤에 있어서 동일성은 다른 것과 다르고 자신에 동일한 것으로, 타자성은 다른 것과 다르고 자신에 마저 다른 것으로 나타나, 이들을 조합하면 순환론적인 것이 아닌 진화론적으로 발전적인 것으로서 이를 (존재론적으로 우주적인 전체 수준에까지) 무한히 반복하여야 한다는 것이다. 그래서 우리의 탐구는 무한히 계속되어야 한다는 것이다. 그런데 이러한 플라톤의 동일성-타자성에서 기원하는 동일-차이의 변증법이 함축된 진리 탐구의 방법이 현대에서 알려진 과학적 방법으로 가설-연역적 방법이다.[96] 이러한 가설-연역적 방법에 의한 탐구를 무한히 하여야 한다는 점에서 이 방법을 가지고서는 인간인 우리는 결코 엄밀하고 확실한 신적인 인식(episteme)에는 도달할 수 없다는 점에서 마지막 언급된 '앎이란 설명이 있는 옳은 판단'도 아니라는 것이다.

그러나 일상적인 수준에서는 이러한 진리 탐구는 상식(common sense)적으로 일정한 한계 안에서 이루어지는 것이다. 예를 들면, 고유명사 '송영진'으로 표명되는 우리 우주에서 유일하게 존재하는 한 사람(particular)을 언어로 설명하기 위해서는, 현대과학이 알려준 우주 안에 존재하는 다른 존재자들과 차이나는 것을 언어로 드러내면 된다. 그러나 이러한 차이는 언어로 표명되는 한 동일성을 전제하는 것이다. 그런데 이러한 차이성은 인식론적으로 자기 자신과의 관계에서는 나타날 수 없고 다른 존재자, 가령 무생물이나 식물, 그리고 동물

96 인간 존재가 현실적으로 필연성에서 존재한다고 생각되면, 인간이 발견한 진리는 진화론을 넘어서 진보론적으로 간주될 수 있다. 이 때문에 K. R. 포퍼는 과학적 지식의 성장을 확률적으로 계산해내고 있다. K. R. 포퍼, 이한구 역, 『추측과 논박』, I 권 10장과 이한구, 『지식과 성장』(살림, 2004), 86-89쪽들 참조.

등과 관련하여서만 드러날 수 있다. 즉 차이란 한 개인으로 하여금 다른 타자와 관계 맺게 하는 경험과 관계하는 한편, 존재론적으로는 관념상 '존재'라는 공통성을 전제해야만 인식되는 것이다. 즉 우주 안에서 유일한 송영진이라는 존재를 이해하기 위해서는 송영진이라는 존재와 공통적인 지반에 서 있는 그래서 최종적으로 '인간'이라고 말해지는 존재를 전제하고 있다. 결국 정의내리기는 언어로 수행되면서 차이성을 드러내는 것이라면 동시에 존재론적으로나 인식론적으로 동일성이라는 공통성을 전제하지 않으면 안 되며, 인식형이상학적으로는 송영진이라는 존재는 자신은 물론 '변화하는' 우주적 현실에서 존재하는 모든 존재와의 관계에서 모든 차이를 드러낼 때까지 무한히 계속되어야 한다. 그러나 이러한 동일성과 차이성의 변증법적 관계를 우주 전체와의 관계에서 엄밀 정확하게 그리고 완벽하게 설명하는 일을 인간으로서는 불가능하다. 우리는 통상 이러한 일을 무한히 수행하지 않고 상식적으로 '일정한 한계 안에서' 송영진이라는 존재를 언어적으로 설명하면서 정의내리기를 하는 것이다. 결국 소크라테스와 테아이테토스가 앎이란 무엇인가에 대한 정의 내리기에서 엄밀 정확한 이상적인 인식(episteme)을 전제한다면, "앎은 지각도, 참된 판단도, 참된 판단에 덧붙여진 설명도 아니다."(210 a-b)라고 언급되면서도, "알지 못하는 것들을 안다고 여기지 않는 탓에 [소크라테스 자신과] 함께 하는 이들에게 덜 모질고 더 부드러운 사람이 될 것이네. 내가 가진 기술(산파술)은 그만큼만 할 수 있을 뿐 더 이상을 할 수 없다."(210d)고 인간 지식의 한계를 무지로서 전제하며 그럼에도 불구하고 인간 존재에 대한 탐구를 계속해야 한다는 것을 말하며, 이렇게 된 것이 산파술 때문임을, 그럼에도 불구하고 산파술만은 신의 소명으로 받아들이는 소회를 말하면서 멜레토스의 고발 때문에 법정에 출두해야 한다는 핑계로 소크라테스는 대화를 끝낸다.

『테아이테토스』 편에 나타난 인식이란 무엇인가에 대한 탐구는 인간에게서 진리란 어떠한 형식을 가진 것인가를 드러내는 것이다. 그리고 진리라고 주장하는 여러 가지 견해가, 즉 프로타고라스의 "앎은 지각이다."나 "앎은 올바른 판단이다."나 최종적으로 소크라테스의 꿈으로 이야기된 "설명이 있는 올바른 견해"가 인간이 가질 수 있는 것인데, 이마저도 비판된다는 것 때문에 진리인식에 대한 회의론에 빠질 수가 있다. 그러나 인간의 이러한 진리에 대한 견해들을 비판적으로 탐구하는데 있어서 이러한 견해가 점차적으로 인간 인식의 능력을 검토하면서 전체적으로 신적 인식을 전제하는 한, 헤겔식의 변증법적으로 승화된다는 것과, 그럼에도 불구하고 이러한 인간의 견해들이 새로이 발견되는 특정한 여러 가지 사례들에 의해 비판된다는 사실이다. 여기에서 우리가 주의할 것이 있다. 그것이 인간들의 진리에 대한 견해들을 반박하게 하는 특정한 사실들을 인간이 탐구에 의해 경험적으로 새롭게 알게 된다는 것이다. 여기에서 인간 실존에 기초한 현실적 사실과 신적인 인식의 길항 관계가 있고, 이 양자 사이에서 진리의 기준은 개개의 인간 실존의 인식(자아의식)'이어야 한다는 것이 소크라테스의 "너 자신을 알라."라는 명귀에 의존한 인간의 영혼이라는 존재에 대한 진리 탐구의 신념으로서 도사리고 있다는 사실이다.

『테아이테토스』 편은 전체적으로 보면 제논의 운동 역설의 논리적 구조를 지닌다. 한편 수학-기하학적 인식을 인식의 이상으로 삼는 『메논』 편에서는 수학이나 논리학에서의 양적 관계에서 전체와 부분의 역설이 나타남을 보여준다. 마찬가지로 『테아이테토스』 편에서는 인간의 인식능력과의 관계에서 일어나는 양과 질의 문제는 물론, 전체-부분의 관계가 모순이나 반대를 전제하는 여러 가지 변증법적 상황을 일으킴을 보여준다. 그럼에도 불구하고 소크라테스-테아이테토스가 검토하고 있는 인간적 앎에 관한 정의, 즉 인간에 있어서 현실에 관한 진리 인식이란 '설명이 있는 올바른 판단'으로 나타나는 것이었다. 이러한 설명이 있는 올바른 판단이 엄밀 정확한 신적 인식(episteme)이 아니라 어디까지나 이러한 신적 인식을 이상으로 전제하고, 인간이 이 이상을 현실과의 관계에서 한발 한발 찾아가는 과정에서, 위에서 말한 여러 변증법적인 난관에 부딪친다 해도 '사유하는 인간이라는 현실 존재(실존)의 필연성에 기초한 진실을 찾아가는 과정에서 성립하는 가설적 진리'임을 우리는 알아챌 수 있다.

인간이 찾고자 하는 진리를 찾았다고 독단적으로 전제하면서 이를 변론하는 변론술과 대립하는 '설명이 있는 올바른 판단(orthe doxa meta lougou)'을 인간이 찾고자 하는 진리의 가능성으로서 부정하는 것은, 일차적으로 소크라테스의 신적인 앎(episteme)에 대한 설명방식이 『메논』 편에서처럼 수학적-기하학적으로 나타나는 판단과 긍정적으로 견주면서도 이를 비판하는[부정하는] 것도 구체적 사례에서는 설명하는 방식이 전체와-부분의 변증법적 성격 때문이다. 즉 전체와 부분의 변증법에 구체적인 사례에 대한 설명이 한편으로는 맞으면서도 다른 편에서는 틀리기 때문에, 전체적으로는 항상 제논의 역설들을 형성하는 것으로 나타난다. 그리고 제논의 운동 역설들은 파르메니데스 일자존재론을 [옹호하기 위해] 전제하고 이루어진다. 그런데 파르메니데스의 일자 존재론은 신적 인식을 전제하고 있다. 사실 파르메니데스가 말하는 신적 인식이란 것도 그 신의 존재가 우리의 감관-지각적 경험에서는 확인될 수 없는 가설적으로 세워진 것임을 감안하면, 신적 인식이든 인간적 인식이든, 소크라테스의 산파술은 플라톤의 변증법을 전제하는 가운데 현실이 주는 특정한 직관을 설명하는 데에서 가설-연역적 방식을 취한다는 것이다. 그리고 우리는 인간적 인식이 신적인 인식(episteme)을 전제하는 가운데 '설명이 있는 올바른 판단(orthe doxa meta logou)'이라는 형식으로 나타나며, 인간이 찾고자 하는 진리의 가능성으로 나타날 수 있기에 앞에서 언급된 것을 총체적으로 정리할 필요가 있다.

우선 감관-지각적 경험에 대해서도 우리는 여기에서 프로타고라스와 같이 인간은 만물의 척도라는 말을 할 수 있다는 것이다. 비록 이 때 인간이라는 개념이 특수자로서의 개인에서부터 하나와 여럿으로 한정되는 개별자들이나 이에 '공통적인' 종으로서의 인류의 의미에 도달하기까지 다양한 측면이 있으나 계층적으로 동일과 차이의 변증법이 적용될 수 있다는 점을 간과해서는 안 된다. 마찬가지로 인간이 가지는 관념에서도 이러한 동일-차이의 변증법이 실재와의 관계에서 역으로 존재할 수 있다. 우리의 사고는 언어로 이루어지고 언어는 판단명제로 나타나는데, 이러한 판단명제는 우리의 주어와 술어를 be 동사로 연결하는 형식으로 표명되는 것으로서 진리를 말하는 긍정 '이다'나, 부정 '아니다'의 판단은 주어나 술어로 표명되는 지각 상이나 기억 상이 '있음(존재)'을 전제하고 이루어진다. 이러한 존재(있음)는 판단의 내용에 관해서가 아닌 일차적으로 형식적인 것이지만, 인식론적으로는 진리와 관계하여 역으로 실재를 전제한다. 그리고 판단의 실질적 내용은 이러한 지각이나 기억 상들을 비교하고 대조하는 과정에서 동일과 차이를 인지하는 것으로서 이차적인 것이다. 존재 개념이 이처럼 형식적인 것에서부터 실질적인 것 사이에 걸쳐 있으므로 실재(정신과 물질이 결합된 현실적인 인간 실존)와의 관계에서 차이나 간격이 존재한다. 마찬가지로 인식론적으로도 지각은 현재에서 이루어지고 기억은 과거에 이루어진 것이다. 따라서 이들 간에 대조와 비교가 이루어지려면 과거의 기억을 현재의 것으로 설정하는 구상력과 재인(recognition) 과정이 필요하고, 그리고 현재의 지각과 다시 동일성-차이성을 분별해야 한다. 이러한 분별작업은 지각하는 과정이나 재인과정이 들어오는 기억과정에서 끊임없이 반복되어야 하고 최종적으로는 기억과 지각에서 이러한 대조와 비교가 이루어진다는 것이다.

그런데 앞에서 언급했듯이 존재에 대한 인식은 감관-지각적 경험에서와 판단하는 사유에서 서로 반대 방향으로 이루어진다. 우선 감관-지각에서는 우리의 감각기관이 오관으로 분화되어 있고 이들 사이에 우선 보면 공통점이 없다. 그러나 진화론적으로 이들 감각기관이 촉각에서 분화된 것으로 보면, 촉각이 이들 모두를 통합하거나 이들에 공통적인 것을 지니고 있다고 추측할 수 있다. 이 공통적인 것이 역으로 사유에 의해서 실재(존재)라고 (추측되어) 판단되는 것이다. 이 때문에 우리의 판단은 소크라테스에 따르면 일차적으로 '하나의 있음(일자존재)'을 판단하는 것이다.[97] 그리고 이러한 판단은 사유를 통하여 이루어진다. 사유는 감관-지각처럼 경험 대상에 대한 직접적인 지식을 가져오지 않고 간접적으로(추측적으로) 실재(존재)에 대해 판단한다. 그런데 이러한 판단에서 이루어지는 '존재' 개념에는 현실적 실재와 관념 사이에서처럼 실재성의 정도 차이는 물론 변화하는 현실과 관계하여 반대와 모순적 성질이 공존한다는 데 문제가 있다.[98] 다른 한편, 감관-지각적 경험에서는 인식론적으로 동일-차이를 하나를 기준으로 분간하는데 흐릿함이나 명료함의 차이는 있을지언정(판정불가능하거나 이 때문에 망설임이 나타날 수 있다.) 모순된 것은 존재할 수 없다(모순은 나타날 수 없다). 이 사태는 지각의 흐림이나 기억의 흐림으로 나타난다. 이 때문에 파르메니데스처럼 이미 (알고) '있다'는 것을 전제하는 판단 작용에서는 착오란 존재할 수 없다(사유에서의 오류가능성의 경우: 1-14). 있다면 그것은 없음에서 있음으로 나타나는 배움이나 그 반대인 망각(생성-소멸) 때문에 실질적 내용이 없는 형식적 판단(일차적 판단)을 할 경우나, 이 때문에 일어나는 모순된 판단들 때문임을 다음의 논증에서 알아 볼 수 있다. 즉 판단의 오류는 지각상이나 기억상에 흐림 때문에 혼란되어, 판단을 해야 하기 때문에 모순된 판단까지도 가능하게 된다는 것이다(사유에서의 오류가능성의 경우: 15-17). 결국 인간의 진리 인식은 칸트가 말했듯이 감성적 직관과 사유의 어떤 방식에 의한 결합에서 성립하는데, 그것이 신적 인식(episteme)을 전제하는 (신적 인식과는 차이가 있는), '설명이 있는 옳은 판단'으로 나타난다는 것이다. 그리고 이러한 인간의 판단은 신적 판단(epiteme)이 아니라 항상 오류 가능성이 있는 판단들이다. 무지를 전제하는 소크라테스-플라톤의 이러한 인간적 진리에 관한 언명은, 대륙의 합리론과 영국의 경험론을 종합했다고 하는 칸트에 의해 '물 자체는 알 수 없고 현상만을 알

97 이러한 존재 판단은 수학적으로 하나와 여럿의 변증법적 판단으로 나타나지만 존재론적으로는 단순자와 복합자의 역설로 정리되는 판단이다.

98 반대는 정도 차이가 있지만 모순은 정도 차이가 없고 파르메니데스가 그의 진리의 길에서 구분한 것처럼 존재와 허무처럼 전적으로 연결이 없다는 데 있다.

수 있다'고 말하는 것과 같은 의미를 지닌다.[99]

다른 한편, 『테아이테토스』 편에서 엄밀 정확성을 목표로 하는 인간적 인식(episteme)의 완전함은 전체-부분의 변증법에서 밝힌 바와 같이 결코 이루어질 수 없는 이상이다. 이러한 인간의 영혼에 기초한 인식형이상학은 『티마이오스』 편에서는 생성-소멸하는 존재자들로 이루어진 현상계를 함축한 우주론으로 나타나며, 이 우주론에서 우주를 구성하고 있는 요소들은 한계가 있는 무한정자(apeiron)로부터, 이 무한정자 '아페이론'으로부터 수학-기하학적으로 구성될 수 있는 물질은 물론, 이들로 구성된 존재자들과 이들의 생성과 소멸의 운동이나 운동 일반의 원인으로 알려진 신이나 인간 영혼들이 있을 수 있음을 상징적으로 나타낸다. 그리고 인간은 이러한 대상에 대한 엄밀 정확한 앎은 아니라 할지라고 이들에 관한 옳은 의견들을 가질 수는 있다. 이는 우리의 경험을 분석하고 분석된 요소들을 통하여 추론하는 이성을 통하여서이다. 보통사람들은 이렇게 알려진 경험적 지식을 상식적인 것인데도 엄밀 정확한 것이라고 확신한다. 그러나 사실 이러한 인간의 지식은 신적인 지식으로 가정되는 이상적인 것에는 못 미치는 것이다. 여기에서 인간의 지식의 유한성과 더불어 맹목성이 나타난다. 그런데 역으로 신적 지식이라고 가정된 지식은 『파르메니데스』 편에서 보였듯이 인간적 지식에 비추어보면 허위(거짓)가 있을 수 없다는 데에서 역설적으로 인간적 지혜를 이해하지 못하는 측면이 나타난다. 신적 지식이나 인간적 지식이 모두가 가설이기 때문이다. 전자는 인간적 지식이 완성된 것으로 가정된 것이며, 후자인 인간적 지식은 탐구의 방식에서부터 가설적이기 때문이다. 그렇지만 소크라테스의 끊임없는 진리탐구의 관점에서 보면, 인간의 존재는 인간의 실존적 관점에서는 확실한 것이나 신의 존재는 존재론으로 가설적인 것으로서 확실하지가 않다.

---

99 한단석. "칸트 『순수이성비판』에서의 물 자체(Ding an sich) 개념의 전개", 일본 동경대 문학박사학위 논문, 1973. 3.18. 참조.

가설-연역적 방식에 의해 성립하는 인간 지식은 '설명이 있는 옳은 판단'이라고 말해지는데, 이 때 설명이라는 것에서도 문제가 나타난다. 설명이라는 말은 그리스어로 로고스(logos)인데, 로고스는 하나의 기준으로서 그것의 고정점이 존재한다. 그런데 이러한 고정점은 사실 가설적인 것이다. 즉 여러 가지 기준이 있을 수가 있다. 그것이 분석과 분해, 그리고 환원과 꿈과 현실 간의 관계에 대한 해석상의 동일성과 차이성의 변증법적 성격을 노정한다. 결국 현실적으로는 하나의 사태를 분석하고 분해하는 방법이나, 환원과 해석에 대해서 여러 가지 관점이 있을 수 있다는 것이다.[100] 우리 인간 인식의 이상은 이러한 것을 하나로 통합하는 것이나 이것이 인간적 현실에서는 불가능하다는 데에 문제가 있다. 그래서 무지를 전제하는 소크라테스의 분석하고 종합하는 이성적 사유를 넘어서 있는 다이몬의 영혼은 소크라테스에게 항상 '그것이 불가능하다'고 속삭이는지도 모른다.

소크라테스-플라톤의 인식론은 인간의 영혼의 기능을 감관-지각과 지성(사유)으로 나누고, 감관-지각적 경험은 베르그송에 따르면 행위를 위한 것임에도 인식을 위한 것으로 표현하고 있고, 지성적 사유는 다음에서 논의될 이러한 인식(orthe doxa: 올바른 판단)의 중심에 있는 것으로 나타내고 있다. 그리고 감관-지각의 특성과 지성의 특성을 소크라테스-플라톤은 현대인식론에서와 같이 파악하고, 이들의 관계를 지적으로 이해하고 있다는 것이다. 즉 동물에서나 인간에서 감관-지각으로서는 오관(시각, 청각, 후각, 미각, 촉각)이 있는데, 이들은 사물의 '존재'를 각각의 감관-지각 기관의 기능의 측면에서 파악한다. 그리고 이들 감관-지각에 파악된 감각 자료들(성질들)은 한편으로 공통적인 것이 있는데 그것이 한편으로 본능적으로 대상 존재에 대한 접촉감각에로 통합되고, 다른 한

100 전통적으로 과학적 활동은 사실을 발견하여 이를 기술(description)하는 일과 사실에 관한 이론을 구성하여 사건이나 사태를 설명하는데 있다. 이 때문에 설명이론에는 인과적 설명 이론으로서 귀납적 설명이론과 연역적 설명이론으로 나뉘며, 이들 전체를 C.G. 헴펠(C. G. Hempell)은 포섭적 설명이론이라 했다. 다른 한편 이들과는 다른 목적론적 설명이 있는데, 이는 유기적 전체를 설명하거나 자기통제적 기관을 설명하는 이론으로 분화된다. 실증과학과 인문학적 입장을 설명과 이해로 구분하면서 각각에 대한 자세한 분석은, G. H. 폰 리히트(Georg Henrik Vón Wright), 배영철 역, 『설명과 이해』(서광사, 1994)를 참조할 것.

편으로는 이들 각 기관에 파악된 자료(성질들)들 간에 공통적인 내용으로 인간만이 사유에 의해 '대상 존재'에 통합되는 것으로 표현하고 있다.

그러면 소크라테스-플라톤이 말하는 인식능력으로서의 감각-기관과 사유기능을 통합하는 영혼은 어떠한 존재인가? 소크라테스-플라톤에서 인간의 영혼은 심리적 기능(pathos)과 사유적 기능(noein)을 통합하는 정신적인 것이다. 플라톤의 대화록에서 심리적 기능에 대한 해명은 우리의 심리적 기능이 욕망과 관계하기에 절제를 주장하는 주지주의적 태도 때문에 별로 나타나지 않으나, 역설적으로 사유 기능의 본성을 설명하는 다음에서 드러나는 것일 수 있다. 그리고 사유기능에 대해서는 현대적 견해를 미리 설명하는 것이 플라톤 철학을 이해하는데 첩경일 것이다. 현대철학자들 사이에서 이해된 판단 기능으로서의 사유 기능은 언어를 통해 이루어지는 것으로서 역으로 언어(명사화된 단어들을 연결하여 주어+술어 형식으로 판단 명제화 하는 음성언어) 자체가 인간의 감관-지각적 경험의 자료들을 귀납하고 일반화한 추상과 분별(석)력의 소산이다. 이 때문에 인간의 사유는 감관-지각처럼 대상에 대한 경험을 직접 가져오는 작용이 아니다. 인간의 사유는 감관-지각이 가져온 경험의 자료(data)들 가운데 공통적인 것을 귀납하고 이를 언어로 일반화하며, 일반화된 것을 명명(명사화)할 뿐만 아니라, 이들 자료 간에 숨어 있는 공통적인 것들을 발견하기 위하여 분석하고 이들 분석된 내용에 공통적인 것을 요소로 하여 자료들을 재구성하거나 새로운 자료들을 창조적으로 구성할 수 있는 법칙(logos)을 발견하는 인공지능(A.I.)과 같은 고차적인 일반화의 능력이다. 이 때문에 플라톤이 말한 감관-지각과 사유에 공통적인 것은 일반화를 상징하는 추상적인 것과 분석-종합을 가능케 하는 요소적 내용이 이중적으로 들어 있는 개념이다. 이 개념을 플라톤은 에이도스나 이데아(관념)로 명명한 것이다. 소크라테스의 정의내리기에 함축된 산파술적 방법이 지닌 파르메니데스의 존재론적 사유란 인간 지성이 지닌 이러한 관념(에이도스나 이데아)들 속에 숨어있는 논리적 법칙까지도 분간하여 이를 토대로 인간 실존을 포함하는 현실적 존재를 사유하는 정신(과학적-합리적 정신)을 진보론적으로 그리고 창조적으로 구성하는 것이다.[101] 그리고 소크라테스-플라톤의 이러한 존재 사유는 영혼의 기능을 파르메니데스의 존재 사유의 방식으로, 더 나아가 파르메니데스 존재론을 반성적으로 파악하고자 하는 데서 변증법적인 사유기능으로 변화한다. 소크라테스-플라톤의 철학에서 감정을 배제한 영혼과 논리적 사유를 통합하는 변증법적 정신(spirit)이란 아리스토텔레스가 말한, 자기-사유하는 신적인 정신을 의미한다.[102]

플라톤의 변증법은 파르메니데스 편에 나타난바 대로 파르메니데스의 일자를 전제한 가설-연역적 방법으로 나타나고 있다. 그리고 이러한 플라톤의 변증법은 전체적으로 동일자-타자의 변증법으로 되어 일정한 구조를 지니고 이러한 일정한 구조는 형식적으로는 아리스토텔레스가 정리한 술어적 판단들의 반대와 모순이 함께 하는 대당관계로 형성된 체계를 지닌 일반논리학으로 되어 있다. 그런데 인간의 술어적 언어는 사실 경험을 귀납하고 여기에서 찾아진 법칙이나 원리에서 다른 사태를 연역하는 데에서 성립한다. 그러한 의미에서 주어와 술어 사이의 관계는 이제 필요-충분조건의 관계에서 성립하나 관찰-지각하는 생성-소멸하는 자연현상은 근대 이후 역학적 인과율에 지배되고 있다는 것이 알려졌다. 이 때문에 가설-연역적 방법도 귀납법을 우선시하는 것으로 변형된다.

그러나 플라톤의 변증법은 『테아이테토스』 편에 나타나 있듯이 관찰-지각적 경험을 분석하고 기억에 기초한 사유작용을 인식론적으로 분석하고 있다. 그리고 이러한 분석의 결과 진리의 형식이 인간에 있어서는 '설명이 있는 옳은 판단'으로 나타난다는 것을 밝히고 있다. 사실 근대 데카르트 이후 연역적 방법은 소크라테스의 산파술을 반영하고 있지만 영국에서 나타난 귀납법을 우선시하는 경험론은 『테아이테토스』 편에 나타나 있듯이 관찰-지각적 경험

---

101 K. R. 포퍼, 이한구 역, 『추측과 논박』, I 권, 10장. 참조.

102 현대에서 신적 정신은 인공지능(artificial intelligence)을 의미할 수도 있다.

을 우선시 하고 있다. 비록 『테아이테토스』편에 나타난 인식론적 성찰이 감관-지각적 경험은 정신적으로 고양한 헤라클레이토스의 세계관을 파르메니데스의 존재론에 기초하여 구성적으로 환원하는 데에서 성립하지만 전체적으로는 근대 경험론과 합리론을 종합한 칸트의 구성적 인식론을 예견하듯이 반영하고 있다는 것은 의심할 바 없다.

다른 한편, 서문에서 언급되었듯이 플라톤의 변증법은 플라톤의 경험적 직관에 대한 엄밀한 분석-종합의 수학적 변증법은 후기 대화편들인 『소피스테스』 편이나 『정치가』 편 전반부에서 나타나 있듯이 소피스트나 정치가에 대한 경험적 직관에 대한 분할의 방법이라는 변증술로 변용될 수 있는 것이다.[103] 이 때문에 이러한 분할의 방법은 분석과 종합을 전제하는 변증법의 절차인 엄격한 분할은 아니다. 소피스트들이나 정치가들의 행태에 대한 경험적 직관에 대한 이러한 분할의 방법은 항상 과부족이 있는 부동(浮動)하는 자연이나 인간 세계의 현실에 대한 것으로서 현상학적인 것이라 말할 수 있는 것으로서, 따라서 변증법이 아닌 변증술로 칭할 수 있는 것이며, 특히 『정치가』 편에서 신화 이전(크로노스시대)의 분할은 형상(eidos)에 따른 나누기가 아니나, 신화 이후(제우스 시대)의 분할은 엄격한 의미의 분할에 일종의 종과 유에 따르는 유기체적인 분할(kat' eide)이다. 이러한 분할은 존재론적으로 이분법적 분할에만 제한되지 않는다. 이 대화편에서 발견되는 진지한 분할과 장난스러운 분할의 혼합과 관련하여 세 종류, 즉 아이러니와 우스갯소리를 만드는 규제되지 않은 분할, 잠정적인 규칙들에 의한 한 가운데(dia meson)로 나누는 이분법적 분할, 진지함과 관련된 동일성-타자성의 변증법에 기초한 동일성-차이성에 따르는 방법론적 분할(변증법)이 있고, 이 마지막 분할의 방법은 방법론적으로 유기체적인 분할과 존재론적 분할로 하위분류를 지닌다. 이 분할의 문제와 관련하여

103 결과(현상)로부터 역설적으로 상기에 의해 원인으로 향하게 하는 방식으로서의 모으기가 전제된 나누기가 하나와 여럿의 변증법(술)로서 나타난다.

『정치가』 편에서 수행된 분할의 특징은 그것이 제대로 수행된 것이든 그릇되게 수행된 것이든 정치술을 정의하려는 이 대화편의 목적에 기여하는 것으로서, 그릇된 분할을 통해서는 올바른 분할이 가능한 조건을 생각하게 하거니와 올바른 분할을 통해서는 변증법의 본래의 목적에 이를 수 있기 때문이다.

이론적 지식은 행위를 결여한 채 [수동적] 인식만을 주는 것이되 실천적 지식은 이론적 지식과는 반대로 도구 제작이나 (도덕)법적 정의에 관계하는 [능동적] 행위에 속하는 것이다. 즉 이론적 지식은 물질과의 관계에서의 기술로 변형되기 위한 물질의 필연성에 따르는 타자성이나 영혼의 자발성의 능동성-수동성 중 타자성(apeiron)과 관계하는 감관-지각(paschein-pathos)의 수동성(수용성으로서의 능동성)으로서의 우연성에 이중적으로 관계하여 물질이나 영혼에 이중적인 우연-필연성의 성격을 노정케 하는 것이다. 이 때문에 이론적 지식은 행위와의 관계에서 이중적으로 우연성에 노출되며, 제3자적인 입장이라 불리는 그 중간 지대에 있게 되고, 이 중간지대에서 R. 데카르트가 말한 연장적 존재의 필연적 성격에 따르는 유클리드 기하학이나 뉴턴 물리학에 관계하는 이론적 지식(theoria)은 객관적이고 간주관적(intersubjective)인 것으로 나타난다. 이러한 이론적 지식은, 현실에 대해서는 도구제작이나 실천(praxis)과 관련하여 한편으로는 실험적이고 다른 현편으로는 비판적인(해체적인), 소위 행위와 실천에서 (긍정보다는 외면이 넓은 부정적인) 변증법적인 상관자로서 정신적이고 도덕적인 것으로 지양되어야 하는 성격을 지녔다.[104] 이 때문에 『소피스테스』 편이나 『정치가』 편에서 나타나는 분할(-모음)의 방법은 변증술로 불리는 것이나, 종국적으로는 파르메니데스 존재론에 대한 플라톤의 인식형이상학에 나타나는 동일성-타자성의 변증법에 따르거나 박홍규가 말하는 유기체의 논리에 따라 자연스러운 종에 따라 나누는 절차를 가져야 한다. 특히 『정치가』 편에 나타나는 올바른

104 영혼의 능동적 성격은 도구제작적인 행위나 실천적인 영역에서는 도덕법에 따르는 윤리적인 실천 행위(praxsis)가 나타난다.

분할은 인식이나 도구 제작을 위한 측정술(metretike)과도 관계하는 것으로 나타나고, 실천철학적 영역에서는 왕도적 정치에서의 선과 관계하는 정의에 따르는 법률제작으로 나타나며, 최종적으로는 '분할의 부분들의 전체에 대한 기여를 고려하는 아름다움과 관련된 적도(to metrion)[105]에 따르는', '측정에 의한 종'에 따른 나눔이다(『정치가』 286-287). 이 적도의 방법은 '항상 보다 많거나 보다 적게' 부동(浮動)하는 현실에서는 유사성-비유사성의 감각이나 감정, 그리고 성격에 관계하기에 변증술로도 불리는 측면에서는 아리스토텔레스에 의해서는 중용(mesotes)의 방법으로 전용되는 것으로서 복잡하고 조금을 혼란된 것처럼 보이지만, 전체적으로는 『필레보스』 편에서도 하나와 여럿의 변증법으로 나타난다는 것이다.

105 측정 개념과 관계하는 플라톤의 적도 사상은 존재론적으로 항상 더 많이 혹은 더 적게 부동(浮動)하는 현상계와 관계하는 형상이나 이데아로서 일자가 임재하는(parousia) 최적의 방식을 지칭한다. 이러한 적도 사상을 플라톤은 피타고라스학파처럼 측정값과 관련하여 산술중앙이나 비례중앙값처럼 기하학적으로 표현하는데, 이데아와 현상의 관계문제이기 때문에 우주론에서는 데미우르고스나 인간의 영혼의 능력과 관계되지 않은 수 없기 때문에 변증법적인 개념으로 나타난다. 이 때문에 아리스토텔레스는 플라톤의 적도 사상을 성격이나 감정과 관계하는 실천철학적 영역에서 중용(mezotes)개념으로 전화시킨다. 그런데 아리스토텔레스의 중용 개념은 유가에서 말하는 중용 개념과 동일시 할 수 있는 측면이 있다. 왜냐하면 유가에서는 중용 개념을 시중(時中)의 정신이라고 말하는데 이는 기하학적 공간 개념에 시간성이 함께하는 것으로서 아인슈타인이 말하는 4차원적 현실에서 특히 생물학적 현상을 말하는데 적합하기 때문이다. 이 때문에 박종현(『적도 또는 중용의 사상』(아카넷, 2014), 제 2장 <플라톤의 '좋음'과 적도 사상> 4절 '우주의 궁극 원리 또는 원인으로서의 좋음' 116-117)에서 플라톤의 적도 사상을 현대의 다원 진화론과 연관시키고 있다.

Chapter 06

산파술과 결합된 인생에 대한 탐구방법인 변증법(술)

산파술과 결합된 인생에 대한 탐구방법인 변증법(술)

6.1. 어떠한 삶이 훌륭한(선한) 삶인가?

제1권 서문에서 밝혔듯이 소크라테스의 산파술이 『아폴로기아』에서 소크라테스가 음미되지 않은 (탐구되지 않은) 삶은 의미가 없다는 소크라테스의 말과 관련되어 있듯이, 『필레보스』 편은 도대체 "어떠한 삶이 좋은 삶인가?"(혹은 "선(善)이란 무엇인가")의 문제를 변증법(술)과 관련하여 탐구하는 대화편이다. 대화편 서두에서 기뻐함, 즐거움(ta hedone), 유쾌함, 그리고 이런 부류에 해당하는 온갖 것이 살아 있는 모든 것에 좋은 것(to agathon)이라고 주장하는 필레보스와 분별함(phronein), 인식함(noein), 기억함, 그리고 또 이러한 것들과 동류의 것인 옳은 판단(orthe doxa)과 참된 헤아림(alethes logismos)과 이러한 것들에 관계하는 모든 것들이 더 좋고 바른 것들로 된다는 인생관을 말하는 소크라테스의 주장이 대립된다. 다른 말로 바꾸어 말하면, 인생에 대한 쾌락주의적인 필레보스의 견해와 주지주의적인 소크라테스의 견해가 대립된 것으로 제시된다. 즉 인간에게 좋은(agathe) 삶이나 훌륭한(arete) 삶이란 어떠한 것인가의 물음에서 쾌락(heodne)과 지혜(phronesis)를 대립적으로 간주하고 문제를 제기한 것이다. 그런데 '좋다' '나쁘다'는 호-오를 기초로 하는 우리의 사유가 지니는 판단에서 성립하는 것이고, 쾌락과 고통은 감각에 관계하는 직관적인 것인데, 이 양자는 서로 대립적인 것이면서도 서로 일치하거나 상호 보충적인 관련을 맺고 있으며, 더 나아가 쾌-고의 감각과 사유에서 기원하는 진-위 판단은 감정(affection)과 관련하여 3중적인 변증법적 관계를 맺고 있다.[1]

우선 쾌-고와 관계하는 감각의 문제는 아프로디테(Aphrodite) 여신의 참된 이름이 쾌락(Hedone)이라고 말하고, 쾌락을 하나로 말하면서도 다양하게 현상한다는 것을 다음의 대화에서 우리는 알아 볼 수 있다.

> 소크라테스: 프로타르코스, 신들의 이름들에 대한 나의 두려움은 늘 인간적 차원의 것이 아니네, 가장 큰 무서움을 넘어서기 때문이다. 그래서 지금 나는 아프로디테의 마음에 들도록 이 여신(Hedone)을 부르네. 그런데 나는 즐거움이 다양한 것임을 알고 있네. 내가 말했듯이, 우리는 그것을 논의의 출발점으로 삼아 그것이 어떤 본성을 지니는지 숙고하며 고찰해야 하네. 왜냐하면 그것을 듣기에는 아주 단순한 한 가지 것이지만, 분명, 그것은 어떤 면에서는 서로 닮기조차도 않은 온갖 형태를 갖고 있기 때문이네. 생각해보게나. 우리는 방탕한 사람이 즐거움을 누린다고 말하는가 하면, 절제 있는 사람도 바로 그 절제함에서 즐거움을 누린다고 말하네. 또한 어리석은 판단과

1 우리의 가치에 대한 판단은 성(聖)과 이에서 분화된 진-선-미로 나뉘고 생명체로서 살아가는 인간의 삶에는 이러한 가치들이 유기적으로 관련을 맺고 최종적으로는 삶에 '유익한 것(유용성)'으로 정리될 수 있기 때문이다. 다른 한편 감각은 판단과는 달리 쾌-고라는 직관적인 것을 기초로 하여 성립하고 이러한 직관의 쾌-고와 진위 판단의 사유는 변증법적으로 관련을 맺고 있으며 이 사이에 호-오를 기초로 하는 감정이 존재한다. 즉 감정은 쾌-고의 감각에서 기원하면서도 진위를 판단하는 사유와도 밀접한 관련을 맺고 있으며, 따라서 희노애락(喜怒哀樂)애오구(愛惡懼)로 분류되는 감정 각각에는 판단 작용이 밀접하게 관련되어 있기 때문이다. 이러한 사유(logos)와 감정(pathos)의 관계 문제는 한국의 유가철학의 4단 7정론과도 관계하기에 흥미로운 점이 있다. 송영진, 『미와 비평』2.5장 인간의 인식능력, 참조.

기대를 잔뜩 갖고 있는 어리석은 사람도 즐거움을 누린다고 말하는가 하면, 분별 있는 사람도 바로 그 분별함에서 즐거움을 누린다고 말하네. 누군가가 이런 양쪽의 즐거움들이 서로 닮았다고 말한다면, 그가 어리석은 자로 보이는 게 당연하지 않겠는가?

프로타르코스: 소크라테스 님, 사실 그 즐거움들은 상반된 것들에서 생깁니다만, 적어도 그것들 자체는 서로 상반된 것들이 아닙니다. 어찌 즐거움이 즐거움과, 즉 바로 그것이 그 자신과 무엇보다도 가장 닮은 것이 아닐 수 있겠습니까? (12b-13b).

이상의 대화는 감각적 영역은 판단 작용처럼 배중률에 따라 날카롭게 적용되는 영역이 아님을, 그러면서도 동일성-타자성의 변증법적 관점에서 보면, 모순보다는 반대의 논리가 적용되는 존재론적으로는 아페이론(apeiron)이 존재하는 상대성의 세계임을 알 수가 있고, 그것도 감각 작용이 동일자-타자에서 기원하는 동일성-타자성의 변증법에서 영혼(사유)의 동일성 쪽보다는 확산하는 물질의 운동이 있는 타자성 쪽으로 경도되어 '유사성의 논리'로 표현될 수 있는 세계임을 나타내고 있다. 그럼에도 불구하고 이러한 유사성의 감각 세계 속에서도 전체적으로는 존재론의 모순율이 적용될 수 있는 세계임을 프로타르코스는 말하고 있다. 이 때문에 파르메니데스의 존재론에 기초하고 있는 소크라테스의 오르페우스종교의 이원론적 세계관에서는 진-위 판단의 사유와 쾌-고의 감각에 대한 판단은 선악의 판단에 관련되어 감각에 대한 사유 우위의 대립적인 것으로 나타난다는 것이다.[2]

그런데 현실적 존재는 우리의 술어적 언어가 표명하고 있듯이 사유가 관계하는 양적 측면과 감각이 관계하는 질적 측면으로 분석될 수 있으나, 이 양자는 한 존재에서 서로 관련을 맺고 있고, 이에 대한 현실적 경험 또한 마찬가지이다. 이 때문에 다음의 대화에서 질적 시각에 관계하는 빛깔과 청각에 관계하는 음성의 영역에서도 동일자-타자의 관계에 동일한 변증법적 논리가 적용

2 모순과 반대의 관계는 존재론적으로 데카르트의 직교좌표에서처럼 위계적이면서도 수평적인 것으로 조합될 수 있다. 박홍규, 『플라톤 후기 철학 강의』'『필레보스』편 총정리', 특히 243-244 쪽들, 참조.

될 수 있다는 것을 다음과 같이 말하고 있다.

> 소크라테스: 이보게 그것만이 아니라 빛깔도 빛깔과 가장 닮은 것이지. 빛깔들은 바로 빛깔이라는 점에서는 아무런 차이도 없을 것이야. 하지만 검은 빛깔과 흰 빛깔과 차이가 있을 뿐만 아니라 가장 상반되기도 한다는 점을 우리 모두가 알고 있네. 더 나아가 도형과 도형도 마찬가지야. 도형은 유적 측면에서는 모두 하나이지만 그것의 부분들의 측면에서는 일부는 서로 가장 상반되고 일부는 분명 무수한 차이성을 지니고 있네. 그밖에 많은 것도 그와 같음을 우리는 발견할 것이네. 그러니 가장 상반된 모든 것을 하나로 보는 그러한 견해는 믿지 말게. 우리가 즐거움에 상반되는 어떤 즐거움을 발견하게 되지나 않을지 나는 두렵네.
>
> 프로타르코스: 아마도 발견하게 될 것 같네요. 하지만 왜 그 점이 저희의 주장을 손상시킬까요?
>
> 소크라테스: 자네가 그 닮지 않은 것들을 다른 하나의 이름으로 부르기 때문이라고 우리는 말할 것이네. 즐거운 것들 모두가 좋은 것들이라고 자네가 말하고 있으니까. 물론 아무도 즐거운 것들이 즐거운 것들이 아니라고 주장하지는 않네. 하지만 우리가 주장하듯이 즐거운 것들의 대부분은 나쁜 것들이고 그것들의 일부가 좋은 것들이네. 그럼에도 불구하고 자네는 그것들 모두를 좋은 것들이라고 부르고 있네. 누군가 논의에 의해서 자네를 어쩔 수 없게 할 경우에는 그것들이 서로 닮지 않았다는 점을 인정하면서도 말이지. 그렇다면, 나쁜 즐거움들과 좋은 즐거움들 속에는 똑같이 어떤 동일한 것이 있기에 자네는 즐거움들 모두를 좋은 것이라고 부르는가?
>
> 프로타르코스: 무슨 말씀을 하시는 겁니까? 소크라테스님. 일단 즐거움을 좋은 것으로 상정한 사람이 그 점에 동의하고, 선생님께서 어떤 즐거움은 좋지만 그것들과 다른 어떤 즐거움들은 나쁘다고 주장 하실 때, 묵과할 거라고 생각하시나요? (13b-c)

결국 쾌-고로 분류되는 감각의 영역에도 이들이 변증법적으로 관련성을 맺고 있고, 이들을 반영하는 사유가 '좋다-나쁘다'라고 판단하는 것에서 감각에 대한 사유의 평행론이 성립하거나, 진-위 판단을 하는 사유가 기초하고 있는 파르메니데스의 존재론적 관점에서 뿐만 아니라 이를 나타내는 우리의 언어적 현실에서는 쾌-고의 감각과 선-악을 판단하는 사유가 상호 결합하여 '쾌가 좋다거나 나쁘다거나' '고통이 좋다거나 나쁘다거나'의 판단들의 4 경우가 나타나며, 이들이 현실에서는 존재론적으로 진위를 판단하는 파르메니데스의 존재론적 사유와 서로 위계와 질서를 지닌 변증법적인 관련성을 지니고 있는데도 불구하고, 이러한 진-위 판단이 생략된 채 전개되는 위의 대화는 쾌-고와 관련된 선-악 판단의 관계만을 수평적으로(이론적으로) 말하기 때문에 논의가 혼란에 빠질 수 있음을 적나라하게 보여주고 있다. 이 때문에 소크라테스는 이 문제를 존재론적으로 질서 지우기 위해서 파르메니데스의 존재론을 끌어들이고, 이를 생성-소멸이 있는 현실과 관련시키기 위하여, 한편으로는 능동자 영혼을 끌어들이고 다른 한편으로는 연장성(apeiron)을 '현실적 존재'의 필수적 요건으로 요구하여 동일자-타자의 존재론을 전개하기 때문에, 이 양자의 관계는 제논의 여럿에의 논증(하나와 여럿의 변증법)과 같은 변증법적 성격을 지닌 것으로서 나타난다는 것을 다음의 대화에서 알 수 있다.

> 소크라테스: 방금 우리에게 우연히 생긴, 여하간 본성상 놀라운 문제에 대해 말하는 것이네. 사실 여럿이 하나이고, 하나가 여럿이라는 놀라운 언급이지. 이 둘 가운데 어느 한쪽 입장을 제시하는 사람과 논쟁하는 것은 쉬운 일이고.
>
> 프로타르코스: 그러면 선생님께서는 이런 경우를 말씀하시는 건가요? 누군가가 동일한 제가 크고 작으며, 무거우고 가벼우며, 그밖에 무수한 것이라고 여겨, 프로타르코스인 제가 본성상 하나이지만, 제가 또한 여럿이며 서로 상반되기도 하다고 말하는 경우 말입니다.
>
> 소크라테스 : 프로타르코스, 자네가 말한 것은 하나와 여럿에 관련된 놀라운 문제들 [제논의 '여럿에의 논증'과 같은 하나와 여럿의 관계] 가운데 널리 알려진 것이며, 이런 것은 붙들고 늘어질 필요가 없다는데 이제는 거의 모두가 합의하네. 그것은 유치하고 쉬우며 논의에 몹시 방해가 된다고 생각해서 이지. 그리고 다음의 이런 경우의 문제도 붙들고 늘어질 필요가 없다네. 어떤 사람이 각자의 사지와 부분들을 말로써 나누고 이것들 모두가 저 하나라는 점에서 누군가의 동의를 얻어낸 후, 하나가 여럿이며 무한하고, 여럿이 하나일 뿐이라는 기이한 주장을 그가 인정하지 않을 수 없게 되었다고 조소하면서 논박할 경우 말이네.

프로타르코스: 그러면 소크라테스님, 선생님께서는 이 동일한 주장과 관련하여 아직 합의되지도 널리 알려지지도 않은 다른 문제들로 어떤 것을 염두에 두고 계신가요?(14c-e).

앞에서 제기된 어떤 삶이 좋은 것인가의 문제에 대한 해답으로 제안된 쾌락의 삶이 좋은 것인가 아니면 지혜와 사려의 삶이 좋은 것인가의 문제는 우선 쾌락과 사유가 무엇인가의 정의 내리기의 문제가 해결되어야 하는데, 쾌락과 사려 각각이 하나와 여럿으로 나타나기에, 그리고 인간의 삶이 이들의 혼합으로 되어 있기에, 문제가 제논의 하나와 여럿에의 논증처럼 제안될 수 있다는 것을 의미하며, 이러한 하나와 여럿의 문제는 제논의 '여럿에의 논증'에 나타난 변증법에서처럼 (어떤 사람을 사지와 부분들로 나누는 경우처럼) 헤라클레이토스의 생성-소멸이 있는 현실(현상)에 관한 언명에서처럼 무한과 곧바로 연결시켜서는 안 된다는 것을 말하기 위해, 우선은 파르메니데스의 존재론의 관점에서 이 문제를 존재론적으로 다루어야 한다는 것을 다음의 대화에서 분명히 한다.

소크라테스: 이보시게, 방금 우리가 말한 것처럼 누군가가 생성-소멸하는 것들에 속하는 [헤라클레이토스의 철학에서처럼] 하나인 것을 상정하는 경우를 말하는 것은 아니야. 이 경우에 우리가 방금 말한 그러한 하나인 것은 검토할 필요가 없다고 합의되었기 때문이지. 하지만 누군가가 사람을 하나로, 소를 하나로, 아름다움을 하나로, 그리고 좋음을 하나로 상정하려 할 때, 이들 하나인 것들과 이런 유의 것들에 관해서는 그것들의 나눔(dihairesis)에 쏟는 대단한 열의가 논쟁을 불러일으킨다네.

프로타르코스: 무슨 논쟁을 말씀하시는 것이죠?

소크라테스: 첫째로(1) 그와 같은 어떤 일자들이 참으로 존재한다고 생각해야만 하는지 어떤지의 문제이네. 그리고 또한 (2)어떻게 이 일자들 하나하나가 언제나 동일한(homos) 것이며 생성과 소멸을 받아들이지 않음에도 불구하고 이것이 가장 확고하게 하나라고 우리가 생각해야 하는지의 문제이네. 그 다음으로(3) 각각의 일자가 무수한 생성하는 것들 속으로 흩어져 여럿으로 된다고 생각해야 하는지, 아니면 무엇보다도 불가능한 것으로 보이지만, 바

> 로 그것 전체가 그 자신으로부터 분리되어(choris) 동시에 하나와 여럿 속에서 하나이며 동일한 것으로 된다고 생각해야 하는지의 문제이지. 프로타르코스, 앞에서의 것들이 아니라, 이런 유의 하나와 여럿에 관련된 이 문제들은 합의가 제대로 안되면 온갖 곤경에 처하게 만드는 원인이 되지만, 합의가 제대로 되면 곤경을 해소하는 계기가 된다네. (15a-c, 숫자는 필자 삽입).

『소피스테스』편에 나타난 하나와 여럿의 변증법은 소크라테스의 정의내리기에서 시작한 가설-연역적 방법과 결부되어 있다. 그리고 『파에돈』편에 나타난 가설-연역적 방법은 경험적 명제와는 귀납적으로, 형상이나 이데아와 관련하여서는 연역적인 성격을 지닌 것으로 현대의 과학적 관점에서 보면 이 양자가 서로 상반된(방향의) 전도된 것인데도 하나로 결합한 것으로 나타났다.[3] 그리고 하나와 여럿의 변증법은 한편으로는 수학적인(기호적인) 것으로서 언어와 관계하며 존재론적-의미론적(연역적)으로 해석되기도 하며, 다른 한편으로는 경험과의 관계에서는 의미론적-존재론적(귀납적)으로 관계한다. 이를 통합적으로 말한다면 우리의 판단하는 사유에서는 하나와 여럿의 변증법은 한편으로는 파르메니데스의 존재론과 관계하며 다른 한편으로는 경험세계를 묘사하는 것으로서 양면으로 관계한다는 것이다. 이러한 진리 찾기인 정의 내리기에서 출발한 가설-연역적 방법과 관련된 하나와 여럿의 변증법이 여기(15a-c)에서는 분할(dihairesis)의 방법으로 표명되고 있다고 보아야 한다.

사실 분할의 방법은 모음(synagoge)의 절차를 전제하는 것으로서 "여러 군데에 흩어져 있는 것들을 총괄하여 봄(synoronta)으로써 하나의 이데아로 모으는 것(eis mian idean agein)이다(『파이드로스』 265d). 이러한 모음의 절차는 귀납적인 것으로

3 제1권 『파에돈』편의 가설 연역적 방법에 대한 설명을 참조하시오. 진리탐구의 방법으로서 과학적 방법으로 알려진 가설-연역적 방법은 귀납법으로서 다양한 경험을 사유의 일반화하는 down-top의 방식이고, 연역법은 소크라테스에서-플라톤에서는 영혼의 상기에서 포착된 이데아나 형상 개념, 혹은 데카르트에서 나타났듯이 본유 관념이나 칸트의 선험적(a priori) 관념으로 '일반화된 관념'을 경험적인 것으로 구체화하는 것(top-down)으로서 말해진다. 그런데 후자의 방법은 영혼을 실체로 놓거나 칸트처럼 이 실체를 분석해서 판단하는 사유에 필수적인 범주(양, 질, 관계, 양상)를 상정하는 것이기 때문에, 이러한 존재론적인 판단을 전제하지 않는 관점에서 보는 현대 논리학은 연역적 방법을 진리 탐구에서 무효화하고 수학의 공리체계에서나 성립할 수 있는 형식적 체계로 간주하면서 기호논리학을 발전시켰다.

볼 수 있으나 변증술의 한 절차로서 분할은 이데아로부터 구체적인 사례들을 연역해내는 것이다. 이 때문에 이러한 분할-모음의 변증법은 결과(현상)로부터 역설적으로 상기에 의해 원인으로 향하게 하는 방식으로서의 모으기가 전제된 나누기이므로, 하나와 여럿의 변증법(술)은 철저히 현대의 과학적 방법으로 불리는 가설-연역적 방법과 역전된 형식을 지니고 있는 것처럼 보이고, 이 때문에 소크라테스의 진리관은 상기설로 나타나며, 오르페우스종교에서 말하듯이 소크라테스는 이 세상의 윤회를 다 겪고 난 뒤의 신적 세계를 상기해내는 사람으로 나타난다. 결국 플라톤의 후기 대화편들에서의 소크라테스는 대화의 형식으로서 진리를 탐구하는 사람이 아니라 젊은이들이나 소피스트들에게 선문답하는 스승으로 나타난다. 즉 이 대화편에서 문제 제기와 이에 대한 해답이 올바로 되기 위해서는 소크라테스의 정의내리기에서 기원하는 산파술이 『소피스테스』 편에 나타난 하나와 여럿의 변증법으로 나타나는데 반해, 『필레보스』 편에서의 분할의 방법은 결과(현상)로부터 역설적으로 상기에 의해 원인으로 향하게 하는 방식으로서의 모으기(synagoge)가 전제된 것으로서 다양한 현상을 설명하는 방법으로서 나타나기에 하나와 여럿의 변증법을 함축하고 있는 것으로 나타난다.

위 인용문에서 우리는 (1)의 구절에서의 '일자'가 파르메니데스의 존재를 의미하기도 하지만 구체적인 경험사물로서 개별물의 의미하기도 하는 이중적인 의미를 지니고 있다고 판정할 수 있다. 그리고 (2)의 구절의 '일자들 하나하나가'라는 표현 속에 들어 있는 하나는 이데아나 형상을 말하는 것으로서 하나와 여럿의 변증법은 『소피스테스 』 편에서 수학적으로 표명된 일자들이라는 것을 알아볼 수 있다. 결국 (3)에서 의미하는 하나와 여럿은 존재론적으로 동일자-타자의 관계 속에 이데아나 형상이 생성계에서 현상한 것이고 데카르트의 직교좌표처럼 평행론적이면서도 위계적이라는 것이다. 이 때문에 정의 내리기에서 기원하는 진리탐구의 형식적 관계로 표명된 하나와 여럿의 변증법은, 한편으로는 현대의 자연 과학적 방법으로서 귀납법과 관계하면서도

『메논』편에 표현된 당시 수학자(기하학자)들의 가설-연역적 방법과 관계된 변증법으로서, 다른 한편으로는 주어+술어 형식으로 된 인류의 술어적 언어에서 아리스토텔레스가 주어를 실체로 간주하고 술어들을 이러한 실체를 범주적으로 분석한 것으로 말한 의미론적 방법으로서 연역법과 관계하는, 그러면서도 언어의 의미가 현상과 관계하기에 현대에서의 현상학이 현상에 대한 분류와 관계하는 변증술로 분화시킬 수 있다는 것을 발견한다.[4] 왜냐하면 우리의 사유는 한편으로 파르메니데스의 존재론과 관계하는 반면, 다른 한편 우리의 감관-지각은 헤라클레이토스의 생성-소멸하는 현상들과 관계하기 때문이다.

결국 『필레보스』편에서 말하는 분할의 방법은 하나와 여럿의 변증법으로 수렴되는데, 이는 소크라테스의 산파술과 플라톤의 변증법을 종합한 것으로서의 변증술로 말할 수 있고, 이러한 변증술은 현대에서 발전하는 현상학적 방법을 전제하고 있다고 말할 수 있다. 그리고 이러한 나눔의 변증술에서 종합되는 소크라테스의 산파술은 아기를 낳는 것을 돕는 방법으로만 묘사하고 있는 것이 아니라 중매도 한다는 언급에서 나타나듯이 영혼들이 낳은(지닌) 진리라고 말해지는 정합설에 따르는 판단들과 감관-지각적 경험에 즉해서 나타난 진리 대응설에 따르는 판단들을 중매하는 것에서 성립하는 기술(techne)을 반영하고 있다고 말할 수 있다. 이러한 사태는 여기에서 다음과 같은 말로 표명되고 있다.

> 소크라테스: 그 방법에 대해서는 설명하긴 그렇게 어렵지 않으나, 그걸 이용하긴 아주 어렵다네. 실로 이 방법은 기술(techne)에 속하는 것들로서, 이제까지 발견된 모든 것은 이 방법을 통해 밝혀졌네. 그럼 내가 그 방법에 대해 말하겠네. …적어도 내가 보기에는 그 방법은 인간들에 대한 신들의 선물로

4 현대의 현상학은 경험 현상에 대한 형상적 환원과 현상학적 환원이라는 이중적 환원을 수행하는 것으로 나타나는데, 이러한 환원의 이중적 성격은 엄밀 정확성을 모토로 하기 때문이다. 그러나 감관-지각적 경험을 전제하는 경험현상에 대한 엄밀 정확한 학문은 메를로-퐁티의 『지각 현상학』에 나타난 것처럼 있을 수 없다. 결국 엄밀 정확성을 표방하는 현상학은 일상 언어가 표명하는 생활 세계에 집중할 수밖에 없고, 일상 언어가 전제하는 아리스토텔레스가 말한 범주적 분류에는 기준 선택의 문제가 있으며, 분류의 기준도 여러 가지로 해석할 수 있다는 데에서 문제가 있다.

서, 어딘가 신들의 거처로부터 프로메테우스라는 어떤 신을 통해 지극히 밝은 어떤 불과 함께 던져졌네. 그리고 우리보다 더 훌륭하고 신들에 더 가까이 살았던 옛사람들이 이런 전설을 전해 주었다네. '있다.(…이다.)'라고 줄곧 언급되는 것들은 하나와 여럿으로 이루어져 있으며, 그 자신들 속에 본디 한정성과 무한성을 갖고 있다는 전설을 말일세. 이것들이 이와 같이 질서 지어져 있음으로, 우리는 그때그때마다 어떤 것과 관련해서든 늘 하나의 형상을 상정하고서 이걸 찾아야 하네. 그것이 그 안에 있음을 발견할 것이기 때문이네. 그리고 우리가 그것을 포착한다면, 그 하나 다음에는 둘을 찾아야 하네. 어쨌든 둘이 있다면 말일세. 그렇지 않은 경우에는 셋이나 다른 수를 찾아야 한다네. 그리고 다시 이것들 하나하나를 같은 방식으로 고찰해야 하네. 애초에 하나인 것이 하나이며 여럿이고 무한하다는 것을 알 뿐만 아니라, 그것이 얼마나 되는지도 누구나 알 수 있을 때까지 말일세. 그리고 무한한 것과 하나인 것 사이에 있는 다수의 모든 수를 누구나 식별할 수 있을 때까지는, 우리가 그 다수에 무한한 것의 성격을 귀속시켜서는 안 된다네. 그렇게 식별할 수 있을 때에야 비로소 모든 것들 하나하나를 무한한 것에 보내고 그것들에서 손을 떼도 되네. 그러니까 내가 말했듯이, 신들은 우리가 이와 같이 고찰하며 서로서로 배우고 가르치도록 그 전설을 우리에게 남겨 주었던 거네. 그러나 오늘날 식자(소피스트)들은 정도 이상으로 너무 빨리 또는 너무 더디게, 그리고 되는 대로 [분석이나 분류의 기준을 정하여] 하나나 여럿을 만들고, 하나 다음에 곧바로 무한한 것으로 나아가며, 그 중간 것을 놓치고 마네. 그런데 바로 이것들(무한한 것과 하나인 것 사이에 있는 다수로서의 모든 중간 것들)에 의해 우리가 변증법적으로 논의 하는지, 아니면 논쟁적으로 [중간적인 것들을 무한에 곧바로 연결하는 방식으로]논의하는지가 구별된다네.(16c-17a).

소크라테스의 하나와 여럿의 변증법에 대한 설명에서 우리가 주의할 것은 변증법이 이론적으로는 무한과 관계하는 것으로서, 변증법에 전제가 되는 '기능' 개념과 관계하는 무한 개념은 정의 내리기에서의 한계에 국한되는 하나와 여럿의 관계에만 국한되어야 하며, [헤라클레이토스의 철학에서처럼]무한한 것과의 관계에서는 논쟁술(변증술)로 변모될 수 있다는 것을 간취할 수 있다. 왜냐하면 언어나 음악과 관계하는 소리(음)나 글자에 대한 예에서 볼 수 있듯이 음성이나 글자의 존재가 무한한 것과 관계하여 존재하지만, 인간의 언어(문자언어)나 음악은 이러한 무한에, 직관이나 경험과의 관계에서 어느 정도 한계나 제한을 가한 데에서 하나와 여럿의 변증법이 성립하고 이에서 언어에서의 문법과 음악이 존재한다고 설명하기 때문이다.[5] 그런데 소피스트들은 한계에 국한된 무한성에 관계하는 하나와 여럿의 변증법적 관계를 다 알고 소명하기도 전에, 우리가 제논의 하나와 여럿의 역설에서 살펴보았듯이 하나를 곧바로 무한에 연결하는 데에서, 그것도 너무 빠르게 연결하는 데에서 논쟁술이 성립하고, 너무 느리게 연결하는 데에서는 논쟁술과 다른, 우회적으로 설명하는 변증술(수사술)이 분화될 수 있다는 것을 알 수 있다.[6]

사실 이 대화편 후반부(56c)에서 플라톤은 이른바 학술(기술)들을 두 갈레로 나누는데, 한 부분의 것들을 음악과 함께 분류되는 것들로서 그 작품들(ergon)에 있어서 정확성을 덜 지니는 것들이고, 다른 한 부분의 것들은 목공 기술과 함께 분류될 것(물질과 관계하는 것)으로서 더 많은 정확성을 지니는 것이라고 말한다. 그리고 일반적으로 수에 관해서도 대중(polloi)들의 산술(arithmos)과 지혜를 사랑하는 이들의 수학(mathematike)이 각기 다르다고 말해야 한다는 것이다(56d). 더 나아가 산술과 측정술에도 각각 두 가지가 있으며, 그밖에 이와 같은 것들로서 이것들과 함께 분류될 숱한 것들이 있어서, 이것들은 이중성을 지니면서도 한 가지 이름을 공유하고 있다(57d)고 말하고 있다. 더 나아가 이와 관련하

5 『테아이테토스』편의 내용을 요약한 것으로서 색깔에서 삼원색이나 무지개 색을 빨·주·노·초·파·남·보를 결정하고 음성언어에서 모음과 자음을 결정하는 문제나, 음악에서 도·레·미·파·솔·라·시·도나 궁·상·각·치·우를 결정하는 문제이다.

6 제논의 여럿에의 논증에 나타난 하나와 여럿의 변증법적 관계의 문제는 제1권에서 살펴보았듯이 제논의 운동 역설과 밀접한 관계에 있음을 알 수 있다. 즉 제논의 양분역설에서부터 경기장 역설들까지 4역설들 각각은 운동의 현실을 설명함에 있어서 존재의 일차적으로 규정으로서 연장성을 전제하고, 이러한 연장적 존재의 질적 측면을 하나와 여럿의 양적 측면으로 환원하면서, 이를 무한 가분성과 연결하여, 이를 하나와 여럿의 수학적 총합관계로 설명하려는데 성립한다. 더 나아가 제논의 4 운동 역설들은 모두가 한 운동체와 이들의 운동이 시간과 공간에 관계하여 성립하는 사태를 전제하고 있다. 분석의 결과는 제논의 역설 구성에 있어서 하나와 여럿의 변증법적 관계를 전부 따져보지 않고 곧바론 시간과 공간의 무한성에 관련시키는 데에서 성립하는 것임을 살펴보았다. 또한 한 존재나 개체에서는 양과 질이 변증법적으로 관련을 맺고 있듯이, 한 운동체의 운동의 결과로 나타나는 시간과 공간의 하나와 여럿에 의한 수학적 구성은 하나와 여럿의 변증법적 관련성을 전부 다 고려해야 하는데도, 제논의 운동 역설들 각각은 이러한 모든 경우들을 전부 따지지 않고 일부만을 가지고 부분적으로 그리고 단편적으로 성급하게 구성하는 데에서 성립함을 살펴보았다. 이 때문에 제논의 운동 역설들의 진의는 4가지 전체를 우회적으로 살펴보아야만 '운동이 [현실적으로] 없는 것'이 아니라 '운동이란 파르메니데스의 존재와 같은 것이 아니라'고 주장하는데 있음이 밝혀진다.

여 플라톤은 변증술과 설득술을 비교하는 데(52e-58e)에서도 철학자들의 계산술이나 측정술보다 더 월등한 것으로서 '변증법적 능력(dynamis)'을 들고 있다. '이 능력은 존재하는 것, 즉 참으로 있으며 본디 언제나 같은 상태로 있는 것에 대한 지식'으로서 '가장 참된 앎'(58a)이다. 이러한 변증법적 능력은 『고르기아스』편에서 말한 고르기아스의 '설득술'에 대비되는 것으로서 설득술이 유용성에서 우월하지만, 변증법적 능력은 명확성과 정확성 그리고 최고의 진실성에서 월등하다는 견해를 편다. 이처럼 플라톤에 있어서 인식이나 학문과 관련된 모든 용어는 이러한 하나와 여럿의 변증법(술)과 관련하여 학문과 기술에 관계하는 제작과 창조적인 의미에서도 이중적인 의미들 지니고 있고, 이들이 위계와 질서를 가지고 데카르트의 직교좌표에서처럼 점차 분화되어 감관-지각적 경험과 관계한다는 것이 드러난다.

『필레보스』편에서 어떠한 삶이 좋은 것인가의 문제는 필레보스의 쾌락주의적 삶과 소크라테스의 사려있는 삶의 선택 문제로 제기되었는데, 이는 각각 헤라클레이토스의 일원론적 세계관과 파르메니데스의 여신이 제안한 존재론적으로 신의 길과 인간의 길이 이원론적으로 표방된 세계관을 대신하는 것으로 나타난다. 이는 앞에서 언급되었듯이 어떤 의미에서는 잘못 제기된 것이다. 왜냐하면 현실은 이 두 세계가 결합되고 혼합된 것이기 때문이다. 이 때문에 다음의 탐구는 이 두 철학자의 세계관을 결합하여 질서지우고 우리의 현실을 파르메니데스의 존재론적 관점에서 어떻게 하면 정당하게(합리적으로) 정리하고 해석할 수 있느냐의 문제로 나타난다. 따라서 우선 소크라테스의 분별의 삶과 필레보스의 즐거움의 삶에 관해서 하나를 선택하는 문제가 제기되었는데(18e), 각각의 삶에서 우리가 소유하는 것들이 한편으로 즐거움과 유쾌함 그리고 기쁨으로, 다른 한편에서는 상기와 관련된 지성, 인식, 이해, 기술 등의 여러 가지로 나타나면서 이들이 각각에서는 물론 이들의 상호 관계에서 하나와 여럿의 변증법적 관련성이 있다는 것으로서 문제가 제기되기에 복잡하게 된 감이 없지 않았다(19a-e).

그런데 파르메니데스의 존재론에 관련된 하나와 여럿의 변증법의 문제는 사유의 분별의 삶을 우선시하는 소크라테스의 견해에 따르면, 한편으로 제논의 역설들에서 보인 바대로 분석(analysis)을 전제하는 것이고, 다른 한편으로는 헤라클레이토스의 현상론적 세계와 관계하는 감관-지각에 관계하는 즐거움의 현상들을 종류들로 나누는 일(나누고 분류하는 일)인데, 이 후자의 일은 『고르기아스』 편에서 이미 논했기 때문에 더 이상 필요하지 않다는 것을 표명하기 위해서 소크라테스는 꿈 이야기를 빙자한다(20c). 그리고 이 문제를 논함에 있어서 우선 '즐거움의 삶 속에는 분별이 없고, 분별의 삶 속에는 즐거움이 없다.'는 분석이 지향하는 순수성이나 단순성의 것을 가정한다(20e). 이러한 가정은 분석을 전제하는 파르메니데스의 존재론적 관점에서 각각의 영역에 단순자로서의 이데아나 형상을 전제하는 것이고, 이 때문에 이데아로서 좋은 것의 존재(선의 이데아)는 필연적으로 '완전성'과 '자기 충족성'을 전제하는 파르메니데스의 일자 존재의 존재론적 이념에서 성립하는 것이다(20d).

이러한 존재론적 이념에 따르면, 프로타르코스의 즐거움에 대한 견해는 최대한의 즐거움을 누리면서 평생을 사는 것으로 나타나는데, 삶에서 분별함이나 인식함, 그리고 필요한 것들을 헤아리는 일이란 전혀 필요치 않는 것으로 나타난다. 그런데 이러한 즐거움은 지성, 기억, 지식, 참된 판단을 지니지 않았기 때문에 즉 분별력을 지니지 못했기 때문에 자신이 기쁜지 기쁘지 않은지도 모르게 된다는 역설에 처하게 된다. 그리고 이러한 판단이 없는 삶이란 『고르기아스』 편에서 이미 언급된 인간의 삶이 아니라 조개류나 해파리의 삶이라는 결론에 이르게 된다(21b). 또한 소크라테스가 표명한 모든 것에 대한 온갖 분별이나 지성, 그리고 그 결과로 나타나는 지식 및 기억을 지니고 있으면서 즐거움이나 괴로움에 크든 작든 관여하지 않고 사는 경우에도 이것이 신적인 삶일 수는 있지만 마찬가지로 인간들이 살고 싶어 하는 삶이 아닌 것이다. 이 때문에 인간들이 살고 싶어 하는 삶은 이 양자를 겸비한 삶, 즉 이 양자가 결합되고 혼합된 삶이라는 것이다.[7] 그리고 이러한 사태에서 우선 분별하여야 할 것은 쾌락과 좋은 것(善)은 한편은 감각에서 기원하고 다른 한편은 판단하는 사유에 따르기에 같은 것이 아니라는 것이 밝혀진다(22c). 그리고 이러한 감각과 사유가 혼합된 삶에서 지성과 쾌락이 차지하는 역할과 위치를, 정신적 지성이 쾌락을 인도한다는 입장에 서 있는 소크라테스는 이를 설명하기 위해 파르메니데스의 존재론에 기초한 우주론적 논의로 말을 바꾼다.

파르메니데스의 존재론에서 여신이 이끄는 존재의 길은 신적 지성(nous)이 이끄는 것으로서 존재론적 지성의 원리(ex nihilo nihil fit)에 따르면서도 우주는 생성-소멸도 가분성도 없고 운동도 하지 않는 것으로서의 전체(pan)로서의 일자(一者)이다. 그런데 소크라테스는 『티마이오스』편에서 말한 것처럼 현재 우주 속에 있는 것을 둘로 나누어보자고 한다(23c). 이 우주에 1)한정되지 않은 것과 2)한정자가 있고, 그리고 이들이 3)혼합된 것이 우주라는 것이다. 그래서 이 우주는 혼합된 것이지만 이러한 우주를 생성한 혼합의 원인이 있는데, 그것이 4)[우주신 데미우르고스의] 정신적 지성(nous)이라는 것이다. 그런데 정신적 지성의 사유(nous)와 감각의 즐거움이 혼합된 삶에서 이들이 동등한 자격으로 있는 것이 아니라 즐거움에 분별의 정신적 사유(nous)가 원인으로서 앞서는 것으로, 즉 감각적인 것을 인도하는 것은 지성이기에 사유(정신)가 그것의 원인이라는 것이다. 그러면서 이 네 가지 것에서 세 가지를 분리해내고 세 가지 중 두 가지 부류(비한정자와 한정자) 각각이 여럿으로 쪼개지고 흩어져 있는 것을 보고, 다시 각각의 것을 하나로 모음으로써 그것들 각각이 어떻게 하나이며 여럿인지를 생각해보자고 한다. 그러면서 비한정자를 우선 논의한다(23e-24a).

비한정자는 더 뜨거움이나 더 차거움과 같은 감각적인 것에 견주면서 그것이 항상 더함과 덜함(aei mallon e hetton)이 깃들어 있는 것으로 말하고 (이론적으로) 한

7 여기에서 소크라테스가 염두에 두는 삶의 서열은 신적인 삶과 인간적인 삶, 그리고 해파리나 조개의 삶이라고 할 수 있다.

계가 없는 것으로 말한다(24a). 존재론적으로는 『소피스테스』 편에서 언급한 허무(ouk on)대신 끌어들인 비존재(me on)는 무한정(apeiron)자로서 의미론적으로는 타자성(heteron)을 지칭한다. 그리고 우리는 소크라테스의 이러한 말에서 감각세계가 바로 이러한 비한정자로 인하여 발생(생성-소멸)하는 것으로서 말하고 있다는 것을 간취할 수 있다. 그런데 이 한 쌍은 언제나 끝(한계)이 없다는 말(24b)과 이러한 항상 더함과 덜함이 있는 상반된 것들의 세계는 일정한 양과 적도가 생겨난다면 이들이 사라질 것이라는 말(24d)에서 이러한 감각적인 것들은 무한히 상대적인 것들로서 고르기아스의 허무주의적인 세계관에 도달할 수 있는 것을 지칭하고자 한다는 것을 알 수 있다. 그런데 이러한 것들을 받아들이는 한 부류의 존재가 있다는 것이다(24c). 그것이 『티마이오스』 편에서의 장소(chora)로서의 공간이다. 이 공간은 우연-필연성의 것으로서 그것은 동일자-타자에서 동일자가 일자를 지향하는 것으로, 그리고 타자에서 타자성이 이중적으로 분화되는 것으로서 말해질 수 있는 것이다. 반면에 이러한 생성-소멸의 것들을 받아들이지 않고 이들과는 대립적인 [반대와 모순이 함께 있는] 모든 것을 받아들이는 것으로서 같음과 동등, 같음 다음으로 두 배, 그리고 수 혹은 도량과 도량의 온갖 관계가 있는데, 이것들 모두가 한정자에 속한다고 말한다(25a). 이러한 한정자의 이론은 소크라테스에 의해 피타고라스학파에서 말하는 만물의 원인인 '수(형상)'라는 개념과 수 이론으로 통합된다.

피타고라스학파의 사상에 따르면, 수는 한정자로서 한 옥타브에서부터 2배수를 생각하면서도 다른 한편으로는 균형을 이루는 평균 중앙이나 비례중앙값을, 즉 조화나 적도를 사물의 생성에 관련시킨다.[8] 이 때문에 소크라테스는 온갖 대립된 것[반대와 모순이 함께 있는 것]들이 서로 불화 상태에 있는 것을 멈추게 하고, 그것들에 수를 넣어 그것들이 균형과 조화를 이루게 하는 온갖 종자 또한 한정자에 속하는 것이라고 말한다(24d). 여기에서 한정자로서의 수

8 송영진, 『그리스 자연철학과 현대과학』 I 권, 2.3. 피타고라스학파의 장, 참조.

는 한편으로는 단순자(monas)로서 다른 한편으로는 비례나 로고스(logos)로서의 이중적 의미를 지닌 형상들로 나타난다. 이러한 수는 존재론적으로 한정자와 비한정자에 관계하고 한정자는 비한정자의 원인으로서 한편으로는 존재론적으로 동일자-타자의 변증법에, 다른 한편으로는 동일률에 따르는 명칭상(이론적-논리적) 필연성으로 말해지는 것으로서, 한계가 없는 우연성과 관계하는 한계가 있는 우연-필연성의 이중적 성격을 지님을 우리는 알 수 있다. 그리고 이러한 동일자-타자의 존재론은 사물들의 존재와 이 존재의 생성-소멸을 논하는 것이므로 프로타르코스의 쾌락주의에 대해 소크라테스는 혼합된 것으로서의 결과(현상)로부터 역설적으로 상기에 의해 원인으로 향하게 하는 방식으로서의 모으기(synagoge)가 전제된 변증술로서의 나누기(dihairesis: 경험 현상들에 대한 정의내리기인 분류)가 하나와 여럿의 변증법과 관계하는 사유의 분별과 이의 감각의 관계에 대한 논의를(27a-31a) 전개한다고 보아야 한다는 것이다. 또한 질병과 건강에 관한 논의에서는 피타고라스학파에서 논의된 산술평균과 조화 중앙값과 같은 균형(symmetria)과 조화(harmonia)의 이론이 나타나며, 계절에 있어서 혹독한 추위와 숨 막힐 듯한 더위의 경우에는 이들이 개입됨으로써 과도한 지나침과 한정되지 않은 상태를 없애는 한편, 적도 상태와 균형 상태를 이루어낸다는 것을 말하고, 이에 따르는 그밖에 무수한 것들에 대해서도 마찬가지라고 다음과 같이 요약하여 말한다.

> 소크라테스: 나는 그밖에 무수한 것들을 말하지 않은 채 남겨두고 있네. 이를테면 건강에 따른 아름다움과 체력, 그리고 혼에서의 다른 많은 아름다운 것(여러 덕들이나 선함)을 말일세. 훌륭한 필레보스여, 아마도 이 여신[아프로디테]이 모든 사람의 방자함과 사악함 전체를 보고서, 그러니까 그들에게 즐거움과 만족에 한도가 전혀 없음을 알고서, 한도를 갖는 법과 질서를 정해 준 것 같네. 자네는 그 여신이 그들을 파멸시켰다고 주장하지만, 나는 오히려 그들을 구제해준 것이라고 주장하네. 프로타고라스 자네는 어떻게 보는가?
>
> 프로타르코스: 소크라테스 선생님, 제 마음에 쏙 들게 말씀하십니다.(26b-c).

처음에는 즐거움과 분별로 혼합된 삶이 우승한 걸로 생각했으므로 이후의 대화는 이러한 삶이 어떤 부류에 속하는 것인지 좀 더 분명하게 살펴보자고 한다.(27d). 그 이유는 혼합된 것이 앞에서 살핀 바대로 다양하기 때문에 우승한 삶은 이러한 혼합된 것의 일부(균형이나 조화나 적도에 따르는 것)이기 때문이다. 우선 즐겁고 혼합되지 않은 필레보스의 삶은 어떤 부류에 속하는가를 따지기 전에 즐거움은 괴로움과 한 쌍을 이루는데 이 한 쌍이 한정을 받아들이는가 아니면 더함과 덜함을 받아들이는가를 문제 삼는다(27d). 사실 이 한 쌍은 [상대방에 서로 대립된다는 의미에서 한계를 지니지만] 그 내포는 항상 더함과 덜함이 있는 부동(浮動)하는 것으로서 한계(균형이나 조화나 적도)가 없는 것이다. 이 때문에 즐거움이 완전히 좋은 것도 아니며 괴로움이 완전히 나쁜 것이 아니라고 말해진다(불확정성 때문이다).[9] 반면에 분별과 지식과 지성은 하늘과 땅에서 왕이라고 모든 현자들이 말하는 것이다. 여기에서 우주에는 많은 한정되지 않은 것과 '충분한' 한정자가 있으며, 이에 더하여 『소피스테스』 편에서 미소한 능력(dynamis)으로 표현된 '사소하지 않은 어떤 원인'이 있는데, 이 원인은 계절들과 연과 월의 질서를 짓고 배열하는 것으로서 지혜와 지성이라고 불리는 것이 있으며, 지혜와 지성을 영혼 없이는 결코 생길 수 없다고 말해진다(30c).

역으로 우리의 신체는, 지수화풍과 같은 물질로 이루어져 있고, 이러한 지수화풍은 영혼이 지니는 지성과 지혜에 의해서 조화롭게 구성되어 있다는 것이다. 그리고 이러한 조화로운 상태가 건강인데, 이러한 건강은 지수화풍이 조화로운 상태에서 해체될 때 고통이 발생하고, 조화로운 상태로 회복될 때 즐거움이 있게 된다는 것이다. 따라서 이러한 관점에서 보면, 즐거움 자체는 한도지어지지(한정되지) 않은 것이며, 그 자체에 그리고 그 자체로는 시작도, 중간도, 끝도 갖고 있지 않으며, 결코 갖게 되지도 못할 부류에 속한다고 말한다

9 즐거움은 감각의 언어로서 항상 고통과 관계하는 것으로서, 존재론적으로는 이것이 항상 더 많이 혹은 더 적게 부동하는 것과 관계하는 것으로서 나타나며, 좋음은 판단의 언어로서 선악과 관계하며 충분조건과 필요조건을 나타내는 가치어로서 전자는 완전성과 관계하고 후자는 필연성과 관계하는 것으로 나타난다.

(31a-e). 즉 쾌-고란 항상 더 많거나 더 적은 상태로 요동하는 것이기에 균형이나 조화는 물론 적도가 없으며, 건강이란 이러한 즐거움이나 고통이 없는 상태(hexis)에서 존재한다.[10] 그리고 이러한 상태는 파르메니데스의 존재와 같이 생성-소멸도 없고 나누어지지도 않는, 생성-소멸에서 초월한 상태로서 존재하는 것이 된다. 더 나아가 이러한 상태를 기준으로 감관-지각적 경험에 대한 사유의 진위 판단이 존재하게 되며, 역설적으로 이러한 신체적인 감각적인 것에도 쾌-고가 기초적인 것으로서 쾌-고에는 유사성에 따르는 하나와 여럿의 변증법적 관계가 존재한다.

다른 한편, 이러한 즐거움과 괴로움이 몸과는 별도로 혼의 예기에 의해 나타나는 정신적인 즐거움과 괴로움도 있다(32d). 신체 쪽에서 일어나는 감관-지각적 직관은 모두가 기억되는 것은 아니다. 즉 영혼과 신체가 함께 이루어내는 감관-지각은 그 일부가 우리에게 의식되는데 그것은 기억 때문에 존재하는 것이다. 이 점은 『테아이테토스』 편에서 충분히 다루어졌다. 반면에 상기(anmnesis)는 이러한 신체를 가진 영혼이 이루어낸 것을 정신 홀로서 하는 것[직관]이다(34b). 사실 욕구와 욕망도 이와 같이 영혼의 기능에 의해 이루어진다. 신체가 비어 있을 때 갈증과 배고픔의 감각-지각이 나타나는데 현재적인 욕구와 (예기에 따르는) 욕망은 이를 채우고자 하는 데에서 성립하는 것으로서 '신체적 감각-지각에 대한 반대에로의 꾀함'으로 나타나는 이중적인 것으로서 혼에 속하는 것이다(34e). 마찬가지로 신체적 감각으로서의 쾌-고에 기반한 정신적인 즐거움과 괴로움이 존재하는데 이것들은 신체적인 것의 2배에 해당하는 것이다(36b). 감각적인 즐거움과 괴로움은 직관적인 것으로 [마치 직관적인 것처럼] 존재함으로 거짓이 없다(36c)고 할 수 있다. 그럼에도 불구하고 꿈이나 착란이나 환상에서처럼 거짓된 즐거움이 있다(36e).

10 플라톤에 있어서 신적 정신(nous)이란 이러한 건강한 상태에서만 임재하는 것으로 말해지는 것으로서 피타고라스학파의 정신과 물질의 이원론을 전제한 독특한 건강론과 행복론이다.

판단 또한 마찬가지로 그 자체로서는 있다(37b). 그리고 판단 또한 성질을 지닌다. (37c). 그러면 성질들을 지니는 판단도 감각과 똑같은 하나와 여럿의 변증법이 성립하는 유사성에 종속되는 것인가? 성질 일반은 그것 자체가 크기나 강렬함을 지닌다. 그리고 이 강도에 대해 좋다-나쁘다라고 판단한다. 강도에 따르는 양은 사실 판단에 따른 것이다. 또한 앞에서 언급했듯이 즐거움에는 옳은 것과 그른 것이 있었다. 그러나 판단은 강렬함이나 크기를 가지는가? 판단함이란 감관-지각적 직관에 대한 기억과 함께 이들을 비교하는 데에서 나타나는 것이다. 비교에는 추측이 들어가고 빗나감이나 착오가 개입한다(38-d-e). 그래서 참된 판단이나 거짓된 판단이 성립한다[판단들의 성질]. 영혼은 일종의 책이나 화가와도 같다. 현재의 것 이외에 과거의 것이나 미래를 예기하는 것에서 정신적인 기쁨과 괴로움이 감각적인 것과 달리 2배[제곱]로 성립하고, 결국 올바르고 경건한 사람은 희망이 많고 환상을 그리는 나쁜 사람은 희망이 없는 사람이다(40b). 판단하는 사람에게는 언제나 실제로 판단함이라는 사태가 있고 이러한 사태는 과거나 현재는 물론 미래에 관계하면서도 이와 잘못된 관계를 맺을 수 있어서 거짓된 것이 성립한다(40d-e). 여기에서 판단함은 정신적인 것으로서 유사성에 따른 것이 아니라 배중률에 따라 판단하는 파르메니데스의 존재론과 관련되는 것이다. 그리고 이러한 사유의 정신적인 것과 관계하는 감정 또한 마찬가지이다. 그러나 플라톤에 있어서 감정은 감각에도 관련되고 감각이나 감정은 강도적인 것을 좋다 나쁘나와 관련시키며, 강도적인 것은 한상 더 많이 혹은 더 적게 부동(浮動)함으로 인해 사유의 엄밀한 판단과는 달리 불확실성이나 유사성의 논리에 따르는 것이다.[11]

결론적으로 욕구와 욕망은 몸과 혼이 갈라지는 상태이고 느낌(감정)도 갈라

11 감정은 한편으로 쾌-고의 감각에 관계하고 다른 한편으로는 진위로 판단하는 사유에 관계하는 것으로 나타난다. 달리 말하자면 플라톤에서 감정은 한편으로는 감각적 쾌-고에서 분화된 희노애락 애오구라는 것으로 나타나고, 여기에 사유라는 진위판단에 따르는 덕으로서의 절제와 용기, 지혜와 정의, 종국적으로는 경건이 나타난다. 그러나 이러한 감정에 대한 판정은 다음에 나오는 "혼과 몸이 반대의 상태를 욕구한다."는 가정에 기초하고 있기에 베르그송의 철학이후 현대에서는 납득하기 어렵다. 송영진 『미와 비평』, 1장 참조

진다. 혼과 몸은 반대되는 상태를 욕구한다. 그리고 쾌-고는 몸 쪽에서 우러나오는 것이다(41 c-d). 여기에서 신체적 감각과 사유의 좋다-나쁘다는 판단의 관계는 파르메니데스의 존재론적 판단을 매개로 하여 마치 R. 데카르트의 2원론적인 철학에서 나타난 심신관계의 문제처럼 4가지 경우의 온갖 진위와는 물론 선악과의 관계에서 3중의 변증법적 관계가 존재한다(32d).[12] 그 결과로 사려의 삶과 즐거움의 삶이 혼합된 것들 속에서 균형과 조화와 적도의 문제가 나타나는데 이러한 균형과 조화나 적도의 문제는 하나와 여럿의 변증법으로 표현할 수 있는 최적의 삶 때문에 나타나는 것이다. 소크라테스는 이러한 관점에서 『필레보스』편 후반부에서 즐거움의 삶과 사려와 인식의 삶을 각각 나누기(dihairesis)를 통하여 분류하는 것으로 나타난다.

6.2. 혼합된 삶에서도 훌륭하게 혼합된 삶이 좋은 삶이다

소크라테스에 따르면, 좋은 삶은 즐거움과 지성의 혼합을 통해 이루어지는데, 즐거움과 지식은 각기 하나의 것이 아니라 상이한 여럿으로 구분될 수 있

12 데카르트의 심신 이원론에서 존재론적 판단은 진리와 관계하고 이 때문에 감관-지각에서도 허상과 실상에 의하거나 환상에 기초한 거짓된 즐거움이나 고통 즉 감각에도 진위가 존재하게 된다.(40a-41a). 이러한 심신관계의 문제에 대해서는 R. 테일러(Richard Tailor)의 『형이상학』(Princeton University Press, 1970) 참조. 다른 한편 이러한 심신관계는 물론 지정의에 관계하는 판단의 문제에 대해서는 박홍규가 강의 중에 말하곤 했던 한계와 비한계를 데카르트의 상하 좌우로 설정한 직교 좌표를 떠올리면 된다. 즉 한편으로 지성의 존재론적 분석(analysis)을 전제하는 좌-우-선-면에서 좌 쪽에 한계를 우 쪽에 비한계를 설정하고, 생성-소멸하는 현상에 대한 분류(나누기와 모음)를 전제하는 상-하-선-면에서 상위 쪽에 한정자를 하위 쪽에 비한정자를 설정하되 이들 모두 한계를 지닌 것으로 설정하고 이 양쪽 차원이 만난 직교좌표의 교점에다 우리의 신체나 우주를 설정하면 소크라테스가 말한 모든 것이 다 석연하게 해명된다는 것이다. 현상학적으로 말한다면 우리의 몸은 지수화풍으로 구성되어 있고 이들이 지성을 지닌 영혼이 힘으로서 조화롭고 적도에 맞게 구성한 것이고 이러한 몸과 똑같이 우주 또한 영혼을 지닌 것으로서 데미우르고스신이 이데아 세계를 보고서 한계에 종속되기는 하나 항상 덜하고 더함이 있는, 말하자면 지수화풍은 물론 수많은 존재자들의 생성-소멸이 있게 하는 수용자로서의 장소(한계에 제약된 무한정자로서의 공간)에다 설득과 강제로 이 모든 것을 지닌 우주를 구성한다고 신화적으로 이야기한 것을 상기하면 된다.

고, 그것들 가운데에는 좋은 삶을 위한 혼합으로 받아들일 만한 것과 그렇지 않은 것이 있다. 이 때문에 훌륭하게 혼합된 삶이 이루어지도록 하려면, 즐거움들과 지식들 중에 어떤 것들을 혼합의 요소들로 선택해야 하는지를 살펴본다. 우선 양쪽에서 가장 참된 부분들을 혼합하는 방식을 취하고 이 경우 가장 만족할 만한 삶이 마련될는지, 아니면 여전히 다른 어떤 것이 필요로 할런지를 살펴본다(61 d-e).

소크라테스는 지식들 가운데에서 가장 참된 지식만을 혼합의 요소로 받아들일 경우에도 좋은 삶을 기대할 수 없다고 본다. 어떤 사람이 신적인 원과 구 및 자에 대해서는 잘 알고 있으나 인간 세상의 그런 것들을 알지 못한 채 집을 짓는데 신적인 것들을 이용한다면, 그는 지식을 충분하게 가지고 있는 것이 아니며, "우리의 삶이 어떻게든 진정 삶이려면, 잘못된 자와 원을 이용하는, 확고하지도 순수하지도 못한 기술뿐만 아니라 어림잡기와 모방으로 가득 차 있어서 순수성이 부족한 음악도 불가피하게 혼합하여야 한다고 말한다(62b-c). 곧 일(인)생에 있어서 모든 기술을 알게 되는 것은 [생을 살아가는데] 해롭지 않고 이롭다(63a).

다른 한편, 즐거움과 관련해서도 '참되고 순수한 즐거움들'만으로는 좋은 삶이 이루어질 수 없다고 본다. 이런 순수한 즐거움 이외에도 불가피한 즐거움이 있다면, 이것들 또한 좋은 삶을 위한 혼합에 받아들여야 한다는 것이다(62e). 불가피한 즐거움이란 '건강'이나 '절제'를 비롯한 '온갖 좋은 상태에 따른 즐거움'을 가르키는 것으로서 즉 대단히 크고 강렬한 따라서 혼을 광기로 혼란시켜서 지성과 분별이 아예 생기지도 않게 하는 것이 아니라 적도에 맞는 즐거움이 그것이다(63d-e). 그는 여기에서 어리석음과 그밖에 나쁜 상태에 따르는 즐거움도 언급하는데(63e), 이것들은 강렬한 즐거움과 같기 때문이다. 사실 즐거움은 무엇보다도 기만적인 것이나 반면에 지성은 진리성과 동일한 것이거나 아니면 무엇보다도 이와 가장 닮은 것이며 가장 참된 것이기 때문이다(65c). 이러한 생각 때문에 소크라테스는 순수한 지식이나 즐거움에 인생에 불가피한 지식이나 즐거움을 혼합해야 한다는 생각은 진리성 개념을 도입하여 분명하게 다음과 같이 말한다. “우리가 어떤 것에다가 진실성(aletheia)을 혼합해 넣지 않는다면, 그것은 진실로 생성될 수 없으며, 생성되었다 해도 존속하지 못할 것이다.”(64b). 그러면 이러한 혼합의 원인은 무엇인가? 그것은 우주론에서 신적 영혼(데미우르고스)으로 말해진 것이지만 여기에서는 적도, 균형, 아름다움, 그리고 진실성이 혼합의 원인으로 제시된다. 전자(인간 영혼)가 작용인이라고 말할 수 있지만 후자는 형상인라 할 수 있다. 사실 그는 적도와 균형을 아름다움보다 더 궁극적인 원인으로 간주한다. 그렇지만 적도와 균형, 그리고 진실성, 이 세 가지 것이 훌륭한 혼합의 원인으로 간주하는 것이 된다는 것이 다음과 같은 언급에서 알 수 있다.

> 만일 우리가 좋은 것을 하나의 특성에 의해서는 포착할 수 없다면, 세 가지, 즉 아름다움과 균형 및 진실성에 의해서 파악하고서, 이것들을 하나의 것처럼 여겨 혼합의 요소들 중 이것들을 하나의 것처럼 여겨 혼합의 요소들 중 이것을 원인으로 내세우는 것이 가장 옳으며, 또한 이것이 가장 옳으므로 이것으로 인해 그 섞임도 그런 것으로 되었다고 말하세(65a).

결국 이 세 가지 것들이 소크라테스가 이 대화편을 통해 탐구해온 것으로서 ‘사람의 소유물 중에서 가장 좋은 것’(19c)이자, 인간에게 있어서 훌륭한 삶을 위한 가장 좋은 것이라 할 수 있다(67b). 소크라테스는 좋은 삶의 실현을 위해 인간이 지녀야할 소유물들인 좋은 것들에 대해 다음과 같이 서열을 정한다(66a-c). 1) 적도(to metrion)와 [적도가 현상계와 관계하는] 적시성(to kairion) 등. 2) 균형(to symmetrion)과 [균형이 현상계와 관계하는] 아름다움(to kalon), 그리고 완전함(to teleon)과 충족함(to hikanon) 등. 3) 지성(nous)과 [신적 지성이 현실계와 관계하는] 분별(phronesis). 4) 지식들(epistamai), [지식들이 물질계와 실천세계에 관계하는] 기술들(technai) 그리고 이른바 옳은 판단들(doxai orthai). 5) [신적 지성이 건강한 신체에 임재할 때 생겨나는] 순수한 즐거움(hedonai katharai). 그런데 인생에 불가피한 지식들은 4)에 포함되어 있다. 이 때문에 여섯 번째로 [인생을 살아가는데] '불가피한 즐거움(hedonai anankaiai)'이 나열될 수 있겠다. 이러한 서열은 『프로타고라스』 편에서 프로타고라스의 중용의 관점에서 나타난 좋음과 즐거움 사이의 변증법적 관계에서 파르메니데스의 존재론적인 주지주의적 관점을 더하여 나타날 수 있는 8개의 경우의 수 중에 순수한 쾌락을 제외한 쾌락주의적 관점에 서있는 경우들을 제거한 것이라는 것을 유념할 필요가 있다.[13] 결국 인간의 삶에서 행복한 삶이란 어떠한 것인가의 문제에서 『고르기아스』 편에 나타나 있듯이 쾌락주의적 삶은 이러한 하나와 여럿의 변증법의 경우가 나타내는 넷째 번의 상도 차지하지 못하고 지성에 의해 정화된 순수한 쾌락의 경우 겨우 다섯 번째의 상이나 받을 법한 것으로 나타난다는 것이다. 이는 달리 말하자면 인간 존재의 궁극적 원인이나 이유를 모르는 상태에서는 '행복' 자체가 의문시되는 것으로 해석될 수 있는 것이다.『아폴로기아』에서 "탐구되지 않은 삶을 나에게 의미가 없다."고 표명한 소크라테스의 실존적 인생관이 후기 대화편에서도 그대로 나타나고 있다고 말할 수 있다.

13 『프로타고라스』편에서 판단에서의 좋은 것(악)과 감각에서의 즐거움(고)의 조합이 4경우로 나타나는데, 여기에 옳다-그르다는 존재론적인 진리의 판단의 내용이 더하여져 8개의 경우가 나타난다.

결어

결어

-소크라테스의 산파술과 결합된 플라톤의 변증법에 따르는 진리인식의 현대적 의미-

그리스 철학은 어느 문화권의 철학과도 차별화되는데 그것은 파르메니데스에서 기원하는 모순율에 따르는 존재론적 사고법 때문이다. 파르메니데스는 지금의 이탈리아 엘레아 출신으로서 시칠리아의 피타고라스학파와 동일한 문화권의 영향 아래에서 학파를 창시했다. 이 점은 그의 철학이 '존재'에 관하여 수학-기하학적 사고를 감행한 피타고라스학파와 밀접한 연관성을 가짐을 의미한다. 달리 말하자면 파르메니데스의 존재론은 인간의 경험 현상을 묘사하거나 설명하는데 있어서 현대의 인류 공통의 언어인 수학과도 같이 엄밀함과 정확성을 지니는 모순율에 따르는 이성적이고 합리적인 사고에 기초하고 있는 것이다.

파르메니데스의 존재론은 이성의 두 가지 존재론적 판단을 중심으로 하여 이루어지고 있다. 하나는 창조론적인 생성을 부정하는 "허무로부터 아무것도 나올 수 없다."는 존재론의 모순율(ex nihilo nihil fit)이다. 이 원리는 사실 창조를 부정하는 것으로서 '모든 것이 다 있다.'는 것을 의미하는 것이며, 존재론의 또 하나의 원리인 배중률(to be or not to be)과 결합하여 창조의 의미 속에 함축된 '생성-소멸의 과정'까지도 부정하는 것이다. 이 때문에 파르메니데스에 따르면, 존재에 관한 이성의 모든 판단은 "'그것이 있느냐, 아니면 없느냐.'에서 결판난다."고 했다(단편 8).

이러한 존재론의 배중률이 의미하는 것은 우리의 이성적 사유가 존재의 유와 무 사이에는 어떠한 중간적인 것이 있을 수 없다고 판정한다는 사실이다. 존재와 무 사이의 중간적인 것이 있을 수 없다는 이러한 배중률적 판단이 "허무로부터 아무 것도 나올 수 없다"는 존재론의 원리와 결합하면 존재에 관한 우리의 모든 판단은 파르메니데스도 말하듯이 여기에서 모든 것이 결판이 난다. 즉 허무는 그 자체 사라지고 '전체 존재인 일자'만이 남는데, 이 존재에는 허무와의 관계에서 창조과정은 물론 정도 차이도 없고 생성-소멸이라는 과정이나 운동 일반은 있을 수 없게 된다.

그러나 우리의 감관-지각에 나타나는 우리의 경험적 직관은 한편으로는 생성과 소멸이라는 반대적이고 이 때문에 이 상반된 반대적 과정과 이 두 상반된 과정이 중첩됨으로 인해서 표현되는 중화된 과정(process)으로서의 운동 일반, 즉 변화에 대한 헤라클레이토스의 이성적 추론을 따라 자연의 순환을 살펴보면 만물유전의 변증법적인 언명으로 표현된 윤회론의 우주론적 표상과 만난다는 사실이다. 헤라클레이토스의 잠언적 언명에는 모순된 말이 많지만, 이는 소멸을 부정하고 생성 일변도를 말하기 위한 방편이라고 해석할 수 있으며, 사실 헤라클레이토스가 말하는 감관-지각이 주는 경험적 표상은 변화하는 현실세계의 진실을 말하고 있으며 그러면서도 이러한 자연의 사실들의 변화에 생성과 소멸이라는 내재된 법칙이 있다는 것이 이성적인 추론에 의해 알려진다는 것이다. 반면에 파르메니데스의 존재론이 함축한 우리의 모순율에 따르는 이성적 사유(nous)가 표상하는 일자 존재에 관한 불변하는 표상은 우리가 말의 의미를 따지면서 추론하는 이성적 사유의 논리적 필연성에 따른 어떤 진실을 말하고 있다는 데 있다. 즉 이 양자가 실재(reality)에 대해 어떠한 진실한 측면을 말하고 있고, 이 모두가 이성적 추론에 의존하고 있다는 사실이다. 하나는 감관-지각적 경험에 기초한 이성적 추론이며, 다른 하나는 말(언어)의 의미에 의한 논리적 이성의 추론이다.

그런데 헤라클레이토스의 만물 유전의 우주관과 파르메니데스의 불변하는 존재론은 실재에 관하여 어떤 진실을 말하고 있다고 하나, 이 양자의 세계관이나 우주관이 너무나 다르고 차이가 있기 때문에, 특히 파르메니데스의 우주관은 우리의 상식적 우주관에서 너무나 동떨어진 것처럼 느껴지기 때문에, 이 양자를 어떻게 관련시킬 것인가 하는 것이 그리스 자연철학에서 기원하는 서양 철학사에서 가장 큰 문제로 나타남을 볼 수 있다.

파르메니데스의 일자 존재론의 변화하는 현실과의 관계는 제논의 운동 역설들에서 그 의미가 분명하게 나타나고 있다. 이 때문에 제논의 역설들의 의미를 정확하게 규명해야만 역설적으로 파르메니데스의 존재론의 의미를 알 수 있다. 이러한 의미 규명의 단초를 우리는 파르메니데스가 감관-지각적 경험과 사유를 인식론적으로 구분하는 데에서 찾을 수 있다. 그 결과 이 학파의 세계관은 현상과 실재를 마치 이원론적으로 구분하는 것으로 되어 있다. 왜냐하면 양분과 아킬레스-거북의 경주, 그리고 화살과 경기장 역설로 되어 있는 제논의 4개의 운동 역설에서 운동에 관한 직관과는 다른 모순율에 따르는 존재론적 사유가 운동에 대해 구성한 것이 마치 인간의 활동을 영화의 필름이 보여주듯이 운동을 구성하는 요소들이 스틸(still)형식으로 표상하는 것처럼 되어 있기 때문이다.

현실의 변화하는 실재를 이성적으로 즉 합리적으로 해명하거나 구제하려는 파르메니데스 이후의 자연 철학은 한편으로 운동 원인을 영혼을 설정하면서도 일원론적으로 자연의 생성-소멸에 관해서는 순환론적(윤회론적)으로 설명하려는 다원론에서 원자론으로 발전하지만, 자연에서 운동 원인을 신적인 '영혼'이나 '정신'으로 생각하고 정신세계와 물질세계를 구분하는 이원론적으로 자연의 생성-소멸을 설명하려는 소크라테스-플라톤에서는 이데아적 형상의 철학으로 전개된다. 전자가 운동의 원인을 철저히 이성적으로 파악된 존재에 내재적인 것으로 설정하여 존재자들의 생성-소멸하는 변화하는 현실을 운동하는 원자와 공간으로 구성된 가상(현상)으로 설명하려고 하는데 반해, 소크라테스-플라톤은 이러한 유물론적인 자연철학에 기초하지만 운동의 원인을 이 현상 세계에 외적인 것으로 즉 초월적인 신적 존재에 귀속시키고, 이런 존재가 물질과의 관계에서 지니는 자기-회귀적 관념을 이데아나 에이도스와 같은 형상으로 명명하며, 자연 존재자들의 생성-소멸과 운동에 대한 자연현상의 설명을 이들의 로고스적 결합에 의해서 찾으려고 하는 한편, 인간의 행위 문제까지 이러한 형상 개념을 토대로 하여 설명하려는 데에서 성립한다. 여기에서 원자론에 대비된 정신적 단자로서의 형상론에 기초한 플라톤의 관념론과 존재론의 변증법이 성립한다.[1]

초-중기 대화편에서 소크라테스의 산파술은 대화법(dialektike)에 기초한 윤리적 가치어의 본질에 대한 엄밀하고 정확한 정의를 내리고자 한다. 그런데 이러한 정의 내리기(chorismos)는 다양한 경험적 사태들에서 이들에 공통적 속성이나 통일적인 법칙을 발견하려는 귀납법적인 성격을 지닌다. 즉 그의 정의 내리기의 대상인 형상은 윤리적 가치에 대한 것이기는 하지만 자신의 무지를 전제한 대화에서 탐구적으로 주어지기 때문에 자연과학에서 탐구적 방법

1 현대적 관점에서 보면, 원자론자는 무기물의 자연을, 소크라테스-플라톤은 생명체적 존재자들의 자연을 설명하려는 철학으로 나타난다. 그런데 이러한 설명에서 전자에서는 무한한 공간 개념이 전제되어 있고 후자에서는 신적 존재가 전제되어야 하는데, 그리스 신화에 따르면, 신들은 영원한 존재가 아닌 탄생하나 불멸하는, 즉 지속하는 존재(eviterinity)일 뿐이다. 플라톤의 『파르메니데스』편에 나타나는 신-존재의 능력의 인식론적 역설이 상징하는 것이 바로 이러한 사태를 증명한다. 이 때문에 기독교는 신 개념을 탄생도 없고 소멸도 없는 영원한 존재(eternity)로 정리한다. 그러나 이러한 신-존재가 존재하는지에 대한 증명은 현실적으로뿐만 아니라 이론적으로도(존재론적으로) 불가능하다.

인 가설-연역적 방법에 의한 귀납법의 대상인 사물들의 상호 관련성인 법칙(logos)을 닮았다.[2] 이 때문에 그의 정의내리기의 방법은 중기 대화편, 특히 『파에돈』 편에서 비록 영혼과 물질을 구분하는 이원론적 관점에서의 충분-필요조건적 원인이기는 하지만 근대의 역학의 인과 법칙에 의한 탐구의 방법인 가설-연역적 방법으로 발전하게 된다. 소크라테스는 이러한 정의내리기나 가설-연역적 방법의 탐구적 대상을 파르메니데스의 존재론적인 판단에 따라 파르메니데스의 '존재'와 같은 형상이나 이데아라 불렀다. 이 때문에 이러한 이데아나 형상의 성격은 우리의 감관-지각에 주어지는 것이 아니라 우리의 정신적 사유(nous)의 상기(anmanesis)에서 파악되는 직관되는 것으로서 영원하고 불변하는 것으로 말한다.

소크라테스의 초-중기 형상론은 정신적인 관념들의 존재를 인정하고 이에 의해 자연과 정신의 현상을 K. 포퍼가 추측과 논박이라는 과정으로 설명하는 과학적 방법인 구성(construction)과 환원(reduction)이라는 이율배반적인 방법적 절차를 지니는 원자론으로 설명하는 것과 닮아 있다.[3] 결과적으로 모순율에 따라 사고하는 이성에게 있어서 하나의 경험적 사태나 하나의 대상에 대한 정의내리기는 고유명사가 그러하듯이 우주적인 모든 사물들이나 사태들과의 관계에서 정의될 수 있는데, 분석을 전제한 존재론적 사고는 분석의 최종단계에서 얻어지는 단위나 요소, 혹은 원자나 단자를 토대로 한 법칙(logos)에 따

2 가설-연역적 방법은 『파이돈』 편에서는 한편으로 탐구의 방법으로 제시되었으면서도 이데아를 가정하고 이에서 연역하는, 그래서 데카르트가 시발시킨 관념론의 연역적 방법으로만 사용하고 있다. 이의 전형이 『파르메니데스』편 후반부의 변증법 연습에서도 나타난다. 그런데 『테아이테토스』 편에서는 '인간은 만물의 척도'와 같은 경험적 탐구의 결과를 가설로 취하고, 이를 분석하고 비판하는 방법으로서 감관-지각과 사유를 분리하고 사유에서도 기억과 재인 혹은 엄밀 정확한 판단(episteme)과 경험적 판단(doxa: 개연적 판단)으로 분할하고 각각의 경우에 따라 『파르메니데스』편의 연습에 나타나는 존재론의 변증법인 동일성-차이성의 변증법을 탐구의 방법이 아닌 비판의 방법으로 사용하고 있다는 점에서 차이가 있다. 결국 소크라테스의 산파술의 정의내리기에서 나타나는 전체와 부분의 변증법처럼 플라톤의 동일-차이의 변증법도 양면이 있고, 이를 탐구의 방법으로 사용하든가 비판의 방법으로 사용하는가가 전체-부분과 동일-차이의 변증법이 종국적으로는 파르메니데스의 존재론의 한계-비한계의 변증법과 모두 조합되어 16가지로 나타날 수 있다.

3 추측과 논박에 대한 철학적 해명은 K. R. 포퍼, 이한구 역, 『추측과 논박』, 1, 2권과, 송영진, 『그리스 자연철학과 현대과학』, Ⅱ권, 2-4 포퍼의 반증가능성의 원리, 참조.

라 본래의 사물이나 사태를 구성하거나 재현해보려는 데에서 성립한다고 말할 수 있다.

그런데 소크라테스의 정의 내리기에서 기원하는 영혼의 산파술이 함축한 진리에 대한 방법적 인식은 영혼의 상기와 귀납을 전제하는 가설-연역적 방법의 결합으로 되어 있음을 알 수 있고, 이 양자는 감관-지각적 경험에 대한 방법론적으로 서로 대립적인 성격을 지녔음에도 불구하고, 모두 이데아나 형상을 함축하거나 지향하는 것이다. 이 때문에 한편으로 소크라테스가 오르페우스 종교에 의해 합리화하는 영혼의 상기에서 주어진다고 하는 직관적인 이데아나 형상은 의심스러운 것이며, 다른 한편으로 감관-지각적 경험을 분석하고 종합하는 가설-연역적 방법으로는 결코 도달할 수 없는 것임에도 불구하고, 소크라테스의 합리적 정신은 한편으로는 무지를 전제하면서도 다른 한편으로는 인간 영혼의 존재를 불멸하는 파르메니데스적인 실체로 인정하는 모순된 태도로 나타나는 것이다.

이 때문에 이러한 소크라테스의 형상론을 비판적으로 반성하는 것이 『파르메니데스』편 전반부에서 나타난다. 즉 소크라테스가 형상들의 경험사물과의 관계를 하나와 여럿의 관계로 표명하고 하나의 형상이 경험사물들인 여럿의 관계를 참여이론(metchein)과 임재(parousia)으로 말하면서 이러한 일을 가능하게 하는 영혼의 능동-수동적 기능을 전제하는데, 이러한 소크라테스의 형상론을 파르메니데스는 하나와 여럿의 기능적 관계로 표현된 소크라테스의 질적 변증법을 하나와 여럿이라는 수학-기하학적인 양이 표명하고 있는 전체-부분의 논리 공격하는 데에서 성립한다. 즉 소크라테스가 형상들의 기능적인 질적 측면을 옹호하면 파르메니데스는 한 존재(일자)의 양적 측면이 지닌 전체-부분의 양적 관계의 엄밀한 필연성에 따라 기능의 변증법적 측면을 공격하는 것으로 나타난다. 사실 한 존재의 양적 측면과 질적 측면은 상호 보조에 의해 한 존재를 성립시키는 것이다. 말하자면 하나와 여럿의 관계는 한편으로 이데아와 경험 사물의 관계를 나타내고 다른 한편으로는 한 사물의 존재와 관련하여서는 양과 질의 관계를 나타내는 변증법적인 이중적 차원을 전제하는 의미를 지녔다. 그런데도 파르메니데스는 이러한 모든 관계를 기하학의 전체-부분의 관계로 환원하여 비판하고 있는 것이다. 이러한 기하학을 전제하는 수학적인 이데아론과 이를 가능하게 하는 사유의 기능적인 변증법을 조합하는 방식이 『파르메니데스』편 후반부에서 나타난 변증법의 연습이다. 이 때문에 변증법의 연습은 파르메니데스의 일자를 전제한 현실적인 판단으로서 일자가 있다거나 없다거나 하는 여러 가지 가능한 경우들의 모든 가설에서 결론을 연역적으로 추론하는 것으로 나타나는데 이 배후에 작동하는 것이 『소피스테스』편에서 말해지는 존재론적으로는 전체-부분의 양적 논리를 가능하게 하는 영혼의 능력을 매개로 하는 동일자-타자와 연관되는 동일성-타자성의 변증법이다.

『소피스테스』편의 이방인에 따르면, 가장 가치 있고 어려운 진리가 하나와 여럿의 변증법의 형식으로 나타나는데, 하나와 여럿의 변증법에 전제된 플라톤의 동일성-타자성의 논리는 소크라테스의 정의내리기에 의한 산파술의 진리 탐구에서 미리 수행되어야 하는 분석과 종합의 방법과 태도를 나타내는 것으로서, 여기에서 변증법(dialektike)이란 여러 가지 가설들에서 이끌어지는 주장들을 전체적으로(panopsios) 검토하는 것이다. 이 방법은 모든 방법 중에서 가장 좋은 것이자 고상한 것으로서 진정으로 자기 비판적이며 의식적으로 깨어 있는 기술이자 학문으로서, 현실에서 많은 문제를 일으키고 이의 해답을 자연현상에 대한 경험이나 직관 가운데에서 검증하는 것으로서, 전체적으로 이 방법은 진리로서 간주되는 것을 비판적으로 검증하는 가장 유용한 방법이기도 하다.

전체적으로 보면, 이소크라테스 학파의 수사학과 관련된 인문학적 방법과 달리 소크라테스-플라톤에서 기원하는 서양철학의 기초에는 이러한 수학-기하학적 사유의 모순율에 따르는 이성적이고도 현실에 대한 합리적인 사유가 존재하며, 진리에 대한 이러한 이성적이고도 합리적 사유는 파르메니데스의 존재론적 사유에서 기원하는 것으로서, 소크라테스는 파르메니데스의 존재론적 사유를 자신의 철학적 방법인 산파술로 변형하여 인간의 행위영역인 실천적 영역에서 형성되는 덕(arete)이라 일컫는 윤리적 개념들에 대한 정의내리기에 사용한 것이다. 그리고 이러한 정의 내리기가 중기 대화편들에서 가설-연역적 방법과 결부된 이데아론으로 나타난 것이다.

제1권 결어 부분에서 언급한 소크라테스의 영혼에 관한 산파술은 명상(contemplation)을 포함한다. 서양철학에서 명상(contemplation)은 소크라테스의 철학적 방법을 전체적으로 지칭하는 것으로 발전하는 것으로서 다이몬의 소리를 상징하는 상기설을 전제한 제논의 논박법적 변증법과 분석(analysis)을 전제한 가설-연역적 방법으로 분화되어 있는 이성적 성찰에 의한 대화법이다. 이러한 소크라테스의 이성적 성찰의 대화법에 보충적으로 플라톤의 일상 언어적 존재론의 변증법이 첨부된 가설-연역적 방법은 인식론적으로는『테아이테토스』편에 나타나 있듯이 감관 지각적 경험을 원자론의 운동론으로 해명하고[4] 사유를 기억 현상에 대한 파르메니데스의 존재론으로 접근하여 해명하였으며, 감관-지각적 경험과 존재론적 사유, 이 양자의 관계에서 인간이 지니는 진리에 대한 판단 형식이 '설명이 있는 옳은 판단(orthe doxa meta logou)' 이라는 것으로 나타날 수 있다는 것을 표명하였으며, 이는 근대 영국 경험론과 대륙 합리론을 종합했다고 하는 칸트가『순수 이성비판』서문에서 말한 과학적 방법으로서의 '실험적 방법(experimental Methode)'을 가능하게 한 가설-연역적 방법이다. 이 방법이야말로 한편으로는 현대에서 현실(reality)에 대한 진리를 준다고 하는 관찰-지각적 경험에 기초한(발견하고 고안하는) 과학자들의 합리적 정신이 지니는 진리에 대한 방법적인 것이자 교육학적인 것이며, 다른 한편으로는 인간 실존을 가능하게 한 '황금 밧줄'로 표현된 '존재의 필연성'(『테아이테토스』 160c-d)을

4 근대 뉴턴 역학의 운동론으로 감관-지각의 발생을 논하는 표상론의 이면에도 원자론이 전제되어 있다. 송영진,『그리스 자연철학과 현대과학』, Ⅱ, 1-2장, 5. 근대 자연과학에서의 관찰과 측정, 참조.

자각하게 하는 것이다. 왜냐하면 이러한 가설-연역적 방법에 따르는 합리적 정신은 인식론적으로는 프로타고라스가 '인간은 만물의 척도'라고 말할 때의 보편적인 인간의 종(種)적인 것에 기초하고 있을 뿐만 아니라 이러한 인간 존재의 공통성에 기초한 개개인의 실존의 자각이 역으로 모순율에 기초한 이성의 합리성에 따르려고 하는 변증법적 정신을 표명하고 있기 때문이다.

소크라테스의 문답법적 대화법에 의한 진리 탐구는 아폴론 신전 기둥에 쓰여 있었다는 신이 인간에게 준 '너 자신을 알라.'라는 말에서 기원하는 것으로서 이 때문에 소크라테스의 무지를 전제하면서도 모순율에 따르려는 가설-연역적 방법을 지닌 합리적 정신도 역설적으로 자기 반성적이면서도 자신의 정체성을 직관에 호소하는 변증법적인 '정신(자아의식)'의 신비에 기초하고 있다는 것이다. 결국 자연과학이나 인문 사회과학이 추구하는 진리란 이러한 인간의 존재와 그 행동 방식을 이해하려고 하는 데에서 성립하는 것으로서, 한편으로는 객관적이면서도 보편타당한 과학적 진리는 물론, 다른 한편으로 이를 기초로 한 개개인의 인간 실존을 자각하게 하고 이를 기초로 한편으로는 행복하고 다른 한편으로는 윤리적인 생을 이루려고 하는 어느 정도 이율배반적인 성격을 지니는 데에서 성립한다고 말할 수 있다.

그러면 도대체 인간의 공통된 경험 속에 이러한 모순율에 따라 사유하는 이성으로 정리될 수 있는 적합한 내용이 들어 있다는 것이 어떻게 발견되고 구성되며 종국적으로 고안될 수 있는 것일까? 그리스 자연철학에서는 원자론으로 정리되고, 인문 사회 철학은 플라톤의 이데아설로 정리되는데, 이 양 사상의 이면에는 파르메니데스의 존재론과 피타고라스의 수학 사상이 들어 있다. 원자론은 한편으로 자연과학의 발전에 큰 영향을 미쳤고, 다른 한편 플라톤의 이데아설에 기초한 철학의 방법론으로서 정의내리기는 철학을 중심으로 한 인문-사회과학의 발전에 지대한 영향을 미쳤다. 소크라테스-플라톤이 끌어들인 오르페우스종교의 이원론의 관점이 아니라 현대에서 진리를 말하는 자연과학이 밝혀낸 바에 따르면, 인간의 현실적 존재와 그의 존재방식은,

이 말 자체가 역설적으로 해석될 수 있지만 상식(common sense)[5]이 말하듯이 그렇게 혼란된 것이 아니다. 인간의 경험 속에는 인류에게 객관적이고 보편적인 경험적 내용이 들어 있고, 또 술어적 언어를 만들어낸 지능으로 분석-종합하는 과정에서 만들어낸 인류 최고의 공통언어인 수학과 기하학적으로 정리될 수 있는 내용이 들어 있다. 그것을 탐구하는 것이 바로 현실을 측정하는 이성으로서 이러한 이성은 가설-연역적 방법으로 자연사물의 생성-소멸에 대해서는 자연과학(scientiae)이라 불리는 학문들과 기술들을 탄생하게 하였으며, 인간의 행위 영역에서는 정의론을 중심으로 한 윤리적이거나 도덕적인 체계 아래서의 사회와 국가를 구성할 수 있게 한 것이다.

그런데 현대에서 분화 발전된 자연과학이나 인문과학이 알려주는 보편적이고 객관적인 인간 정체성은 생명체적 존재이자 사회과학적으로 형성된 자아의식이 있을 뿐, 소크라테스가 산파술에 전제한 상기하는 이데아나 주체에 주어지는 불멸하는 자아 실체는 아니다. 특히 이러한 자아 실체는 이성적 사고의 존재론의 원리(ex nihilo nihil fit)에 지배되는 것으로서 생각될 뿐이다. 인간 경험에 주어지는 인간존재에 대한 현대의 자연과학과 생물학의 발달에 따르는 인식은 인간이 생물적 존재로서 과정적 존재일 뿐이라는 것이다. 그럼에도 불구하고 정신이나 관념에 주어지는 실존적 자아로서 의식되는 '나'의 정체성은 존재와 허무 사이에 인식되는 기독교에서 말하는 신이나 자연과학자들이 말하는 자연, 혹은 철학자들이 말하는 생명의 원리가 '창조한' 것으로 나타난다. 이것이 의미하는 바는 인간 실존은 항상 죽음을 앞에 둔 존재로서 허무로 사라질 수 있는 과정적인 것에 불과하다는 인식으로 나타난다. 생물체로서의 인간 존재는 생물체의 존재가 과학적으로는 그 유래를 알 수 없는 것이며, 생명체가 감각을 가진다는 사실과 이러한 생명체로서의 '나'의 정체성에 대한, 감각에서 유래한다고 생각되는 사유기능이 전제하는 '의식'은 그 유

5 상식(common sense)은 과학의 발달에 따라 변한다.

래를 알 수 없는 신비인 것이다.[6] 사실 인간은 현대 과학이 알려주듯이 태양이 어떻게 형성되고 존재하는지 알고 있듯이 우주의 비밀은 물론 자신에 관한 많은 사실을 어느 정도 알고 있다. 그럼에도 불구하고 인간은 자신의 존재 근거나 이유를 모르는 존재로서 우주 속에서 발생하여 존재(현존)하면서도 항상 '어떻게'와 '왜'를 탐구하는 이상한 존재이다. 21세기 오늘도 무지를 고백하는 소크라테스의 다이모니아의 목소리는 '자신의 존재 이유나 원인마저도 모르고 있는 인간인 나'에게 끝없는 탐구를 촉구하면서 다음과 같이 속삭인다.

"너 자신을 알라(gnothi s'auton)"

6 부모로부터 받은 DNA의 조합으로 형제자매와는 다른 나에 대한 정체성의 인식이 결정된다고 생각할 수는 있으나 그것은 추측일 뿐 진리성은 의심되는 것이다. 다른 한편, 기독교는 인간 영혼이 신에 의해 창조 되었다고 하나 이는 어디까지나 신을 선험적으로 인정하는 데에서 성립하고, 이러한 선험적 가설을 통해 인간의 모든 심신의 활동을 설명하려는 데에서 기원하는 종교적 도그마에 불과한 것이다. 여기에서 끝까지 무지를 전제하는 소크라테스의 철학적 태도와 더불어 한용운 스님의 '님의 침묵'의 시구가 떠오르는 것은 우연이 아닐 것이다.

참고문헌

참고문헌

1. Platon. <파르메니데스>편:

1) 일차 문헌:

Platon. 송영진 역. 『플라톤의 변증법』. 철학과 현실사, 2000.

Allen, R. *Plato's Parmenides*. Minneapolis: University of Minnesota Press, 1983.

Cornford, F. M. *Plato and Parmenides*. London: Routledge& Kegan Paul Ltd., 1960.

Gallop, D. *Parmenides of Elea*. Toronto: Toronto University Press, 1984.

Miller Jr., Mitchel, H. *Plato's Parmenides: The conversion of the soul*. New Jersey: Princeton University Press, 1986.

2) 저서 및 논문:

기종석. "Dissoi Logoi에 관한 연구, 『서양 고전 철학연구』, 7, 1993.

김귀룡. "파르메니데스의 동일성 논리와 소크라테스의 논박법에 관한 연구", 연세대 박사학위 논문, 1998.

김귀룡. 『플라톤의 〈파르메니데스〉편 연구』. 충북대 출판부, 2012.
이상인. 『플라톤과 파르메니데스』. 길, 2011.
Austin, Scott. *Parmenides: Being, bounds, and logic.* New Haven and London: Yale University Press, 1986.
Burnet. J. *Greek philosophy* . London : Macmillan, 1968.
Coxon, A. H. *The Fragments of Parmenides.* Wolfeboro: Van Gorcum, 1986.
Meinwald. C. C. *Plato's Parmenides.* Oxford, 1991.
Plotin. *Enneades.* [Plotin. Ausgewählte Schriften]. übersetzt vonC. Tornau, Stuttgart, 2001.
Proklos(1864), 1097. *Procli Commentariumin Platonis Parmenidem, in: Procli Opera Inedita*, ed. V. Cousin (Paris1864); *Proclus' Commentary on Plato's Parmenides*, translated by G. R. Morrow and J. M. Dillon with introduction and notes by J. M. Dillon, Princeton, 1987.
Richard Robinson. *Plato's earlier dialect.* London: Garland, 1980.
Ross, W. D. *Plato's theory of idea.* Oxford: Oxford Universty Press, 1951.(김진성 역. 누멘, 2011).
Sayre, Kenneth, M. *Plato's late ontology–A riddle resolved* . New Jersey: Princeton University Press, 1983.

2. Platon. <소피스테스>편:

1) 일차 문헌

Platon. 김태경 역. 『소피스테스』. 한길사, 2000.
Platon. 이창우 역. 『소피스트』. 이제이북스. 2011.
Bluck, R. S. *Plato's sophist. A commentary.* ed. by C. N. Gordon. Manchester University Press, 1975.
Bran, R. S. *Plato's sophist: The professor of wisdom.* Focus Publishing, R. Pullins co., 1996.
Campbell, R. L. *Sophistes and politicos of Plato.* Oxford University Press , 1867.
Duelinger, J. Plato's sophist. Peter Lang, 2005.
Rijk, L. M. *Plato's sophist A phiosophical commentary*. Amsterdam: Noth Holland Publishing Co. 1986.

2) 저서 및 논문:

김태경, "플라톤의 ,〈소피스테스〉 편에서 변증술과 존재론", 『철학연구』, 60, 2003.

박홍규, " 플라톤 대화록 〈소피스테스〉편의 분석 I", 철학연구 12, 1979. (박홍규 전집 I).

양문흠, "〈소피스트〉편에서 존재하는 것과 그렇지 않은 것을 구분하는 기준의 문제", 『철학연구』, 30, 1992.

오유석, "플라톤의 〈소피스트〉편에서의 비존재와 거짓 진술의 문제", 『지중해지역 연구』, 7, 2005.

이창우, "플라톤의 〈소피스트〉편에서의 존재와비존재", 『철학』, 36, 1991.

최정식, "〈소피스트〉편의 존재론적 성격", 『서양고전학 연구』, 10, 1996.

최화, "〈소피스트〉편의 완전한 존재", 『철학연구』, 64, 2004.

최화, "최고류들의 관계, 소피스트 254b-258c", 『서양고전학 연구』, 22, 2004.

Cornford, F. M. *Plato's theory of knowledge.* New York, Liber arts Press, 1935.

Curd, P. K. "Parmenidesian clues in the search for the sophist." *History of Philsophy Quarterly*, 1988.

Diés, A. *Definition de l'etre et de nature des idées dans le sophist de Platon*. 2ed. Paris: Vrin, 1909.

Gully, N. *Plato's theory of knowledge.* London 1962.

Klein, J. *Plato's trilogy.* Chicago University Press, 1966.

McDowell, J. "falsehood and not-being in Plato's *sophist*", in *Language and logos Studies*, ed. by M. Schofield and M, Nussbaum, Cambridge University Press, 1982.

O'Rourke, F. "Plato's approach to being in the *Theaitetos* and *sophist,* and Heidegger's attribution of Aristotellian influence," in Diotima, 2003.

Notomi, N. *the unity of Plato's sophist.* Cambridge University Press. 2001.

Sayre. K. *Plato's late ontology. A riddle resolved.* Princeton University Press. 1983.

Silbermann, A. *The dialect of essence: A study of Plato's metaphysics.* Princeton University Press, 2002.

Taylor A. E. *The Sophist and the statesman.* New York: Thomas Nelson and Sons, 1961.

Hestir, B.E. "A 'conception' of truth in Plato's *sophist*" *Journal of the History of philosophy*, 41: 1-24, 2003.

Telh, H. *The development of Plato's metaphysics*. Pennsylvania State university Press, 1981.

Vasilieu, A. "Dire l'image ou la parole visible chez Platon(sur *le sophiste*, 216a-241e), in *Dionysios*, 19: 75-112, 2001.

Zilioli, U. *The epstemology of the sophist: Protagoras*, Durham university (Ph.D. Thesis). 2007.

Zuckert, Catherine H. *Plato's philosophers : The coherence of the dialogues.* Chicago : The University of Chicago Press, 2012.

3. Platon. <테아이테토스>편:

1) 일차 문헌:

Platon. 정준영 역. 『플라톤: 테아이테토스』, 이제이북스, 2013.

Becker A. *Platon: Theaitetos*. Suhrcamp, 2007.

Campbell. L. ed. *Theaitetos*, Arno press, 1861.

McDowll, J. *Plato: Theatetos*. Oxford University Press , 1973.

Narcy, M. *Platon Théétète.* GF-Flammarion, 1994.

2) 저서 및 논문:

강성훈, 김훈, 박희영, 이정호 전헌상 외 . 『서양고대철학의 세계 1』, 길 , 2013.

강철웅, "플라톤의 테아이테토스 편에서 로고스와 형상으로

기종석. "플라톤의 테아이테토스편에 나타난 앎의 문제에 관한 연구, 서울대 박사학위논문, 1987.

기종석. "참된 독사로서의 앎과 오류가능성", 『서양고전학 연구』, 제 1집, 1987.

기종석. "테아이테토스 에서의 앎의 제 3정의에 관한 연구, 『서양고대철학의 세계』, 서광사 1995.

기종석, "프로타고라스의 지식론: 그의 '인간 척도설'을 중심으로", 『서양고전학 연구』, 2, 1988.

김귀룡, "〈테아이테토스〉에서의 허위판단", 『인문학지』, 25, 충북대, 2002.

김영균, "〈테아이테토스〉편 184-186에서의 지각과 지식에 관한 논증", 『인문과학 논집』, 12, 청주대, 1993.

김영균, "〈테아이테토스〉편에 있어서 복합체의 가지성에 관한 문제", 『서양고전학연구』, 8, 1994.

김윤동, "플라톤의 〈테아이테토스〉편에 있어서 꿈 이론과 인식", 『철학논총』, 6,1990.

김진, "플라톤, 프로타고라스에 있어서 오류의 문제", 『서양고전학 연구』, 29, 2007.

남경희, "Plato's Conception of Knowledge in the *Theaitetos* and *Sophist*", 『철학』, 11, 1983.

박홍규, "〈프로타고라스〉편에 대한 분석", 『철학연구』, 11, 1976.

이창대, "플라톤 〈테아이테토스〉편 분석 (1)", 『철학연구』, 15, 1980.

이창대, "플라톤 〈테아이테토스〉편 분석 (2)", 『철학연구』, 16, 1981.

이창대, "플라톤 〈테아이테토스〉편에 있어서 허위판단에 대한 분석적 고찰, 『희랍철학 연구』, 서광사, 2001.

이태수, "플라톤 철학에 있어서 지각의 문제", 『철학연구』, 37, 1995.

이재성, "플라톤 〈테아이테토스〉에 나타난 인식이론의 문제", 『철학연구』, 11, 대한철학회, 2003

정준영, "〈테아이테토스〉편에서 논의된 프로타고라스의 인간척도설과 상충의 문제", 서양고전학, 11, 1997.

정준영, "〈테아이테토스〉 편에서 논의된 인식의 문제, 지각, 판단, 로고스", 성균관대 박사학위 논문, 1999.

정준영, "플라톤의 인식론", 『서양고대철학 1』, 길, 2013.

한석환, "수사술과 철학: 플라톤 테아이테토스에 나오는 여담을 중심으로", 『철학연구』, 63, 2003

Burnyeat, M. *The Theaetetos of Plato* (tr. by Levett). Hackett Publish C., 1990.

Burnyneat, M. F. & Barnes, J. "Socrates and the jury. Paradoxes in Plato's distinction between knowledge and true belief", *Proceedings of Aristotelian Society,* 1980.

Bostock, D. *Plato's Theaetetos.* Oxford: Clarendon Press, 1988.

Campbell, L. *the Theaetetos*, New York: Arno Press, 1973.

Chappell, T. *Reading Plato's Theaetetos.* Hackett Publish C., 2004.

Cornford, F. M. *Plato's theory of knowledge.* Routledge & Kegan Paul, 1960.

Gully, N. P. *Plato's theory of knowledge.* London: 1962.

Gerson, L. P. *Ancient epistemology.* New York: Cambridge University Press, 2009.

Sachs, J. *Plato: Theaetetos.* Focus Publishing C. 2004.

Harte, V. *Plato on parts and whole.* Oxford University Press, 2002.

Lee, Mi-Kyoung, *Epistemology after Protagoras.* Clarendon Press, Oxford, 2005.

MacDowel, J. Plato: *Theaetetos.* Oxford: Clarendon Press, 1973.

Pirocacos, E. *False belief and the Meno paradox.* Ashgate, 1998.

Sedley, D. *The midwife of Platonism : Text and subtext in Plato's Theaetetos*. Oxford University Press, 2004

Tschemplik, A. *Knowledge and self-knowledge in Plato's Theaetetos.* Lexington Books, 2008.

Annas, J., "Plato the sceptic", in P. A. V. Waerdt(ed.), *The Socratic mouvement*, Cornell University Press, 1994.

Doering, K., "The student of Socrates", Donald R. Morrison(ed.), *The Cambridge Companion to Socrates,* 2011.

Grazzini, B. J., " Of psychic *maieutics* and dialogical bondage in Plato's *Theaetetos.*", *Philosophy in dialogue,* Garry Allan Scott(ed.), Northwestern University, 2007.

Kahn, C. H., " Why is the *Sophist* a sequel to the *Theaetetos* ", *Phronesis* 52, 2007.

Polansky, R. M. *Philosophy and Knowledge. A commentary on Plato's Theaitetos,* Lewisburg :Bucknell University London: 1992.

Rezendes., P. M. *A footnote to Plato: An introduction to Plato's Theaetetos' the examined life*(on line philosophy Jouranl). 2001.

Ryle, D., " Logical atomism in Plato's *Theaetetos.*", *Phronesis,* 35, 1990.

Wengert, R. G., " The paradox of midwife", *History of Philosophy Quarterly* 5. no.1, 1988.

4. Platon. <필레보스>

1) 일차 문헌:

Platon. 박종현 역주. 『필레보스』. 서광사, 2004.

Platon. 유원기 역주. 『필레보스』. 계명대학교 출판부, 2013.

Platon. 이기백 역주. 『필레보스』.이제이 북스, 2015.

Badham, C. *The Pilebos of Plato.* Willams and Norgate, 1878.

Bury, R. G. *The Pilebos of Plato.* Cambridge Univ. Press, 1897 : New York, 1973.

Frede, D. *Plato : Philebos*, Hackett, 1993.

Gosling, J. C. *Plato: The Pilebos*. Oxford, 1975.

Hackforth, R. *Plato's Philebos*. Cambridge, 1958.

Poste, E. *The Pilebos of Plato*. Oxford, 1860.

Pradeau, J-F. *Platon: Philébe*. Paris: 2002.

2) 저서 및 논문:

김대오, "플라톤의 〈필레보스〉에 나오는 하나와 여럿, 그리고 한정과 무한정에 대하여"' 『철학연구』, 35(가을호), 1994.

박윤호, " 〈필레보스〉편에서의 하나와 여럿", 『서양고전학 연구』 2, 1988.

박종현, 『존재탐구와 삶』『사회와 인식』 민음사, 1984.

박종현, "플라톤의 결합이론", 『서양고전학 연구』, 창간호, 1987.

박종현, "희랍철학에서 본 중용사상-동서사상의 대비적 조명", 성균관대 인문과학 연구소, 1994.

박종현, 『적도 또는 중용사상-헬라스 사상을 중심삼아 살핀-』. 아카넷, 2014.

염수균, "플라톤의 대화편 〈필레보스〉 연구", 서울대 석사학위논문, 1982.

이강서, "문자화 되지 않은 이론(agrapha dogmata)과 〈필레보스〉편", 『서양고전학 연구』 1996.

이기백, "필레보스 편을 통해본 플라톤의 混和 사상", 성균관대 박사학위 논문, 1994.

이기백, "형상에 있어 하나와 여럿의 문제 : 〈필레보스〉편을 중심으로", 『철학』, 48, 1996.

이기백, "플라톤의 〈필레보스〉편을 통해 변증술(dialektike)의 성격과 쓰임새", 『서양고전학 연구』, 11, 1997.

이기백, "개개의 사물은 형상의 전체에 참여하는가, 부분에 관여하는가?-플라톤의 〈파르메니데스〉와 〈필레보스〉편을 중심으로", 철학연구, 43(가을호)1998.

이기백, "〈티마이오스〉편과 연관해서 본, 〈필레보스〉편의 네 부류의 존재와 형상의 관계", 『철학연구』, 47(겨울호), 1999.

이종환, "〈필레보스〉편의 극적 구조와 대화편 전체의 동일성", 『서양고전학연구』, 53(2), 2014.

Benitez, E. E. *Forms in Plato's Philebos*. Assen, 1989.

Crombie, I. M. *An examination of Plato's doctrines*. vol. Ⅰ-Ⅱ. London : Routledge & Kegan Paul, 1963.

Gully, N. P. *Plato's theory of Knowledge*. London: 1962.

Gadamer, H. G. *Plato's dialectische Ethick und andere Studien, zur platonischen Philosophie*. Hamburg: Felix Meiner Verlag, 1978.

Hampton, C. *Pleasure, knowledge, and being: An analysis of Plato's Philebos*. New York

State Univ. Press, 1990.

Lee, J. M. "The unity of the *Philebus* : Continuity in Plato's philosophy", Emory University Dissertation in Philosophy, 2013.

McNeil, D. N. *An image of the soul in Speech: Plato and the problem of Socrates*. Penn State Press, 2009.

Patterson, R. "The *Philebus* and the Unity of Paltonic Method", *Plato's Philebus-selected papers from the eighth symposium Platonicum*. Germany Academia Verlag, 2010.

Sayre, K. M. *Plato's late ontology: A riddle resolved.* Princeton, 1983.

Stenzel, J. *Plato's method of dialectic*. Oxford, Clarendon Press, 1940.

* 기타 참고도서

고대:

Aristoteles. *The works of Aristotle*. The Loeb Classical Library. Harvard University Press, 1957.

Aristoteles. 김재홍 역. 『소피스트적 논박』. 한길사, 2008.

Aristoteles. 김재홍 역. 『변증론』. 길, 2008.

Cornford, F. M. *Principium sapientiae.* Cambridge, 1952.

Diogenes Laertius. *Doctrines et sentences des philosophes illustres.* par Robert Genaille. Paris: Garnier Frere, 1965.

Epicuros. *The text remains,* ed. C. Bailey. Oxford: 1926.

Graves, R. *The greek Myth:* 1- 2권. Harmonworth, Penguin Books, 1960.

Guthrie, W. K. C. *A history of greek philosophy.* I -VI. Cambridge University, 1969.

Jaeger, W. *The Theology of early greek philosophers* . Greenwood Press, 1947.

Lucretius, T. C. *De rerum natura*. ed. Diels, Heine, 1923.

Simon Hornblower and Anthony Sprawforth. ed. *The Oxford Classical Dictionary.* Oxford University Press, 1996.

Schulz, Dietrrich Johachim. *Das Problem der Materie in Platons ⟨Timaios⟩*. 이경직 역. 서광사 2000.

Uesner. Herman. *Epicurea*, Leipzig: 1887.

Zeller. *Die Philosophie der Griechen.* Vol. 1-3. Leibzig, 1921.
남경희. 『플라톤-서양철학의 기원과 토대』. 아카넷, 2006.
디킨슨, G. L.(G. L. Dikinson). 박만준. 이준호 역.『그리스인의 이상과 현실』. 서울: 서광사, 1967-1989.
박종현. 『헬라스 사상의 심층』. 서광사, 2001.
박홍규. 『박홍규 전집』. 민음사, 1(1995), 2(1995), 3(2004), 4(2004).
박희영 외 13인. 『플라톤 철학과 그 영향』. 서광사, 2001.
살렘 J. (Salem, Jean), 양창렬 역. 『고대원자론』. 서울: 난장, 2009.
서양고전 철학회. 『서양 고대철학의 세계』-소은 박홍규 선생 추모 논문집. 서광사, 1995.
스넬, B. (Bruno Snell). 김재홍 역. 『정신의 발견-서구적 사유의 그리스적 기원-』. 서울: 까치, 1955-1994.
알버트, K. (K. Albert). 이강서 역. 『플라톤 철학과 헬라스 종교』. 아카넷, 2011.
양병우. 『아테네 민주발전사』. 서울대 출판부, 1976.
엘리아데, M. (Marcia Eliade). 이용주 역. 『세계 종교사상사』. 1-3권. 서울: 이학사, 1976-2005.
오인탁. 『파이데이아』. 학지사, 2001.
이상인. 『플라톤과 유럽의 전통』. 이제이 북스, 2006.
크세노폰. 최혁순 역. 『소크라테스 회상』. 범우사, 1976.
컨포드, F. M. (F. M. Cornford). 남경희 역. 『종교에서 철학으로』. 이화여대 출판부, 1995.
한석환. 『존재와 언어』. 길, 2010.
헤시오도스. 천병희 역. 『신통기』. 한길사, 2004.
호메로스(Homeros). 천병희 역. 『일리아드』. 2006. 『오뒷세이아』. : 숲, 2007.

근대:

Descartes, René. *Oeuvres de Descartes.* ed. C. Adam and P. Tannery. Paris: Léopold Cerf. 1897-1913.
Hume, David. *Hume's philosophical works.* ed. by T.H. Green and T.H. Grose, 4 vols. London: Longmans, 1874-1875.
Kant, Immanell. *Kant Werkausgabe.* 13 vols. Herausgeben von Wilhelm Weischedel. Surkamp. Frankfurt: Insel Verlag. 1964-1977.
_____. 백종현 역. 『순수 이성비판』 1. 2. (아카넷, 2006); 『실천이성 비판』. (아카넷, 2002).

한단석, “칸트 순수이성비판에서의 물 자체 개념의 전개”, 일본 동경대 박사학위 논문, 1973. 3.18.

G. W. P. 헤겔. 임석진 역. 『대논리학』. 지학사, 1983.

현대:

Andreé Jacob, dir. *L'Univers Philosophique*. P. U. F., 1989.

Bergson, H. *Oevres*. Textes Par Andro Robinet. Paris: P. U. F., 1970.

Bergson, H. *Melangés* Textes publiés et annotés par Andro Robinet P. U. F., 1972.

Bergson, H. 최화 역. 『의식에 직접 주어진 것에 관한 시론』. 아카넷, 2001.

Bergson, H. 박종원. 『물질과 기억』. 아카넷, 2005.

Bergson, H. 황수영. 『창조적 진화』. 아카넷, 2005.

Canto-Sperber, Monique. dir. *Dictionaire d'éthique et de philosophie morale*. P. U. F., 1996.

Hofstadter, D. R. (Douglas, R. Hofstadter). *Goedel, Bach, Esser.* New york: Vintage Books, 박여성 역.『괴델, 바흐, 에셔』상, 하권. 서울: 까치, 1999.

Irwin, (ed.). *Classical Philosophy-collected papers -A Garland Series.* vol.1-8. printed on acid free, 250-year- life Paper. Cornell University, 1995.

Jean Francois Mattéi, dir. *Encyclpédie Philosophique Universelle. Les Discours Philosophiques.* P. U. F., 1998.

Merleau-Ponty, M. *Phénmenolgie de la perception*, Gallimard. 2002.(류의근 역. 문학과 지성사, 2002).

Rovighi, Sofia Vanni. 이재룡 역. 『인식론의 역사』. 카톨릭 대학 출판부, 2004.

Sylvain Auroux, dir. *Encyclpédie Philosophique Universelle. -Les Notions Philosophiques* 1. 2. P. U. F. 1990.

Taylor, R. *Metaphysics. 2ed.* Princeton University Press, 1968. (엄정식 역. 서광사, 2001).

Wittgenstein, L. *Tractatus logico-philosophicus*. 이 영철 역. 책 세상, 2006.

Wittgenstein, L. *Philosophical investigation*. 이 승종 역. 아카넷, 2016.

Wittgenstein, L. *Notebooks*. tr. by G. E. Anscombe. Oxford: Basil Blackell, 1961.

그리그 R. (Grigg, Russell). 김종주, 김아영 역. 『라깡과 언어와 철학』. 인간 사랑, 2008-2010.

데블린, K. (Devlin Keith). 전대호 역. 『수학의 언어』. 서울: 해나무, 1998-2003.

데닛 D. C. (Daniel C. Dennett). *Kinds of minds.* Orion Publishing Group. 1996. (이희재 역. 『마음의 진화』. 사이언스 북스, 2006.

라베, 피터 B.(Peter B. Raabe). 김수배 역. 『철학 상담의 이론과 실제』. 시그마 프레스, 2000- 2010.

라베, 피터 B. (Peter B. Raabe). 김수배, 신한균 역. 『상담과 심리 치료에서 철학의 역할』. 학이시습, 2016.

브루스 핑크((Bruce Fink). 『라캉과 정신의학』. 민음사, 1997-2002.

마이어, 에른스트 (Ernst Mayer). 최재천 역. 『이것이 생물학이다』. 몸과 마음, 2002.

박홍규. 『베르그송의 〈창조적 진화〉 강의』. 박홍규 전집. 5. 민음사, 2007.

송영진. 『철학과 논리』. 충남대 출판부, 2002-2010.

송영진. 『직관과 사유』. 서광사, 2005.

송영진. 『도덕 현상과 윤리의 변증법』. 충남대 출판부, 2009.

송영진. 『그리스 자연철학과 현대과학』 I . II. 충남대 출판문화원, 2014,

송영진. 『혼합정체와 법의 정신』. I . II. 충남대 출판문화원, 2016.

송영진. 『미와 비평』. 충남대 출판문화원, 2014.

이한구. 『지식의 성장』. 살림, 2004.

윤명로. 『현상학과 현대 철학』. 문학과 지성사, 1987.

클라인 , M. (Kline, Morris). 박세희 역. 『수학의 확실성』. 민음사, 1980-1984.

펜로즈, R. (R. Penrose). 박승수 역. 『황제의 새 마음』. 이화여대출판부, 1996.

파운드스톤, W. (William Poundstone). 민찬홍 역. 『패러독스의 세계』. 서울: 뿌리와 이파리, 2005.

퍼트남, H. (H. Putnam) & 베나세랖, P. (P. Benacerraf) ed. 박세희 역. 『수학의 철학』. 아카넷, 1964-2002.

포퍼. K. R.(Karl R. Popper). 이한구 역. 『추측과 논박』. 1. 2. 민음사, 2001.

폰 리히트 G. H. (Georg Hentik Wright). 배철영 역. 『설명과 이해』. 서광사, 1994.

핸슨, N. R.(Hanson Norwood Russell). 송진웅, 조숙경 역. 『과학적 발견의 패턴』. 사이언스 북스, 1958.

*** 저자에 대하여**

송 영진(1950-)은 서울대학교 문리과대학 철학과와 대학원을 졸업하고, 벨기에 르벤(Leuven)대학교 후설 연구소(Husserl Archiv)에서 연구를 하였다. 1984년 철학박사(전북대). 한국 동서철학회 및 서양고대철학 학회장을 역임하였고, 영국 케임브리지 IBC(International Bibliography Center) 선정, 2009 세계주요철학자(One of Leading World Philosophers in Metaphysics)로 선발되기도 했다. 현재 충남대학교 문과대학 철학과 명예교수로 있다.

『철학과 논리』(충남대 출판문화원, 2002-2010),『플라톤의 변증법』(서울: 철학과 현실사, 2000: 2002 학술원 우수도서), 『직관과 사유』(서울: 서광사, 2005), 『인간과 아름다움』(충남대 출판부, 2006), 『도덕 현상과 윤리의 변증법』(충남대 출판부, 2009), 『철학 테마 산책』(충남대 출판부, 2010), 『미와 비평』(충남대 출판문화원, 2013: 2014 학술원 우수도서), 『그리스 자연철학과 현대과학』 I , II (충남대 출판문화원, 2014: 2015 학술원 우수도서), 『박홍규의 형이상학의 세계』, 이태수 외 공저 (길 출판사, 2015 : 세종문화 우수도서, 2015), 『혼합정체와 법의 정신』 I , II (충남대 출판문화원, 2016) 등의 저서가 있다.

역서로서 『철학의 단계적 이해』(M. Gourina, 서울: 서광사, 1986), 『도덕과 종교의 두 원천』(H. Bergson, 서광사, 1998), 『생명과 정신의 형이상학』(H. Bergson, 서광사, 2001)이 있다.

연구논문으로는 "베르그송의 지성과 직관에 관한 연구", "플라톤의 초중기 변증법 연구", "생명과 죽음의 변증법, 그리고 생명과학", "성과 사랑의 철학적 의미", 등 60여 편이 있다.

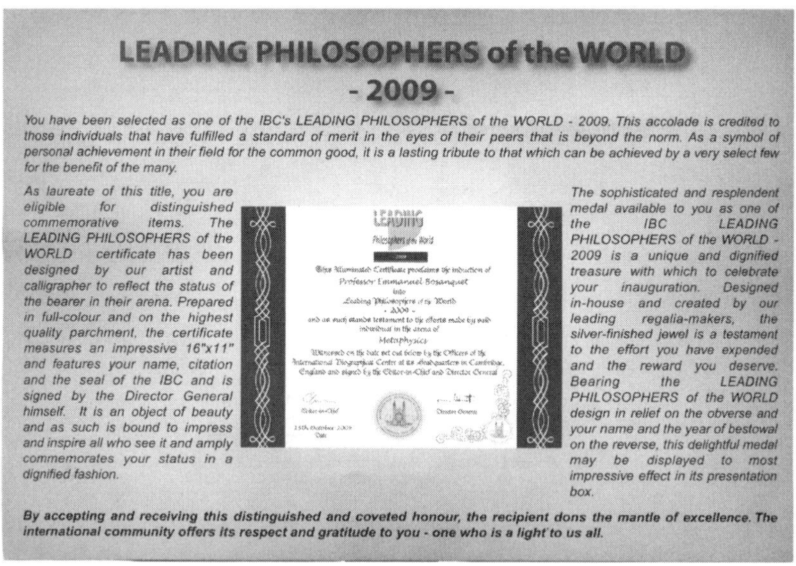

LEADING PHILOSOPHERS of the WORLD

- 2009 -

You have been selected as one of the IBC's LEADING PHILOSOPHERS of the WORLD - 2009. This accolade is credited to those individuals that have fulfilled a standard of merit in the eyes of their peers that is beyond the norm. As a symbol of personal achievement in their field for the common good, it is a lasting tribute to that which can be achieved by a very select few for the benefit of the many.

As laureate of this title, you are eligible for distinguished commemorative items. The LEADING PHILOSOPHERS of the WORLD certificate has been designed by our artist and calligrapher to reflect the status of the bearer in their arena. Prepared in full-colour and on the highest quality parchment, the certificate measures an impressive 16"x11" and features your name, citation and the seal of the IBC and is signed by the Director General himself. It is an object of beauty and as such is bound to impress and inspire all who see it and amply commemorates your status in a dignified fashion.

The sophisticated and resplendent medal available to you as one of the IBC LEADING PHILOSOPHERS of the WORLD - 2009 is a unique and dignified treasure with which to celebrate your inauguration. Designed in-house and created by our leading regalia-makers, the silver-finished jewel is a testament to the effort you have expended and the reward you deserve. Bearing the LEADING PHILOSOPHERS of the WORLD design in relief on the obverse and your name and the year of bestowal on the reverse, this delightful medal may be displayed to most impressive effect in its presentation box.

By accepting and receiving this distinguished and coveted honour, the recipient dons the mantle of excellence. The international community offers its respect and gratitude to you - one who is a light to us all.